MÉMOIRES INÉDITS

DE

DUMONT DE BOSTAQUET

GENTILHOMME NORMAND

SUR LES TEMPS QUI ONT PRÉCÉDÉ ET SUIVI
LA RÉVOCATION DE L'ÉDIT DE NANTES
SUR LE REFUGE ET LES EXPÉDITIONS DE GUILLAUME III
EN ANGLETERRE ET EN IRLANDE

PUBLIÉS PAR MM.

CHARLES READ ET F^{cis} WADDINGTON

ET PRÉCÉDÉS

D'UNE INTRODUCTION HISTORIQUE

PARIS

MICHEL LÉVY FRÈRES, LIBRAIRES ÉDITEURS
RUE VIVIENNE, 2 *bis*, ET BOULEVARD DES ITALIENS, 45
A LA LIBRAIRIE NOUVELLE

1864

Tous droits réservés

MÉMOIRES INÉDITS

DE

DUMONT DE BOSTAQUET

GENTILHOMME NORMAND

LE PROTESTANTISME EN NORMANDIE, depuis la Révocation de l'Edit de Nantes jusqu'à la fin du XVIIIe siècle (1685-1797) par M. Francis Waddington. 1 vol. gr. in-8°.

Cet ouvrage forme en quelque sorte une suite aux *Mémoires de Dumont de Bostaquet* en ce qui concerne l'histoire des protestants de Normandie.

MÉMOIRES ET OPUSCULES DE JEAN ROU, avocat au parlement de Paris (1650), secrétaire interprète des Etats-Généraux de Hollande, depuis l'année 1689 jusqu'à sa mort (1711), publiés d'après le manuscrit conservé aux archives de l'Etat à La Haye.

DANIEL CHAMIER (1564-1621). JOURNAL DE SON VOYAGE A LA COUR DE HENRI IV ET SA BIOGRAPHIE, publiés pour la première fois d'après les manuscrits originaux, avec de nombreux documents inédits, par M. Charles Read, ancien magistrat, président de la *Société de l'Histoire du Protestantisme français,* membre de la *Société de l'Histoire de France* et de celle d'*Histoire et d'Archéologie de Genève.* 1 vol. gr. in-8°, avec portrait et tableau généalogique.

Paris. — Typ. de Ch. Meyrueis, rue des Grès, 11. — 1864.

MÉMOIRES INÉDITS

DE

DUMONT DE BOSTAQUET

GENTILHOMME NORMAND

SUR LES TEMPS QUI ONT PRÉCÉDÉ ET SUIVI
LA RÉVOCATION DE L'ÉDIT DE NANTES
SUR LE REFUGE ET LES EXPÉDITIONS DE GUILLAUME III
EN ANGLETERRE ET EN IRLANDE

PUBLIÉS PAR MM.

CHARLES READ ET FR^{cis} WADDINGTON

ET PRÉCÉDÉS

D'UNE INTRODUCTION HISTORIQUE

PARIS

MICHEL LÉVY FRÈRES, LIBRAIRES ÉDITEURS

RUE VIVIENNE, 2 *bis*, ET BOULEVARD DES ITALIENS, 45

A LA LIBRAIRIE NOUVELLE

—

1864

Tous droits réservés

INTRODUCTION

> « S'il y a des documents dans lesquels la politique et le dogme soient vivants, ce sont les discours éloquents de chaire et de tribune, les *Mémoires*, les *Confessions intimes*, et tout cela appartient à la littérature, en sorte qu'outre elle-même, elle a tout le bon d'autrui.
>
> H. Taine.

C'est à lord Macaulay que nous avons dû la connaissance de ces Mémoires inédits ; c'est sous ses auspices que le possesseur actuel du manuscrit, le docteur Charles Vignoles, doyen d'Ossory (comté de Kilkenny, en Irlande), a bien voulu nous en donner communication, il y a quelques années, et nous en laisser prendre copie.

Lord Macaulay s'est lui-même servi de ces Mémoires, qu'il cite plusieurs fois dans les chapitres XIV et XVI de son *Histoire d'Angleterre*, notamment au sujet de Ruvigny et des régiments composés de réfugiés français qui combattirent, en 1690, avec le maréchal de Schomberg, sous le drapeau de Guillaume d'Orange. Il jugeait ces pages dignes de voir le jour.

L'auteur de *Louis XIV et la Révocation de l'Edit de Nantes*, M. Michelet, en a aussi connu un extrait épisodique dont il a profité (p. 354), comme on le verra plus loin, et il appelle de ses vœux la publication d'un document aussi « important, dit-il, pour faire comprendre, par opposition avec le Midi et les Cévennes, la situation morale des protestants en Normandie, chez des populations réfléchies, intéressées, prudentes. » (*Notes*, p. 472.)

° Après en avoir différé l'impression malgré nous, et plus que nous ne l'aurions voulu, nous sommes heureux de réaliser aujourd'hui enfin le vœu des deux illustres historiens, en présentant ce volume au public.

Avec le concours de notre excellent ami M. Francis Waddington, qui a bien voulu revoir le texte, au point de vue des informations locales, nous avons été à même d'ajouter, aux récits du gentilhomme normand, bon nombre de ces éclaircissements qui facilitent et rendent plus utile la lecture de pareils Mémoires (1). Ensemble nous sommes allés visiter, à huit lieues de Dieppe, dans la charmante vallée de la Saanne, entre Tostes et Yerville, le vieux domaine seigneurial, théâtre des scènes rapportées dans la première partie du livre : — le petit château de La Fontelaye, qu'un funeste incendie oblige notre châtelain à quitter, en 1673; — ainsi que le manoir voisin de Bostaquet (2), dont il portait le nom, et que les dragonnades devaient, douze ans plus tard, lui faire abandonner à son tour.

Nous voulions connaître, interroger du regard l'aspect actuel de ces lieux que le manuscrit lu et relu nous avait rendus familiers et où il nous semblait presque avoir vécu nous-mêmes avec notre auteur. Nous aurions pu y rencontrer encore, il y a une vingtaine d'années, un héritier du

---

(1) C'est aussi pour les compléter que M. Fr. Waddington avait entrepris un travail spécial qui, grâce aux documents recueillis, devint assez considérable pour mériter d'être publié à part, et qui l'a été en effet sous le titre de : *le Protestantisme en Normandie, depuis la révocation de l'Edit de Nantes jusqu'à la fin du dix-huitième siècle* (1685-1797). Paris, 1862, gr. in-8° de 140 pages.

(2) La carte de Cassini l'appelle *le Bois-Taquet*.

sang et du nom, le vieux marquis Dumont de Lamberville, arrière-petit-fils du réfugié; mais il est mort en 1847, et en lui s'est éteinte la descendance directe des Dumont de Bostaquet.

La Fontelaye, avec ses bouquets de bois et ses belles eaux vives, est aujourd'hui la charmante propriété d'un ancien notaire de Rouen, M. Boulen, qui nous en a fait les honneurs avec la plus grande obligeance; et Bostaquet, au milieu des terres, n'est plus qu'une très belle ferme, comme on en voit peu même au pays de Caux, et dont les vastes bâtiments en briques entourent une grande cour carrée, plantée de pommiers, où se dresse le pigeonnier féodal. Un des corps de bâtiments, qui date du dix-septième siècle, est appelé *la Sépulture*, parce que, au siècle dernier, alors que les protestants n'avaient plus d'existence légale, un descendant de la famille y fut, nous a-t-on dit, inhumé, ainsi que deux de ses domestiques, dans cette espèce de cave qui est de plain-pied avec le sol (1).

I

C'est là, sur cette terre de Bostaquet, qu'était né, le 4 février 1632, l'auteur des présents Mémoires, Isaac DUMONT DE BOSTAQUET, d'une ancienne famille de gentilshommes, alliée elle-même aux principales familles protes-

---

(1) Nous avons donné ces détails dans le *Bulletin de la Société de l'Histoire du Protestantisme français* (année 1860, p. 7) en rendant compte de la découverte fort inattendue que nous avons faite dans cette ferme de sept registres de l'ancienne Eglise réformée de Caen (de 1560 à 1657), enfouis parmi des titres et papiers provenant de la succession du marquis de Lamberville, et que M. le comte René de Chabrillan, aujourd'hui propriétaire du Bostaquet, s'est empressé, sur notre demande, de restituer au consistoire de Caen. (*Bulletin*, etc., 1862, p. 3.)

tantes de la Normandie et du pays de Caux (1). C'est là qu'il revient avec plaisir, en 1647, après avoir été faire ses humanités à l'académie de Saumur, et qu'il retourne encore, en 1651, après avoir fait sa philosophie à Caen, et complété son éducation par un séjour à Paris, où il commence l'apprentissage de la vie en devenant un parfait cavalier et en se joignant à l'escorte volontaire du célèbre coadjuteur pendant la Fronde. Redevenu gentilhomme de province, il se livre aux plaisirs de l'équitation et de la chasse, aux agréments d'une société où, dit-il, on faisait de la bonne musique, jusqu'à ce que, le duc de Longueville, gouverneur de Normandie, ayant conclu la paix avec la cour et obtenu de former deux régiments, il est nommé cornette d'une compagnie commandée par un cousin germain de sa mère, M. de Royville. En cette qualité, il rejoint l'armée et assiste au siége de Bar-le-Duc, où se trouvait le cardinal Mazarin, puis à celui de Vervins et de Château-Porcien.

A la fin de cette courte mais fatigante campagne, il vient chercher de nouveau, à La Fontelaye, les soins de la famille et les douceurs du repos.

La mort de M. Abraham Dumont de Bostaquet, son

(1) Il est dénommé dans une pièce notariée : « chevalier, seigneur de Bostaquet, seigneur et patron de la Fontelaye, Saint-Crespin, du Verdun, de Varvannes, de Lamberville, de la Rivière, d'Estrimont; seigneur patron châtelain d'Hongerville ; seigneur suzerain du noble fief, terre et seigneurie de Cressanville et autres lieux, terres et seigneuries; ancien mousquetaire de la première compagnie de la garde ordinaire du roi; fils héritier du noble seigneur messire Samuel-Gabriel Dumont, chevalier, seigneur et patron de la Fontelaye, de Varvannes, de Lamberville et autres lieux. »

Sa mère était Anne de La Haye, fille aînée d'Isaac de La Haye, sieur de Lintot, et de Françoise Thiboutot, que Samuel-Gabriel Dumont avait épousée le 2 janvier 1624.

Celui-ci était fils de Geffroy Dumont, qui avait épousé, le 2 décembre 1600, Elize Rémond, dame de Courcelles, fille de feu François de Rémond, conseiller, et de Jeanne Maynet.

Le père de Geffroy Dumont se nommait Jean et sa mère était Marie Frequetel, fille de Jean Frequetel, bourgeois de Harfleur.

oncle (1), capitaine en Hollande, le force bientôt à demander un congé et à entreprendre, en 1653, un voyage dont il raconte naïvement les diverses péripéties jusqu'à son arrivée à La Haye, ainsi que les détails du partage de la succession, sur lesquels son esprit normand semble s'étendre avec quelque satisfaction. Le retour par Delft, Rotterdam, Flessingue, Bruges, Gravelines et Calais, n'est pas non plus sans incidents; bientôt le voilà à Dieppe, à Arques, au Bostaquet enfin; mais à peine y a-t-il passé quelques semaines qu'il lui faut repartir pour se rendre avec son régiment à Reims, où d'abord il assiste à la célébration du sacre du jeune roi Louis XIV. Il n'est déjà plus simple cornette, il est devenu lieutenant, et M. de Royville lui a remis sa compagnie dont il s'applique à relever la tenue.

Le temps est arrivé de prendre femme, pour complaire au désir maternel, et de quitter la carrière des armes pour mener désormais la vie de gentilhomme de campagne. M. de Bostaquet épouse, le 28 juin 1657, Marthe de la Rive, fille de M. Daniel de la Rive, de Rouen, et le mariage a lieu au temple de Quevilly, par le ministère de Maximilien de Langle, pasteur de l'Eglise réformée de Rouen. Cette heureuse union est suivie de plusieurs années de bonheur domestique; mais déjà s'y mêle un commencement de tri-

---

(1) Nous avons rencontré dans un des registres de sépulture de l'ancienne Eglise réformée de Paris, celui du cimetière Saint-Marcel, l'acte suivant, à la date du 19 octobre 1630:

« *Jacques Dumont*, dit *Botaquet* (sic), natif dudit lieu de Boutaquet (sic), pays de Caux, a esté enterré audict cimetière par billet de M. de Beauchamps du 19 octobre, pris au battoir, rue Saint-Jacques, âgé d'environ trente ans. » (Voir le *Bulletin de la Société de l'Histoire du Protestantisme français*, t. XII, p. 373.)

Comment se rattache à la famille ce *Jacques* Dumont, qui semble bien être un de ses membres? Nous ne le trouvons pas mentionné dans la généalogie ci-après, page 332, à moins que ce ne soit le même que *Jacob* Dumont, frère cadet d'Abraham et d'Isaac, oncles de notre auteur.

On trouve aussi un *Pierre Du Bostaquet* parmi les protestants de France réfugiés à Londres, après la Saint-Barthélemy. (*Bulletin*, etc., t. VI, p. 190.)

bulations, dues à des causes soit particulières soit générales, et provenant les unes de l'acquisition faite un peu imprudemment de la terre de La Fontelaye, les autres de ces premières chicanes par lesquelles on préludait dès lors à la révocation de l'Edit de Nantes. — « Vous n'avez pas à crain« dre une nouvelle Saint-Barthélemy (dit M. de Vertamont, « un des juges, à M. de Bostaquet), mais le roi vous rendra « l'exercice de la religion si difficile que vous serez contraints « de rentrer dans l'Eglise romaine, dont vous vous êtes sé« parés trop légèrement. » C'est bien ce que nous avons vu, ajoute notre auteur, mais le bonhomme n'a pas su ou voulu prophétiser la rage des dragons et tout l'attirail d'horribles cruautés qu'ils ont mis en œuvre pour atteindre le but.

Après lui avoir donné six filles et un fils, destiné à perpétuer le nom, Marthe de la Rive est enlevée à son mari par une rapide maladie, avant de donner le jour à son huitième enfant. Au bout d'un an de veuvage, il contracte de nouvelles noces avec Anne Le Cauchois de Tibermont, sa cousine, que sa première femme aimait tendrement et qu'elle lui avait pour ainsi dire désignée pour le cas malheureusement advenu où elle le laisserait veuf et où il songerait à se remarier. Cette nouvelle union, non moins bénie que la précédente, devait aussi se trouver fatalement brisée au bout de peu d'années. En couches de son septième enfant, Anne Le Cauchois est prise d'une défaillance soudaine et expire entre les bras de son infortuné mari.

Accablé de ces cruelles épreuves, M. de Bostaquet avait résolu de se consacrer, avec l'aide de sa mère, à l'éducation des quatre filles qui lui restaient de son premier lit et des trois enfants en bas âge qu'il avait du second, lorsqu'un nouveau coup le vient frapper : l'incendie de ce château de La Fontelaye qui lui avait occasionné tant d'embarras et de soucis. Il fait face courageusement à ces circonstances difficiles, et reconstruit la maison que le feu avait dévorée de fond en comble. Mais après avoir, sur ces entrefaites, marié sa fille aînée, Anne, avec M. de Sainte-Foy, il se trouve de nouveau ébranlé dans sa détermination de vivre seul et songe au secours que lui apporterait une compagne pour la conduite de sa nombreuse famille et du ménage dont il demeure chargé. Ces réflexions l'amènent à rechercher en mariage Marie de Brossard de Grosménil, qu'il ne tarde pas à épouser en troisièmes noces et qui lui donne à son tour, en quatorze ans, trois filles et deux fils.

Cependant les circonstances générales étaient devenues de plus en plus critiques pour les protestants de France. « On faisait partout tomber les temples » les uns après les autres; déjà, depuis trois ans, « on demandait dans les provinces des abjurations à main armée ; » le grand *Exode* des fidèles était commencé et le *Refuge* s'ouvrait à l'étranger. Le fils aîné de M. de Bostaquet, nommé comme lui Isaac, et qui avait été difficile à diriger dans son éducation, arrivé à l'âge de vingt-deux ans et maître de sa fortune maternelle, s'était épris de la fille d'un avocat de Dieppe. A force d'instances, il fit consentir son père à cette alliance qui ne lui agréait pas autrement. Mais où célébrer le mariage ? « La religion était aux abois, tous les temples de la province démolis ou fermés ! » Il fallut faire le voyage de Paris et aller au temple de Charenton, cette dernière citadelle restée seule encore debout au milieu des églises ruinées. La célébration eut lieu le 16 juin 1685.

On était à la veille même du coup décisif que le roi avait résolu de frapper, en déclarant que l'Edit « perpétuel et irrévocable » donné à Nantes par son aïeul avait cessé d'exister, et qu'il n'y avait plus ou ne devait plus y avoir de protestants en France. Le vieux chancelier Michel Le Tellier se préparait à contre-signer le fatal décret et à entonner son *Nunc dimittis* (1). Les Mémoires de notre auteur, qui n'ont guère présenté jusqu'ici que des scènes de mœurs et des particularités de la vie ordinaire, prennent dès lors un caractère plus général et offrent des tableaux d'un sérieux intérêt historique. Nulle part peut-être, comme le remarque M. Michelet, la situation n'a été mieux rendue. On y voit se former et éclater l'orage ; on y prend sur le fait les ruses et les machinations des persécuteurs à l'égard de leurs victimes, dont on partage les angoisses; on assiste enfin à cette démonstration du marquis de Choiseul-Beaupré entrant insolemment dans la ville de Rouen, à la tête de son régiment de cuirassiers, l'épée nue, comme en ville conquise. C'est alors qu'au milieu de la terreur de leurs femmes et de leurs filles, bien des gentilshommes signent, en pleurant, — de la main, sinon du cœur, — l'abjuration qu'on requérait d'eux, le mousquet au poing.

M. de Bostaquet résiste d'abord au torrent, mais il est bientôt contraint, pour épargner à sa famille les outrages des garnisaires, de promettre aussi sa signature, et de passer, « à l'échéance, par les mains du pénitencier de Notre-Dame de Rouen », (digne prêtre comme il en eût fallu beaucoup d'autres !) qui l'exhorte à prendre son temps pour se faire instruire, et lui fait faire serment de n'aller à la messe que lorsqu'il serait convaincu : « engagement que j'exécutai, dit-il, à la lettre, n'ayant jamais entendu de messe depuis ce jour. »

Pour peu qu'on y réfléchisse, on comprend combien

---

(1) *Oraison funèbre de Le Tellier*, par Bossuet. C'est de ce chancelier que le comte de Grammont disait en le voyant sortir d'un entretien particulier avec le roi : « Je crois voir une fouine qui vient d'égorger des poulets, et qui se lèche le museau plein de leur sang. »

devait être intolérable, lorsqu'il leur restait quelque conscience, la position de tous ces catholiques de nom, protestants de fait, que l'on qualifiait en masse du titre de *nouveaux convertis*. Les uns en mouraient de honte et de regret, témoin la belle-mère de notre gentilhomme, Madame de Grosménil, et ce n'étaient pas les plus à plaindre ; les autres prenaient le parti de s'expatrier et de braver tous les périls et la mort même pour échapper au supplice qu'on leur avait infligé sur le sol natal. C'est à quoi se déterminèrent, au bout de quelques mois, la mère de M. de Bostaquet, sa sœur et lui-même, qui, au premier bruit de la Révocation, avait été fermement d'avis qu'il fallait « quitter le royaume sans balancer un moment, abandonnant famille et biens aux soins de la divine providence. » Les dispositions sont prises, un traité conclu pour passer sur un vaisseau anglais, et alors se déroulent les dramatiques péripéties qui accompagnent une première tentative d'embarquement nocturne, arrêtée par un sanglant conflit avec les gardes-côtes ou plutôt avec des pillards, et où les fugitifs courent les plus grands dangers.

M. Michelet a bien raison de le dire au commencement de ce beau chapitre, si plein de vie et d'émotion, qu'il a intitulé *la Fuite*, — *l'Hospitalité de l'Europe* : « Nul roman comparable pour l'intérêt des aventures et le pathétique des situations à ces histoires trop vraies. » Et, après avoir dépeint ceux qui, à travers mille aventures tragiques, réussissaient du moins à s'échapper, fût-ce dans le plus frêle esquif, et à apercevoir enfin demi-morts « la côte grise de la Hollande ou la blanche d'Angleterre, » passant aux moins favorisés : « Heureux encore ceux-ci, dit-il. Mais M. de Bostaquet, un autre gentilhomme normand, fut attaqué cruellement, et séparé des siens au moment de s'embarquer. Nous avons ce récit de sa main même. Il confesse avec grand chagrin, dans une mâle pudeur de soldat, qu'il avait eu le malheur de faiblir, qu'ayant chez lui je ne sais combien de femmes, mère, sœurs, filles et belles-filles, nièces, enfants et sa femme enceinte, il n'avait pas eu le courage de les exposer aux dragons, et qu'il avait faibli. Mais la désolation de cette chute était si grande dans la famille, qu'avec tant d'embarras, une mère de quatre-vingts ans, des petits enfants, etc., on résolut de se remettre à Dieu, de laisser tout, terres et maisons, et de fuir à tout prix. Cette lourde et nombreuse couvée que traînait Bostaquet, ces pauvres femelles tremblantes, qui avançaient vers la mer, tout cela fut bien vite rejoint par les soldats, les gardes-côtes. Bostaquet et ses gendres, ses domestiques, se défendirent à coups de pistolet; il y eut des hommes tués, mais lui-même fut blessé. Cependant le troupeau de femmes fuyait sous les falaises le long de la mer. Situation terrible, car à cette heure le flux montait. Bostaquet eut le déchirement de sentir qu'on allait les prendre, les lui ôter sans doute pour toujours. Il s'enfuit, fut caché par des paysans catholiques, même par des curés charitables, mais mal pansé, martyrisé. Enfin il échappa... » (1)

Dès qu'il se vit en état de passer en Picardie, toujours en proie à de poignantes douleurs et à de mortelles inquiétudes, il franchit la frontière, parvint à Gand, et, gagnant de là Middelbourg, Dordrecht et Rotterdam, il arriva à La Haye.

Instant solennel, plein d'une joie amère : il ne devait plus revoir cette patrie qu'il venait de quitter ! Mais le sol hospitalier qu'il foulait, c'était pour lui la terre de

---

(1) Michelet, *Louis XIV et la Révocation*, p. 352, 354.

la liberté, et ce serait bientôt une patrie d'adoption. Rappelons-le encore ici en empruntant les lignes si éloquentes de M. Michelet : « La fuite du protestant est chose volontaire. C'est un acte de loyauté et de sincérité, c'est l'horreur du mensonge, c'est le respect de la parole. Il est glorieux pour la nature humaine qu'un si grand nombre d'hommes aient, pour ne pas mentir, tout sacrifié, passé de la richesse à la mendicité, hasardé leur vie, leur famille dans les aventures périlleuses d'une fuite si difficile. On a vu là des sectaires obstinés ; j'y vois des gens d'honneur qui, par toute la terre, ont montré ce qu'était l'élite de la France. La stoïque devise que les libres penseurs ont popularisée, c'est justement le fait de l'émigration protestante, bravant la mort et les galères, pour rester digne et véridique : *Vitam impendere vero.* La vie même pour la vérité ! »

C'est à La Haye, en avril 1688, que M. de Bostaquet a écrit cette première partie de ses Mémoires, « dans cet asile où, à l'abri de ses persécuteurs, » il commence à faire un retour sur les biens et les maux qu'il a éprouvés jusque-là. Mais ce n'est pas avec le sentiment égoïste du *Suave mari magno* de Lucrèce qu'il se livre à cette revue rétrospective, c'est pour tracer de ses propres vicissitudes un abrégé qui puisse profiter à « ses chers enfants » auxquels il le destine, et, parvenu au port, il ne se montre ni ingrat envers la Providence ni oublieux de ceux qui souffrent encore au milieu de la tourmente.

II

La deuxième partie, continuée en Angleterre en décembre 1689, et qui se compose de six fragments, dont le dernier est achevé à Dublin en 1693, raconte ce qu'il appelle « sa vie nouvelle, » à compter du mois de juin 1687.

Avant tout il veut apaiser les remords de sa conscience, par une rétractation publique de la signature qu'il avait eu le malheur de donner en France, car ce qu'il est « venu chercher en Hollande, ce n'est pas la fortune, mais la liberté et le repos de sa conscience » (1). Il y trouve par surcroît, auprès des Etats généraux et du prince, « le secours dans sa misère; » on lui accorde une pension de capitaine réformé. Mais de nouveaux chagrins viennent l'assaillir. Il apprend la mort de Madame de La Rive, belle-mère de sa première femme, réfugiée à Rotterdam, qui lui était très affectionnée, et coup sur coup celle de deux de ses filles et la maladie de trois autres de ses enfants restés en France avec sa femme, qu'il avait laissée sur le point d'accoucher; il apprend aussi la vente à vil prix de ses propriétés, en même temps que le déplorable état de sa mère et des membres de sa famille arrêtés à la suite de leur tentative d'évasion dont l'issue avait été si malheureuse. Un faux bruit lui fait croire que son gendre est envoyé aux galères, que sa mère, sa sœur, sa fille, vont être rasées et enfermées dans un couvent à perpétuité, et que lui-même est condamné à mort. Puis il est informé qu'on ne lui a pas même fait cet honneur, mais que, selon la teneur des édits, on a prononcé contre lui et son beau-frère la peine des galères perpétuelles. Cet arrêt n'avait été pour les condamnés qu'une occasion de plus de confesser leur foi avec fermeté ; Madame de Bostaquet en écrit à son fils « en des termes très consolants, » dit-il ; mais Mademoiselle d'Heusecourt, « ne pouvant supporter l'horreur de la prison et la crainte du couvent, » mourut en martyre, sans qu'on pût la faire abjurer.

Autres perplexités cruelles : Madame de Bostaquet, dont

---

(1) Voir ci-après, pages 168 et 247.

l'idée fixe était de rejoindre son mari, avait voulu lui adresser par avance une de ses petites filles, et avait réussi à la faire partir, mais si précipitamment qu'à peine celui qui l'avait reçue à bord savait-il où il devait la conduire, et qu'une terrible tempête étant survenue, le vaisseau fut par deux fois chassé vers les côtes d'Angleterre et considéré comme perdu. Après tous ces périls et bien des difficultés, le pauvre père revoit enfin cette enfant, objet de tant d'alarmes. A quelque temps de là, il a aussi la joie bien grande de voir se réunir à lui sa femme elle-même, qui était parvenue à s'embarquer à Dieppe avec son fils (mars 1688). On s'associe au bonheur qu'il en ressent et qu'il exprime en termes d'une touchante simplicité.

Cependant le moment approche où le prince d'Orange va « faire paraître au jour le grand dessein qui a surpris toute l'Europe, » et où les réfugiés, ses hôtes, pourront noblement s'acquitter de leur dette envers lui, en combattant avec lui sous le glorieux drapeau qu'il arbore de la liberté de conscience. A l'exemple du roi de France qui, par un zèle bigot, venait d'immoler à la messe, — c'est-à-dire à la chimère de l'unité de croyance, — une notable partie (et non certes la moins précieuse) de ses peuples, le roi d'Angleterre Jacques II, lui aussi, était en train de « sacrifier trois royaumes pour une messe. » Qu'on juge de l'ardeur avec laquelle tous ces Français portant l'épée, tous ces officiers en disponibilité, durent s'enrôler « dans la guerre sainte, » *pour* un prince qui les avait recueillis, et *contre* un despote, triste imitateur de celui qui les avait forcés de s'expatrier. « Le nombre fut grand, nous dit M. de Bostaquet, de ceux qui répondirent à son appel; les vieillards comme les plus jeunes se disposèrent à suivre ce libérateur. »

Lui-même, incorporé dans le régiment de dragons rouges, sous le commandement de M. de Louvigny, colonel, prend aussitôt congé de sa femme, dont il loue la force d'âme, et part, le 12 octobre 1688, pour se rendre à Muyden, où il va rejoindre le corps.

Ses Mémoires prennent dès lors un caractère nouveau, et, bien que l'auteur ne « prétende point faire de l'histoire, laissant, dit-il, ce soin aux plumes mieux taillées que la sienne » (1), il donne sur les opérations militaires de la descente en Angleterre et sur les événements politiques dans lesquels il est témoin et acteur, des détails familiers d'un réel intérêt pittoresque et historique.

Après avoir, non sans un accident grave et beaucoup de mésaventures, gagné le navire qui lui avait été assigné, il quitte la Hollande « le bras en écharpe, comme il y était entré, » et fort molesté au milieu du désarroi momentané qui accompagne le brusque départ d'une flotte de plus de cinq cents voiles, par un gros temps. Mais il prend bravement son parti et se montre plein d'enthousiasme, « admirant la constance et la tranquillité » de Guillaume, qui « paraissoit sans inquiétude et aussi gai qu'à son ordinaire, » malgré les fâcheux retards occasionnés par l'état de la mer. Enfin l'on a pu appareiller (30 novembre); le prince d'Orange s'éloigne du Texel, il est en vue des côtes d'Angleterre et de celles de France, faisant naître « dans ces deux royaumes des sentiments bien différents, » — car bien différentes sont les dispositions dont on est animé envers lui. L'Angleterre attend avec impatience son libérateur, la France le redoute, et déjà n'eût pas été hors de saison la fin du célèbre couplet populaire à double tran-

---

(1) Voir ci-après, page 224.

chant que la terreur et la haine générales inspirèrent plus tard à la comtesse de Murat :

> Qui mieux que Villeroi
> A jamais servi le roi...
> Guillaume?
> Qui répand plus d'effroi
> Dans le pays que le roi...
> Guillaume?

Bientôt on approche de la rade de Torbay et l'on voit distinctement les populations s'avancer sur les falaises et faire bon accueil à ces auxiliaires qui leur arrivent (1). On aborde par un beau coucher de soleil, on débarque au clair de lune (15 novembre). Dès le lendemain matin, après une nuit passée au village en camp volant, on marche vers Exeter où le prince d'Orange avait pris les devants et attendait qu'on vînt à lui. C'est là que notre huguenot assiste pour la première fois au service de l'Eglise anglicane, qui le choque par sa ressemblance avec celui de l'Eglise romaine et lui fait regretter la simplicité de son Eglise réformée. Sans s'arrêter à Salisbury, on poursuit gaiement la route, à la suite du prince, traversant librement une contrée que le roi Jacques évacue à mesure, si bien que sans la petite affaire de Reading, où cinq cents chevaux du roi furent défaits par cent cinquante cavaliers de Guillaume, « il ne se serait pas tiré un coup de pistolet pour la conquête du royaume. » On parvient à Windsor, et le prince, apprenant que Jacques, qui avait d'abord pris la fuite, était revenu à Londres, se décide à s'y rendre lui-même, marche

---

(1) Le maréchal de Schomberg avait sagement conseillé à Guillaume de ne pas débarquer à Londres même, pour ne point se présenter en conquérant, et faire son entrée dans la capitale de son futur royaume à la tête d'une armée de Hollandais et de Français. (*Dépêche du comte d'Avaux, ambassadeur de France,* du 2 décembre 1688.)

droit à Whitehall, et force ainsi le roi à abandonner la partie et à passer en France, où la reine et son fils l'avaient précédé de quelques jours (23 décembre). L'expédition se trouvait achevée, n'ayant guère coûté que la fatigue d'un pénible voyage dans la plus mauvaise saison de l'année ; il ne restait qu'à convoquer un parlement, pour décerner la couronne au libérateur, déclaré provisoirement régent par la convention des lords assemblés à Westminster (1).

M. de Bostaquet s'installe à Sidgeworth, tandis que les troupes entrent en quartier d'hiver. Il est présent à l'arrivée de la princesse d'Orange, et à la proclamation solennelle, différée jusqu'au 13 février parce que le roi déchu avait emporté la défroque royale. Après quoi, la guerre étant déclarée par la France aux Etats Généraux, il s'agit de savoir si les Français qui ont suivi Guillaume seront rappelés au service de la Hollande ou s'ils resteront auprès du roi d'An-

---

(1) Nous avons reproduit dans le *Bulletin de la Société de l'Histoire du Protestantisme français* (t. VI, p. 396), une pièce qui donne lieu à de curieux rapprochements. C'est une notice sur François Le Coq, sieur de Germain, conseiller au parlement, beau-frère du duc de Caumont La Force, par son mariage avec Suzanne de Béringhen, qui, — après avoir subi la dragonnade, dans sa terre de la Ravinière, près Blois, et s'être vu livrer entre les mains de Bossuet, puis interner au Mans, enfermer à Saint-Magloire, et enfin au château de Saint-Malo, tandis que Madame Le Coq était elle-même détenue aux Nouvelles-Catholiques, — fut enfin conduit hors du royaume, et put chercher un refuge à Londres avec sa femme.

« Ils trouvèrent l'Angleterre, dit le biographe, dans la consternation où la jettoient les entreprises violentes et hardies du papisme, sur la fin du règne de Jacques II. Le libérateur, d'immortelle mémoire, vint peu de temps après, et dans le bonheur public, M. et Madame Lecoq trouvèrent leur consolation particulière. On ne doit pas omettre ici une particularité remarquable. A l'arrivée du prince d'Orange à Londres, M. de Barillon, qui y étoit ambassadeur (du roi de France), craignit les insultes de la populace et se retira chez M. Le Coq. Ainsi sa petite maison de réfugié servit de refuge et d'asyle au ministre d'un grand roi qui l'avoit exilé et chassé de ses Etats. »

On verra plus loin (p. 194) que ce fut justement un autre réfugié, M. de L'Estang, qui fut chargé d'enjoindre à Barillon de quitter Londres dans les vingt-quatre heures, et de se rendre à Douvres, et qu'un autre réfugié, Saint-Léger (probablement Le Coq de Saint-Léger), eut la mission de l'accompagner.

gleterre : à leur grand contentement, ce dernier témoigne les vouloir garder. Notre auteur se met alors en mesure d'aller chercher sa famille pour l'amener au lieu où il élira désormais domicile. Laissons-le partir avec la flotte, descendre la Tamise en admirant les beaux paysages qu'elle déroule à ses yeux, débarquer à Willemstadt et se rendre à La Haye pour y faire ses préparatifs d'emménagement. Le voilà de nouveau en route avec tout son monde, et cette nouvelle traversée est encore contrariée par une terrible tempête qui met nos passagers à deux doigts de leur perte. Enfin ils arrivent à Greenwich, où le bon accueil, les attentions empressées de M. et Madame de Ruvigny les réconfortent un peu et les engagent à se fixer auprès de personnes si secourables à leurs compatriotes réfugiés. C'est là que Madame de Bostaquet met au monde, trois mois après leur établissement, le 2 juillet 1689, un fils baptisé dans la maison de la reine et présenté par M. de Ruvigny. A quelques semaines de là, ils sont affligés par la mort du marquis de Ruvigny le père (1), au moment où notre auteur doit se dis-

(1) « Personne, dit Macaulay, n'avait plus travaillé que le marquis de Ruvigny à la formation des quatre régiments de réfugiés français. Il avait été pendant nombre d'années un serviteur éminemment utile et fidèle du roi de France, et l'on faisait un si grand cas de son mérite à Versailles qu'on l'avait prié d'accepter des tolérances qu'un autre hérétique aurait en vain sollicitées. S'il avait voulu rester dans son pays natal, on lui aurait permis, ainsi qu'à toute sa maison, d'offrir à Dieu un culte conforme à sa croyance; mais Ruvigny refusa ces offres, ne séparant pas sa destinée de celle de ses coreligionnaires, et à plus de quatre-vingts ans il quitta Versailles, où il pouvait encore être un favori, pour une modeste maison à Greenwich. Cette maison fut, pendant les derniers mois de sa vie, le rendez-vous de tout ce qu'il y avait de plus distingué parmi ses compagnons d'exil. Son habileté, sa munificence bienveillante, en firent le chef incontesté des réfugiés. Il était à demi Anglais, car sa sœur avait été comtesse de Southampton, et il était oncle de lady Russell. Le temps de l'action était passé pour lui, mais ses deux fils, tous les deux hommes d'un courage éminent, vouèrent leurs épées au service de Guillaume. Le plus jeune, qui portait le nom de La Caillemotte, fut nommé colonel d'un des régiments huguenots d'infanterie. Les deux autres régiments étaient commandés par La Mellonnière et Cambon, officiers de grande

poser à suivre le maréchal de Schomberg avec son régiment de cavalerie, dans lequel il a été incorporé (1).

L'Ecosse et l'Irlande n'avaient pas accepté comme l'Angleterre la déchéance de Jacques II. Le premier de ces deux royaumes une fois soumis par le général Mackay, il fallait se tourner vers le second, où le roi déchu avait reparu dès le mois de mars, et où Tyrconnel, qui tenait pour lui, ayant levé toute une armée et reçu de France quelques renforts et munitions, se préparait à la lutte. Le maréchal de Schomberg

réputation. Le régiment de cavalerie, levé par Schomberg lui-même, portait son nom. Ruvigny vécut juste assez longtemps pour voir ces arrangements terminés. » (*Hist. d'Angleterre*, ch. XIV.)

C'est à l'occasion de ce passage que Macaulay cite pour la première fois les *Mémoires de Dumont de Bostaquet*. Il ne les a pas connus avant d'arriver à cette partie de son ouvrage, et n'a pu les utiliser qu'à dater de la campagne d'Irlande (juillet 1689); encore ne l'a-t-il pas fait comme s'il avait eu à sa disposition un document *imprimé*, au lieu d'un *manuscrit* d'une lecture peu courante.

(1) « Le général auquel était confié le commandement de l'expédition avait merveilleusement réussi à obtenir l'affection et l'estime de la nation anglaise... Son élévation n'excitait en rien la jalousie qui se manifestait chaque fois qu'une marque de la faveur royale était donnée à Bentinck, à Zolestein ou à Auverquerque. L'habileté militaire de Schomberg était universellement reconnue. Tous les protestants le regardaient comme un confesseur de leur foi, qui avait presque tout enduré pour elle, excepté le martyre. Pour sa religion, il avait renoncé à un splendide revenu ; il avait déposé le bâton de maréchal de France, et à l'âge de près de quatre-vingts ans, il rentrait presque dans la carrière en soldat de fortune nécessiteux. Comme il n'avait aucune relation avec les Provinces-Unies, et comme il n'avait jamais appartenu à la petite cour de La Haye, la puissance qu'on lui donnait sur des officiers anglais était justement attribuée, non à une partialité nationale ou personnelle, mais à ses vertus et à ses talents... Schomberg était un citoyen du monde ; il avait voyagé dans toute l'Europe ; il avait commandé des armées sur la Meuse, sur l'Ebre, sur le Tage ; il avait brillé dans le splendide cercle de Versailles, et il avait joui d'une grande faveur à la cour de Berlin... Habitué dans sa jeunesse à la tempérance, il en recueillait pour récompense naturelle une verte et vigoureuse vieillesse. A quatre-vingts ans, il conservait un goût très vif pour les plaisirs innocents, conversant avec beaucoup de courtoisie et de vivacité d'esprit; rien n'était de meilleur ton que ses équipages et sa table; tous les cornettes de cavalerie enviaient la grâce et la dignité avec lesquelles le vétéran maniait son cheval dans Hyde-Park à la tête de son régiment. La chambre des communes, avec l'approbation générale, avait compensé ses pertes et rémunéré ses services par un don de cent mille livres sterling... Il avait été fait duc, chevalier de la Jarretière, maître de l'artillerie; on venait de le mettre à la tête d'une armée. » (Macaulay, *Hist. d'Angleterre*, ch. XIV.)

est chargé de l'expédition ; il embarque un corps de neuf ou dix mille hommes, tant Anglais et Français que Flamands, et débute par le siége de Carrick-Fergus, qu'il mène avec une grande vigueur, et où les réfugiés Cambon, La Melonière, La Caillemotte, et les quatre régiments français se signalent déjà par leurs services exceptionnels (1). M. de Bostaquet ne quitte Londres que le 28 août 1689 pour se rendre à Chester et à Highlake, d'où il passe en Irlande et débarque à Whitehouse, entre Carrik-Fergus et Belfast. Ayant rejoint l'armée qui va camper à Lisburn, à Dremore, à Brikelay, puis à Dundalk, il nous peint la cruelle situation dans laquelle on est forcé de demeurer pendant plusieurs semaines, sur la défensive, au milieu des marais, à deux ou trois milles du camp du roi Jacques, que l'on ne peut décider à en venir aux mains, malgré la supériorité de ses forces, et qui finit par quitter la place le 9 novembre, obligeant ainsi ses adversaires à aller eux-mêmes cantonner ailleurs et prendre des quartiers d'hiver. C'est alors que notre auteur, établi à Lurgan, a, au sujet d'une demande de congé, une petite prise avec le maréchal qui le lui refusait, mais d'une manière aussi aimable que flatteuse pour l'officier réfugié. Cependant celui-ci tombe sérieusement malade pendant l'hiver, ce qui, joint à son extrême désir de revoir sa famille, lui fait obtenir une permission d'aller en Angleterre. Il était sur le point d'en profiter, lorsque la nouvelle

---

(1) *Dépêches de Schomberg au roi des 27 août et 12 octobre 1689.* — « Les chefs de génie et de l'artillerie sont Cambon et Goulon. Les trois aides de camp de Guillaume sont aussi des Français. Trois régiments d'infanterie, en tout 2,250 hommes, sont Français ; très redoutable troupe, pleine de vieux soldats de Turenne, de gentilshommes et d'officiers, qui dans cette guerre sainte, trouvaient bon d'être soldats. Ajoutez un escadron de cavalerie. Bien plus, presque toute l'armée était française par ses cadres. Guillaume y avait dispersé, dans tous les corps, comme un ferment d'honneur et de bravoure, 736 de nos officiers. » (Michelet, *Louis XIV et la Révocation de l'Edit de Nantes*. Paris, 1860. P. 419.)

se répand que le roi Guillaume va venir en Irlande, et le désir de faire son devoir à côté de « ce grand prince, » l'espoir de « voir des choses dignes de lui, » le décident aussitôt à rester et lui redonnent force et courage.

Guillaume arrive à Belfast le 14 juin 1690 : sa présence est saluée avec allégresse. « La santé du roi et la gaieté peinte sur son visage nous fit tout espérer pour les heureux succès de la campagne » (1). On se met en mouvement le 22 juin; le 30, on avait atteint la limite du comté de Louth, on se trouvait en vue de la belle rivière de la Boyne, qui le sépare du comté de Meath, et l'on apercevait le pavillon de Jacques dressé sur la hauteur de Donore, et le camp tout entier de son armée établi sur l'autre rive. Dès le lendemain, 1er juillet, avant le jour, Schomberg passait à un gué, à deux ou trois milles plus haut, avec la meilleure partie de sa cavalerie, afin de tourner la gauche de l'ennemi. Au bout de quelques heures de manœuvres, qui permettent au brouillard du matin de se dissiper, enfin s'engage la mémorable bataille qui devait consommer la déchéance du dernier des Stuarts. « Cette journée a fait assez de bruit dans le monde, dit M. de Bostaquet, pour ne pas manquer d'écrivains qui en feront le détail. » Il faut en lire le tableau complet et admirable dans Macaulay. Notre manuscrit est mis par lui au nombre des principales autorités qu'il cite. Ce n'est sans doute que le récit d'un témoin qui n'a pu embrasser tout l'ensemble de l'affaire, mais qui en donne les traits saillants avec beaucoup de couleur et d'intérêt. Ici, c'est le passage de la rivière que l'on effectue à la nage; là, c'est la

---

(1) Macaulay cite cette phrase de notre auteur qui ne savait sans doute pas quelle force de caractère cette gaieté apparente révélait chez un prince qui venait de traverser, durant les derniers dix-huit mois, de si rudes épreuves, et que contristaient profondément les graves soucis au milieu desquels il venait de quitter la reine. (Voir *Hist. d'Angleterre*, ch. XVI et le chapitre précédent.)

fermeté du roi, qui, venant à passer entre deux feux, essuie une décharge de trente à quarante grenadiers « sans même hausser le pas; » plus loin, il retrace la mort glorieuse du maréchal duc de Schomberg, si regretté de tous ; ailleurs, l'entraînement avec lequel les réfugiés ont combattu, sous la conduite de leurs officiers, confirmant bien ce que le général en chef avait écrit à Guillaume : « Votre Majesté tire plus de service des trois régiments français et de celui de cavalerie que du double des autres » (1).

Si Macaulay avait connu plus tôt ces Mémoires de notre gentilhomme normand, il n'eût sans doute pas encouru le reproche que lui adresse M. Michelet, sinon d'avoir « laissé dans l'ombre, » du moins de n'avoir pas suffisamment mis en relief le renfort prépondérant apporté par les Français à l'expédition du prince d'Orange et le rôle décisif joué par eux dans cette campagne d'Irlande, notamment à la bataille de la Boyne. Non, nous ne saurions admettre que l'illustre historien n'a pas bien « vu nos huguenots, » parce qu'ils avaient, au lieu des brillants costumes des Anglais ou des autres auxiliaires, « l'habit des proscrits, poudreux, usé, troué. » Nous sommes de l'avis de M. Michelet, qui « ne croit nullement que la grande Angleterre, avec toutes ses gloires, son aînesse dans la liberté, n'avoue pas noblement la part que nos Français eurent à sa délivrance. » Si Macaulay n'est pas assez explicite à cet égard, au gré du patriote écrivain de l'*Histoire de France*, les pages qu'il a consacrées à Ruvigny et à Schomberg, et que nous avons reproduites, nous semblent le disculper de toute intention d'amoindrir les éminents services rendus par les réfugiés à la cause de Guillaume III. Ne regrettons pas d'ail-

---

(1) *Mémoires de Dalrymple.* Dépêche de Schomberg, du 9 janvier 1690.

leurs qu'il ait laissé à l'historien français le mérite d'insister sur la grandeur de ces services et de faire ressortir que ces « pauvres » exilés donnèrent « le tiers de l'argent » nécessaire au prince d'Orange, — qu'ils donnèrent « à sa petite armée le général et presque tous les officiers, les chefs du génie, de l'artillerie, trois régiments invincibles, » — enfin qu'ils lui donnèrent surtout la force morale, l'ardeur, « ce souffle brûlant qui enleva la Hollande, lui fit risquer sa flotte, enfla les voiles de Guillaume. » L'habile politique, en passant le détroit, sentit bien, comme le dit encore M. Michelet, qu'il avait avec lui l'âme même d'un grand peuple, immolé des Cévennes aux Vallées vaudoises et des Alpes au Palatinat (1).

III

Avant d'en revenir à nos Mémoires particuliers, et puisqu'ils ont pour auteur un de ces braves réfugiés qui prirent les armes pour une noble cause, et qui furent obligés de les porter occasionnellement contre la France, — ou plutôt contre des Français, — disons un mot de cette question toujours si délicate, mais qui l'est moins sans doute à ce point de vue rétrospectif et dans les circonstances dont il s'agit, qu'elle ne le serait pour une époque plus récente et dans un cas différent.

---

(1) Quelques lignes d'une lettre du lieutenant-colonel baron d'Avyan, rapportées par Antoine Court, dans son *Histoire* (manuscrite) *des Eglises réformées*, confirment cette appréciation : « Les Français réfugiés ne contribuèrent pas peu à la conquête de l'Irlande... Ils regardaient la conquête de cette île comme la cause de Dieu et le préalable de leur retour en France. » « Je m'assure (écrivait le baron d'Avyan, le 23 avril 1689) que vous ne manquerez pas de faire publier, dans toutes les Eglises françaises de la Suisse, l'obligation où tous les réformés sont de nous venir aider dans cette expédition où il s'agit de la gloire de Dieu, et dans la suite du rétablissement de son Eglise dans notre patrie. » (Bibliothèque de Genève, Mss. d'Antoine Court, t. II, p. 944.)

Il y avait certes là matière à déclamations, et les déclamations n'ont pas manqué. Tandis qu'on célébrait Louis XIV *conquérant* le Palatinat par l'incendie, ou *convertissant* par les dragons ses sujets hérétiques, tandis qu'on l'encensait au point presque de lui dire, comme au lion de la fable :

> Vous leur fîtes, Seigneur,
> En les *brûlant,* beaucoup d'honneur !

on n'avait pas assez d'invectives à lancer contre le prince audacieux qui s'était posé en adversaire déclaré du roi de France. Ecrivains et poëtes firent de leur mieux et rivalisèrent d'injures en prose et en vers. Les Mémoires et autres Recueils du temps en sont pleins. C'est le moment où La Bruyère écrivait : « Un homme dit : Je passerai la mer, je dépouillerai mon père de son patrimoine, je le chasserai, etc. » (*Les Caractères,* chap. XII.) Et, entre tant d'autres, une nouvelle convertie, une parente du grand Corneille, muse lauréat de l'Académie française, la célèbre Mademoiselle Bernard, s'écriait avec l'emphase de rigueur :

> Il faut, Nassau, que je te remercie
> D'avoir su conserver ta vie !
> Louis a besoin de tes jours
>   Pour ses glorieuses conquêtes,
>   A *quoi* tu travailles toujours.
> Tu prends souci de former les tempêtes ;
>   Les dissiper fait ton emploi :
> Le ciel dut à son règne un prince tel que toi.
> Ton génie agissant dont parlera l'histoire
>   Ne t'est pas donné pour ta gloire,
>   Mais pour celle de notre roi !

L'histoire a en effet « parlé de ce génie agissant, » qui n'a pas exclusivement « travaillé aux conquêtes » et à la

« gloire » du roi de France, mais bien un peu aussi à ses propres victoires et à sa gloire propre; et, en présence de ces débauches de l'adulation, de ces aberrations de l'esprit de parti, on aime, pour l'honneur du monarque français, à se rappeler qu'il condamna, du moins par son refus, les offres faites par des fanatiques qui voulaient le débarrasser de l'auteur de ses désastres en l'assassinant (1), et que, supérieur aux passions mesquines dont il était entouré, il donnait, lui, le nom de grand homme à cet ennemi persévérant qui l'avait « traversé durant plus de vingt années dans tous ses desseins » (2).

Mademoiselle Bernard, après s'être escrimée, comme on vient de le voir, contre « Nassau, » apostrophait dans le sonnet suivant les officiers réfugiés engagés sous ses étendards :

> De vos premiers honneurs perdez-vous la mémoire?
> Ne vous souvient-il plus que vous êtes François,
> Infidèles guerriers qu'on voyait autrefois
> En tous lieux respectés, heureux, comblés de gloire?
>
> L'incrédule avenir refusera de croire
> Qu'après avoir servi sous le plus grand des rois,
> Vous avez lâchement abandonné ses lois
> Pour suivre le drapeau qu'abhorre la victoire.

(1) On lit dans une lettre de la princesse palatine, duchesse d'Orléans, et belle-sœur de Louis XIV, en date de Fontainebleau, le 18 septembre 1691 : « Je sais et je connais des gens qui lui ont offert d'assassiner le prince d'Orange, mais il n'a jamais voulu y consentir; cependant je crois bien qu'il s'en trouve encore beaucoup qui ont ce zèle indiscret. Le prince doit avoir une véritable grandeur d'âme pour si peu craindre la mort; quant à du mérite, c'est ce qu'on ne peut certainement pas lui ôter. » (*Lettres nouvelles et inédites de la Princesse Palatine*, traduites de l'allemand et publiées par A.-A. Rolland. Paris, 1862.)

Ce témoignage positif que n'a pas connu Macaulay nous semble combattre avantageusement l'assertion contraire, qu'il n'avait d'ailleurs accueillie que sur des données fort plausibles, il faut le dire, et qui ont également entraîné l'opinion de M. Michelet. (*Louis XIV et le duc de Bourgogne*. Paris, 1862. Page 67.)

(2) Mignet, *Notice historique sur la vie et les travaux de lord Macaulay*, lue à l'Académie des sciences morales et politiques, le 13 juin 1863.

Quoi ! vous avez prêté vos redoutables mains
Aux cruels attentats, aux barbares desseins
D'un tyran qui d'un roi n'est que le vain fantôme !

Ah ! dessillez vos yeux trop longtemps éblouis :
Songez qu'il est honteux de fuir avec Guillaume
Après avoir toujours su vaincre avec Louis !

Tel est le thème, trop commode en vérité, que des courtisans, des gazetiers officiels et officieux, des historiographes gagés, ont fort à leur aise, du fond de leurs cabinets, exploité contre ceux que leur maître avait réduits à chercher la liberté de conscience dans l'exil. On osait les assimiler à des déserteurs, ces malheureux Français qu'un despote voulut contraindre à se parjurer par de mensongers acquiescements, et qui avaient préféré tout quitter, familles, biens, patrie, « passer de la richesse à la mendicité, » et, à travers mille dangers, arriver nus à l'étranger, en quête de leur pain quotidien. On osait comparer à des transfuges, ces vaillants soldats, qui, déliés de leur serment par la violence de celui qui venait d'abolir et de casser l'irrévocable et perpétuelle charte octroyée à leurs pères, se rangèrent sous une bannière où ils lisaient la devise : *Je maintiendrai*. On osait traiter de lâches (et c'est une femme qui leur faisait cet outrage !), on osait traiter de lâches ces nobles cœurs qui, méconnus alors, sont aujourd'hui, aux yeux de l'histoire et de la postérité vengeresse, la personnification même de « l'honneur » et « l'élite de la France. » On leur reprochait de « perdre la mémoire » de leur vertu première, d'en ternir l'éclat, de s'exposer à la « honte de fuir avec Guillaume,

« Après avoir toujours su vaincre avec Louis. »

On les menaçait de « l'incrédulité de l'avenir. » Et de tels reproches leur étaient adressés au nom du souverain qui avait mis en oubli la longue fidélité de ces sujets huguenots que ni la Fronde ni aucune cruelle épreuve n'avaient vus se démentir; de telles menaces leur venaient de ces thuriféraires qui « ont des rois égaré le plus sage, » qui l'ont fait déchoir de sa grandeur et de sa puissance, et lui ont ménagé, de la part de ce même adversaire qu'on l'exhortait superbement à dédaigner, les plus dures humiliations !

Est-ce donc de gaieté de cœur que tant d'officiers, forcés de s'exiler avec leur épée, et qui l'eussent brisée plutôt que de la souiller, consentirent à entrer au service de la Hollande? Mais que faire? Ils stipulèrent autant qu'ils le purent qu'ils ne combattraient pas contre leur ancienne patrie, et l'ambassadeur de Louis XIV à La Haye, le comte d'Avaux, relate lui-même que plus d'un duel eut lieu entre ceux qui s'exprimaient en termes trop amers à l'égard du roi leur persécuteur et d'autres réfugiés qui voulaient que, sous aucun prétexte, on ne s'écartât du respect qu'ils conservaient pour le roi légitime de leur nation. (*Dépêche du 24 mai 1686.*)

Maintenant, que ces hôtes de la Hollande, que ces loyaux proscrits, aient été amenés, avec le temps et les circonstances, à donner à leurs sentiments une direction nouvelle, à se dénaturaliser peu à peu par l'effet de la reconnaissance et de la nécessité; qu'ils aient embrassé résolûment l'occasion à eux offerte de payer leur dette d'hospitalité, en marchant avec celui qui se levait « pour la religion et la liberté, » et d'aller frapper dans Jacques II la même tyrannie à laquelle ils devaient leurs infortunes; que plus tard, en Irlande, ils aient trouvé en face d'eux, dans la mêlée, parmi les champions de la cause adverse, leurs anciens persécuteurs (comme le leur rappelait Schomberg (1)); qu'ils les

---

(1) A la vue des dragons français que commandait Lauzun : « *Allons, mes amis,*

aient retrouvés encore à Neerwinde, à Marsaille, à Hochstaedt, à Almanza, à Oudenarde, à Malplaquet ; — on ne peut s'empêcher de le regretter, de le déplorer, mais surtout on doit les plaindre, eux, de ces funestes vicissitudes de leur destinée ; qui donc songerait sérieusement à les en rendre responsables ? qui oserait leur jeter la pierre ? Est-ce aux bannis qu'il faut s'en prendre, ou bien à ceux-là dont « l'esprit d'imprudence et d'erreur » les avait obligés à s'expatrier et leur avait fait ces tristes loisirs ?

Achevons d'examiner cette question incidente, et repoussons aussi, en tant que besoin serait, les accusations analogues que l'on a formées et que l'on maintient volontiers, le cas échéant, à l'encontre d'autres réfugiés qui, au lieu de l'épée, ont manié la plume, et auxquels on n'a point épargné le reproche de *méchanceté*, parce que... ils *se défendaient*, et celui d'*impudence*, parce que... ils osaient dire la vérité, mise partout ailleurs sous le boisseau.

Voici ce que nous lisons dans la préface d'un livre, estimable d'ailleurs, publié en 1725 (1) :

« A côté des écrivains que l'inclination de la patrie aveugle, parce que nourris dans son sein ils la regardent toujours comme leur mère, il y a ceux en qui la haine, fondée sur le chagrin, et le ressentiment ont étouffé l'instinct de la nature. Tels ont été presque tous les Français réfugiés depuis la révocation de l'Edit de Nantes. Si en cherchant un asile dans les pays étrangers, ils avoient réduit leur premier penchant pour celui qu'ils avoient abandonné

s'écria Schomberg en s'adressant aux réfugiés, *rappelez votre courage et vos ressentiments, voilà vos persécuteurs !* »

(1) *Mémoires pour servir à l'Histoire universelle de l'Europe, depuis 1600 jusqu'à 1716, avec des réflexions et remarques critiques.* Paris, 1725, 4 vol. in-12. L'approbation et le privilége sont de 1724. — C'est un ouvrage posthume et estimé du P. d'Avrigny, jésuite.

aux termes d'une simple indifférence, la vérité n'y perdroit rien. Libres des préjugés de la naissance et des illusions du cœur, ils n'auroient été que plus en état de la transmettre toute pure; mais comme ils n'ont pu se contenir dans des bornes si raisonnables, une haine furieuse produisant en eux ce qui fait dans les autres l'amour le plus déréglé, ils n'ont point donné d'ouvrages sur les affaires du temps où la plupart des événements ne soient étrangement altérés. Vous diriez qu'ils ont cherché à se dédommager de l'injustice prétendue faite à leur secte, par l'injustice réelle qu'ils font à tous ceux dont ils se sont séparés. Le plus considérable de ces écrivains est sans doute le sieur de Larrey, qui publia il y a quelques années une histoire d'Angleterre, à laquelle tant de mauvais connaisseurs ont applaudi. C'est aussi le plus partial de tous, malgré les belles protestations qu'on voit dans sa préface, et il faut qu'un journaliste qui vante fort l'exactitude, la fidélité et le désintéressement de ce gentilhomme français, devenu Prussien, ne l'ait pas lu pour en avoir fait un éloge si peu convenable » (1).

Étrange illusion, singulier aveuglement, bien propres à nous rendre circonspects dans nos opinions, dans nos appréciations des faits contemporains, et à nous prouver qu'il faut nous placer le plus possible au point de vue de l'avenir, si

---

(1) *Journal de Verdun* du mois de mars 1717. — Voici ce qu'avait dit ce journaliste en annonçant la prochaine publication de l'ouvrage : « On a lieu d'attendre la même exactitude, fidélité et désintéressement qu'il a fait paraître dans son *Histoire d'Angleterre*, très estimée par tous les gens de lettres. »

Le même journal parla ainsi du livre et de l'auteur, au mois de février 1719 : « ... M. Larrey a gardé presque partout le caractère d'historien impartial; il rend justice au mérite quand il le rencontre et condamne le vice et l'injustice quand ils se présentent sous ses yeux, sans pourtant sortir du respect et du caractère d'honnête homme. »

On voit combien Voltaire est injuste et peu véridique, lorsqu'il dit dans les notices qui accompagnent son *Siècle de Louis XIV*, que « l'histoire de ce monarque par Larrey ne fut jamais estimée. »

nous voulons que notre jugement ne soit pas tôt ou tard infirmé par celui de l'histoire. Ce même reproche, dans lequel notre auteur de 1725 enveloppait tous les écrivains refugiés, est devenu de nos jours leur mérite propre et leur justification. L'indépendance avec laquelle ils ont écrit, et que l'on appelait alors partialité, injustice, rancune, est devenue pour nous, avec le temps, ce qu'elle était en réalité, l'histoire sincère et vraie, autant qu'il était permis de la connaître et de la posséder alors. Justes peut-être sous quelques rapports, les observations que nous venons de citer, tombaient parfaitement à faux en s'appliquant à tous les écrivains réfugiés, sans exception (1). La vérité est au contraire que, sauf certaines exceptions en petit nombre (et nous ne parlons pas ici des pamphlets et des gazettes, empreints d'une inévitable exagération), les histoires écrites par des réfugiés sont remarquables par leur sagacité, leur pénétration, leur exactitude, presque toujours confirmées aujourd'hui par l'attentif examen des documents authentiques (2).

(1) La *Biographie universelle* de Michaud reconnaît du reste que le P. d'Avrigny a montré « de la partialité contre les protestants. » Ce qu'il y a de curieux en même temps, c'est qu'on lui a reproché à lui-même « des remarques critiques poussées souvent jusqu'à la satire, » comme celles qu'il blâme chez les écrivains réfugiés, et que son travail a subi par ordre de ses supérieurs des altérations considérables qui, dit-on, l'affligèrent au point de hâter sa mort. Ces altérations portèrent principalement sur les cruautés exercées dans le Palatinat et sur les mauvais succès de la guerre de la succession d'Espagne qu'il dévoilait avec franchise; on lui fit justifier les unes et colorer les autres. Et voilà comment il était permis d'écrire en France l'histoire de Louis XIV, même après sa mort! Ce qui n'empêchait pas de trouver mauvais que les historiens du Refuge l'écrivissent autrement.

(2) Ce sont Elie Benoit, Claude Brousson, Bayle, Ancillon, Larrey, Limiers, Rapin-Thoyras, Jacques Basnage, Jean Le Clerc, Rousset, Janiçon, Gautier, etc., ces écrivains qui ont fait dire à M. Sayous « qu'il semble que le génie de l'histoire suive les Français partout où les porte leur destinée. » — « A peine établis dans leurs pénates nouveaux, ajoute-t-il, on les voit entreprendre de raconter à leurs hôtes la propre histoire de leur pays. » (*Le Dix-huitième Siècle à l'étranger*. Paris, 1861, t. I, p. 46.) On doit appliquer à beaucoup de ces auteurs ce que dit Walckenaer des libelles publiés en Hollande contre Louis XIV : « Plusieurs étaient très

Que de fois nous sommes appelé à payer à l'auteur de l'*Histoire de l'Edit de Nantes*, Elie Benoît, un tribut dont ses coreligionnaires eux-mêmes avaient été trop avares envers lui, mais que lui décerne enfin, et en connaissance de cause, M. Michelet, ce minutieux anatomiste de nos annales, ce curieux et infatigable pionnier, qui, par ses déblaiements hardis, prépare une tâche si laborieuse à ses successeurs ! (1) Que de fois nous constatons, et la scrupuleuse conformité des allégations de cet écrivain avec les faits, et le service immense qu'il a rendu à la postérité en coordonnant et rédigeant ainsi consciencieusement pour elle ce volumineux martyrologe (2). Que voudrait-on de lui ? Plus de réserve, moins de véhémence, moins d'entraînement parfois ? car on ne suspecte pas sa bonne foi. Mais en racontant une pareille histoire, l'ancien pasteur d'Alençon pouvait-il rester froid et indifférent, ne point tenir un

---

habilement rédigés, et empruntaient le langage ferme et éloquent de l'histoire pour retracer les torts de la France et de son monarque, et les rendre odieux aux souverains et aux peuples de l'Europe. » (*Mémoires sur Madame de Sévigné*, t. V, p. 387.)

(1) « ... Même faiblesse chez les modernes (que chez les historiens antérieurs), dit lui-même M. Michelet. Une ornière s'est creusée de redite en redite, et elle se creuse encore par l'excessive *modération* des nôtres, leur excès d'impartialité. *Il m'a fallu une sorte de violence* pour en tirer l'histoire qui restait là » (p. 432).
— Si en effet M. Michelet peut être accusé de trébucher ou de verser parfois, ce n'est toujours pas dans les vieilles ornières, comme tant d'autres.

« On croit souvent, disait de cet historien le judicieux Béranger, qu'il se laisse aller à sa poésie ; mais, quand on examine, on trouve que c'est alors qu'il atteint la plus grande vérité et qu'il touche le fond même de l'histoire. » (*Souvenirs de Béranger*, par Eug. Noël, 1857, in-18, p. 35.)

(2) « Les documents protestants de la Révocation méritent-ils confiance ? N'est-il pas imprudent de croire les victimes dans leur propre cause ? Non. Les documents sont hautement confirmés par la meilleure autorité, celle de leurs ennemis... *Les récits protestants, loin d'être exagérés, taisent* souvent des circonstances odieuses que nous savons d'ailleurs... Avec une modération véritablement admirable, *ils fournissent des circonstances atténuantes* pour Louis XIV... Ils relèvent aussi avec soin les efforts que firent certains catholiques charitables de toutes classes pour faire échapper les protestants, ou diminuer les sévices qu'exerçait sur eux le clergé. » (Michelet, *Louis XIV et la Révocation*, p. 469.)

« On pourrait supposer, avait déjà remarqué M. Ch. Weiss, que les journaux

langage indigné? Et parce qu'il est véhément et indigné, a-t-il cessé pour cela d'être historien? Est-ce sa faute si le récit de ces iniquités séculaires, qui aboutissent à la Révocation, est une longue complainte, un factum, un plaidoyer? Ecrivant, pour ainsi dire, sous la dictée des événements, traçant (il ne s'en cachait pas) une apologie qu'il jugeait nécessaire, il n'a pas prétendu faire une histoire définitive; n'est-ce pas beaucoup qu'il ait été véridique et nous ait légué une œuvre aussi importante et aussi utile (1)?

Quant à l'*Histoire de France sous le règne de Louis XIV* de Larrey, il est clair que le suffrage contemporain du journal de Verdun forme déjà, quoi qu'en ait dit le critique de 1731, un certain préjugé en sa faveur. Nous joindrons à ce témoignage celui des rédacteurs des *Mémoires de Trévoux* qui, en septembre 1722 (p. 1665), disaient que son histoire était « la moins envenimée de toutes celles qui sont sorties de la plume des protestants, » et celui de Langlet Dufresnoy qui s'exprime ainsi dans sa *Méthode pour étudier l'histoire* (2) : « L'histoire qui peut servir de guide pour le règne de Louis XIV est celle de M. de Larrey. S'il a quelquefois censuré ce prince, il a eu soin de faire observer ce qu'il y a de grand et d'héroïque dans ce roi... » Disons aussi que son ouvrage et celui d'un autre réfugié, l'*Histoire du règne de*

fondés par les réfugiés portaient tous l'empreinte des fureurs religieuses de cette époque de persécutions. Il n'en est rien cependant. On est étonné du ton modéré dont plusieurs de ces publications sont empreintes. Les *Lettres sur les matières du temps* sont animées d'un esprit singulièrement exempt de passion. Il semble que l'auteur, en parlant de lui-même, raconte des événements passés depuis longtemps et auxquels il est étranger, tant il les discute avec impartialité. Qu'on en juge par le passage suivant, etc. » (*Histoire des Réfugiés*, t. II, p. 121.)

(1) « C'est aux protestants mêmes, à leur *grand historien*, Elie Benoît, que nous devons la connaissance de cette hésitation qui fait honneur à Louis XIV (au sujet des persécutions en Saintonge). Les écrivains catholiques, au contraire, nous feraient croire à une dureté inflexible qui n'est nullement dans la nature. » (Michelet, p. 294.)

(2) Paris, 1729, in-4°, p. 288.

Louis XIV, de Limiers, ne sont assurément pas des récits faits pour flatter la nation française, étant écrits avec une liberté de penser à laquelle elle n'était guère accoutumée. Mais croit-on donc que des mémoires d'outre-tombe comme ceux de Saint-Simon ou de Dangeau, si précieux comme monuments historiques ou littéraires, soient eux-mêmes exempts de passion, et bien plus *flatteurs* pour l'amour-propre national, que les histoires écrites par des émigrés de la Révocation? Est-ce un bien méchant et malveillant écrivain que celui qui s'annonce en ces termes : « Il est certain que le Roy étoit naturellement bon, et qu'avec toutes les qualités d'un grand roy, il avoit encore toutes celles de l'honnête homme ; mais avec la bonté de César, il en eut l'ambition ; et avec la magnificence de Salomon, il en eut les foiblesses. Ses flatteurs et ses maîtresses corrompirent ses vertus morales, et si elles ne détruisirent pas celles d'un grand roy, elles y imprimèrent au moins des taches ineffaçables. » Et plus loin : « On dira peut-être qu'un Français réfugié, tel que je le suis, n'étoit guère propre à écrire l'histoire d'un roy qui a proscrit tous les protestants de son royaume. J'avoue que d'abord le chagrin de ma proscription eût pu m'y rendre trop sensible pour parler sans émotion du roy et de la patrie qui me la faisoient souffrir ; mais j'ai laissé refroidir cette première chaleur, et j'ai attendu que le calme fût revenu dans mon esprit, avant que de mettre la main à la plume. Me trouvant alors tranquille, j'ai cru pouvoir écrire sans passion, et en même temps sans partialité, une histoire si pleine d'événements ; et j'ai consulté mon honneur et ma religion, pour ne rien avancer au préjudice de l'un et de l'autre. Il y en aura peut-être, parmi les protestants, qui m'accuseront d'avoir trop flatté l'histoire d'un règne, où la religion, la bonne foi et la liberté ont été opprimées ;

mais je les prie de lire l'ouvrage avec attention, et jusqu'à la fin, pour n'en condamner pas l'auteur, qui blâme hardiment ce que l'ambition démésurée, la puissance arbitraire et la bigotterie ont fait exécuter d'injuste, bien loin de le justifier et d'en faire l'éloge. Les catholiques outrés, au contraire, qui prétendent que la révocation de l'Edit de Nantes, et la proscription des protestants sont le chef-d'œuvre de la royauté de Louis XIV, croiront que c'est défigurer son histoire que de blâmer une action qui est le sujet de leurs applaudissements. Mais je leur répondrai avec la reine de Suède Christine, toute catholique qu'elle étoit alors, dans la lettre qu'elle écrivoit au chevalier de Terlon : « que c'est le coup le plus fatal que le Roy pouvoit porter à « sa propre gloire et au bien de tout le royaume. » L'auteur termine par ces mots : « On ne doit jamais ni supposer ni déguiser les faits, et c'est en quoi consistent l'impartialité et la fidélité que j'ai gardées ; caractères essentiels qui distinguent l'histoire de la fable et du roman. » — Admettra-t-on qu'un historien qui expose si bien de tels principes les ait ensuite foulés aux pieds? Et n'étions-nous donc pas fondé à dire que ces écrivains du Refuge, si décriés autrefois, si dédaignés encore ou si peu lus aujourd'hui, ont devancé leur époque, et que le tort qu'ils ont eu principalement est

L'impardonnable tort *d'avoir trop tôt raison?*

Il en est de même de Limiers qui, pour être réputé inférieur à Larrey, n'en a pas moins le même genre de mérite (1). « Il n'est pas surprenant, dit-il, qu'on n'ait point osé écrire en France, d'une manière satisfaisante l'histoire de Louis XIII

(1) En mentionnant son *Abrégé* qui parut en 1723, Fevret de Fontette dit qu'il est « assez estimé, *surtout pour sa sincérité.* » (*Bibliothèque historique de la France*, éd. de 1769, in-fol., t. II, p. 54.)

ou celle de Louis XIV, dans une cour inaccessible à tout ce qui n'étoit point flatterie, en un temps où la vérité n'osoit paroître que comme le prince aimoit à l'entendre, c'est-à-dire tout au plus de la bouche des morts. » Il déclare, avec Bayle, « qu'on ne doit pas exiger d'un historien tout le sang-froid avec lequel il faut que les juges prononcent une sentence de condamnation, et que quelques réflexions un peu animées ne lui siéent pas mal. » Il sait que « l'on doit craindre les illusions du ressentiment, lorsqu'on souffre les incommodités de la proscription, et que rien ne choque tant les lecteurs que de remarquer qu'un écrivain aime à médire. » Il sait aussi que « Louis XIV est demeuré *Grand*, même au milieu de ses disgrâces et qu'il a fait paroître jusqu'au bout une fermeté inébranlable. » — Croit-on que des historiens qui prennent la plume dans de semblables dispositions aient contredit comme à plaisir les maximes par eux professées ? Ne soupçonne-t-on pas qu'ils ont dû déplaire à leurs lecteurs du siècle dernier précisément par les qualités qui les devraient recommander au siècle présent, puisqu'ils ont parlé d'avance, autant qu'il était en eux, le langage de la postérité ?

Il nous a semblé que cette digression ne serait point jugée déplacée, en tête des Mémoires de l'un des compatriotes et compagnons d'armes du célèbre Rapin-Thoyras, gentilhomme comme lui du pays de Caux et le plus éminent d'entre les historiens du Refuge, — « le premier véritable historien politique de la nation qui lui accorda l'hospitalité » (1). Cette digression nous a paru d'autant moins hors de propos, que tout ce que nous venons de dire, au sujet des Histoires écrites

---

(1) M. Sayous, *Op. cit.*, p. 50.

par les réfugiés, peut s'appliquer également aux Mémoires particuliers laissés par eux, tels que ceux de Jean Rou et ceux mêmes dont nous nous occupons ici. Déjà quand les Mémoires inédits de Jean Rou furent livrés au public, il y a quelques années, on fut frappé de leur ton remarquablement modéré et exempt d'amertume, aussi bien que de leur originalité relative. On fera sans doute la même observation au sujet de ceux-ci. Ils montrent sous leur vrai jour le gentilhomme de province et l'homme d'épée huguenot, comme les premiers peignaient avec naïveté et finesse à la fois, l'homme de lettres et le bourgois protestant de Paris au XVIIe siècle. Tous deux ont leur part respective de valeur littéraire et d'intérêt historique ; tous deux ont par-dessus tout ce grand mérite, d'être marqués au coin de la sincérité.

IV

Revenons maintenant à notre auteur. Nous l'avons laissé au moment où, après la victoire de la Boyne, il allait se mettre en marche du côté de Drogheda, à la poursuite de l'ennemi, et bientôt du côté de Dublin. Il y arrive et assiste, le dimanche 6 juillet, au service divin dans la cathédrale, où était le roi « auquel on mit, dit-il, la couronne d'Irlande sur la tête avec les cérémonies accoutumées. » Macaulay relève cette circonstance et dit que « Dumont est le seul qui fasse mention de la couronne. » A peu de temps de là, nous le trouvons au siége de Limerick, dont il raconte les lenteurs inattendues, ainsi que l'épisode de la prise d'une redoute, « action de vigueur où les Français eurent le plus de part, et qui plut très fort au roi qui la vit tout entière. » Au bout de vingt-deux jours, l'insuccès d'une dernière attaque détermina le roi à lever le siége et à retirer l'armée sur Colinbridge. Lui-même jugea à propos de se rendre dans sa capitale.

M. de Bostaquet le suivit de près pour aller profiter d'un congé que lui accordait le général en chef de Guickel. Il arriva à Londres, pour y apprendre la mort de sa mère, qui lui causa une profonde douleur. Le 28 novembre 1690, il est de retour à Greenwich, où l'attendait une autre triste nouvelle, celle de la mort d'une de ses filles qui était restée en France. Ruvigny, promu alors au grade de major général, lui persuade de ne plus vouloir retourner en Irlande, et s'engage à lui obtenir sa pension entière sans servir, le service ne convenant plus autant à son âge. Il demeure ainsi dans sa famille pendant la seconde campagne d'Irlande et le siége d'Athlone, où Ruvigny se distingue particulièrement et mérite le titre de comte de Galloway. Mais lorsque, après le départ du roi pour la Hollande (18 janvier 1691), il fut question d'une nouvelle expédition en Irlande, soit impatience du repos où il était depuis un an, soit, comme il le dit à sa femme, désir d'aller voir s'ils n'auraient pas avantage à s'établir en Irlande, notre gentilhomme veut reprendre sa place dans son régiment sous les ordres de Ruvigny, et part avec lui et d'autres officiers le 3 mai. Cette absence, qui dure trois mois, n'est signalée par aucun incident; on était en observation; on apprend la découverte de la conspiration jacobite (celle de Robert Young) et la victoire de la flotte anglaise à la Hogue (24 mars), qui est venue compenser heureusement pour Guillaume le grave échec qu'il avait éprouvé par la perte de Mons. De grands préparatifs semblaient se poursuivre, et l'on croyait à une descente prochaine en France. M. de Bostaquet, qui avait regagné Greenwich, ne voulait pas encore emmener sa famille en Irlande; mais, d'après le conseil de lord Galway, il se décide à prendre ce grand parti et à opérer cette nouvelle émigration qui lui coûtait beaucoup. On fait ses adieux, on se rend à Londres, et, le 12 août 1692, on se dirige en caravane, à petites journées, par Coventry et Chester, vers le port de Nessen, où l'on devait s'embarquer. Au bout de quarante-huit heures, on parvint à Dublin, où, établi depuis six mois, notre auteur, pénétré de cette maxime : *Ubi libertas, ibi patria*, citoyen attaché désormais au pays à qui il doit son indépendance, mais ne perdant pas pour cela le souvenir du sol natal, et reportant surtout ses pensées vers la patrie céleste, termine, le 3 avril 1693, les dernières lignes de ce récit d'un pénible pèlerinage de six années.

Combien de temps lui fut-il donné de jouir de ce repos final ? Quelle fut, à dater de ce jour, sa destinée ? Quelles furent celles de sa double descendance sur la terre hospitalière de la Grande-Bretagne, et dans sa province natale de Normandie, où était demeuré son fils aîné ?

Nous avons recueilli à cet égard les renseignements suivants :

M. de Bostaquet ne resta pas à Dublin; il alla s'établir avec sa famille à Portarlington, près de Kildare, où s'était formée une des colonies les plus importantes de réfugiés français, et composée d'officiers à qui l'on avait accordé des pensions de retraite (1). On voit, par les pièces qu'il a annexées lui-même à ses mémoires, qu'il y maria, le 2 avril 1700, sa fille Judith-Julie à Guy-Auguste de la Blanchière,

---

(1) Nous voyons figurer dans les registres de l'ancienne Eglise française de Portarlington les noms du marquis de Paray, colonel au service de Messieurs les Etats généraux des Provinces-Unies; du sieur de Hauteville, lieutenant à la pension ; Charles de Ponthieu, capitaine à la pension; du sieur Gédéon de Castelfranc, officier à la pension; d'Aulnis, capitaine, et d'Aulnis de Lalande ; David d'Arripe,

écuyer, seigneur de la Coutière, et qu'en 1707 il était déjà né de ce mariage un fils et trois filles (1).

Il perdit, en avril 1706, dans sa vingt-troisième année, son fils Daniel-Auguste, l'aîné des cinq enfants qu'il avait eus de sa troisième femme, et qui était au service de la Hollande, où il allait être nommé capitaine. Il mentionne une autre fille, Marie-Madeleine, et un dernier fils, Henri, né à Greenwich en 1689, filleul de lord Galway, sur le compte duquel nous ne savons rien de plus. Lui-même mourut à Portarlington en 1709, à l'âge de soixante-dix-sept ans. On voyait encore, il y a peu d'années, son épitaphe en langue française sur l'une des pierres sépulcrales du cimetière. Voici l'acte mortuaire extrait du registre de l'Eglise française de Portarlington :

« DU LUNDY 15 AOUT 1709. *Le dimanche 14ᵉ dernier, à trois heures du matin, est mort en la foi du Seigneur et dans l'espérance de la glorieuse résurrection, Isaac Dumont, escuyer, sieur de Bostaquet, cappitaine à la pension de Sa Majesté Britannique, dont l'âme estant allée à Dieu, son corps a esté enterré ce jourd'hui dans le cimetière de ce lieu par M. de Bonneval, ministre de laditte Eglise.*

« ANT. BONNEVAL.
« G. GUION, *ancien.*   PROSSY D'EPPE, *ancien.*
« POISSON LABROUSSE. »

---

officier ; Ruben de La Rochefoucauld ; des sieurs de la Boissière, Guy de la Blachière, Franquefort, Châteauneuf, La Beaume, Montpeton du Languedoc, du vicomte de Laval ; Pierre Goulin, cornette de cavalerie à la pension ; Jean La Ferrière ; de Gaudry ; Jean Lafaurie ; Abel de Ligonier de Vignoles, officier à la pension ; Anthoine de Ligonier, escuyer ; sieur de Bonneval, ministre de ladite Eglise.

(1) Voir ci-après, pages 334 et 335.

La branche aînée, représentée en France par *Isaac* (IIe du nom), sieur de La Fontelaye, qui eut de sa femme (Esther Chauvel) trois fils et quatre filles (1), resta en possession des domaines de Bostaquet et de la Fontelaye, qui s'accrurent de diverses successions, et acquirent vers le milieu du siècle dernier une assez grande importance (2). Cette branche, après la mort d'Isaac, arrivée le 15 août 1727, fut continuée par son fils *Samuel Gabriel* (sixième enfant, né en 1694), sieur de Lamberville, qui eut (de Suzanne Mel, sa femme) *Isaac-Antoine* (né en 1718), mousquetaire de la première compagnie de la garde du roi, marié en 1753 à Anne Massieu de Clerval (morte en 1754, après avoir mis au jour une fille, Anne-Suzanne, qui épousa, en 1777, Pierre-Henri de Frotté, père du fameux général vendéen Louis, comte de Frotté, et qui mourut à Rouen en 1799), et en seconde noces, en 1761, à Anne de Canivet de Colleville, de laquelle il eut deux fils, *Isaac-Gabriel-Auguste* (né en 1764), et *Isaac-Antoine-Auguste* (né en 1765) (3).

A la révolution, les deux fils émigrèrent, et plus tard ils prirent part en royalistes, quoique protestants, aux guerres de la Vendée. Mais leur père resta en France, et put échapper aux sanguinaires arrêts, et même aux persécutions de cette époque ; car la tourmente révolutionnaire ne sévit pas

---

(1) Voir ci-après, p. 333 et 334.

(2) Le rôle de l'impôt principal de La Fontelaye pour 1790 fait voir qu'Isaac-Antoine Dumont y possédait le château avec des terres d'un revenu de 500 livres, qu'il faisait valoir, plus diverses fermes rendant ensemble 3,650 livres, et encore dix ou onze maisons.

(3) Les rôles de taille mentionnent comme possesseurs de la seigneurie du Bostaquet : de 1695 à 1696, Isaac Dumont ; en 1697, Jean Dumont ; de 1700 à 1719, Isaac Dumont ; de 1750 à 1758, Samuel-Gabriel Dumont ; en 1780, Samuel Dumont ; en 1789, Isaac-Antoine Dumont de Bostaquet. Ils étaient seigneurs de la paroisse et avaient même le patronage de la cure. (*Renseignements fournis, comme ceux de la note précédente, par M. de Beaurepaire, archiviste de la Seine-Inférieure.*)

avec tant de fureur dans le département de la Seine-Inférieure ; beaucoup de nobles purent émigrer, et l'on n'y signala qu'un petit nombre de mesures rigoureuses. Il mourut paisiblement vers 1812 dans son château de la Fontelaye, et, à défaut d'un pasteur dans le voisinage, un respectable vieillard, M. Pierre Lesade, propriétaire au Torp-Mesnil, près Saint-Laurent-en-Caux, présida à la cérémonie religieuse de son inhumation.

Lorsque revinrent les Bourbons en 1814, le fils aîné, Isaac-Gabriel, était mort, et le fils cadet, Isaac-Antoine, qui porta le titre de marquis de Lamberville (1), continua à jouir des biens de sa famille, allant tous les ans pour quelques semaines dans ses châteaux de la Fontelaye et d'Ougerville, près Fécamp, mais résidant à Rouen l'hiver, dans l'hôtel de sa parente, Madame de Colleville, née de Grosménil, veuve du marquis Lesueur de Colleville, arrière-neveu du gendre du célèbre Samuel Bochart (2). M. de Lamberville avait l'esprit cultivé et les dehors d'un grand seigneur d'autrefois avec les manières les plus affables. Il était demeuré fermement attaché à la foi protestante. Ayant rempli à Rouen, pendant quelque temps, les hautes fonctions de colonel d'état-major, au lieu de se joindre, comme tant d'autres, au cortége officiel qui se rendait à la cathédrale les jours de fêtes publiques, il se faisait un devoir d'assister en uniforme

---

(1) On voit par le contrat de mariage de leur sœur avec P.-H. de Frotté (22 août 1777) que du vivant de leur père, qui signe *Dumont de Bostaquet*, les deux fils signaient *Dumont de la Fontelaye* et *Dumont de Lamberville*. Le dernier n'a donc fait que garder ce nom, en y joignant le titre.

(2) Il possédait aussi la magnifique propriété de Beauregard, près Roquencourt (Seine-et-Oise), château princier qui avait trente-six logements de maîtres, et où furent élevés les ducs de Berry et d'Angoulême. Il l'avait acheté 700,000 francs de M. Anisson-Duperron, ancien directeur de l'Imprimerie impériale. Mais, par suite de mauvaise gestion, la fortune de M. de Lamberville se trouva fort réduite à l'époque de sa mort.

à la réunion de ses coreligionnaires, dans le temple de Saint-Eloi. « Le vénérable président du consistoire de l'Eglise réformée de Rouen, M. le pasteur Paumier, qui, pendant les premières années de son ministère, entretint de fréquentes relations avec le marquis de Lamberville, se souvient de lui avoir entendu dire un jour avec un accent tout militaire : « Je ne suis certes pas un dévot, mais si l'on me « mettait la tête sur un billot pour me contraindre à changer « de religion, je dirais sans hésiter : « Coupez! » Et il accompagnait cette vive parole d'un geste tout à fait expressif » (1). Il est mort sans avoir été marié, le 6 septembre 1847, dans une maison de campagne qu'il avait louée cette année-là à Bellevue (Seine-et-Oise). M. Sem Delasalle, son compatriote, son ami depuis plus de trente ans, était présent, et nous dit que, sur sa demande, il lui donna du pain et du vin pour communier suivant le rite réformé. Voici l'acte de décès de cet arrière-petit-fils et dernier descendant français d'Isaac Dumont de Bostaquet :

Du 6 décembre 1847, à midi. Acte de décès de Isaac-Antoine-Auguste Dumont, marquis de Lamberville, colonel d'état-major en retraite, chevalier de l'Ordre royal du Mérite militaire, âgé de près de quatre-vingt-deux ans, célibataire, né à Fontelaye, département de la Seine-Inférieure, décédé à Bellevue, commune de Meudon, hier à quatre heures du matin, en sa maison de campagne, domicilié habituellement à Paris, rue de Lille, n° 36, fils des défunts Isaac-Antoine Dumont de Bostaquet et de Anne de Canivet. Les témoins ont été MM. Louis-Adolphe Cherrier, avocat et propriétaire, âgé de quarante-six ans, domicilié à Paris, rue du Cherche-Midi,

---

(1) *Le Protestantisme en Normandie*, etc., par Fr. Waddington, p. 139.

n° 11, ami du décédé, et Jean-Sem Delasalle, sous-chef à l'Administration de l'Enregistrement et des Domaines, domicilié à Paris, rue de Vaugirard, n° 20, ami du décédé. Lesquels ont signé avec nous, maire, après lecture faite, et le décès constaté par nous soussignés.

Sem Delasalle. Cherrier. Obeuf.

Il nous reste à expliquer en quelques mots comment le manuscrit des présents Mémoires est parvenu aux mains du doyen d'Ossory, qui, avons-nous dit plus haut, en est aujourd'hui possesseur et a bien voulu nous le communiquer.

M. de Bostaquet nous apprend (voir ci-après, p. 333) qu'il avait près de lui, outre sa fille Judith-Julie, mariée en 1700 à G.-A. de La Blachière de la Coutière (voir p. 41 et 334), une autre fille, Marie-Madeleine. Celle-ci fut mariée à un de Vignoles, dont le fils, Jacques-Louis de Vignoles, épousa Marie de Ligonier, sœur du célèbre général, lord Jean de Ligonier. Le doyen d'Ossory, M. Charles Vignoles, est leur petit-fils; son père fut ministre de l'Eglise française de Portarlington (de 1793 à 1817), et lui-même l'a été (de 1817 à 1841). C'est en sa qualité d'aîné qu'il a hérité des papiers de famille parmi lesquels s'est trouvé le volume contenant les Mémoires de son ancêtre maternel, le réfugié Isaac Dumont de Bostaquet.

Ce volume est un registre in-folio de 281 pages, cartonné en parchemin jauni par le temps, sur le plat duquel nous sommes parvenu à déchiffrer, à travers une écriture aujourd'hui presque entièrement effacée, l'intitulé suivant que nous plaçons ici en tête de l'imprimé, comme il est en tête du manuscrit de l'auteur.

Charles Read.

Registre faict en Hollande
A La Haye le mois d'apvril
mil six cent quatre
vingt huict. Continué en
1689 en Angleterre
A Greenwiche en
décembre.
Finy le mois d'apvril
1693 à Dublin
en Irlande.

RÉCIT FIDÈLE

DE CE QUI S'EST PASSÉ DANS MA VIE DE PLUS ESSENTIEL,
POUR SERVIR DE MÉMOIRE A MA POSTÉRITÉ;
ET CELA, DEPUIS MA NAISSANCE
JUSQUES A CE JOUR.

I

Ce n'est point un sentiment de vaine gloire qui me fait mettre sur le papier le récit de ma vie, mais un pur effet du loisir que nous donne la Providence dans ces heureuses provinces où, pouvant en toute liberté réfléchir sur le temps qui s'est écoulé depuis ma naissance sans un véritable progrès pour le ciel, je voudrois (1) faire un meilleur usage de ce qui me reste de jours que je n'ai fait par le passé.

Je suis né le 4 de février 1632; mais à peine j'avois vu le jour que je fus orphelin de père. J'en fus privé le mois de mai ensuivant par une fièvre qui l'emporta en six jours à Lintot (2), où il étoit allé voir son beau-père malade : la mort prit l'un et laissa l'autre. Je fus mis à la garde et à la tutelle de dame Anne de La Haye, ma mère, fille ainée dudit seigneur de Lintot qui, restant veuve à l'âge de vingt-quatre ans, a bien voulu sacrifier sa jeunesse, et si l'on ose dire sa beauté (qui lui donna maints prétendants pour l'engager à un

---

(1) Le manuscrit porte *je puisse,* ce qui n'offrait point de sens.
(2) Village de l'élection de Caudebec, à quelques lieues de Bolbec.

second hymen), aux soins tendres qu'elle a eus pour mes sœurs et pour moi. Elle s'appliqua avec un soin extrême à donner ordre aux affaires de notre maison que les dépenses trop grandes tant de mon grand-père que de mon père avoient causées; son économie, quoique fort honorable, lui servit extrêmement, et son génie, fort et engageant, lui donna le moyen de résister et même de mettre à la raison un voisin puissant qui, depuis longtemps, fatiguoit notre maison de procès, qui étoit le sieur de Bautot. Tout ce qui peut servir à l'éducation de jeunes enfants fut mis en usage pour nous; et lorsque j'eus atteint l'âge de sept ans (1639), ne jugeant pas à propos de me tenir plus longtemps auprès d'elle, je fus mis en pension à Rouen, où je commençai les rudiments de la langue latine sous un maître nommé Auber. Je n'y fis pas grands progrès, n'y ayant resté qu'un an. Après quelque séjour auprès d'une mère dont j'étois si tendrement aimé, je fus envoyé à Falaise en Basse-Normandie, dans l'école d'un maître nommé Fierville, fameux grammairien. Je fus de ses disciples quatre ans de suite, pendant lesquels je ne revins qu'une fois dans la maison maternelle, qui fut au bout de deux ans. Les soins du maître et une mémoire assez heureuse me rendirent capable d'entrer en seconde, dans le collége célèbre de Saumur où je fus envoyé après (1645). La douceur du climat et la beauté du pays me firent oublier ma province et donner congé à un vieil domestique nommé Le Marquis, qui étoit mon conducteur en tous lieux. Pour venir à Saumur, je fus par Paris, qui est la première fois que j'ai vu cette fameuse ville, où ayant trouvé Monsieur de Bostaquet, mon oncle, capitaine en Hollande, j'en fus reçu avec beaucoup de caresses. Après m'avoir fait voir assez des beautés de ce charmant séjour, il me congédia avec des lettres de recommandation de Messieurs les barons de Villarnoul (1) et de La

---

(1) C'était un des titres de la famille de Jaucourt.

Primandaye (1), amis particuliers de mon oncle, et pour lors logés ensemble à l'hôtel de Brissac, rue de Seine, au faubourg Saint-Germain. Je partis donc de Paris pour me rendre à Orléans où, ayant pris le bateau, je coulai le long de cette belle et grande rivière de Loire, et visitai les villes de Tours, d'Amboise et de Blois, sans oublier Candes (2) et Montsoreau (3).

Comme j'étois adressé à l'illustre M. Cappel, fameux professeur de théologie et de langues orientales (4), j'y fus conduit et y demeurai en pension pour trois cents livres l'espace de deux ans avec toute la satisfaction possible. Ayant subi l'examen, j'entrai en seconde sous un régent nommé Crespin; et l'année en suivant, ayant monté en première, je fis ma rhétorique sous M. Doull (5) avec approbation. L'année expirée, et près d'entrer en philosophie, je me trouvai sans dessein dans une querelle que le nommé Dupas, fils d'un maître des postes de Niort, avoit avec un académicien; car, me promenant sur les fossés de la ville avec le nommé Dubois de Saint-Lô, ledit Dupas ayant été attaqué par son ennemi, lequel étoit accompagné de plusieurs autres, nous courûmes à son secours, mais inutilement, puisque, ayant reçu un coup d'épée, il fut tué sur-le-champ, et la partie n'étant pas égale,

---

(1) Nom d'une des plus grandes familles protestantes de l'Anjou. Voir l'article de la *France protestante*, de Haag.

(2 Petite ville de Touraine, dans le diocèse de Tours et l'élection de Chinon, située au confluent de la Loire et de la Vienne, et vis-à-vis de Montsoreau. (*Dict. géogr. portatif de la France*, 1765.)

(3) Petite ville de l'Anjou, sur la Loire, avec titre de comté et une église collégiale dans le diocèse d'Angers, et l'élection de Saumur. Un manoir d'aspect antique avec tourelles et créneaux attire encore l'attention du voyageur qui visite cette contrée si pittoresque. (*Dict. géog.*)

(4) Louis Cappel fut appelé en 1614 à Saumur, pour y remplir la charge de professeur d'hébreu; il accepta plus tard la chaire de théologie, qu'il occupa jusqu'à sa mort en 1658. (Haag, *France protestante*.)

(5) Jean Rou et François de Jaucourt, marquis d'Ausson, parlent, dans leurs Mémoires, de ce professeur, Écossais d'origine, sous lequel ils avaient aussi étudié. Voir les *Mémoires de Jean Rou*, t. 1, p. 17, note.

n'étant que deux contre six ou sept, nous nous retirâmes. Cela ne nous dispensa pas des soins que nous devions avoir du mort; nous voulûmes le faire emporter, mais la justice s'en saisit, qui nous ayant compris dans ses informations et mis en comparence personnelle, je fus conseillé par M. Cappel de quitter Saumur (1), ce que je fis avec regret, et pris la route de Normandie, accompagné par plusieurs de mes amis jusqu'à la Flèche, lieu fameux par le collége des Jésuites. Là, m'étant séparé de mes camarades, je pris le messager de Rouen, et ayant passé par le Mans, M. de Reux, frère de M. de La Ferté, maître des requêtes, duquel j'avois l'honneur

(1) On voit par ce passage, et par un autre qui va suivre, que le synode national des Eglises réformées, tenu à Loudun en novembre 1659, eut d'assez bonnes raisons pour se préoccuper du relâchement de la discipline et des mœurs dans les académies. On lit dans les actes de ce synode : « Les députés des provinces ayant d'une commune voix fait diverses plaintes de la corruption qui se glisse parmi les écoliers de nos académies, notamment parmi ceux qui étudient en théologie, et ce au sujet de leurs longues chevelures et habits mondains, en manches flottantes, glands, étoffes de soie et rubans, de la fréquentation des cabarets, et de leur conversation avec les filles, du port de l'épée, de leur style tiré des romans, plutôt que de la Parole de Dieu, et autres vanités et excès de cette nature; la Compagnie témoigne la juste douleur qu'elle a reçue de ces désordres, et, mue du zèle qu'elle a pour la maison de Dieu, exhorte vivement les professeurs et tous autres directeurs des académies, comme aussi les consistoires des lieux où elles sont, d'employer tout leur soin et toute leur autorité pour réprimer ces abus qui tournent en reproche à notre religion, qui sont en scandale aux gens de bien et qui tendent à profaner les sentiers du Dieu vivant; procédant contre les réfractaires jusqu'à les suspendre de la sainte cène, et rayer leur nom de la matricule des étudiants, et ôter aux proposants toute espérance de parvenir à la charge du saint ministère; elle enjoint très expressément aux écoliers, particulièrement à ceux qui étudient en théologie, de s'abstenir de tous les abus ci-dessus exprimés et de toutes choses qui s'éloignent de la modestie et de la sincérité... » En vertu de la même délibération, plusieurs pasteurs et anciens furent désignés, séance tenante, pour aller visiter les académies de Saumur, de Montauban, de Nîmes et de Die, et les synodes provinciaux dans le ressort desquels se trouvaient les académies durent chaque année députer quelques-uns de leurs membres pour les inspecter. Mais le synode de 1659 fut le dernier synode national que les réformés furent autorisés à tenir; l'avant-dernier avait été celui de Charenton, de 1644, et le précédent celui d'Alençon, de 1637. Ainsi, peu à peu, on avait voulu déshabituer les réformés de ces assemblées disciplinaires qui étaient autrefois triennales; on les affaiblissait par ce moyen comme par tant d'autres : c'étaient les préludes de l'accomplissement du grand dessein final, la révocation de l'édit de Nantes.

d'être parent et voisin, nous joignit, lequel m'ayant connu
me fit mille caresses. Il venoit de voir monseigneur l'évêque
du Mans, son frère, et comme il étoit d'une humeur fort gaie,
il prenoit plaisir à tout ce qu'un écolier de mon âge, et qui
étoit en liberté, me faisoit faire pendant notre voyage. Enfin
nous arrivâmes à Rouen, d'où ayant donné avis à ma mère,
elle m'envoya et Le Marquis (1) et un cheval. Je revis donc,
après deux ans d'absence, la famille avec plaisir ; cependant
beaucoup traversé par la privation de ma sœur ainée, fille de
mérite et d'une bonté extrême que Dieu avoit retirée il y
avoit quelques mois, dont j'avois pensé mourir de douleur à
Saumur. Je veux sur cette mort dire une chose véritable qui
m'arriva une heure devant que de l'apprendre : étant dans
mon étude occupé, une chouette s'étant approchée de mes
fenêtres avec des cris horribles, frappa de ses ailes contre par
plusieurs fois avec violence, quelque effort que je fisse pour
l'effaroucher. Cela me donna de l'inquiétude de recevoir de
fâcheuses nouvelles, mais ce n'étoit pas sans raison, puisque
je fus aussitôt appelé pour souper, après lequel M. Cappel
m'annonça cette perte qui me coûta maintes larmes. Je fais
cette petite remarque pour faire voir que ces oiseaux noctur-
nes présagent souvent nos malheurs par leurs vilains cris.
Mes jeunes années me firent oublier cette perte facilement,
et ayant quitté le Bostaquet, je m'en allai à Caen pour faire
ma philosophie, ayant fait auparavant un voyage de Paris
pour ce même dessein inutilement avec feu Espineville Vro-
mare (*sic*), mon ami intime, qui de Paris retourna à Saumur,
n'ayant pas trouvé le professeur que nous cherchions, lequel
faisoit faire le cours entier de la philosophie en un an. Je revins donc, n'osant retourner à Saumur pour les raisons que
j'ai dites ci-dessus, et étant arrivé à Caen et mis en pension
chez la Chaussée, j'entrai au collége Du Bois ; mais comme

---

(1) Vieux domestique de la famille, dont il a déjà été question ci-dessus.

les classes étoient commencées, il me fallut beaucoup de temps pour rattraper les autres : cela me donna quelque dégoût pour l'étude, et me trouvant maître de ma bourse qui n'étoit que trop remplie pour un écolier, au lieu de profiter du temps, je le perdis en débauches : je fis cependant ma logique. Mais dans ce temps, M. le duc de Longueville, gouverneur de notre province, ayant armé et donné une compagnie de cavalerie à M. de Lintot, mon oncle, je quittai Caen pour venir prendre la cornette qu'il m'avoit promise en y allant, en cas que les choses se disposassent à la guerre comme il y avoit grande apparence ; mais les choses n'allèrent pas loin, ce ne fut qu'un feu de paille. La paix se fit entre le roi et les princes (11 mars 1649) : la compagnie de mon oncle ne s'acheva point, dont il se consola par l'argent qui lui en resta ; et à moi uniquement le chagrin d'avoir interrompu le cours de mes études. Cependant comme j'avois pris l'épée au lieu du portefeuille, je ne voulus point le reprendre ; et comme ma mère ne me vouloit pas laisser perdre le temps, ayant traité avec M. de Corval, un écuyer de Rouen, fort honnête homme et fort habile dans son art, par sept cents livres pour moi et cent cinquante pour mon valet, j'entrai dans son académie (1). Les peines et les soins que prenoit M. de Corval

(1) Ces académies s'étaient formées en province à l'exemple de celles de Paris.
« Pluvinel, écuyer de la grande écurie de Henri IV, et qui apprit à Louis XIII à monter à cheval, est (écrivait Sauval en 1670) le premier qui ait tenu un manége à Paris, et mis à cheval les gentilshommes. Avant lui, il falloit que la noblesse allât en Italie pour apprendre à monter à cheval. Il obtint du roi le dessous de la grande galerie du Louvre, vis-à-vis le pont des Tuileries, et prit chez lui des maîtres pour apprendre à ses écoliers à voltiger, à faire des armes, à manier la pique, à danser, à jouer du luth, à dessiner, et de plus, les mathématiques et beaucoup d'autres choses bienséantes à des personnes de qualité. Ces maîtres étaient, non pas seulement les plus experts qu'il y eût alors, mais gens sages et de bon exemple, et plus capables de détourner la jeunesse du vice que de l'y porter. Enfin Pluvinel, pour donner plus d'éclat à son institution, l'honora du nom d'Académie. Sous ce beau nom, Benjamin, Potrincourt, Nesmond et plusieurs autres écuyers ont exercé et exercent encore la même profession, et si ce n'est pas avec tant de fruit que Pluvinel et Benjamin, c'est que nos mœurs se corrompent tous les jours, et que tous les créats voulant aussi tenir académie, se relâchent des

pour ses académistes lui ont mérité une approbation générale (1). Il ne négligeoit rien qui pût servir à l'adresse du corps et à la politesse de l'esprit. Il remarqua quelques dispositions assez heureuses en moi, qui l'engagèrent à un soin particulier pour ma personne. J'ose dire sans vanité que je ne trompai pas son attente : je réussis à tous mes exercices assez bien, et fus vu travailler avec approbation même par M. de Vantelet, écuyer de la grande écurie, lors du voyage que le roi fit à Rouen avec la reine sa mère, Anne d'Autriche (2). Il me fit

bonnes coutumes de ces deux-là afin d'attirer chez eux plus d'écoliers. » (*Hist. et recherches des antiquités de la ville de Paris*, t. II, p. 499.)

En parlant du Pré-aux-Clercs, Malingre dit dans ses *Antiquités de la ville de Paris* (1640) : « Dans ce faubourg sont plusieurs académies, où la noblesse apprend à monter à cheval ; la plus fréquentée est celle de M. de Mesmon (?), où il y a un prince de Danemark et un des princes palatins du Rhin et quantité d'autres seigneurs étrangers. Cette académie est au bout de la rue des Canettes, proche Saint-Sulpice. »

Enfin, on lit dans l'*Almanach ou Livre commode des adresses de la ville de Paris*, la première des publications de ce genre, faite en 1691 par Abraham Du Pradel : « Les académies où l'on instruit la noblesse dans les sciences et dans les arts qui regardent la discipline militaire et dans tous les exercices de la danse, sont au nombre de cinq, savoir : celle de M. Coulon, rue Ferrou, près Saint-Sulpice ; celle de M. de Long-Pré, au carrefour Saint-Benoist ; celle de M. Bernardi, rue de Condé ; et celle de M. de Rocquefort, dans la rue de l'Université. » L'académie de Coulon existait déjà en 1679 ; le jeune comte de Northumberland y fut placé. (Voir les *Mémoires de Jean Rou*, I, 141.) On verra plus loin (p. 51) que celle de Rocquefort existait encore en 1691. Le duc de Saint-Simon nous apprend qu'il commença à y étudier en cette même année (*Mém.*, ch. I).

(1) Nous devons à l'obligeance de M. Ch. de Beaurepaire communication de l'extrait suivant des registres de l'hôtel de ville de Rouen : « Du jeudi quatrième jour d'août 1661, sur la requête présentée par Michel Gohon, écuyer du roy, sieur de Corval, à ce qu'il plût auxdits sieurs échevins lui permettre de faire bâtir un hangar sur le rempart de Bouvreuil, pour y faire les exercices et instruire la jeunesse à monter à cheval. Vu ladite requête, la concession donnée par Messieurs les conseillers échevins prédécesseurs au sieur de Corval défunt, père dudit suppliant de faire clore et fermer de murailles ledit rempart de Bouvreuil, depuis l'entrée de ladite porte jusques à trois ormes plantés vers la porte de Beauvoisine, à la charge d'abattre lesdites clôtures toutes fois et quantes pour exercer l'académie audit lieu et courre la bague. Permission audit de Corval. »

(2) La reine mère, avec quelques troupes commandées par le comte d'Harcourt, était partie de Saint-Germain le 1er février 1650, pour mener le roi en Normandie, dans le but d'affermir cette province contre les entreprises de Madame de Longueville. « Le 6 février 1650, le roi Louis XIV fit son entrée à Rouen sur les dix heures du matin et vint à la cathédrale, accompagné de M. le duc

l'honneur de me faire monter des chevaux du roi en présence des pages de la grande écurie et de plusieurs seigneurs de la cour. Je restai quinze mois dans son académie, qui s'écoulèrent avec une rapidité incroyable. Les charmes de Mademoiselle de Corval, fille de mon maître, firent naître en mon cœur le désir de lui plaire : il étoit susceptible d'une forte passion, et quoique fort jeune il avoit quelque expérience. Saumur, séjour de la galanterie, lui avoit commencé d'apprendre l'art d'aimer ; et les beaux yeux de la jeune Desparriseaux, nièce de Madame Desgrois, avoient commencé à le rendre sensible. Je fis donc mes efforts pour me faire aimer de ma belle, je mis tout en usage, j'aimois sincèrement ; mais, comme j'étois jeune, j'avois peine à me déclarer, mes yeux et mes soupirs étoient mes interprètes et seuls parlèrent éloquemment pour moi. On m'entendit : enfin on ne me désespéra point, et je goûtai assez longtemps le plaisir d'aimer et d'être aimé : mais comme la chose alloit un peu loin, ma mère en ayant eu connaissance, craignant quelque engagement trop fort, me fit quitter avec chagrin cette académie. J'aimai cependant toujours cette demoiselle, laquelle se maria pendant mon séjour à Paris à un maître des comptes de Rouen : elle mourut peu de temps après en couches, elle avoit beaucoup de mérite et étoit bien faite. L'absence ralentit cette forte passion, et je cherchai dans une grande application à mes exercices chez M. Renard, fameux maître d'armes de Paris, remède à ce mal. Je me mis donc chez ledit sieur Renard, ne voulant pas m'enfermer dans une académie : je me contentai de monter à cheval, externe, chez M. de Descamp, dont la capacité et la fin tragique ont fait bruit dans le monde (1). Je ne fus que six

---

d'Anjou, son frère unique. Le lendemain vint aussi à Rouen Anne-Marie d'Autriche, mère du roi et régente du royaume, accompagnée du cardinal Mazarin, avec plusieurs autres seigneurs. » (Farin, *Histoire de la ville de Rouen*, éd. de 1731.)

(1) Nous n'avons pu découvrir aucun renseignement sur le fait dont il est ici question.

mois à Paris, ayant été obligé de revenir après une assez longue maladie dont je pensai mourir. Je fus saigné quatorze fois en quinze jours, et cela me tira d'affaire. Pendant mon séjour chez le sieur Renard, j'eus pour camarades d'académie M. le comte de Blin, MM. les marquis de Sablonnière, dont le père étoit premier gentilhomme de la chambre de M. le duc d'Orléans; d'Ars et de Migré, son frère, avec lesquels j'avois lié beaucoup d'amitié. Le roi étoit fort jeune en ce temps-là, et toute l'autorité étoit entre les mains de Monsieur (1); de manière que le Luxembourg avoit toute la cour, pendant que le Palais-Royal, séjour du roi et de la reine, étoit désert. Le coadjuteur de Paris avoit pour lors la faveur de Monsieur; et comme il avoit beaucoup d'ennemis, craignant l'insulte, il ne marchoit dans Paris que fort accompagné. Le sieur de Fremainville, un de mes camarades, fut sollicité par des gentilshommes de ses amis attachés au coadjuteur de se ranger auprès de lui : ce que Fremainville ayant fait, il m'obligea à être de la partie; nous marchions tour à tour dans le carrosse du coadjuteur, cependant que les autres étoient à cheval devant le carrosse, et cela toutes les nuits. Je fus quinze jours avec lui, au bout desquels j'en pris congé, après avoir reçu bien des caresses.

Les choses pour lors changèrent de face. Les princes prisonniers sortirent de prison du Havre : je les vis arriver au Palais-Royal (16 février 1651). Le roi y avoit fait faire dans le jardin un fort qu'il prit plaisir de faire attaquer et défendre; plusieurs de nos académistes en furent, mon départ m'empêcha d'en être, dont j'eus regret. L'argent me manquoit, et il falloit des habits uniformes : j'épargnai cette dépense à ma mère, au grand regret de mes amis qui me vouloient retenir et surtout ceux que j'ai ci-dessus nommés qui en étoient.

Revenu donc dans ma province, et mes forces rétablies, je

---

(1) Gaston d'Orléans, oncle de Louis XIV.

me fis un grand plaisir de continuer mes exercices. Je fis faire un manége où régulièrement je travaillois mes chevaux; et comme j'avois quantité de jeunes voisins dont j'étois fort visité, nous ne nous séparions jamais sans faire des armes. Je passai une année dans la maison avec tous les plaisirs que donne la jeunesse : la chasse qui étoit ma passion dominante ne me manquoit point. Le marquis de Boniface (1), mon parent et voisin, lieutenant de la vénerie, faisoit pour lors une grosse dépense et avoit une meute admirable : il avoit une grande quantité de beaux chevaux, jusques à des barbes. Il étoit très bon homme de cheval, et prenoit plaisir à me faire monter ceux qui étoient dressés; je lui tenois bonne compagnie. Il avoit pour comble de plaisir une musique charmante; il avoit le fameux Oudart, excellent musicien, le nommé d'Alissan dont la voix étoit très belle, il jouoit du thuorbe en perfection, si bien que les deux, joints à un page de la musique dont la délicatesse de la voix enchantoit le marquis leur maître, se mêlant aussi dans le concert : tout cela, dis-je, ensemble étoit très divertissant pour moi, qui profitois de leurs airs aimant extrêmement à chanter et ayant assez de voix. Je passai cette année fort agréablement en amour, en chasse et en parties de plaisir, pendant laquelle Son Altesse de Longueville, gouverneur de la province de Normandie, s'étant remis bien avec la cour, demanda à faire deux régiments, l'un de cavalerie de douze compagnies, l'autre d'infanterie de vingt. Le premier fut commandé par le marquis d'Heudreville, et le second par le marquis de Bresse. Or comme M. d'Heudreville étoit mon parent et ami particulier de ma mère, il lui offrit pour moi sa cornette. Cependant le prince ayant quelque engagement pour cet emploi avec un

---

(1) Il y avait une famille de ce nom qui demeurait au Boslehart; un membre de la même famille, Joseph de Boniface, était, vers 1660, lieutenant du roi au château d'Arques. (De la Galissonnière, *Recherches sur la noblesse de la Généralité de Rouen*. Manuscrit de la Bibliothèque de Rouen.)

onseiller du parlement de Rouen nommé Monfort, elle fut donnée à son frère; et moi j'acceptai celle de M. de Royville, cousin germain de ma mère, qui me la donna de la meilleure grâce du monde, avec promesse de me remettre sa compagnie au bout de la campagne, et pour cet effet ne prit point de lieutenant : fort content de son honnêteté je travaillai de mon mieux à me mettre en équipage qui fît honneur à sa compagnie. Ma mère me donna sept chevaux et un mulet; je me fis faire des habits fort propres. Ainsi, tout étant prêt, nous marchâmes deux jours devant la Toussaint (1652). M. de Royville ayant quelques affaires à Rouen pour lui, il se chargea de faire celles que j'y avois, et m'ordonna de mener la compagnie coucher à Laprée (1) qui fut notre premier logement. Le lendemain nous arrivâmes à Fresne-le-Plan où nous séjournâmes le jour de Toussaint; et comme le village est fort grand, les cavaliers étant dispersés loin du lieu où j'étois logé, ils commirent force insolences, premier que j'en eusse connaissance. Bonnevin, notre maréchal des logis, brave homme et bon officier, mais aimant trop à boire, n'y ayant pas apporté tous les soins qu'il falloit, je fus averti par M. de Coqueréaumont des désordres : je montai à cheval, j'y courus et châtiai ceux que je trouvai les plus mutins. Cela n'empêcha pas que tous les cavaliers et nos valets même n'exigeassent des sommes considérables de leurs hôtes. Ce village appartient à l'abbesse de Saint-Amant (2), qui pour lors étoit Madame de Souvré (3). Les paysans furent se plaindre à elle et lui donner un mémoire des sommes qu'ils avoient données : toute la compagnie y fut comprise, la plainte et le mémoire furent portés à M. de Longueville qui ordonna à M. de Roy-

---

(1) Village de l'élection de Rouen.
(2) L'abbaye de Saint-Amand possédait des biens considérables en Normandie; la seigneurie de Fresne-le-Plan lui appartenait depuis l'année 1050. Voy. *Histoire de l'abbaye de Saint-Amand,* par un religieux bénédictin de Saint-Maur, 1662.
(3) Eléonore de Souvré.

ville de faire rendre tout. Il m'envoya donner avis de la colère du prince et de la conséquence dont cela m'étoit. Je fis aussitôt monter la compagnie à cheval, et ayant fait venir tous les hôtes et écouté leurs plaintes, je fis tout rendre exactement. Ce ne fut pas sans bien du chagrin des cavaliers qui me trouvoient trop sévère pour un jeune cornette. Je marchai à Corny près Escouis, où M. de Royville vint joindre sa compagnie et me déchargea du soin de la conduite d'une troupe nouvellement levée et par conséquent fort libertine. Nous marchâmes seuls jusques à Chaumont où nous joignîmes les compagnies de maître de camp, de Bellegarde, de Rothelin et de Montchevreuil; à Gisors, celles de Saint-Julien, de Jony, de Bosroger, de Roys; et le reste à Beauvais. Nous marchâmes en corps jusques à l'armée que nous joignîmes à Vaucouleurs, lieu de la naissance de la Pucelle d'Orléans. Nous marchâmes du côté du Barrois; on prit Ligny; de là on alla attaquer Bar-le-Duc dans le fort de l'hiver. Le cardinal Mazarin se trouva au siége à son retour en France; M. du Tot, cousin remué de germain de ma mère, l'avoit suivi partout dans sa disgrâce et dans sa retraite. Il servoit dans l'armée de lieutenant général; et comme il étoit de jour, M. le cardinal lui ayant marqué quelque chagrin de la longueur de ce siége, il s'exposa à découvert au feu du château pour faire avancer l'attaque; et là il fut tué, dont j'eus un extrême chagrin. Je perdis un parent considérable et un bon patron; avec lui périt la maison du Tot qui avoit produit tant de braves gens et eu des emplois considérables. La place fut enfin emportée : le cardinal pour lors quitta l'armée peu de jours après; et comme on croyoit entrer en quartier d'hiver, on eut ordre d'aller prendre Vervins. Ce qu'ayant fait, nous allâmes au Château-Porcien, qui ayant promis de se rendre, si Monsieur le prince qui pour lors commandoit les troupes d'Espagne ne le secouroit, l'armée se mit deux jours de suite en bataille, croyant que Monsieur le prince viendroit; mais ne l'ayant point fait, cette place se rendit. Je pensai avoir le genou cassé en ce lieu d'un coup de mousquet tiré du château ; une balle me donna dans le dedans de la genouillère de ma botte, qui sans la percer me fit tomber. J'étois au milieu de MM. Desmoulins et d'Havranville pied à terre, ils me crurent fort blessé ; cependant j'en fus quitte pour une contusion et un moment de douleur violente.

Cette fin de campagne fut d'une grande fatigue, et l'armée se trouva extrêmement affaiblie ; nos régiments faisoient pitié : on nous donna nos quartiers le long de la rivière d'Yonne, notre compagnie fut à Saint-Mathurin-l'Archan. Après avoir reposé quelques jours, je demandai congé à M. de Royville de venir chez ma mère me refaire de mes fatigues et me remettre en équipage.

Je revins donc au commencement du carême, ayant passé par Paris : la famille me reçut avec bien de la joie ; mais à peine j'avois goûté les douceurs du repos que ma mère reçut des nouvelles de la maladie mortelle de M. de Bostaquet, mon oncle. Il fallut confirmation, premier que de se résoudre à venir en Hollande le voir ; et comme je me disposois à ce voyage, on reçut les nouvelles de sa mort. Alors il ne fallut plus balancer : la succession étoit considérable et me regardoit en partie. Ainsi ayant donné avis à M. Le Fébure, mari de ma tante sœur du défunt, qui pareillement y étoit intéressé, je fus trouver M. le duc de Longueville à Dieppe, où il étoit pour lors ; et ayant obtenu congé de lui, je pris avec moi le sieur Léonor de La Heuse, filleul de ma mère et du feu baron de Scotigny, et nous marchâmes à Calais. M. Le Fébure m'avoit joint, et nous eûmes pour compagnie M. Lalie et de Palme. Nous ne fûmes pas plutôt à Calais que nous allâmes saluer M. le comte de Chavant, gouverneur de la ville. J'en fus très bien reçu : il étoit des amis de mon oncle qu'il regretta quand il le sut mort. Il me le marqua, et s'étendit fort sur son mérite et sa bravoure. Il connoissoit aussi M. Le Fébure pour l'avoir souvent vu avec M. de Rames, son parent, capitaine de cavalerie dans ladite garnison : ainsi nous recevions bien des caresses dudit seigneur. Il eut la bonté de nous donner souvent des heures pour la promenade, et pour nous recommander au maître du vaisseau qui nous devoit passer : nous eûmes souvent l'honneur de manger à sa table pendant notre séjour à Calais qui fut de quinze jours, le vent se trouvant contraire. Je voyois souvent M. de Courtebonne, lieutenant de roi de la place, homme de mérite et fort obligeant. Plusieurs personnes nous régalèrent, et entre les autres le sieur Largan, receveur des aides, lequel nous donna à manger avec plusieurs capitaines de la garnison : nous fîmes débauche, et M. Le Fébure se querella avec le chevalier de Pignan. Chacun prit parti ; et comme nous sortions de la ville pour nous battre, cinq contre cinq, M. le gouverneur en ayant été averti, nous fûmes arrêtés à la dernière porte et menés à lui, lequel termina cette querelle que le vin avoit produite : il nous fit une petite censure et blâma très fort le chevalier de Pignan, reconnu de lui pour mutin de profession.

Enfin le vent devenu bon, nous primes congé de M. le comte de Chavant, de M. son fils et de M. le chevalier de Béthune, frère de Madame. Ils nous firent l'honneur de nous conduire au vaisseau, et M. de Chavant nous recommanda fort au capitaine. MM. les Etats-Généraux avoient pour lors la guerre avec l'Angleterre : le vaisseau étoit hollandais et de nulle défense ; nous nous y embarquâmes donc le soir avec un petit vent favorable, mais il ne nous dura que très peu. Il se fit un grand calme, et toute la nuit nous n'avançâmes point. Il faisoit un beau clair de lune, et un bon nombre de marsouins qui environnaient notre petit vaisseau me divertissoient. J'étois sur le tillac pour éviter le mal de la mer : je tirai plusieurs coups sur ces poissons, mais en vain. Les matelots les tiennent pour un présage de tempête lorsqu'ils paraissent près des vaisseaux ; et en effet nous ne fûmes pas longtemps sans en voir l'effet. Un vent terrible s'éleva qui fut accompagné de tonnerre et d'éclairs; la pluie succéda en abondance, et comme j'étois à découvert je fus arrosé de la bonne manière. Notre vaisseau poussé avec violence se trouva en un moment à la hauteur d'Ostende. Alors le maître de notre petit vaisseau ayant reconnu deux grands navires de guerre anglais à la rade, il baissa ses voiles, et n'osant s'exposer à en être pris, ayant aperçu que les chaloupes desdits vaisseaux venoient à nous chargées de mousquetaires, il se mit en effet de nous jeter dans le port d'Ostende. Ce que nous étions de Français nous y opposions; la guerre avec l'Espagne ne nous le permettoit pas. Cependant notre maître nous ayant assuré qu'il ne nous arriverait rien, pendant que nous contestions avec lui il nous échoua au rivage. Un fort grand chagrin me saisit et me pensa faire prendre la résolution de me jeter à la nage pour me tirer d'affaire. J'en fus empêché, et ayant repris mes esprits, je jetai en mer le passeport de M. de Longueville et quelques autres papiers; et nous concertâmes entre nous de nous faire passer pour des officiers de Hollande. Nous étions à la vue d'Ostende : des casaques d'écarlate galonnées que Galle et moi avions donnèrent de la curiosité au gouverneur qui pour lors se promenoit sur le port, de vouloir savoir qui nous étions. Il nous envoya une chaloupe pleine de soldats pour nous amener à terre : nous n'étions pas en état de l'empêcher, nous nous mîmes avec eux et arrivâmes au port. Le gouverneur nous reçut, et ayant fait une marque sur le sable avec sa canne, nous sépara d'avec les Hollandais, avec ces paroles qu'il prononça d'un ton espagnol et grave : *Franchese cy, Flamengue là*. Ayant obéi à l'ordre, il nous demanda ce que nous étions : il ne parloit point français que très peu, ni nous espagnol; mais comme je parlois latin et quelque peu italien, je portai la parole pour tous, quoique le plus jeune, et avec beaucoup d'assurance je lui dis que nous étions des officiers de Hollande, Français à la vérité, mais qui retournions à nos charges. M. Le Fébure passa pour lieutenant de M. de Douchamp, colonel de mon oncle, moi pour son enseigne, et Galie pour celui de M. de Braid, La Heuse pour soldat. Je soutins cela avec effronterie; mais cela n'empêcha pas que l'on ne nous menât avec six mousquetaires dans une auberge où nous étions gardés presque à vue par ces six Espagnols. Nous étions logés sur la place, et l'enseigne de la maison étoit à *L'Inden Bosquart*. Il fallut pour lors faire bonne mine à méchant jeu, et prendre patience en attendant notre délivrance.

Les Flamands se préparèrent à partir le lendemain que nous avions été arrêtés, et j'écrivis par eux à MM. de Torcé et de Sandouville, mes parents, qui pour lors étoient à la Haye : je leur fis savoir notre infortune et les priai de travailler en diligence à nous tirer de cet embarras. Mes lettres leur furent rendues, et ils n'épargnèrent pas leurs soins pour notre délivrance. M. de Sandouville en parla à la princesse douairière d'Orange, qui eut la bonté de s'intéresser à notre malheur. Cependant Dieu permit que nous n'eûmes que la peur, et que nous nous tirâmes de ce fâcheux pas avec assez de facilité. Déjà tous mes amis croyoient que je serois heureux si j'en sortois pour mille pistoles, et ils ne pensoient qu'à composer pour notre rançon, lorsque le hasard voulut qu'étant sur la porte de l'hôtellerie où nous étions détenus, M. le comte de Palavicini passa : je le saluai, et lui s'arrêta pour me parler et me marquer fort obligeamment plaindre notre détention. Je répondis compliment pour compliment et nous entrâmes en conversation, et lui fis connaître que l'on nous faisoit injustice de nous arrêter, étant des officiers de MM. les Etats : mon nom ne lui fut pas inconnu, et il crut aisément que j'allois retrouver M. de Bostaquet, mon oncle. Il me dit qu'il avoit été en France prisonnier, mais qu'il avoit tombé entre les mains de M. de La Primaudaye dont il avoit été très bien traité. Je pris pour lors cette occasion aux cheveux ; je me réclamai dudit sieur de la Primaudaye, je me dis son parent et son ami :

cela me réussit comme j'avois pensé. Ce comte généreux crut qu'il devoit en ma personne donner des preuves de sa reconnaissance : il m'offre sa bourse et son crédit. Je lui rends grâces de l'un et accepte l'autre : je le priai de me faire parler au gouverneur, pour lui représenter nos raisons, et de vouloir bien les appuyer ; ce qu'il fit. Je fus donc mené par lui à ce sévère Espagnol dont le nom nous faisoit peur : il se nommoit don Juan d'Almarache Equeras (*sic*). La présence de mon illustre conducteur le rendit plus traitable : je lui représentai nos intérêts le plus fortement que je pus. Il m'entendit patiemment ; et comme M. le comte de Palavicini les appuya, il nous dit qu'il n'étoit pas le maître de notre élargissement, que c'étoit à l'amirauté de Bruges à nous le donner. Je lui demandai lors congé d'envoyer quelqu'un des nôtres pour y travailler, ce qu'il m'accorda fort honnêtement ; et ayant pris congé de lui et remercié le plus fortement qu'il me fut possible mon protecteur, je revins, conduit par des mousquetaires, faire part à mes camarades de prison de cette bonne nouvelle : la joie fut grande, et sans perdre de temps La Heuse fut à Bruges. Le ciel qui travaillait pour nous lui fit rencontrer le sieur Van de Brouc, de Flessingue, pour lequel j'avois eu des lettres de recommandation et même des lettres de change, lequel savoit notre aventure. Il s'employa avec chaleur auprès les juges et nous obtint notre liberté. Le sieur de La Heuze, ravi de ce bon succès, revient promptement nous annoncer cette bonne nouvelle, laquelle ayant fait connaître au gouverneur, les portes nous furent ouvertes. Lors, sans perdre temps de peur de quelque changement, nous donnâmes gloire à Dieu et délogeâmes en diligence.

J'avois voulu cependant voir les fortifications de la place, dont la prise par les Espagnols sur les Hollandois a tant coûté de sang ; on ne me le voulut pas permettre. Ainsi nous prîmes la route de Bruges à pied, n'ayant pu avoir qu'un cheval, sur lequel nous chargeâmes nos hardes et M. Le Fébure, lequel avoit peine à marcher. Nous fîmes cette traite avec toute la diligence possible et sans nous arrêter à Bruges qu'un moment; ayant trouvé la barque de l'Ecluse prête à partir, nous y entrâmes avec une joie très sensible, mais qui se trouva achevée lorsque nous nous vîmes en lieu de sûreté. Ce fut lors que chacun de nous prit plaisir à rire de nos Espagnols que nous avions si bien dupés; et en effet, s'ils nous avoient connus, c'étoit un coup de dix mille écus pour eux; mais bien que le mensonge soit blâmable et vicieux, cependant je crois que l'on peut sans crime déguiser la vérité en pareil cas; je laisse aux casuistes à décider cette question.

Nous nous reposâmes fort tranquillement à l'Ecluse un jour, au bout duquel nous nous embarquâmes pour Flessingue, où nous fûmes reçus dudit sieur Van de Brouc avec beaucoup de joie; plusieurs personnes nous visitèrent et ne pouvoient assez louer notre bonheur. Si en ce lieu on en avoit été surpris, ce fut un étonnement extrême à La Haye de nous voir paraître sur le Cours (1), lorsque tous nos amis nous croyoient fort resserrés à Ostende.

A peine fûmes-nous arrivés, que M. de Torcé nous mena chez M. de Douchamp, lequel me fit toute la bonne réception dont on peut être capable; et sans différer il voulut nous faire paroitre en public. C'étoit l'heure où chacun s'assemble à la Cour (2), et s'y étant rencontré quantité d'amis de feu mon oncle, j'en fus tendrement embrassé; chacun voulut savoir notre histoire, et tous en général ne pouvoient comprendre comme quoi nous avions pu sortir sans payer de rançon. Nous eûmes l'honneur de saluer Madame Royale, la princesse d'Orange, mère de Son Altesse d'à présent; elle nous fit caresse et dit du bien de mon oncle. M. de Douchamp nous y présenta. Je fus ensuite saluer avec M. de Sandouville, mon pa-

---

(1) Le manuscrit porte *la Cour*, sans doute par erreur.
(2) *Sic*. Ne serait-ce pas, comme plus haut, *au Cours?*

rent et lieutenant de mon oncle, Madame la princesse douairière en sa maison du Bois ; elle parut surprise de nous voir délivrés, et le fut bien plus, quand elle sut qu'il ne nous en coûtait rien. Elle avoit accordé à M. de Sandouville des lettres pour nous au gouverneur d'Ostende, qui ne contenoient qu'une composition douce qu'elle lui demandoit pour nous. Je lui fis mon compliment, et lui ayant marqué notre reconnaissance, nous ne pensâmes qu'à voir, avec MM. de Torcé et de Sandouville, les amis particuliers de feu M. de Bostaquet ; nous eûmes la joie d'en trouver beaucoup, et comme je portois son nom, chacun me regardoit comme son héritier ou légataire universel. L'on ne doutoit pas qu'il n'eût fait testament en ma faveur. M. Le Fébure en avoit grand peur ; mais elle finit, lorsqu'après avoir rendu nos visites, nous travaillâmes à nos affaires.

M. de Torcé, bon et généreux parent, avoit eu soin de mon oncle pendant sa maladie et l'avoit assisté jusques à sa mort. Il continua ses soins : il le fit inhumer honorablement dans l'église du Cloître de La Haye, où l'écusson de ses armes, mi-parties avec celles de Remon, paroît encore au-dessus de la chaire du ministre, et est en 1653. Il employa huit cents livres pour les frais de l'inhumation ; il fit porter ses coffres chez M. de Brais et inventorier le reste de ses hardes. M. de Fébure ne pouvant vivre plus longtemps dans l'incertitude des volontés du défunt, voulut que nous fissions l'ouverture des coffres, dans lesquels nous trouvâmes des sommes assez considérables, de bonnes obligations et point de testament. Ce fut alors que, remis de ses frayeurs, il commença à respirer à son aise ; et comme il n'étoit pas seul avec moi intéressé à la succession, il fallut consulter les avocats pour savoir ce que Marthe Dumont, sœur utérine du défunt et d'Elisabeth, femme dudit sieur Le Fébure (1), pouvoit espérer en cette affaire.

(1) Morte en France en 1694. (*Note marginale de l'auteur.*) — Voyez la généalogie de la famille Dumont de Bostaquet à la suite des présents *Mémoires*.

Les avocats de La Haye décidèrent que je prendrois, conjointement avec ledit sieur Le Fébure, au nom de sa femme, la moitié des meubles étant en Hollande, et que l'autre moitié seroit partagée entre nous trois. Ainsi il ne fut adjugé qu'une demi-main, comme s'en exprime cette coutume, à ladite Marthe. Alors nous ne songeâmes plus qu'à partager ce que nous trouvâmes, et donner les ordres nécessaires pour faire payer les obligations.

Après avoir donc fait ma cour suffisamment aux princesses et eu l'honneur de baiser la main au jeune prince, pour lors entre les mains de ses gouvernantes, nous allâmes à Maëstricht où étoit la garnison de mon oncle, et où il avoit le plus d'argent et de meubles. M. de Sandouville, son lieutenant, fut de la partie; il se rendit à la compagnie dont il étoit le commandant, et nous venoit instruire de toutes les affaires de mon oncle, en ayant une parfaite connoissance. M. de Miville, son neveu et son enseigne, sorti de ladite Marthe Dumont, reçut son frère M. Le Fébure et moi avec bien des témoignages d'amitié; nous ne manquâmes pas aussitôt à aller rendre nos respects à M. le Rheingrave, lors gouverneur de la place, et à Madame son épouse. C'étoit un seigneur d'un mérite extrême : il joignoit à toutes les qualités qui attirent le respect et l'admiration des gens, une civilité et un air caressant qui lui attiroient le cœur de tous ceux qui avoient l'honneur d'en approcher. Madame son illustre épouse étoit la bonté et l'honnêteté mêmes. J'avois l'honneur de lui être allié, comme sortie de la maison de Tournebue, dont celle de Lintot est alliée. M. de Sandouville, qui avoit ce même honneur, lui fit connoître l'avantage que j'avois. J'en fus reçu, et de l'un et de l'autre, le plus obligeamment du monde. Ils aimoient et faisoient un cas particulier de mon oncle, lequel, premier que de venir à La Haye, avoit mis en dépôt entre les mains de Madame la Rheingrave un coffre où étoit très bien de l'argent et d'autres choses de conséquence.

Après avoir rendu visite à ce qu'il y avoit de personnes de qualité, et entre autres à Madame la comtesse de Bergues et Madame de Saint-Calfer, nous donnâmes ordre à nos affaires. Je voulois revenir joindre l'armée de France, qui pour lors que j'étois à Maëstricht assiégea Mouzon. Nous disposâmes les choses pour un prompt retour; il ne fallut pas partir sans avoir été voir les bains d'Aix-la-Chapelle.

Quelques jours avant de faire ce voyage, M. le Rheingrave ayant été averti qu'un régiment de Lorrains devoit venir loger dans une de ses terres près de Maëstricht, nommée Mècle, au bord de la Meuse, il résolut de le faire charger, ce qui fut exécuté; le régiment fut surpris dans le village où ils s'étoient mis en bataille; ils ne firent qu'une foible résistance, tout fut taillé en pièces, et le colonel Chenestre tué. J'accompagnai M. du Taillis dans cette petite exécution; c'étoit un capitaine de cavalerie de notre province, frère de M. Desnoyers; il étoit pour lors réformé. Après avoir reçu bien des caresses de M. le Rheingrave, nous fûmes à Aix, où après nous être mis dans les bains et nous préparant à revenir, nous fûmes avertis qu'il y avoit quelque reste de ces malheureux Lorrains qui, désespérés de leurs infortunes, ne respiroient que vengeance contre la garnison de Maëstricht, et comme nous n'étions que M. de Sandouville, La Heuze et moi, et deux valets à pied, nous n'étions pas sans inquiétude. Ils pouvoient aisément nous insulter dans notre retraite; cependant ils n'en firent rien, et nous tenant toujours alertes pendant notre marche, nous arrivâmes sans méchante rencontre. M. Le Fébure, lui, étoit resté à Maëstricht. Ayant su qu'il y avoit ce reste de Lorrains qui couroit la campagne, il en avoit donné avis à M. le Rheingrave, qui eut la bonté de nous envoyer un petit détachement pour nous escorter; nous le rencontrâmes à une lieue de la place; notre petit voyage avoit inquiété nos amis. Nous ne restâmes que peu de temps après en ce lieu, dont nous partîmes très contents de toutes manières. La bonne réception que l'on nous avoit faite, et beaucoup d'argent trouvé nous y avoient fait passer le temps fort agréablement. J'eus l'honneur de manger souvent chez M. le gouverneur, dont j'eus tout lieu de me louer et de Madame son épouse.

Ce fut à notre retour à La Haye que je fis connaissance avec la belle Mademoiselle de Vandernat. M. de Mossel, son beau-père, revenoit de Spa, boire des eaux ; il avoit Madame sa femme avec lui et sa fille ; nous marchâmes ensemble sans nous connaître, chacun dans nos charrettes, jusques à la couchée. C'étoit un méchant gîte ; nous n'y trouvâmes rien à manger, et nous n'eûmes que de la paille pour coucher. M. de Sandouville, qui étoit des amis de cette troupe, m'en fit connaître ; et quoique le sieur de Mossel fût celui qui avoit donné ce coup d'épée à mon oncle, pour lequel il lui avoit fallu faire cette grande opération qui avoit acquis tant de réputation au juif qui étoit chirurgien du roi, lequel lui coupa quatre côtes pour découvrir le fond de la plaie qui, perçant le poumon, ne donnoit que très peu d'espérance de vie ; son opération violente réussit. Il guérit son blessé qui, s'étant préparé à la mort, avoit souffert, avec une tranquillité qui fut l'admiration de tous ceux qui le virent en ce périlleux état, tout ce que ce fameux chirurgien lui voulut faire. Le combat que mon oncle avoit fait avec le sieur Mossel, sur lequel il avoit eu avantage, quoique blessé, n'avoit pas empêché qu'ils n'eussent été amis dans la suite ; ainsi en ayant reçu beaucoup de civilités et des témoignages de regret de ma part, nous conçûmes de l'estime l'un pour l'autre, et moi je sentis mon cœur touché des charmes de la belle Mademoiselle de Vandernat ; notre voyage se fit fort gaiement, et La Heuze y contribua de son mieux. Je vis cette belle à La Haye avec beaucoup d'assiduité, et j'en devins amoureux tout de bon ; mais la nécessité de revenir me tira de cet engagement. Nous disposâmes toutes choses pour partir incessamment ; je voulus amener des chevaux, ayant pris la résolution de revenir par terre pour ne pas m'exposer au même péril que nous avions couru. Ayant su que M. de Saint-André Vandœuvre, de Caen, vouloit se défaire de son équipage, ayant perdu sa femme, je fus à Dort prendre ses quatre chevaux pour huit cents livres, et, ayant obtenu un passe-port de l'ambassadeur d'Espagne, don Anthonio Le Brun, je pris congé de Leurs Altesses et dis adieu à mes amis. Je ressentis une douleur sensible de laisser ma maîtresse; elle donna quelques larmes à notre séparation, mais enfin il fallut partir, ce que je fis, ayant pris, à la prière d'un capitaine de mes amis, un valet qui se nommoit Forestier. Cet officier, nommé La Rivière, me pria de l'emmener avec moi; il étoit bien fait et fort adroit; il savoit cent jolies choses, et entre autres il avoit fait une arquebuse à vent, avec laquelle j'ai souvent tué des oiseaux; cela étoit curieux. Il se trouva dans la suite que ce Forestier étoit un garçon de qualité, neveu du baron de Briouse, près de Condé-sur-Noireau en Basse-Normandie, lequel s'étoit débauché et avoit quitté cet oncle, son tuteur, dont il étoit fort maltraité. Il s'étoit marié en Hollande, et, las sans doute de sa femme, il voulut venir avec moi. Je sus son histoire et lui donnai congé après m'avoir servi six mois. Je n'ai pu savoir sa fin; mais on l'a vu, quelques années après m'avoir quitté, dans les troupes en bon ordre; je ne l'ai pu rencontrer depuis.

Nos amis donc de la Haye nous accompagnèrent jusques à la barque de Delft, et M. de Sandouville jusques à Rotterdam, où nous nous séparâmes : c'étoit un parent d'une bonté et d'un mérite le plus engageant du monde; il étoit d'une humeur assez gaie, quoiqu'il parût sérieux et même trop austère pour des jeunes gens. Il avoit eu pour moi beaucoup de complaisance; et comme il étoit fort considéré, il m'avoit introduit dans toutes les bonnes compagnies de la Haye et de Maëstricht. Si la fortune avoit rendu justice à son mérite, il l'eût poussée loin; mais elle lui fut toujours contraire : il ne put jamais obtenir la compagnie de mon oncle, après en avoir été vingt-trois ans enseigne et lieutenant; elle subsista sur pied quatre ans après la mort du capitaine, et sous son nom : et comme elle étoit payée sur le comptoir de la province de Hollande, cette province ne voulant pas remplir les charges vacantes, la compagnie fut cassée, et M. de Sandouville réduit à chercher parti. Il étoit, comme j'ai dit, en très bonne estime; il fut appelé à la cour de Cassel par Madame la Landgrave de Hesse. Il eut l'honneur d'être gouverneur de M. son fils; et ayant quitté cette cour, il fut donné pour sous-gouverneur à Son Altesse Monseigneur le prince d'Orange, de présent régnant. Il avoit eu l'honneur d'être page du père, et il donna ses soins au fils avec un attachement extrême; mais son bonheur ne fut pas de longue durée : l'on ôta au jeune prince toutes ses créatures, et son sous-gouverneur comme les autres. Mais il ne fut pas longtemps sans emploi : il fut appelé pour être auprès du jeune prince palatin, fils de M. l'Electeur : il y resta quelque temps au bout duquel il revint en Hollande, qui étoit son centre. Là il traita d'une compagnie, laquelle il posséda peu : il mourut à Middelbourg, ayant laissé une mémoire de lui qui subsiste encore auprès de Son Altesse, qui en parle souvent avec plaisir. Je dois au souvenir de toutes les marques d'amitié que j'en ai reçues ce petit abrégé de ses aventures.

Et pour reprendre le fil de mon discours, nous nous séparâmes tous à Rotterdam. M. Le Fébure prit sa route et moi la mienne : je m'embarquai avec mes gens et mes chevaux pour la Zélande; je ne fis que coucher à Middelbourg, je montai mes chevaux et vins à Flessingue; et comme il y avoit longtemps que je n'avois monté à cheval, celui que je montois étant d'une grande gaieté, je voulus lui ôter de son feu; mais, s'étant défendu et le voulant châtier, je fus désarçonné n'ayant qu'une selle à l'anglaise; je pensai être tué; il me marcha sur la jambe dont la marque m'a toujours resté. On reprit mon cheval, et ayant remonté dessus j'arrivai à Flessingue, d'où, ayant passé dans l'île de Casan, et pensé périr en passant par deux de mes chevaux qui étoient dans une barque avec moi, j'arrivai à Bruges. Puis je continuai ma route jusques à Calais, ayant passé par Nieuport et évité Ostende, de peur d'être reconnu, et que malgré mon passe-port ils ne me fissent quelque chicane. Je passai par Gravelines, dont le gouverneur, qui étoit Espagnol et se nommoit don Antonio Pimentes, me voulut confisquer mes chevaux sous prétexte qu'ils étoient tous de même couleur et qu'il étoit défendu de laisser passer des chevaux de carrosse; mais l'ayant été trouver et lui représenter que je n'étois point un marchand et qu'il devoit lui être indifférent s'ils étoient pareils ou non, puisqu'ils servoient à me porter et mes gens, après avoir vu mon passe-port il me laissa aller et me fit civilité : il me donna un tambour pour me conduire jusques à Calais. Ainsi je fus quitte de cette petite alarme pour quelques pistoles que je donnai au secrétaire de ce gouverneur, dont il me remercia fort honnêtement. Arrivant dans ma patrie et débarrassé de la crainte de l'Espagnol, je me consolai de la pluie dont j'avois été accablé depuis que j'étois parti de Zélande. Je fus saluer M. le comte de Chavant dont je fus très bien reçu ; il voulut savoir l'histoire de notre prison d'Ostende, dont il rit de tout son cœur, quand il sut que nous en avions baillé à garder aux Espagnols et que nous étions sortis sans rançon. Il convint que si nous avions été connus, la succession couroit grand risque.

Après m'être reposé quelques jours à Calais et eu l'honneur de manger à la table du gouverneur, comme je me préparois à lui aller dire adieu, je fus averti que le sieur Gargan me vouloit faire payer quelque droit pour mes chevaux. Je fus me plaindre à M. de Chavant qui l'envoya querir : il lui ordonna de ne me rien demander. Je pris donc congé et me moquai de Gargan : lui nous ayant régalés en passant à cause de Lalie, se vouloit rembourser de ses frais à mon retour. Je partis donc et j'arrivai à Dieppe, ayant eu toujours la pluie sur le dos; je ne voulus point coucher au Pollet (1); nous montâmes par une corde dans la ville. Je fus reçu de M. de La Heuze dans sa maison et régalé; je lui avois ramené son fils en bonne santé; il m'avoit été d'un grand secours dans mon voyage, et cela a lié une amitié entre nous qui a duré jusqu'à ce jour. J'envoyai du Pollet mes chevaux à Arques, chez Madame de Tibermont, ma tante, pour éviter encore quelque nouvelle chicane pour les prétentions de Gargan; je m'y rendis aussi, et j'y fus embrassé de la bonne manière. J'étois tendrement aimé de toute la famille, et quelque pressentiment que j'y serois plus qu'un neveu m'en a toujours fait regarder avec beaucoup de distinction. Je trouvai M. de Sandouville, auquel je dis des nouvelles de M. son fils, et lui à moi, de notre régiment et de M. de Royville, son aîné, dont j'étois lieutenant. Je lui dis le dessein que j'avois d'aller en diligence rejoindre l'armée, ce qu'il approuva.

Après avoir repris un peu haleine à Arques, j'arrivai au Bostaquet; je trouvai toute la famille en bonne santé et bien aise de me retenir. Je me reposai quelque temps, et ma mère prit soin de recevoir l'argent que j'avois apporté. MM. Le Fébure se trouvèrent à Rouen avec nous, où nous reçûmes les sommes que nous avions envoyées par lettres de change. Notre argent augmenta de beaucoup, et nous le partageâmes selon la coutume de Hollande. Elle ne contentoit pas le ministre du Havre, dont la mère n'avoit que demi-main. Il consulta les avocats, qui vouloient que le partage se fît selon la coutume de France. Cependant cela ne se fit point, et il est mort dans le dessein de nous faire querelle là-dessus: ce que son frère de Miville exécuta après la mort de ma tante, sa mère, mais en vain. Il a perdu son procès contre moi peu de temps après le partage.

Comme je me préparois à aller joindre l'armée, je reçus une

---

(1) Faubourg de Dieppe.

sommation par un huissier de La Chaisne d'aller recevoir de Madame Philippe, fille de M. d'Hoquinquan, une somme de vingt mille livres qu'elle devoit à mon oncle, à cause de la vente qu'il lui avoit faite de la part de la terre de Courselle (1) qui étoit à lui et à moi. Il falloit se rendre à Paris pour cela; la diminution de l'argent faisoit presser la chose : nous nous y rendîmes en famille, et MM. Le Fébure pareillement. Ce fut lors que nous consultâmes à notre tour, car comme ces deniers provenoient de la vente de cette terre qui, étant du bien d'Elizabeth Remon, raisonnablement Marthe Dumont, qui n'en étoit pas fille, n'y devoit rien avoir. Cependant la coutume de Paris décida en sa faveur; elle partagea avec nous, et ainsi eut lieu de se consoler de la coutume de Hollande, puisqu'elle partageoit avec nous un bien où elle n'auroit jamais cru devoir rien avoir.

Les partages faits, je donnai rendez-vous à mon équipage; je joignis l'armée prête d'entrer dans ses quartiers. Mouzon et Sainte-Menehould furent les conquêtes de cette campagne; notre régiment eut pour son département Reims en Champagne. Il étoit fort faible; les pluies continuelles de l'automne avoient presque ruiné toutes les troupes, et notre régiment étoit en si méchant état que, peu de temps après, M. le maréchal de Fabert ayant eu ordre de marcher du côté de Liége, à peine put-on fournir un escadron, de trois qu'ils faisoient d'ordinaire. Cette course, qui n'aboutit qu'à brûler et piller quelques bourgs près de Liége, ne laissa pas d'être très importune, étant faite dans le fort de l'hiver.

L'été se fit le sacre du roi, après quoi on se prépara pour la campagne. M. de Royville, suivant la promesse qu'il m'avoit faite, me remit sa compagnie; et moi je lui cédai quelques deniers qu'il avoit reçus pour moi de mon quartier d'hiver. Il avoit joué gros jeu contre le chevalier de Montchevreuil,

---

(1) Sans doute Courselle, dans l'élection de Caen; aujourd'hui Courseulles-sur-Mer, arrondissement de Caen, canton de Creuilly.

qui lui gagna dix mille livres; cela l'avoit incommodé. Je m'appliquai avec soin à remettre ma compagnie en état. M. de Belménil étoit cornette, et je lui avois donné ma lieutenance; mais M. de Longueville laissa réformer ou plutôt casser ses régiments, auxquels on contestoit toujours le rang de prince. Il avoit du chagrin même du chevalier de Montchevreuil, qui avoit joué et perdu l'argent du régiment : il avoit été, les deux campagnes précédentes, très heureux et en étoit en très gros gain; mais la chance tourna et lui fit perdre tout son argent et son crédit dans le monde. Nous lui attribuâmes en partie notre disgrâce; il en eut un sensible déplaisir; il étoit fort de mes amis; j'avois remis la compagnie en bon état et avois résolu de m'attacher au service.

Ce contre-temps fit rompre toutes mes mesures et obligea ma mère à me presser de songer au mariage; elle m'en avoit sollicité bien des fois, j'étois seul de ma famille, j'aimois le sexe; cela lui donnoit de l'inquiétude que je ne fisse quelque folie de jeunesse. Enfin elle m'obligea à penser à Mademoiselle de La Rive, dont le mariage étoit considérable. M. de Lintot, mon oncle, en qui j'avois toute confiance, m'y engagea fortement. Il avoit, outre mon intérêt, ses vues : il étoit tuteur de Mademoiselle de Bertreville, petite-fille de M. d'Eric, dont le fils, M. de Saint-Aubin, avoit épousé la cousine germaine de cette demoiselle. Ainsi il prétendoit par cette alliance le mettre dans ses intérêts, et par ce moyen faire réussir le mariage qu'il vouloit faire de son aîné avec sa pupille. Je lui donnai donc mon consentement pour faire ce qu'il jugeroit à propos : il vouloit que je préférasse toujours l'argent comptant aux mariages d'héritières ou autres filles de qualité où l'on m'avoit voulu engager, et entre autres l'héritière de M. de La Vaucelle, à présent Madame de Boissi, et Mademoiselle de Dangeau, dont M. Hébert, notre ministre, avoit mis la chose en état de réussir, s'il y eût eu de l'argent comptant autant que j'en demandois.

Enfin le ciel, qui ordonne de toutes choses, avoit résolu que j'épouserois Marthe de La Rive, après bien des propositions et des difficultés surmontées. Le mariage se fit le mois de juin 1657, veille de la Saint-Pierre; nous fûmes mariés à Quevilly, par Maximilien de L'Angle, avec consentement de toutes les parties. M. de La Rive donnoit cinquante mille livres à sa fille, qui me donna le tiers de cette somme. Ma sœur s'étoit mariée un mois devant moi avec M. d'Hérondeville, et j'avois été obligé de prendre de M. de Sainte-Colombe, pour m'acquitter de sa légitime, de l'argent en rente. Je racquittai de mon don mobile la somme que j'avois prise, et le reste fut consumé en frais de noces : j'y fis de grosses dépenses, j'étois jeune, j'avois du bien raisonnablement, point de dettes, j'étois libéral et ne me souciant que très peu d'argent.

Après être mariés nous ne séjournâmes que très peu à Rouen; nous y étions une trop grande troupe pour y faire un long séjour. M. de La Rive, qui ne prétendoit pas faire les frais des noces de sa fille, s'y trouva engagé : il nous traita magnifiquement et tous mes proches qui s'y rencontrèrent. Il y eut des pleurs répandus de la part de ma jeune épouse, lorsqu'il lui fallut abandonner sa ville et ses amies; Mesdames d'Anviray, Duport et Dugrand, qui l'aimoient extrêmement, me vouloient engager à y prendre maison, ce que je ne voulus pas promettre pour ne les pas tromper. Nous quittâmes donc Rouen et nous arrivâmes au Bostaquet, où Mesdames de Lintot et de Tibermont et leurs familles nous attendoient et firent l'honneur de la maison. Nous fûmes reçus au bruit de la mousqueterie, tant de mes habitants que des villages circonvoisins qui, pour me faire honneur, s'y étoient joints. Nous trouvâmes bonne chère et bonne compagnie; je fis de mon mieux pour accoutumer la nouvelle mariée, et pour régaler mes amis qui tous me vinrent voir. M. de Sandouville et de Royville et leurs familles me firent visite le lendemain de mon arrivée. Le beau-père, qui étoit accoutumé à vivre sans bruit,

étoit surpris de ce grand concours de monde et de tout cet
équipage de chiens et de chevaux ; j'avois meute pour me consoler de ma cassation ; cependant il partit fort content et
Madame de La Rive, son épouse, belle-mère de la mienne,
mais qui l'aimoit comme sa fille propre : ils se louèrent l'un
et l'autre de toute ma famille et parurent très contents de
m'avoir pour leur gendre.

Ce ne furent pendant quelques semaines que visites continuelles ; après quoi il fallut mener ma sœur à son ménage ;
la saison étoit belle, et tout engageoit à la promenade. Nous
obligeâmes M. de Lintot à être de la partie et ma tante de
Montgefroy, sœur de ma mère ; nous prîmes la route de
Basse-Normandie par Jumiéges ; nous marchions à deux carrosses, plusieurs chevaux de main et bien des laquais à li-
vrées neuves. Cela sentoit les nouveaux mariés et donnoit de
la curiosité aux lieux par lesquels nous passions ; nous cherchions tous les plaisirs qui se pouvoient trouver pendant
notre chemin. Enfin nous arrivâmes à Hérondeville, paroisse
d'Ecardonville en Bessin (1), où M. de La Londe et Madame
sa femme, sœur de M. de Sandouville, nous reçurent avec de
grandes marques de joie et nous régalèrent très bien. Tout le
voisinage nous vint voir et réjouir les nouvelles mariées ;
nous donnâmes huit ou dix jours de repos aux équipages,
pendant lesquels on n'oublia rien pour se divertir. Tout ce
pays étoit rempli de quantité de noblesse, parents et amis de
mon beau-frère ; plusieurs nous firent festin ; nous fûmes
chasser dans la forêt de Neuilly, avec les chiens de MM. de La
Ramée et de La Houssaye, qui étoient les plus beaux que
j'eusse jamais vus : aussi voulus-je en avoir de la race. Après
nous être fort divertis, nous laissâmes ma sœur dans sa nouvelle famille ; ce ne fut pas sans bien des larmes répandues

---

(1) Hérondeville, élection de Caen ; aujourd'hui Hérouville, canton de Caen, à
peu de distance de Bayeux.

de la part de la mère et de la fille ; après quoi chacun se sépara.

Nous achevâmes notre voyage heureusement : ainsi je revins au Bostaquet. Là nous goûtions les plaisirs du repos et ceux que donne la jeunesse dans cet état. Mademoiselle de La Rive, sœur aînée de mon épouse, fille de mérite mais infirme et de santé très languissante, n'avoit point vu le nouveau ménage de sa sœur. Je la fus querir pour lui tenir compagnie : elle l'aimoit uniquement. L'aînée n'avoit point eu de chagrin de voir marier sa cadette devant elle : aussi n'y avoit-elle pas de penchant, son corps n'étoit pas propre à cette fatigue. La réunion des deux sœurs, les nouvelles qu'elles avoient toutes les semaines de leur famille, donnoient une gaieté extrême à ma jeune épouse. J'avois toute la complaisance que je devois pour elle ; et bien que l'amour n'eût pas eu de part au commencement de cet hymen, mille qualités engageantes que je trouvois en sa personne et en son humeur me donnèrent toute la véritable tendresse qu'il faut pour se rendre heureux les uns et les autres dans cet état souvent rempli de dégoûts et de chagrins ; nous étions contents l'un de l'autre, ma mère l'étoit de la belle-fille à qui elle faisoit mille caresses, et la belle-fille l'aimoit et la respectoit comme sa mère. MM. de Saint-Victor, de Maisons, du Quesne, mes voisins, étoient comme moi nouveaux mariés et avoient de jolies femmes et de mérite. M. d'Harcanville, mon parent et camarade d'académie et de guerre, s'étoit marié quelques mois devant moi ; et comme nous vivions dans une parfaite amitié, j'avois été de ses noces où nous nous étions extrêmement divertis. Nous faisions souvent tous des parties de plaisir, de chasse, de repas et de danse. Maisons et moi faisions de chiens ensemble et vivions parfaitement bien de cette manière : jamais on ne pouvoit mener une vie plus douce et plus divertissante à la campagne que la nôtre. M. et Madame de Picon étoient de nos plaisirs souvent ; quoique vieux mariés, ils étoient fort jeunes. La dame l'avoit été à onze ans et le mari à treize ; ils étoient l'un et l'autre fort enjoués ; la dame étoit belle et avoit touché mon cœur fortement. Ils étoient enfants de MM. de Malemains et de Moyaux, et demeuroient au Fresné, paroisse de Doudeville ; nous n'étions que très peu sans nous voir, mais comme les plaisirs ne sont pas d'ordinaire de longue durée, la grossesse des jeunes mariées en interrompit le cours : les incommodités changèrent la belle humeur en chagrin ; mon épouse, petite et délicate, avoit bien de la peine à s'accoutumer à ce mal ; ainsi les femmes ne furent plus si souvent de nos divertissements, mais la chasse et la bonne chère nous consoloient de leurs incommodités. Cependant il ne falloit pas si fort donner aux plaisirs que je ne songeasse à remplacer le reste des deniers de mon mariage, qui étoit entre les mains de M. de La Rive qui m'avoit engagé à les remplacer en fonds. Ma mère, qui ne pensoit qu'à agrandir la terre du Bostaquet, avoit ménagé l'achat de deux fermes qui étoient dans les miennes et relevoient de moi. L'une appartenoit au sieur Fizet, bourgeois de Dieppe, et l'autre à l'héritière de Saint-Auger, bourgeois de Rouen, qui étoit mariée à un capitaine de vaisseau nommé Desparquets, du Havre. Je conclus ce marché avec l'un et l'autre, la première par 5,400 livres, et l'autre 7,000 livres. Ces deux petites acquisitions me plurent assez : je les augmentai de fermage de beaucoup, et elles ne me donnèrent que peu de peine. J'eus cependant quelques difficultés avec le sieur de Bourdainville pour une pièce de terre qu'il me réclama contre la parole qu'il m'avoit donnée de n'en rien faire : cela me donna un procès que M. de Miroménil, conseiller d'Etat, prit la peine de terminer. Je lui cédai la terre, il me la remboursa chèrement ; mais comme il

(1) La seconde année de mon mariage, qui avoit été l'ouvrage de M. de Lintot, mon oncle, j'eus la douleur de le perdre : il mourut de la petite vérole. Je le regrettai très fort, je l'aimois comme mon père et lui comme son fils ; peu de gens ont eu plus de mérites et plus d'amis que lui. (*Note de l'auteur.*)

fallut changer la masure et bâtir une grange, je n'y profitai de rien. Cela commença à traverser mes plaisirs et fit que je n'eus jamais ni amitié ni estime pour ce voisin.

Peu de temps après, Mademoiselle Dumont de Breteville, amie particulière de ma mère, femme d'esprit et d'intrigue, persuada à ma mère de me faire acheter une terre assise au bourg d'Un, dont le fief s'appeloit de Veules : elle appartenoit à André Le Marinier (1), de la maison d'Aupegard, gentilhomme assez, mais très mal dans ses affaires. M. des Hameaux-Mittant, qui étoit de ses amis, en avoit fait la proposition à Mademoiselle Dumont, et elle à ma mère qui voulut voir cette terre, qui d'abord me déplut, tant par sa situation, le désordre des bâtiments, que pour relever de divers seigneurs. Mais malgré cette répugnance je l'achetai par 19,000 livres; je la baillai 960 livres de rente : j'eus composition du troisième. Le fief relevoit de Ribœuf qui appartenoit à Madame de Tibermont, ma tante : cela me consoloit en quelque manière par le gros intérêt que j'en tirois; mais cependant cette acquisition a été le prélude de tous mes chagrins et de mes embarras, et m'a fait mille fois regretter de n'avoir pas épousé une héritière. Je n'avois point de dettes, et si je n'avois rien acquis j'aurois été sans procès et sans dettes. Celles du sieur de Veules dont je fus chargé par mon contrat d'acquisition et que je m'obligeai d'acquitter dans l'an me firent une peine extrême. Il devoit tout le prix de la vente et à divers particuliers, et, par conséquent, éloignés les uns des autres et d'humeurs différentes. J'essuyai toutes les peines et les racquittai tous en prenant mes sûretés le mieux que je pus. Comme cela interrompoit le cours de ma vie ordinaire, je regrettai souvent celle que j'avois menée garçon; mais il n'étoit plus temps, les enfants venoient toujours à bon

---

(1) Sans doute André Le Marinier, sieur de Saint-Mars, qui demeurait à Crosville. (De La Galissonnière, *Recherches*, etc. Ms.)

compte ; il ne se passoit point d'année que je ne fusse père, et mon épouse toujours languissante. Cela la rendit chagrine, et quelque petite mésintelligence entre ma mère et elle troubla très fort mon repos : cependant je les conciliai le mieux que je pus, afin que cela ne vînt pas à une rupture ouverte.

Dans ce temps le sieur de Bautot (1), mon voisin, qui possédoit la terre de La Fontelaye, dont celle du Bostaquet avoit longtemps relevé par parage, comme étant les deux un plein fief de chevalier ou de haubert, dont les partages mal faits avoient toujours causé des procès avec mes prédécesseurs et les possesseurs de cette terre qui avoit souvent changé de main et étoit pour lors entre les mains du sieur de Bautot, de la famille des seigneurs dont le grand-père, marchand de Rouen, avoit été anobli par le roi Henri IV. Son fils avoit continué le commerce longtemps, et devenu riche tant par son père que par son industrie, avoit acheté cette terre de La Fontelaye du sieur de Melière-le-Cloustier, d'auprès de Falaise, qui en étoit l'héritier à cause de sa mère qui s'appeloit de Bautot en son nom, bonne et ancienne maison, et avec lesquels nous avions partagé les deux terres. Le fils dudit sieur de Bautot, moins bon ménager que son père, et plus rempli d'ambition, avoit embelli cette terre, sur laquelle cependant il avoit fait bâtir une fort jolie maison et fait tous les bâtiments pour lesquels il avoit dépensé de très grosses sommes ; ce lieu étant désert et n'y ayant que les ruines d'un vieux château qui selon les apparences avoit été démoli par le duc de Normandie lors de la rébellion de Guillaume Crespin, son connétable, lequel possédoit cette terre comme il se voit encore par la fieffe (*sic*) qu'il fit de ce fief de La Fontelaye, en 1300, à Philippe du Mesnil qui l'avoit cédé au Seigneur d'Yvetot, dont nous est venue la terre de Bostaquet par le mariage de Perre-

---

(1) Gabriel de Bautot, seigneur de La Fontelaye et Vibœuf, et en partie de La Fontaine et Mesières, reçut en 1576 l'aveu de Geffroy, escuyer, sieur de Bostaquet. (De La Galissonnière, *Recherches sur la noblesse*, etc. Ms.)

not-Dumont, écuyer, avec Marguerite Dabin, fille de M. Maistre Robert Dabin, écuyer, conseiller en l'Echiquier de Normandie, et de Demoiselle Jehenne d'Yvetot, devenue héritière desdites terres.

Ledit sieur de Bautot, dis-je, avoit fort enjolivé cette terre dont la situation est charmante, et acquis la terre de Vibœuf du baron de Buly. Ces dépenses et acquisitions l'avoient mis dans la nécessité de vendre; ma mère qui avoit ressenti, vu et su les peines que mes pères et elle avoient eues à soutenir les procès que les possesseurs de cette terre avoient faits à notre maison, crut que ce nous étoit le souverain bien de nous défaire de ce voisin fâcheux, et d'empêcher que quelque officier de justice ne s'y vînt camper. Ces raisons lui firent ménager l'achat que j'en fis mal à propos et contre mes sentiments, le mois d'août 1660, par soixante et douze mille sept cents livres. Je baillai mon fief de Vibœuf en échange de celui de La Fontelaye pour éviter le troisième. Cette somme, exorbitante pour un gentilhomme qui n'avoit point d'argent, me fit aussitôt repentir d'un marché si imprudent, mais cependant que ma mère et mes amis m'avoient conseillé. M. de La Rive ni sa fille ne s'y opposèrent point; au contraire il signa au contrat et me fit bailler deux mille livres par M. Rouxel, son beau-frère, pour payer le vin. J'entrai en possession de cette terre à la Saint-Michel ensuivant; elle étoit dans un fort grand désordre, tous les bâtiments de la basse-cour assez mal, les étangs qui sont en grand nombre remplis. Ce fut lors qu'il fallut songer tout de bon à renoncer à la chasse et aux plaisirs inutiles, et s'en faire de la nécessité de tout réparer. Je me défis de mes chiens, je me donnai absolument à ces ouvrages : le blé devenu dans une cherté excessive me donnait le moyen de trouver des ouvriers en quantité; l'argent rouloit dans Rouen en abondance, et j'en trouvai en rente tant que j'en eus affaires pour racquitter les rentes du sieur de Bautot dont je m'étois chargé. Il n'avoit touché que le vin de toute cette grosse somme : la facilité de trouver de l'argent étoit un fort grand charme pour les acquéreurs ; plusieurs dans ce temps l'ont éprouvé et s'en sont repentis. Je travaillai avec toute l'application et la diligence qui me fut possible à racquitter sûrement les rentes dont ledit sieur de Bautot m'avoit chargé : j'y réussis dans le temps porté par le contrat que j'avois fait avec lui ; j'avois une défiance perpétuelle de sa probité, tout m'en étoit suspect. Le peu d'inclination que nous avions les uns pour les autres, causé par les anciens démêlés de famille, joint au regret que je savois qu'il avoit d'avoir été forcé de vendre cette terre qui faisoit son grand plaisir, me faisoit craindre quelque surprise. Cependant je lui rendrai cette justice que je le trouvai très droit en parole, et hors quelques teneurs qu'il vouloit retenir pour les annexer à ses fiefs de Vibœuf par quelques aveux mal expliqués, je n'ai pas eu lieu de me plaindre de lui dans toute la suite de cette acquisition que j'ai possédée tranquillement de sa part.

J'avois espéré vendre une petite terre que j'avois à Saint-Antoine de La Forest (1) et qui m'étoit venue de la succession de feu M. de Bostaquet, mon oncle, et pareillement celle de Veules, pour en employer le prix aux rentes que j'avois prises autant qu'il auroit pu s'étendre. J'y réussis, mais un peu tard : je vendis celle de Saint-Antoine au sieur de Ruel, de ladite paroisse, et quelque temps après celle de Veules aux religieuses ursulines de Dieppe. J'en racquittai des rentes et fis les stipulations nécessaires comme il se voit par les émargements des contrats et des quittances que j'ai laissées chez moi (2) : mais comme il s'étoit écoulé du temps, il avoit échu des arrérages ; les frais des réparations avoient été très grands ; un orage arrivé la nuit de la veille de la Saint-Martin

---

(1) Près Bolbec.
(2) Parmi les papiers de la famille Bostaquet, oubliés dans un grenier de la ferme du même nom, nous avons en effet remarqué une pièce intitulée : « Vente du fief de Veules par ledit sieur de Bostaquet aux religieuses urselines de Dieppe, le 3 novembre 1662. »

d'été de l'année 1661 m'avoit fait un tort très considérable ; l'étang de Bourdainville creva par l'abondance des avalaces ; il étoit fort grand et à la tête de la vallée : ce grand poids d'eau accabla celui du moulin de la Fontelaye, rompit une grande longueur de chaussée, pensa emporter le moulin et gâta absolument tous mes prés, dont la récolte ne valut rien même plus d'une année. Les eaux pensèrent emporter l'église, et sans l'extrême vigilance du sieur Baudry, pour lors curé de ma paroisse, il y eût eu un désordre terrible. Cet accident imprévu m'incommoda, il fallut sans remise le réparer : le moulin étoit de bon revenu, je l'affermois sept cents livres par an ; je n'y perdis point de temps, et moyennant douze ou quinze cents pieds de grès que j'avois tout prêts au Bostaquet où j'avois voulu bâtir, je remis le moulin en état.

Ces dépenses extraordinaires et celles de ma maison dont je n'avois pu interdire l'abord, me firent connoître que je deviendrois mal à mon aise ; et regrettant le temps passé, je cherchois à mon tour à me défaire de cette terre qui, ayant causé en partie la ruine de Bautot, faisoit la mienne évidente. Cependant il n'y avoit point de moyen, les années alloient de pis en pis, et ma famille augmentoit à mesure qu'elles s'écouloient, et les forces de mon épouse diminuoient toujours : enfin le ciel, qui avoit résolu notre séparation après neuf années de mariage, la retira d'une manière la plus surprenante pour moi qui fût jamais et dont je pensai mourir de douleur. Quelque temps auparavant cette perte, j'avois fait un voyage de Paris, député de notre Église de Lindebeuf, pour la défendre contre les poursuites de la marquise de La Tour, de la maison de l'Hospital, et veuve du gouverneur d'Arras. Cette dame d'une bonté extrême, mais très bigote, croyait faire un sacrifice à Dieu en faisant démolir notre temple qui étoit dans sa paroisse. Elle intenta action contre le ministre et anciens au conseil, lesquels me prièrent de me charger de leur défense. Je fus donc à Paris où j'eus l'honneur de saluer M. de

Turenne, auprès duquel j'avois mis page M. de Montgefroy, cadet de Lintot. Je lui demandai sa protection dans cette affaire : il me renvoya à Madame sa femme, ne se mêlant point des affaires de religion. Cette pieuse et très illustre dame s'y employa avec chaleur et me fit l'honneur de venir solliciter mes juges, moi, dans son carrosse avec elle. L'intérêt qu'elle prenoit à mes peines, me consoloit de tout ; et si M. de Ruvigny, notre député général, eût pris les choses comme elle, j'aurois été content ; mais je n'en tirai que des paroles et peu d'aide. Il paraissoit zélé et bien intentionné d'ailleurs ; il étoit d'un grand mérite et fort honnête homme, mais il étoit dévoué à la cour et avoit plus soin de sa fortune et de sa conservation que de l'intérêt des Eglises. Je n'en fus donc en nulle manière assisté. Je vis souvent la marquise de La Tour qui, quoique partie dans ce procès, me faisoit mille caresses. J'étois au désespoir d'avoir lieu de lui être opposé, lui ayant et ma mère à M. son mari et à elle des obligations très grandes pour les témoignages d'une sincère amitié que nous en avions toujours reçus. Cependant j'avois en main un intérêt trop précieux pour avoir aucune complaisance pour elle sur ce chapitre, et elle ne l'a jamais trouvé mauvais. Ainsi nous nous faisions la guerre de bonne foi : nous avions pour rapporteur M. Poncet, conseiller d'Etat, le plus envenimé de tous contre nous et du plus difficile accès. Son frère, pendu à Flessingue par ordre de Messieurs les Etats, pour s'être trouvé dans son vaisseau deux commissions, l'une de France et l'autre de Portugal, contre lequel la Hollande avoit guerre, le firent traiter de pirate et passer par la main du bourreau. Cette catastrophe ne rendit pas le sieur Poncet ami des huguenots. Aussi peut-on dire que dans la suite des temps toutes les Eglises éprouvèrent sa méchante volonté. Enfin voyant que mes soins et mes peines étoient inutiles, et que, le procès tirant en longueur, je faisois des frais en vain, je priai notre consistoire de consentir à mon retour, ce que m'ayant accordé, je me reposai sur la parole du sieur des Galinières, avocat de toutes les Eglises, qui m'assura d'un soin très exact de cette affaire et d'une précaution pareille contre la surprise. Cependant, soit qu'il eût trop d'affaires sur les bras, ou qu'il ne pût s'opposer au torrent, j'eus le chagrin d'apprendre en Basse-Normandie, chez ma sœur où j'étois allé ensuite de mon retour, que notre temple étoit condamné à être démoli, ce qui fut exécuté pendant mon absence (1). Je ressentis un violent déplaisir de cette injustice, et je me repentis d'avoir quitté la poursuite de cette affaire; mais la suite a justifié que toutes les précautions étoient inutiles, que notre perte étoit jurée. Nous fûmes les premiers qui en ressentirent les effets; mais toutes les Eglises ont éprouvé chacune à son tour le dire de M. de Vertamont, un de nos juges, qui m'assuroit que nous ne devions point avoir de crainte d'une Saint-Barthélemy, ni d'effusion de sang, mais que le roi nous rendroit l'exercice de notre religion si difficile, que nous serions contraints de rentrer dans l'Eglise romaine, dont nous nous étions séparés trop légèrement. Le bon homme a bien prophétisé en partie; mais il n'a pas prévu, ou ne l'a pas voulu dire, que non-seulement on nous feroit de grandes difficultés sur tous nos temples et nos priviléges, mais enfin qu'on les démoliroit tous, qu'on révoqueroit l'Edit de Nantes, sur lequel ils étoient fondés, et que, pour comble, après nous avoir promis de nous laisser vivre en repos jusqu'à ce qu'il eût plu à Dieu nous illuminer, on nous exposeroit à la rage des dragons et à tout ce que la persécution peut inventer de plus terrible, hors la mort, pour nous faire abjurer notre sainte religion.

Enfin Dieu ayant permis que nous fussions les premiers dans notre province à servir d'exemple, je crus pouvoir réparer cette perte en faisant prêcher chez moi, en rassemblant le

---

(1) L'église de Lindebœuf fut aussi interdite au conseil le 23 d'avril 1665, et la démolition du temple ordonnée, parce qu'il étoit bâti dans la seigneurie d'un catholique. » (Elie Benoît, *Histoire de l'Edit de Nantes*, t. IV, p. 17.)

troupeau qui étoit épars; j'en fus prié instamment : l'exercice s'étoit fait autrefois au Bostaquet, j'y faisois toujours baptiser mes enfants et prêcher de temps en temps. J'avois de plus La Fontelaye qui, me rendant possesseur des deux moitiés du fief de haubert, me rendoient en droit de recueillir l'arche dans ma maison. Mais, pour réussir dans un dessein si pieux, je voulus, premier que rien entreprendre, consulter le consistoire de Rouen, ce qu'ayant approuvé et fortifié des avis de MM. de Granchamp et de Basnage, avocats fameux, je me préparai à faire en justice les déclarations auxquelles l'Edit de Nantes nous engageoit dans l'art. 7ᵉ (1), et pour cet effet pressé même de mon épouse qui, étant fort grosse, avoit peur que je fusse absent d'elle lors de ses couches, je me rendis à Longueville où je passai ma déclaration par-devant M. Bontemps, bailli de ce lieu, que j'élisois La Fontelaye pour mon principal domicile, et que mon intention étoit d'y faire prêcher. Comme il étoit fort de mes amis, il m'accorda acte de madite déclaration, avec le consentement du procureur fiscal du lieu. Fort content de ce petit succès, je me rendis à Arques, chez Madame de Tibermont, pour ensuite le lendemain aller à Dieppe faire pareille déclaration par-devant M. d'Hibouville-Galie, qui étoit lieutenant général pour lors

---

(1) Cet article était ainsi conçu : « Nous avons aussi permis à tous seigneurs, gentilshommes et autres personnes, tant régnicoles qu'autres, faisant profession de la religion prétendue réformée, ayant en notre royaume et pays de notre obéissance haute justice ou plein fief de haubert, comme en Normandie, soit en propriété ou usufruit, ou par moitié, ou pour la troisième partie, avoir en telle de leurs maisons desdites hautes justices, ou fiefs susdits, qu'ils seront tenus nommer devant à nos baillifs et sénéchaux, chacun en son détroit, pour le principal domicile, l'exercice de ladite religion tant qu'ils y seront résidents; et en leur absence, leurs femmes, ou bien leur famille, ou partie d'icelle. Et encores que le droit de justice ou plein fief de haubert soit controversé, néanmoins l'exercice de ladite religion y pourra être fait, pourvu que les susdits soient en possession actuelle de ladite haute justice, encores que notre procureur général soit partie. Nous leur permettons aussi avoir ledit exercice en leurs autres maisons de haute justice ou fiefs susdits de haubert, tant qu'ils y seront présents et non autrement, le tout tant pour eux, leur famille, sujets, qu'autres qui y voudront aller. »

et le juge compétent. Je fus reçu à mon ordinaire de toute la famille avec bien de la joie ; elle voulut être de la partie de Dieppe, la saison étoit belle, les chemins aisés ; on m'obligea à laisser mes chevaux à la maison et de me mettre dans le carrosse avec la mère et les trois filles toutes fort belles, et l'aînée sur toutes pour laquelle je conservois une inclination très forte, et elle pour moi, qui ensuite a produit notre hymen. Cette jeunesse qui n'aimoit qu'à rire m'avoit donné une gaieté extraordinaire, et j'étois dans cette disposition lorsque nous arrivâmes aux portes de la ville ; mais, hélas ! ma joie fut bientôt changée en de mortelles alarmes : un valet vêtu de mes couleurs paraît à mes yeux, et m'ayant mis un billet de ma mère ès-mains qui, ne contenant que peu de lignes, m'apprenoit le triste état de mon épouse qui étoit en travail d'enfant, quoiqu'elle ne fût pas en terme. Je me séparai en diligence de cette bonne compagnie, et ayant pris le bidet de M. de Tibermont, qui, fort jeune pour lors, l'avoit préféré au carrosse, je vins en toute diligence à Arques prendre mes chevaux, et sans perdre un moment, je poussai à toutes jambes chez moi ; mais toute ma diligence fut vaine, je trouvai cette pauvre femme morte. Je l'avois laissée le jour de mon départ dans une santé aussi parfaite qu'elle le pouvoit être en cet état. Elle étoit fort gaie, et comme jamais elle ne me laissoit monter à cheval sans tirer parole de moi pour le jour de mon retour, je lui fis à pareille demande réponse, que peut-être me reverroit-elle le lendemain, ou toujours que ce seroit à la vallée de Josaphat ; nous nous séparâmes en riant ; mais, ô Dieu ! je ne dis que trop vrai. Elle avoit passé la journée avec plaisir, et s'étoit trouvée avec ma mère et M. Baudry, notre curé, à faire lier du blé devant la porte de La Fontelaye ; elle avoit reçu des fruits de Rouen et des nouvelles de sa famille ; tout ce qui venoit de ce lieu natal lui sembloit de meilleur goût, et les fruits de La Fontelaye et du Bostaquet, qui étoient en abondance et très bons, ne la contentoient point ;

aussi sa sœur prenoit-elle le soin de lui en envoyer toutes les semaines, et de tout ce qu'il y avoit de nouveau. Soit donc qu'elle eût trop mangé de ces fruits qu'elle reçut à la campagne, ou par quelque autre accident inconnu, elle se coucha sans avoir voulu souper, fort tranquillement et sans se plaindre; elle dormit même d'un profond sommeil. Mais à son réveil elle fut prise de coliques violentes; lors ayant fait éveiller ma mère, on courut aux sages-femmes et aux chirurgiens; elle fut assistée de trois et du sieur d'Aval, chirurgien de Basqueville, habile homme dans son art, honnête et pieux; mais tous les remèdes devenant inutiles et l'expérience des trois sages-femmes à bout, ils conçurent qu'il étoit temps de lui parler du ciel. M. d'Aval fit l'office de ministre, et ma mère et lui la consolèrent jusques à sa fin. Elle mourut dans d'extrêmes douleurs, mais toujours fort résignée à la volonté de Dieu, entre les mains duquel elle remit son âme sur les quatre heures du matin, pour aller jouir de la félicité qui est préparée là-haut à ceux qui l'aiment. Elle ne put accoucher: ainsi la mère et l'enfant expirèrent en même temps. J'arrivai à neuf heures à La Fontelaye, n'ayant tardé qu'une heure à venir d'Arques où il y a cinq lieues; mais j'appris, par mon jardinier venu au-devant de moi, la perte de ma femme. Si jamais on peut être et surpris et affligé dans l'excès, je le fus; je pleurai abondamment et ressentis cette affliction violemment. Ma mère avoit eu soin d'envoyer avertir Madame de La Rive de l'état de sa fille; elle l'assistoit dans toutes ses couches, et elle ne manqua pas à se rendre à La Fontelaye; elle nous trouva dans ce déplorable état, auquel elle prit une part très forte. Il fallut donner ordre aux funérailles; on pria et toute ma famille et mes amis qui m'accompagnèrent avec très grand cortége de carrosses, de cavaliers et un concours de peuple extraordinaire jusques à Royville où nous la fîmes enterrer dans le sépulcre de M. de Royville, où il voulut bien me donner place, n'en ayant plus à Lindebeuf, Madame de

La Tour m'ayant même refusé d'y enterrer une de mes petites filles qui étoit morte au berceau. Je fus complimenté de tous mes amis, et chacun cherchoit à me consoler. Le sieur de Saint-Estienne, de la maison de Rimon-Vermanoir, mon parent et ami intime, ne me quittoit point, et cherchoit, par son humeur enjouée et par ses bonnes rencontres, à adoucir cette plaie; mais elle étoit et trop nouvelle et trop profonde pour un si faible remède.

Outre la perte de mon épouse, pour laquelle j'avois beaucoup de tendresse, je prévoyois que je perdrois l'amitié, ou toujours l'appui dont je me pouvois flatter du côté de son père, tant qu'elle auroit vécu. Et ce ne fut pas sans raison que j'envisageois cela, car peu de temps après, étant allé à Rouen pour le voir et la famille pour nous consoler les uns et les autres, je me logeai à mon ordinaire chez mon beau-père, en ayant été prié par Madame et Mademoiselle de La Rive. Le petit homme me fit une querelle d'Allemand, et comme si j'eusse été coupable de la mort de sa fille, il me dit qu'il ne vouloit plus avoir d'affaire avec moi; que, morte sa fille, il disoit adieu mon gendre, et qu'il me demandoit que j'eusse à racquitter le sieur Rouxel, son beau-frère, des deux mille livres qu'il m'avoit fait donner par lui, comme j'ai dit ci-dessus. Ledit sieur Rouxel étoit présent à tout ce dialogue qui se fit à table. Ce procédé, auquel je ne m'attendois pas, me mit dans une colère extrême, et m'engagea à dire cent choses dures à ce bonhomme, de qui, au lieu de recevoir de la consolation, je me sentois outragé. Je sortis de chez lui, et m'en plaignis à tous ses amis et à la famille qui le blâma. Cependant j'avois l'intérêt de mes enfants à ménager auprès de lui; je savois qu'il avoit fait testament en leur faveur, par lequel il donnoit vingt-cinq mille livres à mes quatre filles; je ne voulois pas par mon emportement être cause qu'il révoquât ses bonnes volontés, et que ces innocents ne souffrissent de nos démêlés. Je cherchai donc en diligence de l'argent pour me tirer de cette dette dont il étoit garant; et en ayant trouvé chez une dame nommée Aubourg, j'en pris et payai en présence dudit sieur de La Rive, ce que je devois à son beau-frère. Ainsi je me séparai de lui peu content, mais très fort de Madame et de Mademoiselle de La Rive qui n'avoient pas approuvé ce contre-temps.

Je me rendis chez moi où tout renouveloit le souvenir de ma perte. Ces petits enfants, au nombre de cinq, sans mère, si jeunes, me faisoient grande pitié. J'étois jeune, chargé de cette famille, peu propre aux petits soins que l'on en doit avoir. Je me mis en peine de trouver quelque personne d'esprit qui pût servir à leur éducation et me soulager de cet embarras. Je pris pour cet effet un nommé Gournay, de Dieppe, et la dame Ferment du même lieu, lesquels s'y donnèrent entièrement; ma mère avoit soin de ma maison : ainsi toutes choses rouloient à l'ordinaire.

Dans ce temps l'évêque de Munster faisoit la guerre à Messieurs les Etats; le roi de France, leur allié, leur envoya ses mousquetaires et plusieurs régiments. Comme je me trouvois sans femme, j'avois envie de venir offrir mes services à un Etat pour lequel ma famille avoit donné des preuves de zèle et de courage, et acquis de l'honneur. J'avois cela extrêmement à cœur; mais lorsque ma mère eut connoissance de mon dessein, elle fit tous ses efforts pour m'en détourner; elle fit agir tous mes amis qui, ne l'approuvant pas, me firent désister de cette pensée. Mais j'ai toujours eu regret de n'avoir pas rendu cette preuve de mon zèle à une république qui me reçoit si bien et qui me sert de véritable patrie. Je me rendis donc aux conseils de ma mère et de mes proches, et me fis un plaisir et un amusement de ma petite famille. Je voyois et j'étois vu de beaucoup de monde, et comme il n'y a pas de retour à la mort et que l'affliction opiniâtre est blâmable, le temps et la raison me consolèrent.

Après une année expirée d'un veuvage fort régulièrement

observé, je sentis que Mademoiselle de Tibermont avoit toujours dans mon cœur une grande part; elle étoit belle et bien faite; l'amitié que mon épouse avoit eue pour elle étoit parfaite et si grande, qu'elle m'avoit souvent prié qu'en cas que Dieu disposât d'elle comme sa santé lui faisoit craindre, elle me prioit de n'en point épouser d'autre, persuadée qu'elle aimeroit ses enfants et qu'elle en auroit soin. Moi, de mon côté, je m'étois senti depuis presque sa naissance une inclination plus forte que je n'avois jamais eue pour aucune parente. Ainsi il ne fut pas difficile d'allumer dans mon cœur un feu qui couvoit depuis si longtemps sous les cendres de la raison et du devoir. Je crus pouvoir l'aimer sans crime et jeter les yeux sur elle pour me consoler. Je me sentis pourtant combattu de divers sentiments : la grande jeunesse de Mademoiselle de Tibermont, qui sans doute ajouteroit beaucoup d'enfants au grand nombre que j'en avois déjà, me faisoit quitter cette pensée. Je doutois très fort que, quelque amitié qu'elle eût pour moi, qu'elle voulût dans le plus beau de ses jours se charger de ce fardeau. Je prévoyois l'obstacle qu'y apporteroit Madame sa mère, laquelle, quoiqu'elle m'aimât très tendrement, étoit prévenue de l'aversion que feu M. de Tibermont avoit pour ces mariages de cousins germains, lesquels il n'estimoit pas heureux, et qui lui avoient fait refuser à M. de Rames, son neveu, sa fille dont il étoit éperdûment amoureux, et qu'il maria depuis à M. du Mesnil Vicquemare. Toutes ces raisons, et la nécessité de mes affaires qui requéroient que je cherchasse de l'argent pour payer mes dettes de La Fontelaye, me combattirent longtemps; mais enfin l'amour, je l'avoue, l'emporta par-dessus toutes ces considérations. Je l'aimai éperdûment et mis toute ma félicité à la posséder, et avec son consentement, je mis tout en usage pour obtenir celui de Madame de Tibermont. Je la trouvai armée des raisons de son mari; cependant elle avoit pour moi et bien de l'amitié et de la considération. Enfin par mes assiduités et mes prières, je la résolus à prendre l'avis des parents paternels de ses enfants, dont M. de Bautot étoit le principal, comme ayant épousé la fille aînée de M. de Tibermont, et leur tuteur consulaire, si bien qu'ayant eu son approbation par une lettre qu'elle m'envoya de lui, et que j'ai gardée comme un trésor, puisque cela me fit donner le sien, je me la rendis favorable. Ce fut alors que Mademoiselle de Tibermont et moi, assurés de passer nos jours ensemble, nous eûmes une joie parfaite; nous ne songeâmes plus qu'à conclure promptement une chose qui faisoit notre félicité.

J'avois cependant des mesures à garder avec la famille de La Rive; je ne voulois pas rompre avec elle, et j'avois pris des mesures de bienséance avec elle que je voulois toujours garder. Je lui avois de l'obligation à cause du testament que M. de La Rive avoit fait en faveur de ses petites-filles. Il avoit eu une violente maladie causée par une rétention d'urine, il en pensa mourir; il fut sondé et rendit une quantité d'eau surprenante; mais cette opération violente lui affecta le cerveau et lui fit perdre la mémoire. Il guérit après bien des jours d'une fièvre cruelle; mais avec un oubli presque de toutes choses, et une indifférence pour ses intérêts auxquels il avoit été si fort attaché, qui fit connaître qu'il étoit incapable de s'en mêler dorénavant. Ainsi toutes les affaires de la maison tombèrent entre les mains de Madame de La Rive. Je m'étois rendu fort assidu auprès de lui pendant sa maladie, et il m'en avoit su bon gré et toute la famille. Je lui fis civilité, premier que de me marier, et à tous. Ils me donnèrent leur approbation et le bonhomme bien des bénédictions. Ainsi nous conclûmes notre mariage. On fit tous les honneurs que l'on put à Arques à ma maîtresse. M. de Rassent, le gouverneur, fit faire plusieurs décharges du canon du château : à notre départ, les habitants sous les armes nous conduisirent jusques au pied de la montagne au bruit des tambours et de la mousqueterie, et les plus considérables nous escortèrent à cheval jusques à

Basqueville où les habitants, par ordre de M. le marquis de Basqueville, nous reçurent sous les armes et firent force décharges tant en entrant qu'en sortant du bourg où nous nous mariâmes. M. Vauquelin, ministre de Dieppe, que nous avions amené avec nous pour cet effet, nous donna la bénédiction nuptiale. Là nous trouvâmes toute ma famille ; ceux de Lintot et de Fébure y étoient, et tous ensemble nous arrivâmes à La Fontelaye au bruit de la mousqueterie de mes habitants : et comme c'étoit le lundi gras, et que dans notre troupe il y avoit force jeunesse et de belle humeur, et entre autres Madame d'Espine Blanville, d'Arques, parente à cause de son mari de la jeune mariée et son amie intime, on passa le temps fort agréablement : il vint plusieurs troupes de masques ; ainsi on passa le lundi et le mardi gras avec tous les plaisirs que la saison et une occasion pareille peut inspirer, quand surtout les parties sont aussi contentes qu'elles étoient. Le mercredi des cendres, chacun se sépara, et tous en général parurent contents de moi.

Me voilà donc pour la seconde fois marié, très content de posséder une personne que j'aimois si tendrement, et dont j'étois sûr de l'amitié et des soins pour mes enfants et de sa complaisance pour ma mère. Aussi je peux dire à sa louange que jamais dans tout le temps que nous avons été ensemble elle ne s'est relâchée des soins qu'elle devoit avoir pour mes enfants, qui l'aimèrent comme leur mère propre. Ce que j'avois prévu ne manqua pas d'arriver ; mon épouse, devenue grosse aussitôt que mariée, accoucha d'une fille au bout des neuf mois : elle pensa mourir dans ce temps, mais l'habileté d'un médecin nommé Prévost, quoique un peu fou, la tira d'affaire, les sages-femmes qui l'assistoient n'y connaissant plus rien. Si ma douleur avoit été extrême de la voir exposée dans un si grand péril, ma joie le fut dans l'excès de l'en voir tirée, et en peu de jours elle fut remise de cette rude épreuve.

Sa petite fille la consola de ce mal ; rien n'étoit plus beau que cette enfant.

Dans cette première année de notre mariage nous entrâmes dans une suite de deuils d'où je crus que nous ne sortirions jamais. Le jour d'après de nos noces nous reçûmes les nouvelles de la mort de Madame de Boisle, ma tante ; il fallut donc prendre le triste habit. Je l'avois toujours très fort considérée et aimée, nous étions presque de même âge, et cela m'avoit donné pour elle plus d'attachement y ayant entre nous une liaison très étroite. Je la regrettai beaucoup, elle laissoit une grande famille très jeune entre les mains d'un mari fort brave homme et fort plein de mérite et de piété, mais d'une petite capacité pour le soin que cela requéroit, et encore moins pour débrouiller des affaires de conséquence dont il étoit chargé et qui enfin l'ont fait mourir de chagrin et ruiné sa maison. Peu de temps après, le fils aîné de M. de La Rive, frère de feue ma femme, mourut. Mademoiselle de La Rive l'aimoit très fort, quoique, sans offenser sa mémoire, il fût moins honnête homme et moins bien fait qu'il ne falloit pour avoir pour lui tout l'attachement qu'elle avoit ; mais elle étoit très bonne personne, et c'étoit son frère. Sa mauvaise conduite avec son père, les dépenses extraordinaires qu'il avoit faites, l'avoient rendu l'objet de la haine de ce père si bon ménager ; et tant qu'il avoit été en vigueur, il ne l'avoit point voulu voir. Il y avoit longtemps que cela duroit : ni les prières des sœurs, ni les miennes n'avoient pu obtenir sa grâce ni obliger M. de La Rive à racquitter les dettes de ce fils mauvais ménager ; mais lorsque les choses furent en l'état que j'ai dit ci-dessus, alors Mademoiselle de La Rive et son frère me prièrent d'obtenir de Madame leur belle-mère qu'elle racquittât ses dettes : ce qu'elle m'accorda fort honnêtement. Lors je travaillai à le tirer des mains de Madame de Ruffelot qui le tenoit obligé et par corps. Je composai pour lui avec elle à des conditions assez avantageuses, et elle fut remboursée : la sœur et le frère eurent le soin du reste. Lorsque j'avois proposé de faire ces racquits, j'avois cru que l'on stipuleroit dans les quittances que cet argent étoit pour décharger le bien de M. de La Rive de ce qui appartenoit à ses premiers enfants à cause de leur mère, Anne de La Lieur; mais bien loin de cela, on les fit comme par une avance de succession que M. de La Rive encore vivant faisoit à son fils : ce qui a été cause que j'ai touché après sa mort douze mille livres du bien de leur grand'mère. Ce pauvre garçon ne jouit pas longtemps du plaisir d'être sans dettes, ni de l'espérance de se voir bientôt héritier d'un grand bien : la mort finit ses maux et ses joies ; il étoit fort usé de débauches, et n'auroit traîné qu'une vie languissante. Peu de mois après, le père, qui ne s'étoit jamais bien remis de sa grande maladie, mourut : ainsi ce n'étoient que deuils continuels dans ma famille. Ces morts me donnèrent beaucoup d'occupation, celle du père surtout. Il me fallut trouver à tout, tant pour rendre service à la veuve que pour les intérêts de ma belle-sœur, dont nous arbitrâmes le mariage par quatre-vingt-dix-neuf mille livres, que pour ceux de mes enfants, dont j'étois tuteur. Le testament fait en faveur de mes quatre filles se trouva conforme à ce que l'on m'en avoit dit. La donation étoit de vingt-quatre mille livres avec quelques sommes que j'avois reçues pour quelques mauvaises dettes qu'il m'avoit données pour elles : cela fournissoit 25,000 livres. Le présent étoit honnête, et mille livres qu'il me donnoit pour le deuil servirent à me consoler de ces pertes, auxquelles, quoique je me fusse intéressé, ne me touchèrent point comme celle que nous fîmes de M. de Tibermont, mon beau-frère, quelque temps après mon mariage. J'avois persuadé Madame sa mère de le mettre à l'académie à Paris : il étoit très bien fait, il avoit des dispositions naturelles au bien, autant qu'il en faut pour faire un très accompli cavalier ; il ne lui manquoit que de l'éducation, il avoit été nourri en fils unique et trop tendrement. Cependant, se voyant grand, il vouloit sortir de dessous l'aile de cette bonne mère, qui ne pouvoit envisager cette séparation sans une peine fort grande : cependant, à ma sollicitation et aux prières de son fils, elle consentit à ce dessein. Mais comme les dépenses sont grandes et qu'elle se trouvoit hors d'état de faire les frais, je lui donnai deux mille livres, des six que j'avois touchées et qu'elle avoit prises du sieur Dubusc, procureur du roi au magasin au sel de Dieppe, et dont j'étois preneur avec elle. Cette somme donna lieu à exécuter ce voyage : il entra donc à l'académie de M. de Foubert, à Paris, proche l'abbaye de Saint-Germain (1). Il fut une année entière dans

(1) Salomon de Foubert, « écuyer du roy, tenant académie royale au faubourg Saint-Germain. » C'est ainsi que nous le trouvons désigné dans l'acte d'inhumation de sa fille Marie de Foubert, enterrée au cimetière de la rue des Saints-Pères, le 16 mars 1668. Sa femme y est nommée Madeleine Chanevière. Simon Cocquet, sieur de Marsilly, ami, figure comme témoin. Salomon de Foubert avait peut-être succédé à « Jean Osmont, sieur de Vaulx, escuyer de la grande écurie du roy, tenant académie royale au faubourg Saint-Germain, » dont la veuve, Charlotte Baudouyn, décédée à l'âge d'environ quatre-vingts ans, fut inhumée au même cimetière le 20 décembre 1668. Elle était fille de « noble homme messire Pierre Baudouyn, avocat au parlement, et de Catherine Lejay, » et avait été mariée audit Jean Osmont, au temple de Charenton, le 19 janvier 1634. Nous voyons figurer comme témoins à son enterrement Gédéon de Serres, écuyer, sieur de Montaut, neveu de la défunte ; Gédéon de Serres, sieur du Pradel, fils du précédent, et Gédéon du Pré Le Jay, sieur de Querdaniel, ami.

On voit que ces académies étaient tenues par des hommes de qualité. Plus loin, l'auteur de ces Mémoires parle encore de l'académie de M. de Vandeuil, lieutenant des gardes du roi et parent de sa troisième femme, Mademoiselle de Grosménil.

Le marquis d'Ausson (François de Jaucourt), « cadet de Villarnoul, » dont on va trouver le nom plus loin), a laissé un journal manuscrit, conservé aux archives de l'Etat à la Haye, et il y donne quelques détails sur son séjour à l'académie de Foubert. « J'entray, dit-il, à l'académie de Foubert et de Roquefort. M. de Saint-Fort, le principal associé, étoit déjà mort ; les deux autres se séparèrent peu de temps après, et je restai auprès de Foubert ; j'eus pour maîtres d'armes Lasalle et Morin ; pour la danse, les Mayeux ; pour la pique et le mousquet, Beaufort, que j'ai vu depuis, dans les troupes, ingénieur et capitaine d'infanterie ; pour voltiger, un nommé Jolly, qui montroit aussi à la grande écurie ; pour les mathématiques, un M. Charuel. Voici les noms des camarades dont je me souviens : trois que j'avois connus au collége, La Musse, Chambert et Goudraud, trois amis de mérite et qui m'aimoient sincèrement ; les deux premiers moururent à l'académie et le troisième à son retour d'Italie ; l'ambition l'auroit perdu, elle étoit extrême en ce garçon ; on ne pouvoit pas voir un homme plus adroit en ce lieu où les soins de l'écuyer, très habile homme et admirablement bien monté et fourni de tous les maîtres nécessaires, et les dispositions de l'académiste l'avoient rendu le charme de son maître et l'admiration de tous ceux qui le voyoient travailler. Il étoit d'une taille avantageuse; et quoique un peu brun, il étoit beau à peindre : il avoit la tête admirable, et l'on doutoit souvent si ses cheveux étoient naturels; ils étoient noirs comme jais et en très grande abondance, bouclés naturellement. Il savoit se mettre très bien et avoit grand soin de sa personne. Avec toutes ces qualités du corps, il joignoit une douceur d'esprit et des manières si honnêtes et si engageantes que l'on ne pouvoit se défendre de l'aimer; et en effet il l'étoit de tous ceux qui le connaissoient et de tous ses camarades. Toutes ces belles qualités ne le garantirent point de la mort : il fut pris d'une fièvre qui d'abord ne parut pas de conséquence, mais qui, s'étant augmentée, alarma M. et Madame de Foubert. Ils en donnent avis à Madame de Tibermont qui, ne se trouvant pas en état de faire ce voyage, pour être mal disposée, elle m'envoya faire part de son chagrin, et me prier d'aller voir en quel état étoit ce cher fils. Je l'aimois de tout mon cœur, tant pour lui-même que pour sa sœur, mon épouse, qui consentit à mon départ. Je le fis avec une précipitation extrême. Dans ce temps la peste étoit violente à Rouen, et Dieppe commençoit à en être infecté (1) : on logeoit aux hôtelleries, sur la route de Paris, fort difficilement

---

tous les exercices, de meilleure mine, quoiqu'il fût louche un peu; il avoit d'ailleurs de l'esprit, du courage infiniment et beaucoup de savoir déjà; Tibermont et Monlériet, deux fils uniques, qui moururent aussi à l'académie; les deux Guénégaud, dont l'un étoit le plus droit cavalier de Paris. »

On a vu plus haut (page 7, note) qu'il y avait encore en 1690 une académie de Roquefort, dans la rue de l'Université.

(1) On lit dans Farin : « L'an 1668, la peste prit à Rouen, dans la rue des Charrettes, chez un tapissier, par des laines venues de Picardie; elle dura tout l'été, mais le bon ordre qu'on y apporta fit qu'elle ne causa pas de grands désordres. Elle passa ensuite à Dieppe, où elle fit beaucoup plus de ravages. »

sans billet de santé des lieux où vous partiez; mon prompt départ ne m'avoit pas permis de prendre ces précautions. Je montai donc à cheval sur les quatre heures d'après midi, et je m'en allai avec toute la diligence possible à Fleury, où l'hôte s'avisa de me demander un billet de santé. J'en avois fait un; quoique j'eusse oublié à le dater, il s'en contenta. Après avoir reposé quelques heures, je remontai à cheval, et ayant fait viser mon billet à Saint-Clair, j'arrivai à Escouis où je pris la poste. J'arrivai à Magny à huit heures; et comme je voulus faire voir mon billet au juge et le viser, il me refusa pour n'être pas imprimé : cela me mit en une très grosse colère, et je dis cent choses rudes à ce juge mal obligeant; mais m'étant souvenu que j'avois un ancien camarade et ami auprès de la ville, à quelques lieues, et m'étant informé à des personnes qui venoient à la foire de la Saint-Michel qui se tient ce jour à Magny, si M. de Fremeinville étoit chez lui, ils m'en assurèrent. Lors ayant pris la poste, je poussai chez lui où je le trouvai en bonne compagnie. Quoiqu'il y eût un très longtemps que nous ne nous fussions vus, qui étoit depuis notre académie de Paris, il me reconnut d'abord et moi lui : ce fut mille caresses et embrassades et une joie extrême de nous revoir après une si longue absence; l'état où il me voyoit en courrier, tout couvert de sueur et de poussière, lui donna de l'inquiétude et de la curiosité de savoir le sujet de mon voyage. Je lui dis le besoin que j'avois de lui pour me faciliter le passage de Pontoise. Lors m'ayant fait saluer Madame sa femme, fille du gouverneur de Meulan, et reçu bien des civilités d'elle et de toutes les dames qui étoient venues les voir, je tirai de lui un billet comme je partois de sa maison; et comme il étoit fort connu à Pontoise, ayant remercié mon ami, je repris la poste et passai sans difficulté. J'arrivai à quatre heures à Paris, à l'académie, où je trouvai mon beau-frère violemment attaqué : cependant, ayant encore la connaissance entière, il me reçut avec des transports de joie très grands, et craignant de lui faire redoubler la fièvre, je le fis le moins parler que je pus. On en avoit eu tout le soin possible, on lui avoit fait les remèdes généraux ; mais comme cela n'avoit rien produit, je résolus de faire une consultation des plus fameux médecins : ils furent avertis pour le lendemain au matin. Je passai une partie de la nuit auprès du malade, mais comme j'étois fort fatigué, je fus obligé de m'aller coucher. Je m'étois fait retenir une chambre auprès de l'académie ; je revins de bon matin, je trouvai mon malade dans le délire et qui avoit passé une cruelle nuit. Les médecins se rendirent à l'heure dite ; ils le trouvèrent, après avoir conféré longtemps, dans un très grand péril : la fièvre étoit devenue putride et d'une violence cruelle ; ce transport au cerveau les fit mal augurer du succès. Cependant je les priai de mettre tout en usage pour sauver ce cher fils à sa mère et un frère que j'aimois si fort ; mais tous leurs soins et leurs remèdes furent inutiles. Après trois jours des plus terribles redoublements accompagnés d'un dégorgement de bile, il se trouva à la mort. Les médecins le voyoient deux fois par jour, et le chirurgien ni moi ne le quittions point. M. Drelincourt, si propre à la consolation des malades, l'assistoit dans ce terrible combat : il avoit des intervalles où il donnoit des marques d'une grande résignation aux volontés de Dieu ; enfin, après avoir bien combattu et agonisé vingt-quatre heures de la manière du monde la plus pitoyable, qui me perçoit le cœur et de M. et Madame Foubert comme de tous ses camarades, il expira. Je ressentis cette perte avec une douleur qui faisoit pitié ; je m'étois trouvé seul de parent auprès de ce pauvre garçon, j'avois été spectateur de toutes ses peines : cela m'avoit rendu et plus tendre pour lui et plus sensible à l'affliction. Je l'aimois très fort et je savois quel effet produiroit dans le cœur de sa mère cette triste nouvelle. Enfin, après avoir donné à l'amitié et à toutes ces tristes réflexions bien des plaintes sincères mais inutiles, nous lui rendîmes les derniers devoirs, et on l'enterra fort honorablement au cimetière ordinaire de Paris (1).

Ne pouvant plus rester dans ce lieu si triste pour moi, après avoir fait faire inventaire de ses hardes, je pris congé de M. et de Madame de Foubert dont j'avois été très content, tant par les soins qu'ils avoient pris du malade que par les marques d'amitié et d'honnêteté que j'en avois reçues. J'avois eu tout lieu de me louer de ses camarades, qui s'y étoient intéressés comme s'il avoit été leur frère, entre autres M. le marquis de Tenac, de Bordeaux, M. d'Ausson, cadet de Vilarnout, et de M. du Manai, fils du gouverneur d'Orange. Je leur dis adieu à tous, et montai à cheval. Les miens m'avoient suivi à Paris; je fis beaucoup de diligence pour revenir; et n'ayant pas voulu passer par Rouen, je vins à Fontaine-le-Bourg, où je fus contraint de coucher, mon cheval n'en pouvant plus. Je croyois qu'il étoit fatigué du chemin; mais le lendemain, ayant remonté dessus, je le trouvai fourbu; je

---

(1) Voici l'acte d'inhumation que nous avons relevé sur le registre de sépultures du cimetière protestant de la rue des Saints-Pères : « Aujourd'huy, 5º d'octobre 1668, a été enterré le corps de deffunt messire Charles Le Cauchois, seigneur de Tibermont, décédé le 4º dudit mois, fils de feu messire David Le Cauchois, chevalier, seigneur de Tibermont, et de dame Marie de la Haye, auquel enterrement ont assisté messire Isaac Dumont, sieur du Bostaquet, beau-frère du deffunt, et Salomon de Foubert, écuyer du roy, ami, qui ont dit que ledit deffunt, lors de son décès, étoit âgé de vingt ans ou environ. Et ont signé :
« J. DUMONT BOSTAQUET. DE FOUBERT. »

Dans un passage de son Journal manuscrit, déjà cité, le marquis d'Ausson, parlant de la famille de Tibermont, rappelle le souvenir de son ancien camarade: « On nous fit marcher, dit-il, en Normandie, pour prendre les quartiers d'hiver ; le mien fut à Lindebeuf, terre appartenant au marquis de la Tour... Nous entrâmes dans nos quartiers le 1ᵉʳ de février 1675, dont il fallut repartir le 5ᵉ d'avril, pour joindre le roi à Mons. Je passai à Paris presque tout ce temps-là ; en y allant, je vis le marquis de Crevant, à sa terre d'Yvetot. Dans le voisinage de mon quartier, j'avois M. de Rouville (Royville?), de l'Etang, de Bostaquet, qui alloient au prêche à Bacqueville ; de catholiques, un M. d'Embleville, conseiller au parlement, son fils, M. de Tocqueville. Plus loin de là, près d'Arques, je vis Madame et Mademoiselle de Tibermont, où je me souviens qu'on me fit coucher en des draps de fine hollande parfumés, à cause que le fils avoit été mon camarade d'académie, dont la mémoire étoit chère à cette pauvre mère. »

l'abandonnai à mon valet, et pris une cavale qu'il montoit qui étoit infatigable, et je m'en vins au galop à la Fontelaye, où mon arrivée causa bien des larmes. Mon épouse avoit une véritable amitié pour ce frère, et, bien qu'elle en devint héritière en partie, elle en étoit touchée au vif; mais rien ne fut égal à l'extrême affliction de Madame de Tibermont. Nous nous rendîmes, sa fille et moi, à Arques, pour mêler nos larmes avec les siennes. Je lui avois fait annoncer cette triste nouvelle par M. Vauquelin, ministre de Dieppe, à qui je l'avois mandée de Paris. Je la trouvai pénétrée d'une douleur si violente, qui se renouvela à ma vue, que je crus qu'elle expireroit en m'embrassant. Je la consolai de mon mieux, et tous ses amis y apportèrent leurs soins. Outre la perte qu'elle faisoit de ce cher fils qui lui étoit unique, elle envisageoit le changement que cela apporteroit et à la tranquillité de sa vie et à son établissement. Elle jouissoit de tout le bien de ses enfants comme leur tutrice depuis longtemps; elle n'avoit jamais prévu la mort précipitée de ce fils, et n'avoit pas pris toutes les précautions d'une tutrice fort exacte. Ces réflexions augmentoient son chagrin. Cependant, après avoir donné à son juste ressentiment un torrent de larmes et de regrets, il fallut penser à ses intérêts.

Si cette mort nous avoit accablés de tristesse, elle ne fit pas le même effet sur l'esprit de MM. de Pimont et Dumesnil, sortis des deux filles du premier mariage de M. de Tibermont, Mesdames de Bautot et Dumesnil. Ces deux messieurs, devenus héritiers avec nous par cette mort, ne manquèrent pas à venir à Arques. Ils devoient un compliment à cette affligée mère; ils lui firent, et parlèrent aussitôt de leurs prétentions. Ce procédé renouvela la douleur de Madame de Tibermont; mais comme je l'avois préparée à tous ces événements, elle s'arma de patience. Ils demandèrent aussitôt à voir les comptes qu'elle avoit rendus à son fils. Aussitôt que je fus marié avec sa fille, on lui conseilla de les rendre, premier que de l'envoyer à l'académie. Elle présenta la requête devant le juge d'Arques, qui nomma pour arbitres les sieurs Mollart et Sévant, l'un pour la mère et l'autre pour le fils. Elle faisoit difficulté de leur montrer, mais je leur persuadai pour leur marquer qu'elle ne craignoit rien. Ils les firent copier, et nous y travaillâmes quelques jours avec bien de l'attachement; mais, premier que de nous séparer, je leur fis signer un écrit de consentement pour les jouissances qui se montoient à trois mille cinq cents livres de rente, dont ils se sont toujours repentis et m'ont su très méchant gré; mais comme je n'avois que les intérêts de Madame de Tibermont en vue, et que je les avois plus grands qu'eux dans cette succession [moi] qui le signois aussi, je les laissai gronder, ensuite de quoi chacun se sépara. Nous ne fûmes pas longtemps sans recevoir des nouvelles de ces messieurs. Ils firent donner assignation à Mademoiselle de Tibermont, cadette de mon épouse, pour apporter lots de cette succession. Nous les fimes de concert, aidés par M. Mollart, qui, ayant été dans les affaires de cette maison, avoit une connoissance parfaite de tout le bien. Il étoit fort bien intentionné et fort éclairé. Les lots furent présentés, dans lesquels ils trouvèrent que nous leur demandions qu'ils eussent à rapporter les sommes que leurs mères avoient eues en mariage, lesquelles étoient considérables. Madame de Bautot avoit eu 24,000 livres, et Madame Dumesnil 30,000 livres, sans les lits, linges et habits qui étoient de valeur considérable. Cela ne manqua pas à produire un procès de conséquence entre nous; ils blâmèrent les lots, ils refusèrent de rapporter, prétendant être bien fondés en ce que la coutume dit que le mort saisit le vif, que M. de Tibermont le fils avoit succédé à son père, que c'étoit la part à la succession du fils qu'ils demandoient et non à celle du père. Ces raisons avoient quelque chose de plausible, et même, en pareil cas, j'avois été de ce sentiment pour les intérêts de M. de Royville, prétendant partager la succession du sieur

Frémin, son beau-frère, avec ses belles-sœurs, sans être obligé de rapporter ce qu'il avoit reçu en se mariant. Il y avoit eu procès au Parlement de Rouen; j'avois sollicité pour lui tous mes amis, et les trouvai assez disposés à décider en sa faveur; et la chose parut si problématique, qu'au jugement les voix furent partagées entre les juges; et comme M. de Royville ni ses parties n'avoient point fait lever le partage, il ne s'étoit point donné d'arrêt définitif; si bien que, trouvant mes intéressés opposés à ce que j'avois cru juste autrefois, je consultai M. Basnage, dont l'amitié et la capacité m'étoient connues. Il m'aimoit très fort et s'intéressoit à mes affaires sincèrement; il étoit, sans contredit, des plus habiles de la Cour. Ainsi, lorsque je fus appuyé de son avis, je ne doutai pas un moment du succès. La question fut décidée en première instance en notre faveur au siége d'Arques, et nos parties condamnées à rapporter, dont ils appelèrent au Parlement. Ils ne faisoient pas de cas de la sentence du juge subalterne, ils avoient des avis pour eux, et le sieur Dumesnil se faisoit très fort de son crédit. Sa demeure et ses procès continuels à Rouen avec ce qu'il y avoit de parents qui avoient beaucoup d'amis, le faisoit triompher d'avance. Nous nous rendîmes tous à Rouen pour faire tous nos efforts pour faire confirmer par la Cour ce qu'Arques avoit jugé... Madame de Tibermont y amena sa fille, et moi mon épouse; et lors nous cherchâmes tous les moyens possibles pour faire valoir notre droit, lequel parut si clair aux juges lorsque M. Basnage, avec son éloquence ordinaire, l'eut fait paraître dans tout son jour, que messieurs du Parlement donnèrent tous d'une voix cet arrêt qui sert de loi sur cette matière, et confirmèrent la sentence d'Arques avec amende et dépens. Nos parties furent cruellement mortifiées; ils avoient ouï M. le président Bigot (1), notre parent commun avec Pimont, dire hautement,

---

(1) La charge de premier président au parlement de Rouen étant restée va-

en sortant, qu'il falloit mettre l'appellation au néant. Il n'avoit pas voulu dire son avis au jugement, étant récusable en qualité de parent; mais il le dit si haut, que tous les juges l'auroient ouï. Il m'avoit assuré que la chose tourneroit comme elle fit, et cela appuyé sur ce que le mariage de mon épouse n'étoit pas payé ni ma belle-sœur mariée. Si nos parties eurent du chagrin, nous eûmes toute la joie que peut apporter le gain d'un procès de conséquence. Nous fûmes très bien servis dans cette affaire par nos amis. J'avois obtenu des lettres de faveur de M. de Turenne pour M. Pellot, qui étoit premier président (1); M. de Varengeville, mon parent et ami de tout temps et mon voisin, m'en avoit envoyé de Paris pour ses amis; j'avois M. d'Imbleville, conseiller, qui me donnoit tous les siens; si bien que la chose se trouvant juste d'elle-même, cela alla comme il falloit pour nous. Nos parties avoient pour leur avocat le sieur Canon, mais il ne fit que du bruit contre M. Basnage, sans nul effet : il en pensa crever de dépit. Nous fîmes nos efforts pour marquer notre reconnaissance à M. Basnage de ses soins; mais lorsque je lui fis apporter un bassin d'argent et quelques autres petits présents pour Madame son épouse et sa fille, il me querella fortement et refusa le tout, disant ne m'avoir jamais servi par intérêt, mais par pure inclination; si bien que, joignant la générosité à l'amitié, il nous combla d'obligations que je lui ai toujours eues, l'ayant trouvé le même en toute rencontre.

Notre arrêt levé et nos juges étant remerciés, nous partimes de Rouen très contents et de Madame de La Rive, qui nous logea et défraya tout le temps que nous fûmes. Quelque

cante de 1663 à 1670, messire Alexandre Bigot, seigneur de Monville, l'avait exercée par commission de 1666 à 1670. » (Farin, *Hist. de la ville de Rouen*.)

(1) « Messire Claude Pellot, chevalier, sieur du Port-David des Défends, Lyonnois, fut reçu premier président au parlement de Rouen, le 14 avril 1670. Il avoit été conseiller au parlement de Rouen, ensuite maître des requêtes et intendant du Dauphiné, Poitou, Limousin et Guyenne; il étoit allié par sa femme à M. Colbert, ministre. Il mourut à Paris le 3 août 1683. » (Farin, *Hist. de la ville de Rouen*.)

temps après, nos amis nous obligèrent à nommer des arbitres pour mettre l'arrêt en exécution : nous y consentîmes en prenant MM. Dumont et de Basnage pour nous, et nos parties les sieurs Sevant et Cani, avocats au siége d'Arques. Ils donnèrent sentence et nous donnèrent, à ma belle-sœur et à moi, pour nous rendre égaux auxdits sieurs de Pimont et Dumesnil, tout le bien qui étoit de la succession dans Arques, avec la maison qui est grande et belle, une ferme assise à Romesnil et les deux tiers de Ribœuf, et le tout jusqu'après la mort de Madame de Tibermont, qui jouissoit du reste du bien conformément au billet que nous lui avions signé. A peine Mademoiselle de Tibermont, étoit-elle devenue héritière que Madame de Lintot, veuve de feu mon oncle, femme d'esprit et de mérite, avoit eu pensée pour elle et l'avoit regardée comme un parti avantageux pour M. de Montgefroi, son cadet : elle ne vouloit pas borner la fortune de son aîné à ce qu'elle pouvoit avoir. Les deux frères étoient très bien faits, et le cadet surtout qui étoit le cavalier le plus beau et le plus accompli que l'on pût voir. Il avoit été nourri page de M. de Turenne, dont il avoit l'honneur d'être aimé. Il lui avoit fait donner la cornette du marquis de Genlis; et on voyoit clairement que s'il vouloit s'attacher au service, il iroit loin avec cet appui. Madame de Lintot donc me communiqua sa pensée et me pria de lui servir : je l'honorois infiniment, tant pour son mérite que pour être la veuve d'un oncle que j'avois regardé comme mon père; j'aimois ces cousins germains uniquement, j'étois leur tuteur consulaire : ainsi il ne me fallut pas de sollicitation pour me porter à parler en sa faveur. J'avois commencé cet ouvrage lorsque Madame de Lintot fut prise d'une maladie violente qui l'emporta. C'étoit une dame d'une grande piété, et d'un esprit pénétrant et très habile : elle avoit pris un soin extrême de ses enfants et de leur bien, embrouillé par la tutelle de Mademoiselle de Bertreville, dont leur père avoit été tuteur; elle avoit mis la maison en très bon état; ses enfants firent une perte extrême, et nous la regrettâmes tous. M. de Montgefroi étoit revenu de l'armée, il avoit levé une compagnie de cavalerie qui, par la paix ensuite de la campagne de Lille, avoit été cassée comme les autres. Il ne s'en étoit rien fallu que je n'y eusse été pris dans mon envie de rentrer dans le service. M. Asset, secrétaire de M. de Turenne, m'avoit fait offrir par M. de Montgefroi une commission pareille à la sienne ou de me faire traiter d'une compagnie dans le régiment de Boudes. J'avois donné tout pouvoir audit sieur Asset pour le dernier; mais comme ce traité traîna en longueur, je ne donnai pas mon argent, et la paix s'étant faite, j'eusse eu le même sort que mon parent, dont je me fusse bien mordu les doigts. Lui donc de retour, les deux frères me prièrent de continuer ma négociation auprès de Madame de Tibermont pour Mademoiselle sa fille. L'aîné promettoit de faire tous les avantages qu'il pourroit à son frère, le regardant comme son héritier et n'ayant nul penchant au mariage. La chose me plaisoit extrêmement, et malgré le peu de disposition que j'avois trouvée dans l'esprit de ma belle-mère de consentir à ce mariage, tant pour ne pas trouver ce cadet assez riche que pour être son neveu, j'avois surmonté toutes ces difficultés et mis les choses en état de réussir : mais le ciel avoit ordonné le contraire; M. de Lintot, entre temps, étoit tombé malade d'une manière surprenante et inconnue aux médecins et aux chirurgiens. Comme il étoit fort bon homme de cheval, il ne manquoit que très peu à y monter tous les matins : il avoit de fort jolis chevaux et un entre les autres qu'il vouloit dresser. La selle à piquer lui blessa le bas de l'échine, il s'y forma un abcès, il n'en fit point de cas d'abord ni celui qui le traitoit : cela ne l'empêcha pas d'agir, et comme il avoit des affaires de conséquence pour le tiers et danger (1) de ses bois qui, étant en grand nombre, lui

---

(1) *Danger*, vieux mot français qui signifie *seigneurie*. C'était un droit que le roi possédait en Normandie sur les biens de ses vassaux, et en vertu duquel il

faisoient un chagrin extrême, il étoit obligé d'être souvent en campagne à la suite de l'intendant. L'exercice violent aigrit sa plaie et la rendit incurable. Il vint à Rouen où toutes les connaissances de ce qu'il y avoit d'habiles gens échouèrent sur lui; pas un médecin ne connut les effets de cet abcès, les chirurgiens prirent le contre-pied, de manière qu'ils confessèrent après sa mort leur ignorance. Je m'étois rendu auprès de lui sur cette triste nouvelle; j'y trouvai MM. de Laporte, ministre de Lintot, de Montgefroi et Dumont. Il me témoigna une joie extrême de me voir, et moi une douleur sensible du déplorable état où je le trouvai. Il connaissoit très bien que le temps de son délogement étoit près; il s'y disposa d'une manière la plus chrétienne et la plus édifiante du monde. Son mal n'étoit pas douloureux, et hors les temps auxquels on le pansoit, il ne souffroit point; il nous parloit de la mort en philosophe chrétien, et marquoit une joie extrême d'aller à Dieu, qui le délivroit de cette vie dans une grande jeunesse où il avoit moins de compte à rendre; tous les agréments qu'il y pouvoit avoir ne lui donnoient aucun regret de la quitter. Quelques-uns de nos parents et amis catholiques-romains lui voulurent parler de religion, et entre les autres M. de Bailly, habile homme et fort subtil; mais aux uns et aux autres il rendit raison de sa foi en des termes si forts et qui marquoient très clairement que son âme étoit pénétrée des choses qu'il disoit, que personne ne lui parla plus de religion. Enfin la gangrène ayant gagné les parties nobles, il rendit l'esprit entre mes mains sans aucun effort, même il parut sourire en expirant.

Cette mort d'un parent que j'aimois si chèrement me donna une véritable douleur, mais nous édifia tous d'une sorte que nous ne pouvions assez admirer, la grâce de Dieu opérant si

---

prélevait le tiers et le dixième sur le produit des bois. Voir *Etudes sur la condition de la classe agricole et l'état de l'agriculture en Normandie au moyen âge*, par Léopold Delisle.

visiblement en lui. M. de La Voute avoua n'avoir jamais vu mourir personne de cet âge avec tant de confiance et une si grande résignation qui nous fit dire que si les anges pouvoient mourir, ils ne le pourroient pas faire d'une manière plus consolante. Les ignorants qui l'avoient traité firent l'ouverture du corps, et trouvèrent, mais trop tard, qu'ils n'y avoient rien connu. Nous le fîmes mettre dans un carrosse et le porter à Lintot dans le sépulcre de ses pères. Madame de Tibermont, avec ma mère et ma belle-sœur, s'y trouvèrent et regrettèrent extrêmement ce chef de leur maison.

M. de Montgefroi, devenu aîné, commença dès ce voyage à faire connaître à Mademoiselle de Tibermont qu'il changeoit de sentiment, et que sa nouvelle succession lui feroit prendre d'autres vues. Comme j'avois cette affaire fort à cœur, je m'en aperçus en peu de temps, et en effet, ses larmes étant essuyées et se trouvant chez moi, le voulant faire parler juste, je vis, tant par ses délais que par les discours de M. Dumont, notre parent commun, mais en qui il avoit beaucoup de créance, qu'il changeoit de route. Je rompis avec lui sans en demander avis à ma belle-sœur, qui m'en sut très bon gré; elle se consola aisément de cette infidélité. Tout le monde le blâma, et la suite a fait connaître que Dieu n'avoit pas eu à gré son changement. Il se maria quelque temps après à une demoiselle près de Falaise, héritière et fort aimable, avec laquelle il n'eut point d'enfants, et peu de joie de son bien qui ne lui donna que des procès et des affaires, et qui n'étoit d'ailleurs pas si considérable que celui de Mademoiselle de Tibermont, laquelle ne devoit rien ni en beauté, ni en qualité, à Mademoiselle Dubois, qui fut Madame de Lintot, et de présent Madame de Boshubert, réfugiée à Rotterdam (1).

J'eus, dans cette continuation de deuils et de chagrins, la

---

(1) On lit en marge dans le manuscrit : « Elle épousa en troisième noce le baron d'Alets; sont retournés en France et rentrés dans son bien de Montval et Lintot. »

douleur de perdre un fils que j'avois de mon épouse, lequel Madame de Tibermont élevoit avec un très grand soin. Il se nommoit Charles, comme le sien ; et ce petit garçon, qui avoit cinq ans, aidoit à la consoler. C'étoit un joli enfant, mais Dieu le prit à lui. Cela renouvela les douleurs de cette mère affligée, et qui ne fit que languir depuis la mort de son fils. Les chagrins continuels que lui donnoient nos cohéritiers, qui l'avoient obligée à rendre ses comptes de nouveau, un tuteur en Normandie ne pouvant pas les rendre à son pupille en sûreté qu'un an après sa majorité, ni même transiger avec lui, elle n'avoit pas attendu ce temps, M. de Tibermont n'étant pas âgé, et n'ayant pas même fait signer aux expéditions qu'elle avoit faites avec lui, M. de Brucdalle, leur tuteur consulaire. Tous ces défauts de formalité mal observée, rendoient ses comptes défectueux et sujets à révision. Il lui manquoit bien des quittances et bien des pièces pour la justification du compte, elle se voyoit dans de très grands embarras. Je la servois de toute ma puissance ; et comme j'avois un pareil intérêt que les sieurs de Pimont et Dumesnil dans l'examen de ces comptes, je les traversois autant que je pouvois pour faire tirer les choses en longueur et la laisser jouir tranquillement du bien que nous lui avions délégué. J'y réussissois ; mais tous les voyages qu'il falloit faire me donnoient bien de la peine et me causoient bien des frais. Mais, enfin, Madame de Tibermont ne pouvoit éviter de voir le désordre que lui causoit son peu de précaution dans une affaire aussi épineuse qu'une tutelle. Mais quoi ! on se flatte toujours, et que les enfants en useront bien et que Dieu les conservera. Cependant les suites font voir souvent le contraire, et cette digne mère trouva la fin de son repos et de son bonheur dans la mort de son fils. Cette violente affliction avoit altéré extrêmement sa santé, ce chaos d'affaires la rendoit de jour en jour plus sensible. Enfin Dieu, touché de ses larmes, abrégea ses ennuis en la retirant à lui. Elle fut prise d'un gros rhume qui lui dura quelque temps avec une violence terrible, et de coliques très douloureuses qui l'emportèrent. Mon épouse, sa fille et moi y étions présents, et nous ressentîmes les uns et les autres toute la douleur que la mort d'une mère la plus tendre peut causer à des enfants qui l'avoient aimée et honorée infiniment. M. du Roncheraye, accordé pour lors à ma belle-sœur, arriva peu de temps après sa mort, et rendit avec nous les derniers devoirs à Madame de Tibermont, que nous fîmes mettre au cimetière de Dieppe, où reposoit feu M. son mari.

Après que ses deux filles eurent donné à la nature et au devoir ce qu'une perte aussi touchante méritoit, il fallut donner ordre aux affaires. Nos cohéritiers, à cette nouvelle, ne s'endormirent pas; il s'agissoit de partager le bien dont Madame de Tibermont jouissoit, qui étoit de conséquence. Je savois l'état de ses affaires, et l'avantage que son contrat de mariage lui donnoit sur le reste de cette succession. Pour donc faire les choses sûrement, je fis renoncer ses filles à sa succession, et je le fis moi-même. Cette démarche ne leur plut pas, et ils ne doutèrent point que nous ne nous fissions forts de ce traité de mariage que M. de Tibermont avoit rendu le plus avantageux qu'il avoit pu à Madame son épouse, et cela avec bien de la justice; car, quoiqu'il fût de qualité, ayant beaucoup de bien et fort honnête homme, la grande différence d'âge qui étoit entre eux méritoit bien qu'il récompensât largement le sacrifice qu'une aussi belle personne qu'étoit son épouse lui faisoit (1). Et, dans le vrai, il y a eu peu de personnes aussi belles qu'elle dans son temps; elle joignoit à la beauté du corps la douceur de l'esprit, les charmes de la voix, et l'humeur du monde la plus gaie et la

---

(1) David Le Cauchois, sieur de Tibermont, Fontance, Saint-Quentin et Bosrichomme, avait épousé en premières noces Mademoiselle Lefebvre, fille du seigneur de Longueil. Il se remaria en secondes noces, le 12 novembre 1643, à Marie de la Haye, fille de messire Isaac, chevalier, sieur de Lintot et de Françoise de Thiboutot. (De la Galissonnière, *Recherches*, etc. Manuscrit à la Bibliothèque de Rouen.)

plus complaisante. Toutes ces belles qualités, jointes à une naissance illustre, tant par sa maison que par ses alliances, la maison de La Haye Lintot étant sans contredit des meilleures de la province et des plus alliées dans l'épée et dans la robe; toutes ces raisons, dis-je, avoient engagé ce vieillard amoureux à tous les avantages qu'il lui faisoit; aussi n'eut-il pas lieu de s'en repentir, sa conduite ayant été avec lui l'exemple des femmes sages et prudentes. Elle a vécu, tout le temps de son mariage, avec une complaisance extrême pour lui et toute remplie des marques d'une sincère amitié. Elle lui avoit donné quatre enfants, trois filles et un fils, le mieux fait et les plus charmantes que l'on pût voir. Et depuis la mort de son mari elle a vécu dans une viduité exemplaire, s'étant uniquement attachée à élever cette aimable famille avec toute la tendresse et l'application qu'elle a pu, sans que, quelques partis qui lui soient venus, elle ait voulu changer de condition. Sa beauté et son bien lui en ont attiré plusieurs, mais en vain; elle auroit cru faire une infidélité à la mémoire de son époux, qui lui a été, tant qu'elle a vécu, dans une extrême vénération. On ne lui peut imputer de défaut qu'un peu trop de facilité à dépenser le bien dont elle devoit être meilleure économe. Mais quoi, elle étoit honorable et extrêmement vue de tout le monde, et il lui étoit difficile d'amasser des trésors. Elle comptoit sur la vie de son fils, qui, sans doute, ne lui auroit jamais fait d'affaires pour les fautes de ses comptes, qu'elle a ressenties par sa mort, ayant été toujours harcelée de nos cohéritiers.

Après donc avoir pris nos précautions pour ne pas nous engager dans les affaires mal faites de Madame de Tibermont et fait les inventaires, il fallut achever le mariage de ma belle-sœur avec ledit sieur du Roncheraye, fils du sieur Le Vasseur, homme fort riche, mais dont la noblesse avoit été révoquée. Ce défaut de qualité avoit fait beaucoup de peine à la mère à y consentir; mais après sa mort, la fille lui tint parole et l'acheva. Nous la menâmes donc à Bréauté, vicomté de Montivilliers, qui étoit la demeure dudit sieur Le Vasseur et de son fils, et ils reçurent la bénédiction nuptiale à Criquetot, des mains de M. Fauné, qui en étoit ministre. Peu de temps après, ledit sieur du Roncheraye envoya enlever tous les meubles qui étoient dans la maison d'Arques, lesquels Madame de Tibermont, pour les mettre en sûreté, avoit vendus à sa fille, et contre la parole que l'un et l'autre nous avoient donnée de nous en faire part, mon épouse ni moi n'en eûmes que très peu de chose, et ne voulant pas plaider pour cela, il fallut s'en consoler. Nos cohéritiers, impatients de ne rien jouir de cette succession, nous pressèrent d'apporter lots; ils furent faits, mais nos reprises ne les contentèrent point. M. du Roncheraye, comme ayant épousé la cadette, les présenta; ils les blâmèrent, et on se disposa à entrer en procès. Cependant nous avions peine à nous y résoudre les uns et les autres.

Dans ce temps-là je fus frappé du plus rude coup dont Dieu me pût accabler. Mon épouse, grosse pour la septième fois et jouissant d'une santé parfaite dans cet état, fut prise pour accoucher; on courut aux secours ordinaires, la sage-femme la délivra, et soit qu'elle l'eût blessée dans l'opération ou par quelque autre cause que nous n'avons jamais connue, dans le temps que je la croyois hors de péril et qu'elle me venoit d'assurer en riant qu'elle oublioit les maux que je lui causois, lesquels ne diminuoient en rien l'extrême amitié qu'elle avoit pour moi, m'étant retiré dans une chambre proche de la sienne pour me reposer, n'ayant pas dormi toute la nuit, à peine étois-je sur le lit que l'on me vint avertir que cette chère épouse me demandoit. J'y courus; mais approchant d'elle, elle me dit d'une voix foible et languissante : « Adieu, mon cher mari, il n'y a plus de femme, » et aussitôt ayant perdu la parole, elle fut prise de petites convulsions qui lui firent rendre l'âme entre mes bras. Quiconque a aimé avec la plus forte passion que l'on puisse sentir, réfléchisse sur ce que je fis dans ce triste état ; j'aimois, si je l'ose dire, dans l'excès cette digne et charmante épouse ; une possession de dix à onze années ne lui ayant rien ôté de sa beauté, n'avoit point diminué mon amour. Son humeur douce, et d'une complaisance pour moi achevée, les avoient fait couler avec une rapidité si extrême que le jour même qui précéda sa mort, nous nous étions protesté tendrement que nous ne nous étions pas aperçu de leur nombre.

Si la douleur d'une perte si sensible m'avoit pu mettre dans le même tombeau, j'aurois reçu la mort avec une joie sans pareille : je ne pouvois me séparer de cette chère femme que la mort n'avoit point rendue moins belle : ses yeux, les plus beaux que l'on pût voir, sembloient me regarder, et sa bouche, aussi vermeille que jamais, sembloit sourire. Enfin mes proches m'arrachèrent malgré moi de ce triste objet que la pâleur seule faisoit croire n'être plus vivant. Elle étoit d'une blancheur qui surprenoit et que jamais le grand air ne hâloit, elle l'avoit conservée jusques à sa fin. Cette beauté du corps, jointe à l'amitié constante et fidèle qu'elle m'a conservée avec tant de soin, m'avoient donné pour elle un attachement si fort que je ne croyois point survivre à cette rude secousse. Je m'abandonnai à ma douleur d'une manière à faire pitié. Six petits enfants qu'elle me laissoit pour gage de notre amitié, insensibles à leur perte qui me paraissoit extrême, augmentoient mon déplaisir. Je lui rendis les derniers devoirs et la fis porter au sépulcre de M. de Royville où j'avois fait mettre ma première femme, même son petit-fils qui étoit mort à Arques. Je fus accompagné de mes proches et de mes amis, qui joints à un infini nombre de peuple qui pleuroient ma perte, faisoient un cortège bien au-dessus des lois auxquelles les déclarations du roi nous astreignoient.

Quiconque de ma famille qui lira ces mémoires, sera surpris d'une si grande et si longue continuation de deuils : mais à peine venois-je à respirer après ce coup fatal, que j'en reçus un encore très sensible, et qui, quoique bien au-dessous de celui que je venois de recevoir, comme il me trouvoit l'âme pénétrée de douleur, me toucha vivement. Ce fut la mort de M. de La Rive, aîné de M. de Lamberville. J'aimois ce beau-frère de tout mon cœur, j'étois assuré de son amitié; et, partout où il me l'avoit pu marquer, il m'en avoit donné des preuves sensibles. Il étoit plein de mérite, d'une générosité et d'une grandeur d'âme au-dessus de sa naissance : il étoit libéral et magnifique, et faisoit les choses très bien; il avoit l'esprit joli et bien tourné, assez de littérature pour un cavalier; bien pris dans sa taille, quoique un peu trop petit, beau de visage et se mettant parfaitement bien. Comme il étoit riche, jeune et libéral, il avoit eu beaucoup de séducteurs de sa jeunesse : son trop de complaisance l'avoit fait donner un peu dans la débauche, et son corps ne se trouvant pas de force à y résister, il succomba : il devint mal sain, et, après avoir eu une grande hémorragie, il ne vécut guère. Je le fus voir quelques jours avant sa mort, et c'étoit la première fois que je sortois depuis mon malheur. Ce triste appareil dans lequel il me voyoit lui arracha des larmes, et moi de mon côté je fus sensiblement touché de l'état dans lequel je le trouvois; et en effet à peine fus-je reparti, qu'étant à Lintot on me vint avertir qu'il se mouroit. Je courus à toute bride à Rouen, je le trouvai encore vivant; mais je trouvai le frère de Madame de La Rive mort par l'émotion que lui avoit causée son neveu mourant. La nuit dont on m'étoit venu m'avertir, il avoit pensé rendre l'âme; et le pauvre M. Rouxel, qui l'aimoit chèrement en fut si touché qu'il en mourut subitement. Je le regrettai très fort, il étoit bon et honnête homme; son neveu le suivit de près : car à peine avions-nous accompagné l'oncle au tombeau, qu'il fallut rendre cet office à M. de La Rive.

Ces coups redoublés me rendoient de bronze, et, n'ayant plus de larmes à répandre, je laissai la mère et le frère en verser abondamment. Il étoit tendrement aimé de cette bonne mère, et les deux frères étoient extrêmement unis. Ainsi l'un et l'autre furent pénétrés d'une vive douleur, et la mère n'en a jamais consolé. Il donna à mes quatre filles, ses nièces, douze mille livres en mourant, c'est-à-dire qu'il ordonna qu'elles leur fussent données en se mariant pour le joindre au présent de leur grand-père, si bien que de cinquante mille livres en quoi consistoit mon premier mariage, il s'est trouvé monter à plus de cent mille livres, tant par les testaments faits par MM. de La Rive, père et fils, en faveur de mes filles, qu'en ce qu'il leur est revenu de leur oncle et tante, Daniel et Anne de La Rive.

Après cette mort, je revins chez moi résolu de vivre en célibat et de m'attacher fortement à élever cette grande et nombreuse famille, assisté à cela par ma mère et aidé par mes quatre filles du premier lit qui toutes étoient en état de m'aider. Elles avoient eu bien de l'amitié pour leur belle-mère qui les avoit tendrement aimées et élevées avec le même soin qu'elle faisoit les siens. Aussi en furent-elles fort touchées et m'étoient d'un grand secours dans mon ménage et auprès de ces pauvres petits enfants. L'aînée des filles ressembloit beaucoup à sa mère, et auroit été belle et bien faite, si Dieu lui eût donné des jours et de la santé : mais elle n'a pas fait sa course longue ni joui d'une santé parfaite. Je les aimois tous chèrement, et celle-là sur toutes; elle étoit fort enjouée et servoit à me consoler. Les grands avoient soin des petits. Je leur avois départi leurs soins; ainsi toutes choses rouloient dans ma maison avec assez d'ordre. Comme je tardois peu chez moi, il étoit nécessaire de veiller à tout pendant mon absence. J'occupois et le Bostaquet et La Fontelaye en partie : ma mère avoit voulu, il y avoit quelque temps, se séparer d'avec nous, sans s'en plaindre cependant, mais pour être en son particulier et hors de ce grand nombre d'enfants. Elle jouissoit et de la maison et d'une partie de La Fontelaye, elle avoit ma seconde fille à lui tenir compagnie ; et mon aînée étoit la maîtresse de tout et, jointe à ses deux autres sœurs, faisoit aller mon ménage, et cela avec les conseils de ma mère qui s'y intéressoit toujours très fort.

Je m'étois fait élire tuteur des enfants de mon second mariage, comme je l'avois fait des premiers. Revêtu de cette qualité, on procéda à la choisie des lots du bien dont Madame de Tibermont jouissoit. Le sieur de Pimont, comme aîné, choisit le fief de Tibermont, assis à la paroisse d'Estran, et une ferme et quelque terre à Neufville ; le sieur du Mesnil prit la ferme de Launay, assise dans la paroisse de Saint-Aubin-le-Caux près Arques, et se chargea de cinq cent soixante et dix livres de rente envers M. du Roncheraye et moi, en qualité de tuteur, à qui resta pour non-choix la terre de Neufville, bien bâtie, avec un beau colombier. Le sieur de Pimont resta aussi chargé envers nous de quatre-vingts livres de rente. Nous nous trouvâmes très contents de nos lots ; et M. du Roncheraye et moi ne les partageâmes point : nous les avons baillés conjointement à un même fermier nommé Mustel. Mais ce n'étoit pas tout, il falloit faire exécuter ces choisies ; nos parties ne convenoient pas de payer les charges de leurs lots : nous convînmes pour éviter procès de nous trouver tous quatre à Rouen pour compromettre de nos différents entre les mains de qui nous le jugerions à propos. Cela fut exécuté comme nous l'avions proposé, et nous nommâmes de concert MM. Sallet et Deshommets, conseillers à la cour, gens de probité et de capacité connues ; nous les fûmes tous quatre prier, au sortir de l'audience, de nous donner la paix et de régler nos différends. Ce procédé franc, que j'accompagnai de très humbles prières, portant la parole pour tous, nous en fit recevoir fort obligeamment et les engagea à travailler à nos affaires avec application. Nous ne fîmes que deux voyages de Rouen pour cela, au bout desquels ils nous donnèrent jugement par lequel ils nous accordoient toutes les choses que nous demandions et les sommes dont les lots étoient chargés. Cette sentence, si fort opposée aux sentiments de nos parties, les mit au désespoir : ils pestèrent contre les juges, mais cependant n'osèrent appeler, y ayant six cents livres de dédit à payer pour les appelants. Le sieur du Roncheraye et moi les poussâmes lors vivement ; ils se retranchèrent dans l'examen des comptes où ils tâchoient de nous accrocher. M. de Lintot s'étoit fort engagé comme créancier perdant de Madame de Tibermont, nous faisions des voyages continuels de Dieppe. Dans ce temps, M. Dumont se maria avec Mademoiselle Chauvel. Malgré mon deuil et mes chagrins, lui et M. de Lintot m'obligèrent d'être de ses noces. M. de Montulé, lieutenant des gardes de M. de Montausier, commandoit pour lors à Dieppe. Il étoit extrêmement de mes amis ; il fallut le voir, et comme il aimoit la débauche, il nous en fit faire plusieurs. Il fut des noces, et comme gouverneur et comme notre ami : la régale fut poussée loin, et cette continuation lui coûta la vie. Il étoit fort enrhumé, et ensuite du dernier repas qu'il fit avec nous, qui fut un souper, il se mit au lit dont il ne se releva pas. M. de Lintot et moi nous sentîmes longtemps de ces excès : j'en pensai mourir, et M. de Lintot d'un tempérament moins vigoureux, en contracta une fièvre lente et une fluxion sur la poitrine dont il ne put guérir. Il languit quelque temps, premier que d'avoir la maladie qui l'emporta. Je regrettai fort M. de Montulé : il avoit beaucoup de mérite et étoit fort aisé à vivre. Je me faisois reproche d'avoir été cause en partie de sa mort, puisque ce fut moi qui voulois retenir encore quelques jours à Dieppe, qui l'engageai à ce dernier souper. Dans le repas, il me pressa de me remarier et me fit quelques propositions. Je lui répondis en riant que si cette pensée me venoit jamais, ce seroit pour sa veuve lorsqu'il seroit mort. Il me répondit en m'embrassant qu'il me la donnoit par testament de tout son cœur, étant le meilleur de ses amis. Cette mort qui s'ensuivit quelques jours après donna lieu cinq ou six mois après de dire dans le monde que j'allois épouser Madame de Montulé. Elle étoit encore jeune, assez riche et point d'enfants. Plusieurs de mes amis m'en firent compliment dont je me défendis comme d'une chose à laquelle je n'avois jamais pensé et que la différence des religions rendroit toujours impossible, outre que pour lors je ne croyois personne capable de me consoler de ma perte ni de la réparer. M. de Montulé avoit succédé au gouvernement de Dieppe à M. de Montigny avec lequel j'avois été très bien. Il étoit de père en fils ami de ma famille et de celle de Tibermont. Les biens considérables qu'elle possédoit lui rendoient nécessaire l'amitié du gouverneur de Dieppe, et comme j'en possédois une partie comme tuteur de mes enfants, je me fis un grand plaisir de voir M. de Tierceville remplir la place de Montulé. Je le connaissois de vieux temps, il étoit ami intime des miens; et en effet j'avois eu lieu d'être content de la manière obligeante avec laquelle il avoit vécu avec moi, jusques à ce temps fatal où il s'est déclaré mon ennemi et a fait et dit ce qu'il a pu pour me rendre criminel à la cour. Les affaires continuelles que j'avois contre nos cohéritiers me menoient à Dieppe très souvent; nous ne pouvions les obliger à exécuter notre sentence arbitrale. Il falloit les sommer devant les juges d'Arques, dont ils ont essuyé toutes les condamnations et un arrêt du parlement qui les confirme toutes avec la sentence de Sallet et Deshommets qui a été la base sur laquelle ont été justement fondées toutes nos prétentions. Il y avoit toujours de grands intervalles entre nous, de poursuites, et ce n'étoit qu'à regret que je les faisois : je haïssois naturellement les procès dont je n'avois jamais été persécuté avant la succession de M. de Tibermont, qui m'a coûté des frais infinis. Mes enfants trouvent toutes choses liquidées et peuvent posséder tranquillement les biens que mes peines et mes soins leur ont mis ès mains.

Pendant toutes ces agitations et mon veuvage, il m'arriva le plus terrible accident dont Dieu pût visiter un homme. Le dernier jour d'août de l'année 1673, le feu se prit au château de la Fontelaye d'une manière si terrible qu'il en fut consumé de fond en comble, sans y pouvoir apporter aucun remède. Cet accident fut causé de cette sorte : Une petite fille de douze à treize ans, fille d'une servante de ma mère, nommée Marie Berquier, avoit été mise auprès de la dernière de mes filles pour en avoir soin ; cette petite fille, se trouvant indisposée, prend sans le dire à personne de la chandelle et s'en va coucher. Elle s'endormit sans éteindre sa chandelle, qui mit le feu à son lit ; elle ne s'apercevoit de rien, lorsqu'une autre servante ayant monté par hasard l'escalier, sentant de la fumée, entra dans la chambre de mes enfants où couchait cette petite malheureuse. La peur la fit crier au secours, et ces cris redoublés parvinrent jusques à moi qui étois dans la salle ; on venoit d'achever à souper, et l'on étoit occupé à desservir. La confusion des voix d'en bas faisoit qu'à peine entendoit-on crier cette fille. Cependant du moment que je l'eus ouïe, connaissant quelque chose d'extraordinaire dans ces cris, je courus en haut, et voulant entrer dans cette chambre, je la trouvai remplie de fumée. Alors considérant le péril où quatre de mes plus petits enfants étoient exposés, je me voulus jeter au travers de cette fumée pour les sauver, mais en vain ; un refend de tapisserie qui partageoit la chambre et qui la séparoit de celle des servantes me rendit l'entrée impossible. La fumée m'empêchoit la respiration et ne me permettoit pas d'y rester longtemps ; je fis par deux fois cette tentative pour y réussir, et j'étois résolu de périr dans les flammes ou de les sauver, lorsque leur gouvernante, fille de résolution et fort zélée pour mes intérêts, les délivra tous quatre de ce péril extrême et d'une mort assurée, s'ils n'eussent été promptement secourus : elle savoit parfaitement le passage pour entrer dans leur appartement ; elle s'y jeta à corps perdu, et me dit en entrant qu'elle y mourroit ou qu'elle me les sauveroit, ce qu'elle exécuta avec beaucoup de bonheur et de courage en deux fois; me les donnant deux à deux, je les prenois de ses mains à la porte de la chambre et les donnois à d'autres. Les plus petits étoient encore au berceau, et ils les avoient contre cette tapisserie qui faisoit cette séparation. Enfin, Dieu ayant garanti ces quatre pauvres petites créatures d'un péril si évident, je lui en rendis grâces en mon cœur, et regardai avec constance toute la suite de ce déplorable embrasement. A peine mes enfants étoient hors de la chambre que tout y prit en feu : elle étoit pleine de lits et de meubles, les murailles tapissées et le plancher de haut peint; tout cela ne tarda guère à gagner le haut : les greniers où les fruits de garde avoient été, se trouvoient pleins de paille, et du linge de toute la maison que l'on devoit blanchir le lendemain. Il y avoit de plus un grand coffre plein des écritures de ma famille. Toutes ces matières combustibles embrasèrent le comble en un moment : je ne pouvois avoir de secours, l'eau étoit éloignée; ce n'étoient que cris et pleurs sans effet. Je donnois mes ordres de mon mieux; mais dans cette extrême confusion j'étois mal obéi : je fis enlever mes petits enfants hors de la maison, et on les transporta nus dans le village. Tout mon soin après fut de sauver mes papiers : j'avois fait faire une alcôve fort propre dans ma chambre, et j'avois de grandes armoires à la ruelle de mon lit, où mes habits étoient, et ce que j'avois de plus considérable, des titres de ma maison. Assisté de cette vigoureuse fille qui avoit sauvé mes enfants, nommée Marie Lubias, je les tirai du feu. Nous travaillions à jeter quelques meubles par les fenêtres elle et moi, et chacun y travailloit : le feu avoit gagné la chambre de mes filles aînées; la cadette sauva habilement toutes ses hardes, et sa sœur rien. Cependant que j'étois dans cette triste occupation, le feu prend à l'escalier : il étoit de menuiserie et fort beau. Ce fut lors que ne voulant pas m'exposer à sauter par les fenêtres ou être brûlé, j'abandonnai aux flammes tout le reste de mes meubles. Le monde venoit en foule pour me secourir, mais tous m'étoient inutiles. Il falloit voir cette désolation sans y pouvoir donner de remède : la nuit augmentoit l'horreur de ce spectacle, le feu consumoit le comble de la maison couvert d'ardoise et garni de plomb, partout où il avoit été nécessaire. Ce mélange en rendoit l'approche impossible, et nous voyions tout consumer, sans aucune espérance d'arrêter ces flammes. Il sembloit que le ciel voulût nous secourir ou qu'il pleurât cette désolation : la pluie étoit abondante; mais au lieu d'éteindre, elle embrasoit le feu, et empêchoit l'assistance de ceux qui étoient venus à mon secours. Enfin, j'eus la douleur de voir tout dévorer à cet impitoyable élément, sans que rien pût s'y opposer.

Un de mes fermiers fit dans cette rencontre une action déterminée : il voyoit à la lueur du feu de ma chambre les portraits de mes deux femmes et le mien; il se fit aider à dresser une échelle contre les fenêtres, et y montant, il les sauva des flammes sans en avoir été endommagés. Quoique cela ne fût pas de valeur, je lui en sus bon gré, puisque cela me conservoit la mémoire de deux personnes que j'avois très tendrement aimées. Il s'appeloit Antoine Dubosc. Le sieur curé de Vibœuf et son vicaire voyant que le feu qui avoit consumé tout le haut, alloit gagner une alcôve qui étoit derrière la salle, laquelle étoit très propre, ils détachèrent eux-mêmes les plafonds et arrachèrent toute la menuiserie; mais le feu avoit déjà brûlé et gâté les peintures, et cela ne me fut de nulle utilité; mais ils me marquèrent par là leur zèle, et je leur en fus obligé.

Enfin il ne resta rien d'entier dans cette maison, qui avoit été bâtie par le père dudit sieur de Bautot, mon vendeur, le plus solidement qu'il lui avoit été possible : le fils y avoit apporté tous ses soins, et pour la rendre d'une grande beauté il y avoit fait travailler trois ans de suite un peintre hollandais qui n'avoit rien oublié de ce qu'il pouvoit faire, et moi il me sembloit y avoir mis la dernière main par ce que j'avois fait faire à ma chambre que j'avois fait peindre d'un bois veiné avec des ornements fort bien entendus. Le peintre ne faisoit que d'achever ses ouvrages et s'en devoit aller le lendemain que cet accident arriva. Le pauvre homme eut la douleur de voir toutes ses peines perdues et pleura mon malheur. Je fus extrêmement secouru du sieur de Gourné, précepteur de mes enfants, qui, monté sur le comble des écuries, empêcha qu'elles ne prissent en feu et ne gagnât tous mes bâtiments dont il ne fût pas réchappé un pied, étant couverts de paille. Mes granges étoient pleines et auroient augmenté de beaucoup ma perte : mais Dieu voulut me laisser du pain, après m'avoir mis nu. Je perdis généralement tous mes meubles, et le feu ne trouvant plus de quoi consumer enfin s'arrêta, et ne laissa que les murailles et une partie du plancher de la salle que l'on garantit de sa fureur. Rien n'étoit de plus pitoyable que de voir ce débris.

Lorsque le jour fut venu, cette terrible aventure parvint aussitôt aux oreilles de mes amis. M. de Bréteville-Imbleville, dont M. des Espinets, écuyer du roi, a épousé la fille, laquelle est ma parente et lui aussi, mais plus proche et fort mon ami, me vint voir et me plaindre, et m'offrir sa bourse. MM. de Saint-Victor et de Canrosle y accoururent et tous mes voisins. Madame de Saint-Laurent, de la maison d'Aspremont, mère du marquis de Normanville, mon parent et ami, dame d'un très grand mérite et fort riche, eut la bonté de venir prendre part à ma perte et m'offrir toute l'assistance dont j'aurois besoin dans cette triste conjoncture. L'état pitoyable où elle me trouva lui fit verser des larmes : mes quatre enfants qu'elle trouvoit nus lui faisoient grande pitié, et elle vouloit les emporter dans son carrosse chez elle. Je lui en rendis grâces et lui en marquai ma reconnaissance aussi fortement que ma douleur me le pouvoit permettre : son procédé généreux m'a touché si sensiblement que j'en conserverai la mémoire tant que je vivrai. Mais si j'avois reçu des marques de commisération de Madame de Saint-Laurent, j'en reçus de très sensibles de l'amitié de Mademoiselle de Royville, devenue Madame de Béquigny; elle étoit ma parente et fille du meilleur de mes amis, elle arriva le même jour de ce désordre et trouva encore Madame de Saint-Laurent au Bostaquet où j'étois pour lors, n'ayant pas voulu être plus longtemps spectateur de ce triste débris (1). Elle étoit accompagnée de Mademoiselle de Grosménil, sa belle-sœur : toutes deux furent pénétrées de douleur de voir le désordre dans lequel j'étois. Madame de Béquigny avoit donné le nom à une de mes petites filles, elle l'emporta nue dans son carrosse; et elle et Mademoiselle de Grosménil en prirent tous les soins possibles. Cette action généreuse et charitable me resta imprimée dans la mémoire, et fortifia l'estime et la considération que j'avois pour Mademoiselle de Grosménil, qui dans la suite produisit notre union. J'avois besoin de meubles, et j'acceptai l'offre que m'en fit Madame de Béquigny : elle m'en envoya autant qu'il m'en fallut; et joints à ce que ma mère en avoit, je me trouvai hors de la nécessité. Madame de la Rive, qui avoit passé chez moi deux jours devant cette désolation et vu avec plaisir les beautés de ma maison, vint plaindre mon malheur et m'offrir son assistance. Tous mes proches et mes amis y accoururent et me consolèrent infiniment par leurs offres obligeantes. Madame la marquise de la Tour et M. le comte de Torcy son fils, sous-lieutenant des chevau-légers de la garde, m'envoyèrent offrir par le sieur du Chesne, leur intendant, les meubles de leur château de Lindebœuf et tout secours dans mon affliction, et cela par des lettres fort remplies des marques de l'honneur qu'ils m'ont toujours fait de m'aimer. M. de Varengeville, qui pour lors étoit ambassadeur à Venise, du moment qu'il eut appris le triste état où le feu avoit mis la Fontelaye, qu'il ne pouvoit assez louer quand il me venoit voir, tant

---

(1) Le Bostaquet est à vingt minutes de la Fontelaye.

pour la beauté de la situation que pour la propreté de la maison, m'en marqua sa douleur en des termes très obligeants et remplis des offres qu'il me pouvoit faire. Il m'a toujours aussi honoré de son amitié, et j'avois l'honneur de lui appartenir.

Enfin, si d'être plaint est un soulagement à nos maux, on ne peut l'être plus que je le fus; et en effet j'en ressentis une extrême consolation. Le feu avoit trouvé tant de quoi se nourrir, qu'il fut impossible de plusieurs jours de chercher dans le débris ce qui n'avoit pas été consumé. Enfin lorsque la violence de la chaleur diminuant donna moyen d'y travailler, je le fis faire avec toute l'exactitude possible : on retrouva plusieurs choses mais si gâtées que presque rien n'a jamais pu servir. Je fis une très grosse perte par cet embrasement, et fus obligé de racheter de toutes sortes de meubles qui me coûtèrent extrêmement; mais, comme ma vaisselle d'argent n'avoit pas été consumée, je m'en servis pour cela; et sans avoir rien pris de mes amis, je me retrouvai meublé passablement. Je fus fort heureux dans ce désordre d'avoir de quoi me loger ailleurs : le Bostaquet que je n'avois quitté qu'à regret, bien qu'il fût bien moins logé que la Fontelaye, me consola de tout; et dès lors je pris résolution de ne le plus abandonner.

Cependant je ne pouvois voir le pitoyable état où ce lieu si plaisant étoit réduit : comme je le faisois valoir, j'avois chaque jour devant les yeux ces masures désolées, et ne pouvant y résister, je pris le dessein de rebâtir ce que le feu avoit détruit; et pour cet effet je fis marché, présence de M. de Saint-Victor, avec un charpentier nommé L'Amant, habile homme de son métier; et moyennant mille livres que je lui promis et quelques autres accommodements, il entreprit de rédifier (*sic*) le tout de ce qui dépendroit de lui dans un an. Le marché conclu au temps, il mit hache en bois, comme on dit, et trouvant sur mes terres de quoi choisir, il fit une très belle charpente, et me rendit la maison en état d'être couverte dans le terme à peu près dont nous étions convenus. Je fus très content de sa diligence mais surtout de la solidité de son ouvrage et de la propreté dont il étoit fait. Je fis visiter le tout par des experts, comme notre écrit le portoit ainsi; je me louai de lui, et lui de mon payement qui fut très exact. L'hiver nous fut fort favorable, il fut beau, et les ouvriers ne perdirent point presque de journées; ce qui fut cause de la diligence avec laquelle le tout s'acheva.

Cette rude épreuve et les grandes occupations que tout ce fracas m'avoit données, me firent perdre ces cuisants souvenirs de la mort de mon épouse : le temps diminue les plus fortes et les plus violentes afflictions; et il ne falloit pas moins que ce coup de foudre, pour me faire connaître que je pouvois être sensible encore à quelque traverse. Je regardai tous ces coups redoublés comme un effet de la colère de Dieu contre moi : j'y fis toutes les réflexions dont la faiblesse humaine peut être capable, et me jetant entre les bras de sa divine providence, je tâchai à supporter constamment tous ces déplaisirs. Je voyois de temps en temps Mademoiselle de Grosménil, elle étoit souvent à Royville : les dernières obligations que j'avois à Madame de Béquigny et à elle m'engageoient à plus d'assiduité que je n'avois eu. Cependant cela ne passoit point l'estime : je la regardois comme une fille d'esprit et de mérite et bien faite, et rien de plus. Je ne pensois point à me remettre dans un troisième hymen; et quoique M. de Vaux, notre ministre, eût, sans ma participation et de concert cependant avec ma mère, fait quelques propositions à Madame la marquise d'Heucourt pour Mademoiselle de Mortaigne sa fille, et qu'il en eût reçu des réponses à s'en contenter, je n'avois pas dessein de me remarier. Je donnois tous mes soins à élever cette petite troupe que j'aimois si tendrement, et je laissois conduire à ma mère et à mes filles aînées mon ménage.

Cependant, comme quelque temps avant que de retourner à la Fontelaye, j'avois marié mon aînée avec M. de Sainte-Foy, gentilhomme de mes voisins et allié, dont le père et la mère avoient été toujours très fort de mes amis, et que je n'avois plus cette fille que j'aimois tendrement et en qui j'avois toute créance, je n'étois pas aussi content des autres et n'y faisois pas un si grand fonds. J'avois eu peine à me résoudre à la marier, à cause du besoin que j'en avois ; mais comme je l'aimois, je crus que mes intérêts ne me devoient pas faire perdre l'occasion de la placer bien. M. de Lintot donc me proposa ce parti qui étoit assez avantageux à ma fille, ledit sieur de Sainte-Foy ayant du bien considérablement et dans mon voisinage. J'y donnai les mains et conclus la chose avec plaisir. Je lui donnai, pour demeurer quitte envers elle du bien de sa mère, la ferme que j'avois acquise de Fizet ; et madame de La Rive lui donna les neuf mille livres des donations portées par les testaments de MM. de La Rive père et fils, et même quelque chose de plus. M. Basnage dressa le contrat de mariage, qui fut signé de toute la famille : Sainte-Foy y étoit fort aimé, son humeur enjouée et son art de plaire, quand il lui plaît, lui avoient donné un accès fort libre dans toutes nos maisons ; ainsi il n'eut pas de peine à devenir mon gendre. J'ai eu lieu d'être content de ce rencontre : il a de très bonnes qualités, sait mieux que personne faire son compte, et peu de gentilshommes vivent plus agréablement et plus à leurs aises que lui.

L'homme est naturellement inconstant en ses voies, dit l'Ecriture, et je l'ai aussi souvent éprouvé. Toute cette résolution que j'avois prise de garder le célibat et de ne travailler qu'à rebâtir mes ruines et vivre sans engagement, se trouva en peu de temps changée. Je crus que j'avois besoin d'une maîtresse absolue pour me soulager dans la conduite de cette grande famille et du ménage dont j'étois chargé. Je ne crus personne plus propre à me secourir que Mademoiselle de Grosménil pour laquelle j'avois conçu une haute estime : son esprit solide et pénétrant, soutenu de beaucoup de sagesse et de piété, me la faisoit souhaiter fortement. Elle n'étoit pas très jeune, mais cependant assez pour augmenter le nombre de mes enfants qui n'étoit déjà que trop grand. Cela me faisoit tenir bride en main, et même la crainte qu'elle ne voulût pas s'exposer aux chagrins que la qualité de belle-mère entraîne après soi : cependant malgré ces craintes et considérations je tentai l'aventure, je lui fis ma déclaration, après lui en avoir fait parler par M. de Vaux qui m'assura qu'elle m'écouteroit favorablement. Comme elle étoit sage et prudente, elle s'en remit au sentiment de M. son père dans la maison duquel elle retourna. Peu de jours après, ayant pris mon gendre de Sainte-Foy avec moi, je fus à Grosménil où je fus reçu avec beaucoup de civilité de M. son père et de toute la famille. Je lui fis mon compliment et déclarai mon dessein, lui demandant son approbation. Il me la donna avec toutes les marques d'estime et de considération que l'on peut donner : j'en eus une joie et une reconnaissance extrêmes. Alors, avec l'agrément de la demoiselle et le consentement de tous, je fus à Rouen trouver M. d'Heusecourt, frère de M. de Grosménil duquel les avis étoient de grand poids dans la famille et dans l'esprit de ma maîtresse. Je le rencontrai en chemin; et sur le compliment que je lui fis, lui ayant dit le sujet de mon voyage, je crus qu'il me répondoit ambigûment et ne donnoit pas son approbation à l'agrément que j'avois de son frère et de sa nièce. Je me séparai de lui chagrin ; et, ayant dit mon inquiétude à Sainte-Foy, je pris la résolution de m'en éclaircir. Le lendemain, et pour cet effet, j'écrivis à Mademoiselle de Grosménil, où lui ayant demandé avec tout l'empressement d'un homme qui l'aimoit la vérité des sentiments de son oncle, et si cela n'apportoit pas de changement à mes espérances, elle dit mon inquiétude à M. de Grosménil qui s'en étant expliqué avec M. son frère, il se trouva que j'avois mal expliqué moi-même sa réponse et que j'avois pris l'alarme mal à propos. Lors, revenu de cette inquiétude, je voulus conclure la chose promptement. M. de Grosménil le fils étoit dans la province, et lui et

M. de Béquigny, son frère, paraissoient souhaiter fort obligeamment que je fusse leur allié.

Au jour donc que nous étions convenus, accompagné de mon gendre de Sainte-Foy seulement, je me rendis à Grosménil où nous signâmes le traité de mariage, présence de toute la famille et de M. et de Madame Le Breton, beau-père de M. le marquis d'Houdetot, colonel du régiment du duc de Bourgogne, lequel étoit cousin remué de germain de M. de Grosménil, et qui signèrent avec toute la famille audit traité de mariage, auquel ledit sieur d'Houdetot leur gendre a signé depuis, et nos parents de part et d'autre. Cette démarche essentielle faite me donna bien de la joie, et Mademoiselle de Grosménil en parut satisfaite : nous ne pensâmes plus qu'à achever ce qui étoit si bien commencé. M. de Grosménil le fils reprit la route de Picardie et s'en retourna à sa terre du Quesnel. Il me donna rendez-vous chez lui, où au bout de quelques semaines je le fus prendre, accompagné de M. de Béquigny son frère. Nous fûmes premier à Prouville, chez M. de Monthuc, frère de M. de Grosménil et oncle par conséquent de ma maîtresse. Il me reçut le plus obligeamment du monde, et lui et Madame son épouse me marquèrent une joie achevée de mon mariage prétendu. Je leur en avois écrit et leur apportois le traité, ils le signèrent avec plaisir. Ainsi très content de leurs civilités, je me rendis au Quesnel où M. et Madame de Grosménil nous attendoient. Si le mari me fit bien des honnêtetés, la femme ne m'en fit pas moins : je l'avois connue de jeunesse; elle est fille de M. de Roquigny-Miffant, qui avoit été élevée dans le village de Lintot, où demeuroit M. son père. Je ne l'avois point vue depuis longtemps, je la trouvai belle et bien faite; ils étoient nouveaux mariés et tout étoit très propre dans leur maison. La bonne chère que l'on m'y fit, jointe aux caresses que je recevois, et la beauté du lieu qui est grande me faisoient trouver ce séjour très agréable.

Mais j'avois quelque chose qui me touchoit plus fortement

et m'obligeoit à un prompt retour : je priai donc M. de Grosménil de hâter mon départ et nous nous préparâmes à cela. Je fis revenir mon fils aîné qui étoit en garnison à Doullens; je l'avois, il y avoit six mois, envoyé joindre M. de Prouville, fils aîné de M. de Monthuc, avec MM. de Crasville et d'Augeville, fils de MM. de Crèvecœur et de Heusecourt, et nous nous en allâmes : nous passâmes par Amiens. Je trouvai la terre de Béquigny charmante pour sa situation, elle est à une lieue de Montdidier; la vue est la plus belle que l'on puisse souhaiter, et un peintre ne pourroit choisir un plus divertissant paysage : les bois, les prés, les vignobles, les campagnes y paraissent d'une manière enchantée; et un gros château sur une croupe, qui commande sur le village de d'Avencour où il y a plusieurs ruines, ne fait pas un petit ornement à ce portrait que j'en fais imparfaitement. Sur cette terre est assise la légitime de ma maîtresse; et comme j'avois besoin d'argent pour les frais des noces elle m'en donnoit, et n'en ayant pas suffisamment, MM. ses frères en trouvèrent à Montdidier. Ils prirent donc pour elle deux mille livres des mains des sieurs de La Morlière et Maillart, avocat fameux, et qui par sa piété et par sa constance a triomphé dans ces derniers temps des efforts de la persécution (1).

Avec cette somme je reviens à Grosménil revoir ma maîtresse et prendre jour pour la conclusion; nous ne le différâmes pas longtemps, les annonces s'étoient commencées pendant mon voyage, et du moment qu'elles furent achevées nous nous mariâmes au Bostaquet où Madame de Grosménil et Mesdemoiselles accompagnèrent l'accordée. M. de Vaux fit la cérémonie et nous donna la bénédiction : plusieurs de mes proches s'y trouvèrent; M. de Lintot, quoique languissant, fut de la fête qui se fit le lundi gras de l'année 1679. Les

---

(1) L'avocat Maillard, de Montdidier, ainsi qu'un de ses fils, souffrirent courageusement pour leur foi; ils ne sortirent de prison qu'à la paix de Ryswick. (*Lettre inédite de Maillard, ministre à Groningue, à Elie Benoît. Ms. Court, Bibl. de Genève.*)

choses se passèrent avec bien du plaisir, mais cependant sans grand bruit, ne voulant pas faire de dépenses inutiles. Madame de Grosménil et sa troupe s'en retournèrent fort contents rendre compte à M. de Grosménil de l'établissement de sa fille, qu'il n'avoit pu conduire pour être demeuré des gouttes. Je n'eus pas de peine à accoutumer ma nouvelle épouse qui prit avec plaisir et le soin de mes enfants et la conduite de ma maison. Ma mère avoit agréé ce mariage, et considéroit sa belle-fille qui avoit de son côté beaucoup de respect et d'égards pour elle : mes filles aînées lui rendoient ce qu'elles lui devoient, et toutes choses prenoient le cours que je voulois pour vivre tranquillement les uns avec les autres.

Peu de temps après je mis mon fils à l'académie à Rouen, chez M. du Plessix, fort honnête homme et bon écuyer. MM. de Prouville et d'Augeville, ses camarades de Doullens où ils avoient porté le mousquet ensemble, vinrent le joindre. Il fut six mois à Rouen où je trouvai qu'il avoit fort profité : il suivit son écuyer à Caen, lequel ne trouvoit pas son compte à Rouen. Peu de temps après mon mariage je m'aperçus que mon épouse étoit grosse, et en effet au bout de neuf mois elle mit au monde une fille, que M. de Grosménil nomma Judith-Julie avec Mademoiselle de Béquigny ma belle-sœur. Je tardois assez peu chez moi; les affaires du bien de mes seconds enfants m'occupoient souvent, et à notre ordinaire nous voyagions à Dieppe sans rien conclure avec nos parties. M. de Lintot tout mourant s'y traînoit, et avoit peine à se résoudre à perdre dix milles livres qui lui étoient dues. Il fallut cependant s'y résoudre et même à laisser la vie dans le plus beau de ses jours : il n'étoit pas d'une forte constitution; et la régale dans laquelle il donnoit par complaisance pour ses amis, et surtout celles que nous avions faites à Dieppe, lui avoient mis la poitrine en méchant état. Il mourut aux feuilles naissantes de l'année 1682, et avec lui la maison de Lintot qui faisoit toute notre joie : bien que j'eusse eu beaucoup de chagrin de son procédé avec Mademoiselle de Tibermont ma belle-sœur, je n'avois pu me résoudre à rompre avec lui; il étoit mon germain, très aimable de sa personne, et fils d'un père que j'avois regardé comme le mien. J'avois aimé M. de Lintot mon oncle avec passion : il avoit eu pour moi une amitié très tendre et une complaisance extrême. J'étois de tous ses plaisirs, il aimoit extrêmement le monde et en voyoit beaucoup; et tant qu'il avoit vécu, je ne faisois rien que par son avis. Il m'avoit marié, comme j'ai dit, avec Mademoiselle de La Rive; et peu de temps après, j'eus la douleur d'apprendre sa mort, sans avoir été le voir à cause de la petite vérole qui l'emporta. Madame de Lintot son épouse en fut en même temps attaquée, et on lui cela la mort de ce cher mari : elle en réchappa heureusement pour sa famille qu'elle avoit élevée avec tant de soin. J'avois été dans toutes les affaires de la maison : le mérite des enfants m'avoit consolé de la mort du père; comme lui, ils étoient beaux et bien faits, et avoient extrêmement conservé les amis de leur père qui en avoit un très grand nombre, et en leur particulier acquis beaucoup. La mort de ce parent affligea ma mère dans l'excès; elle regardoit ce chef de sa famille avec beaucoup d'attachement. Bien qu'il n'eût pas d'enfants, on se flattoit que sa grande jeunesse et celle de Madame son épouse lui donneroient des successeurs; mais Dieu en disposa autrement, et a laissé tomber la maison entre les mains de M. de Montval notre parent, qui quelques années auparavant avoit épousé Mademoiselle de Lintot à qui j'ai donné le nom de Marie. Nous eûmes tous un fort grand déplaisir de cette mort, et on peut dire qu'il fut regretté de tous ceux qui le connaissoient. M. de Turenne, auprès de qui il avoit eu l'honneur d'être élevé et auprès de qui je l'avois mis, parut en être fâché quand il le sut. Il l'aimoit, et s'il avoit eu assez de santé pour pouvoir s'attacher au service, il l'auroit poussé loin.

Ma mère a vu mourir toute sa famille et celle de son frère,

à Madame de Montval près, quoiqu'elle eût été fort nombreuse, si bien que présentement il ne reste du nom de La Haye que MM. Desmoulins et Dumont; et il n'y a que M. Dumont qui ait des enfants. Ils sont l'un et l'autre réfugiés à Flessingue : leur sœur qui est fille hors d'âge d'avoir des enfants est en Angleterre (1). La maison de La Haye est de Basse-Normandie, très ancienne, et se voit dans l'histoire de cette province par M. Duchesne, tant à la conquête d'Angleterre sous le duc Guillaume, nommé le Conquérant, qu'à celle de la Terre-Sainte sous Godefroi de Bouillon ; elle est extrêmement alliée (2). La maison d'Estouteville lui donnoit celle de Longueville : elle l'est de Saint-Luc de Cossé, de Tournebu, de Martel, tant des comtes de Marennes et de Saint-Just, dont sont sortis les enfants de M. le comte de Marennes dont une fille a épousé le

(1) Depuis morte en Hollande, à Rotterdam, en 1689. (*Note en marge du manuscrit.*)

(2) La terre de Lintot, à quelques lieues de Bolbec, était un plein fief de haubert avant 1541 ; l'exercice du culte réformé s'y faisait depuis 1596, il fut interdit en 1681. M. de Lintot et son voisin M. de Beuzevillette, s'étant alors prévalus de l'article 7 de l'Edit de Nantes pour solliciter l'autorisation de faire le culte chez eux, leur demande fut appuyée auprès du marquis de Chateauneuf par l'intendant de Rouen, Leblanc, dans les termes et par les motifs suivants qui nous paraissent assez caractéristiques : « Les sieurs de Lintot et Beuzevillette demandent de faire chez eux l'exercice de la religion prétendue réformée, suivant l'article 7 de l'Edit; comme ils ne sont qu'à trois quarts de lieue l'un de l'autre, il suffira de l'accorder à l'un des deux ; il est absolument nécessaire d'y pourvoir incessamment, afin que les huguenots ne désertent du bourg de Bolbec et d'une partie du pays de Caux, beaucoup de familles s'étant retirées depuis que le prêche de prétendue possession de Lintot a été démoli; les curés en connaissent la nécessité; je vous prie de me faire savoir votre intention, etc., etc. » (*Minute d'une lettre de l'intendant Le Blanc à M. de Chateauneuf. Archives de la Seine-Inférieure.*)

Le journal de M. de Bostaquet nous apprend qu'en 1682, la seigneurie de Lintot passa à M. de Montval qui avait épousé l'héritière des Lintot, et dont le nom de famille était Le Macon ; il paraît que cette branche des Lintot resta assez longtemps attachée au protestantisme, car en 1740, à la mort de Charles Le Macon, seigneur et patron de Lintot, on crut nécessaire de placer ses fils au couvent des Nouveaux-Catholiques de Rouen, et ses filles aux Nouvelles-Catholiques ; les premiers ne tardèrent pas à abjurer, mais une des filles, Marie-Madeleine-Désirée, ne fut mise en liberté, par ordre du roi, qu'en 1750, après un séjour de dix années au couvent, ce qui fait présumer qu'elle resta protestante. (*Archives de la Seine-Inférieure. Liasses sur la maison des Nouvelles-Catholiques.*)

marquis de Joigny, et une petite fille sortie de la belle Madame de Bourdet, et depuis Madame de Beauvais a épousé M. le comte de Soissons. Des enfants du baron de Saint-Just sont sortis M. Martel (1), et Mesdemoiselles ses sœurs, dont deux sont réfugiées avec lui en Hollande avec Mademoiselle de La Taillée, fille de la sœur aînée dudit sieur Martel, prisonnière en France dans un couvent, pour la religion. De la branche de Marennes il n'y a point de garçons, et de celle de Saint-Just, un seulement, plein de mérite et de piété, mais héritier de la méchante taille de son grand-père comme une de ses sœurs fort sages et spirituelles, et assez belles; et c'est ce qui reste de la branche aînée de Basqueville. La maison de Lintot étoit fort près parente de celle de Marennes, à cause de Garponville-Puchot, dont deux sœurs avoient entré dans l'une et dans l'autre. Elle l'étoit aussi des comtes de Fontaines Martes, cadets de celle de Basqueville, à cause de Claire. Bref, comme j'ai dit ailleurs, il y a peu de gens de qualité dans la province dont elle n'ait été alliée tant dans l'épée que dans la robe où les maisons de Bigot et de Puchot ont tant de crédit, et qui ne pouvant connaître de nos affaires à cause de la parenté nous ont toujours très bien servis. De la maison du président Bigot est sorti M. de Monville qui est conseiller au parlement de Paris. MM. du Plessis-Saint-Pierre et des Alleurs sont de la maison de Puchot et cadets de celle de Garponville : ils sont conseillers au parlement de Rouen, et tous fort riches. La fille de ce nom qui a entré (sic) dans la maison de Lintot étoit Geneviève Puchot, mère d'Isaac de La Haye, chevalier seigneur de Lintot, mon grand-père et mon parrain, qui m'a nommé comme lui. Les sœurs dudit seigneur de Lintot sont entrées dans les maisons qui ensuivent : c'est à savoir l'aînée dans la maison de La Barre, dont est sorti le président de La Barre, et plusieurs filles dont les unes sont entrées dans

---

(1) Mort en Irlande, en 1690. (*Note du manuscrit.*)

les maisons du Moucel-Gouys et du seigneur de Bailly, qui toutes ont produit force branches. Les cadets du président de La Barre étoient MM. de Liste-Benart et de La Chapelle dont M. du Verdun est sorti et demeure à Varvennes, près du Bostaquet. Il a des sœurs, lesquelles se sont mariées et ont eu plusieurs enfants. La seconde des sœurs de mondit grand-père entra dans la maison de Graindor-Petiville, dont sont sortis MM. de Briançon, du Bourgay du nom de l'Anglois, et MM. de Montval, à présent seigneur de Lintot, du nom de Macon. La troisième, entra dans celle de La Mare-Bro, dont les filles ont entré dans celle de Poigneur Limely et dans celle de Sandouville. Depuis, et de tous les fils et filles de cette maison, il étoit sorti tant d'enfants que Charles de La Haye, chevalier seigneur de la Jurie, lieutenant d'artillerie, frère dudit Isaac, comptoit de son vivant jusques à quatre-vingt-dix, tant neveux que petits neveux : aussi a-t-il vécu jusques à quatre-vingt-sept ans dans une santé parfaite. Il n'a point laissé d'enfants; le nombre de ses héritiers étoit infini, lesquels tous cependant n'ont eu rien à sa succession, n'y ayant eu que ceux qui ont été compris dans son testament qui en aient eu quelque chose. J'y ai perdu trois mille livres pour les avoir garantis à Madame d'Hérondeville ma sœur, à laquelle ma mère les donnoit par son traité de mariage, comme étant portés par le testament dudit sieur de la Jurie mon grand-oncle. J'en répondis sur la parole que M. de Lintot mon oncle me donna, qu'il avoit vu cette donation faite à ma mère ; mais ledit sieur de La Jurie la révoqua, et la donna au frère ainé desdits sieurs des Moulins et Dumont que l'on nommoit le Borgne La Haye, qui avoit été un très brave homme, mais mauvais ménager, et qui pour lors étoit en nécessité. Il fallut m'en consoler et payer cette somme qui ne laissa pas de m'incommoder, ne m'y attendant pas.

Peu de temps après la mort de M. de Lintot, j'eus la douleur de perdre ma fille ainée, sortie de Anne Le Cauchois mon épouse.

Cette fille, qui étoit fort belle, avoit vécu jusques à sept ou huit ans avec beaucoup de santé, au bout desquels elle fut prise d'une fluxion dans un voyage que nous fîmes à Pommereval. J'avois fait le mariage de M. de Pommereval, parent de mon épouse, avec Mademoiselle d'Anglesqueville, sœur de M. d'Héberville, du nom de Toustain, conseiller au parlement de Rouen et qui a épousé la petite-fille du maréchal de la Ferté-Imbaut : elle étoit veuve de M. Baudry du Busc, mon voisin, et ma parenté; je l'honorois infiniment, aussi est-elle d'un grand mérite et très bien faite. M. de Pommereval étoit un cavalier très accompli, ayant bien de la qualité et bien du bien : il porte le nom de Bourgois. Madame de Tibermont, qui le considéroit très fort, me pria de travailler à cette union, comme étant fort propre l'un à l'autre. Je le fis avec plaisir, j'y réussis : mais sans y penser, je donnai un chagrin mortel à un de mes amis particuliers nommé Duval d'Osmonville, capitaine dans le régiment de la Reine. Ce pauvre garçon aimoit Madame du Busc qui étoit sa parente; je m'en étois aperçu, et je me persuadois même qu'il n'en étoit pas haï. Je m'offris un jour à lui servir ou du moins à lui donner avis de ce qui se passeroit auprès d'elle, s'il y avoit quelque prétention. Il m'en fit mystère : ce fut pourquoi j'entrepris sans scrupule ce mariage. Mais du moment que Duval le sut, il quitta sa garnison et s'exposa à être pris des ennemis. Il vint désespéré marquer sa douleur à Madame du Busc : mais, comme il avoit un grand respect pour elle, il n'osa faire éclater son chagrin. Il me vient voir aussitôt, et n'osant se plaindre non plus de moi auquel il ne s'étoit pas voulu déclarer, il conserva dans son cœur le regret de n'avoir pu posséder cette dame; et la vie ne lui étant plus qu'en charge, poussé de gloire et d'envie de faire parler de lui, il fit tous ses efforts pour faire joindre sa compagnie au corps, et en effet il y réussit. Mais il n'y fut pas longtemps: il fut tué à la bataille de Saint-Omer, percé de plusieurs coups, après avoir fait des actions d'éclat. Je lui avois prédit sa mort, et il m'avoit voulu donner son équipage en cas qu'il fût tué. Je croyois bien le joindre, M. le marquis de Beauron m'ayant assuré d'une commission pour faire une compagnie de cavalerie, des deniers qu'on avoit levés sur la noblesse pour les exempter de l'arrière-ban dans notre province. J'avois retenu déjà plusieurs cavaliers, mondit sieur de Beauron en avoit promis aussi à MM. de Saanne, Jacquelon et Pleinesère, son cousin; mais ni les uns ni les autres nous n'eûmes rien. Il ne s'en fit qu'une de tous ces deniers, qui fut donnée au cadet de Saint-Saens, de présent en Danemark, frère du feu marquis de ce nom et de MM. de Reneville et chevalier de Saint-Saens, lieutenant des gardes du corps du roi de France, lesquels sont mes parents. Ladite compagnie fut taillée en pièces : ainsi je ne servis point; mais comme on craignoit dans nos côtes la descente de la flotte de MM. les Etats, on fit des compagnies de gentilshommes par bailliage, et je fus nommé pour commander en troisième avec MM. du Castelier et de Royville la compagnie des gentilshommes du bailliage de Longueville. Nous montâmes plusieurs fois la garde à Dieppe, où M. le marquis de Beauron tenoit grosse table : nous nous y divertîmes très bien; et n'ayant point d'ennemis à combattre, nous ne fîmes point d'autres exploits que faire bonne chère.

Pour revenir à cette fille que je perdis, nommée Marie, elle fut, dis-je, prise à ce voyage de Pommereval d'une grosse fluxion dont jamais elle ne se put défaire absolument. Sa mère et moi l'aimions très fort, aussi étoit-elle fort jolie. Après la mort de sa mère, j'en avois eu un soin extrême; mais je ne pus empêcher que la fluxion n'attaquât la poitrine mal disposée d'elle-même, si bien qu'elle l'emporta dans le temps que j'étois à Dieppe à travailler aux affaires de leur bien avec nos cohéritiers. J'en eus un extrême chagrin, et doublement de l'avoir trouvée morte. Cependant il s'en fallut consoler; je la fis porter au cimetière de Royville où reposent sa mère et son frère.

Je mariai dans ce temps ma seconde fille, Catherine, à Jacques Miffant, écuyer, sieur de Reinfreville, fils de M. d'Hiberville et de Madame de la Joserie. M. Basnage dressa pareillement le contrat de mariage, et je lui donnai deux cents livres de rente à prendre sur une ferme assise à la Fontelaye, et M. de La Rive Lamberville, son oncle, lui a payé comme à ma fille de Sainte-Foy les neuf mille livres portées par les testaments susdits. Ainsi ma vie étoit toujours un mélange de chagrins et de joies. Cependant dans tous états, l'envie de me défaire de la terre de la Fontelaye me tenoit toujours. Je l'avois rebâtie, et même j'avois pensé, contre ma résolution de ne la jamais habiter, y retourner, ayant donné à ferme la terre du Bostaquet à un fermier fort riche nommé Goulé : mais, comme il étoit fort ivrogne, il fut tué dans un cabaret de Lindebœuf par un nommé Le Bouteiller, fermier du président de Vernouillet, lequel d'un soufflet le renversa mort à ses pieds. Cette mort extraordinaire me fit croire que Dieu ne vouloit pas que j'y retournasse, me retenant attaché au Bostaquet. Je résolus absolument d'en traiter avec M. de Lamberville, mon beau-frère. Madame de La Rive, après la mort de son mari, m'avoit donné quarante mille livres en rente au denier vingt, dont j'avois racquitté des deniers que j'avois pris à un plus gros intérêt pour mon acquisition de cette terre. Je l'avois souvent offerte à Madame de La Rive dans le temps de sa beauté; mais je n'avais pu résoudre ni la mère ni les enfants à s'en accommoder. Enfin ledit sieur de Lamberville, voyant que je ne le payois point des arrérages de sa rente, il me fit proposer de l'acheter, ce que je reçus avec joie et traitai avec lui par soixante mille livres et cinq cents écus de vin, parce aussi que je me chargeois du troisième, premier que de passer le contrat. Je fus à Paris voir M. le comte de Torcy, de qui la terre relève à cause de Lindebœuf : je voulois être assuré ce que je payerois de troisième, premier que de traiter ; mais j'eus tout lieu de ne pas me repentir de mes peines. Je ne trouvai point en arrivant à Paris M. de Torcy, il étoit de quartier à Versailles : je fus reçu de Madame la marquise de La Tour, sa mère, avec toutes les honnêtetés et caresses dont elle m'a toujours été fort libérale. Elle me présenta à Madame sa belle-fille, héritière de feu M. le duc de Teytry, laquelle pareillement me reçut avec beaucoup de civilité. Je n'avois pas encore eu l'honneur de la voir, je la trouvai belle et très bien faite, et beaucoup d'esprit; je leur parlai à l'une et à l'autre du sujet de mon voyage, et elles m'assurèrent que j'aurois lieu d'être content de la composition que me feroit M. le marquis de Torcy. J'allai donc sans différer le trouver à Versailles où il me fit mille caresses, et me donna sa parole qu'il en useroit d'une manière avec moi que j'aurois tout lieu de m'en louer. Après donc avoir vu des beautés de ce lieu enchanté ce qu'un si peu de séjour me le pouvoit permettre, et vu manger le roi, je pris congé de M. de Torcy et dis adieu à M. des Espines, écuyer du roi, qui m'avoit accompagné partout et donné des marques d'amitié bien tendres et bien sincères. Je vis toutes les magnificences des écuries et de la sellerie où tout répondoit à la grandeur de ce grand monarque.

Ce qui m'avoit fait déterminer à prendre cette forte résolution de vendre la terre de la Fontelaye, étoit la conduite de mon fils aîné, duquel je n'étois pas content. Je l'avois élevé avec grand soin et je n'avois rien épargné pour son éducation : je l'avois mis dans diverses pensions et fourni de précepteurs, lorsque les maladies auxquelles il était fort sujet m'obligeoient à le retirer. Son génie peu propre à l'étude ne lui avoit pas permis de profiter des soins de ses maîtres : il avoit mieux réussi aux exercices du corps, et M. du Plessix l'avait rendu assez adroit. Mais se voyant presque en âge de jouir de son bien que, quoique assez considérable, il croyoit beaucoup plus grand, poussé par de méchants conseils et par gens qui vouloient profiter de sa jeunesse, il voulut secouer le joug paternel et, ne voulant plus d'académie, il me refusa d'entrer à

Paris dans celle de M. de Vandeuil, parent de mon épouse et très bon écuyer. Je me faisois un fort grand plaisir de l'y mettre : outre le mérite de l'écuyer, j'envisageois l'appui qu'il pouvoit avoir de M. de Vandeuil, lieutenant des gardes du corps du roi, homme d'un grand mérite et très bien à la cour, et cousin germain du premier et par conséquent aussi parent de mon épouse. Mais quoi que je lui pusse dire, il ne me voulut jamais donner cette satisfaction : bien loin de cela, il me fit demander son partage, avant même qu'il eût atteint sa vingtième année ; et M. Basnage me conseillant de faire ce que je ne pouvois empêcher tôt ou tard, régla ce que je lui devois donner et en dressa l'écrit que signèrent aussi avec nous ses parents maternels. Il en parut d'abord très content, mais il s'en repentit aussitôt et, ne voulant pas être chargé de terres, si jeune, il me fit prier de les reprendre et de lui donner pension : ce que je lui accordai et lui donnai cinq cents livres par an, lui défrayé dans ma maison, deux chevaux et un valet. Cependant, ce traitement avantageux pour lui, il n'en put longtemps être satisfait : son esprit volage et porté à la dépense lui faisoit trouver sa pension trop petite pour subvenir à tout ce qu'il faisoit mal à propos. Ses intéressés conseillers le vouloient maître absolu de son bien et de sa personne et prêt à se relever de l'accord fait entre nous.

Pour me tirer cette épine du pied, et l'abandonnant à sa conduite, je consentis, à la prière de M. d'Imbleville, conseiller au parlement de Rouen, mon voisin, et de M. Boutems, bailli de Longueville, tous deux très fort de mes amis et très habiles gens, je consentis, dis-je, à faire une transaction avec lui, laquelle ils cimentèrent le mieux qu'ils purent. Pour la rendre ferme et hors de l'atteinte du relèvement, ils la signèrent avec nous ; ce que je fis faire aussi à plusieurs des électeurs à sa tutelle, et à Madame et M. de La Rive Lamberville, son oncle. Il ne fut pas sitôt en possession des terres que je lui quittai, qu'il songea à se marier ; et devenu amoureux de la fille de M. Chauvel, de Dieppe, avocat au parlement de Rouen, laquelle fort jolie l'avoit charmé, il ne me laissa aucun repos que je n'eusse consenti à ce mariage. Je n'y trouvois accommodement, peu de bien, point de qualité : quinze mille livres que le père promettoit à sa fille n'étoient pas une somme pour empêcher la Fontelaye de sortir de mes mains. Aussi dès lors je résolus de la vendre pour me donner du repos, ne l'ayant gardée si longtemps que dans l'espérance de le pouvoir marier à ma fantaisie, c'est-à-dire avantageusement. Il avoit de la qualité, du bien et n'étoit pas mal fait. La succession de son oncle, qui lui peut venir, n'eût pas été sans considération : je lui eusse fait des avances avantageuses; mais rien ne le put faire changer de dessein, ni sa grande jeunesse qu'on lui représentoit, ni son peu d'expérience du monde, lequel il n'avoit point encore vu et où je voulois qu'il entrât en se mettant dans le service, si le temps devenoit propre en France; et en attendant voyager en Hollande où je voulois l'envoyer pour connaître M. de Torcé, le meilleur parent du monde, le plus généreux et le plus propre à faire un honnête homme tant par ses conseils que par ses exemples : mais enfin n'y ayant pu rien gagner, je fus conseillé et persuadé de consentir à ce mariage.

La religion étoit aux abois; tous les temples démolis ou fermés dans notre province nous obligèrent, M. Chauvel et moi, à mener nos jeunes gens se marier à Charenton, où M. Mesnart leur donna la bénédiction nuptiale (1). Nous étions logés à la place Dauphine; et M. de Monthuc, oncle de mon épouse et allié de M. Chauvel à cause de Madame sa femme qui est de cette famille, se trouvant à Paris, honora la fête de sa présence.

---

(1) Nous extrayons cet acte des registres du temple de Charenton : « Cejourd'huy 16ᵉ juin 1685, a esté bénit le mariage d'entre Isaac Dumont, escuyer, seigneur de la Fontelaye, fils de Isaac Dumont, seigneur du Bostaquay et de la Fontelaye, et de feu Marie de la Rive, ses père et mère d'une part, et Ester Chauvel, fille de David Chauvel, avocat en parlement, et de damoiselle Anne Baudry, ses père et mère d'autre part. Et a déclaré ledit espoux estre âgé de vingt-deux

Mon gendre de Sainte-Foy seul étoit avec nous de ma famille ; sa belle humeur d'ordinaire contribua à la joie de la fête.

J'avois à mon retour de Paris, du voyage où la parole de M. le marquis de Torcy me permettoit de traiter en assurance avec M. de Lamberville, conclu mon marché, et à ce voyage ici j'avois payé le troisième de cette vente ; je reçus l'effet de la parole qu'il m'avoit donnée, et me redonnant la moitié de ses droits, j'en fus quitte pour 100 pistoles, et ainsi me restant 500 écus d'or des 2,500 livres que mon beau-frère me donnoit pour l'acquitter de ce troisième, je revins fort content de mon généreux marquis, duquel toute notre jeune troupe reçut mille civilités. On passa par Versailles pour lui en faire voir les beautés. Madame Chauvel, mère de la nouvelle mariée, mais qui paraissoit aussi jeune et aussi belle que sa fille, ne vouloit pas retourner en province sans avoir vu ce charmant séjour. M. le marquis de Torcy, se trouvant encore de quartier, leur fit toutes les honnêtetés qu'il put et les promena dans les jardins et leur fit voir souper et dîner le roi. MM. des Espines, l'écuyer et l'abbé, nous avoient tenu bonne compagnie. Ainsi toute la troupe partit de Versailles charmée de la beauté des lieux et de la magnificence des appartements, et très contente de ces messieurs. Je la laissai prendre sa route par Mantes pour son retour, et moi je revins à Paris, d'où je partis aussitôt et rejoignis nos nouveaux mariés à Rouen. Je les gardai quelque temps chez moi ; après quoi ils entrèrent dans leur ménage.

On ne peut exprimer le repos d'esprit que je goûtois de me voir déchargé de ce pesant fardeau de la dette de M. de Lam-

---

ans, et ladite espouse de vingt-un ans. A la célébration duquel mariage ont assisté, de la part de l'espoux ledit seigneur du Bostaquay, son père, et Louis le Danois, escuyer, seigneur de Sainte-Foy, beau-frère dudit espoux ; et de la part de l'espouse, ledit sieur Chauvel, son père, et ladite dame sa mère, et David Chauvel, frère de ladite espouse. Et ont tous signé :

« Isaac Dumont. Ester Chauvel. J. Dumont-Bostaquet. Chauvel. Louis Le Danois Sainte-Foy Bauldry-Chauvel. David Chauvel. »

berville. Il me restoit quelques dettes encore à la vérité, mais toutes au denier quatorze, si bien que me voyant pour 8 ou 10,000 livres de meubles, je ne me mettois pas en peine de les racquitter en faisant inventaire et baillant à ferme le Bostaquet, à quoi je travaillois de tout mon pouvoir. Mais, hélas! l'homme propose et Dieu dispose; nous ne songions qu'à affermer notre habitation lorsque nous devions prendre des mesures plus prudentes; et semblables aux premiers habitants de la terre, on bâtissoit et l'on se marioit sans voir les nues prêtes à crever pour inonder la terre que nous habitions : toutes les provinces du royaume étoient la plupart exposées à la persécution des dragons. La Normandie seule en avoit été jusqu'alors exempte : elle gémissoit seulement comme les autres sous la révocation de l'Edit de Nantes, qui par la destruction du temple de Charenton, avoit fermé jusqu'au dernier lieu d'exercice; et nous nous flattions mal à propos que l'on exempteroit cette riche province de troupes, et que nous jouirions du contenu de cette déclaration dans la tranquillité qu'elle nous promettoit. Mais nos espérances furent vaines, et nous expérimentâmes à notre tour l'infidélité des promesses que l'on nous avoit faites.

Peu de temps avant que les troupes nous tombassent sur les bras, il s'étoit élevé un bruit de leur marche dont ayant voulu m'éclairer je fus à Galleville, chez M. de Varengeville, où je savois M. de Marillac, notre intendant, instrument de la persécution et auteur des dragons. Je le manquai d'une heure et le trouvai parti; mais M. de Varengeville m'assura fortement savoir de lui qu'il n'en viendroit point, et que pour preuve du contraire, il étoit allé dans ses terres en Picardie. J'avoue que je le crus et ne me persuadai jamais que je fusse trompé par l'homme du monde qui m'avoit paru le plus sincère et plus de mes amis. Mais cependant il ne laissa pas de m'assurer que nous serions contraints d'embrasser la religion romaine, le roi l'ayant absolument résolu, et qu'il étoit au désespoir de n'avoir pu me persuader de le faire il y avoit longtemps comme il me le conseilloit, et qu'il m'eût fait trouver des avantages du côté de la cour dont j'aurois eu lieu d'être content; qu'il n'avoit jamais rien demandé au père La Chaise, lequel il auroit employé pour moi avec efficace et qu'il en auroit fait sa cour. Je le remerciai à mon ordinaire de ses bons souhaits, et le laissai dans son lit, demeuré des gouttes.

Content de ces bonnes nouvelles, je revins chez moi en faire part à ma famille et à plusieurs de mes amis qui s'y trouvèrent. Nous fîmes partie d'aller voir la foire du Pardon, à Rouen; nous nous y trouvâmes au jour nommé, et presque toute la noblesse du pays s'y rencontra, et particulièrement de la religion. Les marquis d'Heucourt et d'Orbec y étoient, MM. de Courtonne d'Heusecourt, Saint-Mars, de l'Estang, Béquigny, Sainte-Foy, et une quantité d'autres aussi. Il se fit plusieurs conférences avec les marquis, pour prendre des mesures sur le bruit qui couroit plus fort que jamais de la marche du régiment des cuirassiers pour venir à Rouen. Chacun envisageoit cela comme sa perte assurée; mais tous parurent fort résolus à tout souffrir plutôt que d'abandonner la religion. Les marquis d'Heucourt et d'Orbec paraissoient inébranlables et devoient servir à tous d'appui par leur exemple; mais l'expérience a fait connaître le contraire. Nous nous séparâmes tous dans une étrange consternation, prévoyant l'orage qui nous alloit accabler.

Le lendemain de mon retour, la plupart des gentilshommes de notre Eglise s'assemblèrent chez moi pour me demander conseil dans cette fatale conjoncture, chacun se trouvant combattu de divers mouvements. Je leur dis à tous ma pensée, et leur prédis ce qu'il nous arriveroit, si nous ne l'exécutions pas. Mon sentiment donc étoit de quitter le royaume sans balancer un moment, abandonnant nos familles et nos biens aux soins de la divine Providence; que nous ne les pouvions garantir de la persécution, en nous exposant nous-mêmes à y succomber, comme infailliblement cela arriveroit à la plupart de nous et peut-être à tous ; que j'étois prêt de monter à cheval pour cet effet ; que j'avois de l'argent suffisamment pour passer en Hollande et y subsister en attendant que Dieu y eût pourvu ; que je m'offrois de le partager avec ceux qui auroient besoin de la troupe ; que nous devions faire bourse commune, et que sans doute nous passerions aisément et serions bien reçus, Dieu bénissant toujours ceux qui se confient en lui.

Chacun approuva et loua ma proposition ; mais aucun ne me voulut suivre, non pas même mon fils aîné, qui cependant paraissoit rempli de bons et pieux desseins. Ma famille, composée de plusieurs femmes et filles, se trouva alarmée à cette nouvelle, et crut que si je les abandonnois, elles étoient perdues ; et ma femme fort grosse me pria avec larmes de ne la point laisser, ou du moins d'en conférer avec M. de Grosménil, son père, et M. son oncle d'Heusecourt.

Entre temps, nous apprîmes de toutes parts que le marquis de Beaupré-Choiseul, à la tête du régiment des cuirassiers, étoit entré dans Rouen l'épée à la main, comme dans une ville de conquête, que la terreur y étoit extrême, et que chacun couroit en foule chez M. de Marillac, intendant, signer son abjuration, et que M. de Lamberville, mon beau-frère, emporté du torrent, avoit signé comme les autres (1). Cette affreuse

---

(1) On lit dans les registres secrets du parlement de Rouen : « Le 20 octobre 1685, jour remarquable, sur les huit heures du soir, arriva un courrier qui apportoit l'édit de révocation de celui de Nantes ; il fut enregistré le lendemain, et la chambre ayant tenu une audience extraordinaire, elle différa l'enregistrement jusqu'à la Saint-Martin, et résolut qu'il seroit exécuté par provision. »

A la rentrée du parlement, le rapporteur de la chambre des vacations rendait compte en ces termes de l'exécution de l'édit révocatoire :

« Cette déclaration, qui révoquoit tous les priviléges de ceux de la religion P. R., n'eût pas encore été assez puissante pour les faire rentrer dans le sein de l'Eglise, si le roi ne se fût servi des mêmes voies dont l'empereur Honorius se servit autrefois contre les donatistes, leur ayant envoyé des troupes pour les réduire. En effet, cinq jours après arrivèrent dans cette ville douze compagnies de cuirassiers du roi, et vingt-quatre compagnies des régiments Royal et Royal-Etranger longèrent la côte de la mer dans le pays de Caux, pour exécuter les ordres

nouvelle nous donna une extrême douleur de voir le feu si près de nous, ne doutant pas qu'il ne parvînt jusqu'à nous. Mon gendre de Sainte-Foy arriva chez moi pour me dire que tout Rouen avoit succombé, même mon beau-frère, qui quelques jours auparavant l'avoit exhorté d'une manière très chrétienne et très ferme à tout endurer pour la religion.

Nous voulûmes voir nous-mêmes cette désolation, et nous nous rendîmes pour cet effet dans les faubourgs de Rouen où, ayant mis pied à terre, nous allâmes voir M. de Lamberville que nous trouvâmes outré de douleur de sa signature : il en versa des larmes devant nous, et cependant exténua sa faute le plus qu'il put, sur les choses de peu de conséquence, disoit-il, qu'il avoit signées. Nous n'en voulûmes pas voir davantage ; nous pleurâmes les uns et les autres la perte de nos libertés et de notre sainte religion. Rouen paraissoit une ville prise d'assaut ; le cuirassier armé couroit les rues d'un air fier et insolent. La tristesse étoit peinte sur le visage des

---

de Sa Majesté, dont le sieur marquis de Choiseul-Beaupré, maréchal de camp et armées du roi, avoit été chargé. Après plusieurs conférences que nous eûmes, il fut arrêté que M. le marquis de Beuvron, qui avoit un ordre de se rendre dans cette ville, feroit assembler le lendemain, dans l'hôtel commun, tous les chefs de famille de la religion P. R., et qu'il leur déclareroit les intentions de Sa Majesté, et après leur avoir ordonné de délibérer sur ce qu'ils avoient à faire, il leur donna deux heures pour se déterminer et apporter leurs résolutions.

« Plusieurs passèrent leur déclaration qu'ils vouloient rentrer dans le bon chemin et d'autres demeurèrent fermes et opiniâtres dans cette fausse religion, ce qui obligea de loger chez eux ses troupes, qui ne respiroient que d'être employées pour le service de notre monarque.

« Cela fit, Messieurs, un très bon effet, car, en quatre jours, cinq cents familles firent abjuration, et l'on renvoya dix de ces compagnies dans les quartiers aux environs de cette ville, croyant que le reste de ces religionnaires suivroient le bon exemple qui leur avoit été donné par les anciens d'entre eux.

« Mais, au contraire, les troupes parties, plus de conversions, un endurcissement non pareil appuyé sur l'éloignement de M. le marquis de Beuvron, de M. de Marillac et du sieur de Beaupré, qui avoit reçu l'ordre d'aller à Dieppe, où l'archevêque étoit allé, afin de persuader ses vassaux de satisfaire à leur devoir et à la volonté de leur souverain. La veille du départ de ces Messieurs, l'on rappela une compagnie, afin de réveiller les assoupis et les préparer pour leur retour. Voilà, Messieurs, ce qui s'est passé pendant la cessation du parlement. »

habitants; et ce remuement continuel des troupes qui changeoient de maison, du moment qu'elles en avoient contraint les hôtes à signer, faisant croire que la ville en étoit remplie, et inspirant un air de terreur que l'on voyoit régner dans cette grande et riche ville, faisoit une pitié extrême (1).

Enfin ne pouvant plus voir tous ces objets de douleur, nous reprimes le chemin du faubourg où M. du Roncheraye me vint joindre, accompagné de la femme de chambre de ma belle-sœur, laquelle l'avoit élevée : elle fondoit en larmes, et son maître et elle, entrant dans notre chambre en cet état, nous en arrachèrent.

Cette désertion générale de cette ville si zélée nous faisoit connaître la faiblesse de l'homme, quand Dieu l'abandonne à ses propres mouvements, et nous fit craindre que nous ne succombassions à notre tour à cette rude tentation. Lors, ayant suffisamment pleuré sur cette ville et sur nous-mêmes, nous la quittâmes et vînmes à Grosménil faire un récit fidèle de cette tragédie. Toute la famille fut pénétrée de douleur et parut résolue à tout souffrir pour maintenir la pureté du service de Dieu au milieu d'elle où il s'étoit conservé le dernier. Et, en effet, l'Eglise qui s'y assembloit avoit joui, quelque temps après toutes les autres, des douces consolations de M. Cardel, son pasteur, jeune homme d'une grande piété et de beaucoup de mérite, et dont le père et la sœur ont comme lui donné des preuves de leur foi : lui, en ayant continué à prêcher après la déclaration qui le défendoit, sans crainte des supplices dont elle foudroyoit ceux qui y contreviendroient; ce qu'il a fait avec beaucoup de fermeté, jusques à ce qu'il ait été contraint de quitter le royaume avec tous les ministres en général (2); et

(1) On trouve le récit détaillé de ces tristes événements dans l'*Histoire du parlement de Normandie* de M. A. Floquet, tome VI.
(2) Paul Cardel, sieur Du Noyer, fils de l'avocat Jean Cardel, de Rouen, passa en Angleterre, puis en Hollande, mais ne put oublier ses frères persécutés pour leur foi; malgré les défenses du roi, il rentra en France en 1688; il fut arrêté à Paris pendant qu'il donnait les consolations de l'Evangile à une femme malade,

son père et sa famille, ayant souffert les prisons et les couvents avec une constance inébranlable, et qui les a rendus dignes de jouir de la grâce que Dieu a accordée aux confesseurs de son nom, en recevant la liberté de la main de leurs persécuteurs, et de venir dans ces heureuses provinces goûter le repos de l'âme que l'on y possède si tranquillement et être participants de la charité et libéralité de l'Etat et du plus généreux prince du monde.

Je me sentois poussé toujours du même désir de m'arracher à cette rude épreuve en quittant le royaume, et venant en Hollande où je savois que mon nom n'étoit pas inconnu du prince, et où j'étois sûr de trouver un ami fidèle en la personne de M. de Torcé, mon parent. Je proposai mon dessein à mon beau-père et à son frère, Madame de Grosménil présente; et tous en général s'y opposèrent et me représentèrent vivement le tort que j'aurois d'abandonner ma grande et nombreuse famille dans cette dure extrémité. J'avoue ma faiblesse : je me rendis à leurs conseils, et d'autant plus que nous nous flattions encore que la noblesse seroit exempte de logement des troupes. Entre temps, elles se disposoient à marcher à Dieppe, mais M. le marquis de Beuvron, lieutenant de roi de la province, avec Monseigneur l'archevêque de Rouen à qui la ville appartient en propre, avoient voulu faire une tentative, et tâcher par leurs exhortations à réduire ses habitants à obéir volontairement aux volontés du roi et prévenir la rigueur des troupes. Pour cet effet tous deux s'y étoient rendus, l'archevêque y étoit fort aimé. Ce prélat, de la maison de Medavy et frère du maréchal de Grancé, étoit bon homme, il n'approuvoit pas cette cruelle manière de convertir et si opposée à l'esprit du christianisme. Son intérêt même, auquel chacun est sensible, et les gens d'Eglise sur tous, s'y trouvoit mêlé et l'obligeoit

et mis à la Bastille le 2 mars 1689; il fut envoyé aux îles Sainte-Marguerite le 18 avril de cette même année, et l'on n'entendit plus jamais parler de lui. (Voir le *Bulletin de la Soc. de l'Hist. du Protest. français*, t. X.)

à faire les derniers efforts pour attirer par la douceur ce peuple zélé pour sa religion. M. le marquis de Beuvron, de l'ancienne maison d'Harcourt, avoit l'intérêt général de toute l'étendue de son gouvernement; et son humeur douce et généreuse ne souffroit qu'avec une extrême répugnance que l'on forçât les consciences des peuples à embrasser une religion pour laquelle ils avoient de l'horreur, au lieu de les convaincre par de bonnes et solides raisons de l'injustice de leur prévention contre elle.

M. de Beuvron, qui m'avoit toujours marqué beaucoup d'amitié, avoit chargé MM. d'Imbleville et de Verdun de m'exhorter de sa part à prévenir l'orage qui tomberoit sur moi si je m'opiniâtrois, et qu'il me prioit de l'aller joindre à Dieppe. Ces Messieurs s'acquittèrent de leur commission; et M. d'Imbleville, avec beaucoup d'éloquence, me voulut faire connaître que si l'on ne me pouvoit pas ramener de l'amour que j'avois pour ma religion, en me faisant connaître la vérité de l'Eglise romaine, que du moins je devois céder au temps, et toujours aller recevoir de M. de Beuvron les avis charitables qu'il me vouloit donner et les preuves de la considération qu'il avoit pour moi. Mon parent, M. de Verdun, exagéra les conséquences de mon opiniâtreté aussi fortement qu'il put; et tous deux me prièrent de dire à M. de Beuvron qu'ils s'étoient acquittés de leur commission. Je les remerciai de leurs conseils, et leur fis connaître ma répugnance à les suivre et même à faire ce voyage.

En effet je ne me pressai point, et ne le fis qu'après une forte réitération de M. d'Imbleville qui avoit été rendre compte à M. de Beuvron du sermon qu'il m'avoit fait. Il l'avoit chargé de me presser de le venir joindre à Dieppe où les troupes étoient prêtes à entrer, leurs exhortations étant inutiles. Je crus que je ne pouvois refuser cette preuve de mon respect à un homme à qui j'avois eu toute ma vie beaucoup d'obligation, et dont je devois attendre de la protection. Je m'y rendis donc avec mon fils, et M. de l'Estang voulut être de la partie. J'en fus reçu avec toutes les marques de tendresse et de considération possibles : il me pria de lui accorder d'amitié ce que je serois contraint de faire par force ; qu'il m'auroit une obligation extrême de lui éviter le chagrin de me contraindre d'obéir aux volontés du roi qui se faisoit un point capital de réunir tous ses sujets dans une même religion, et qu'il sauroit très mauvais gré à sa noblesse de résister seule à sa volonté, lorsque tous les peuples lui obéissoient avec tant de facilité. M. de Beuvron me pressa par toutes sortes de raisons à obéir. Il me flatta, par les avantages que je pourrois obtenir du roi, qu'étant chef d'une grande famille et parent de toutes celles du pays de Caux, du moins à la plupart, je donnerois un exemple que chacun se feroit plaisir d'imiter et qui me seroit avantageux du côté du ciel et de la terre; que la religion que l'on nous vouloit faire embrasser étoit bonne, et qu'il l'avoit examinée dans ces derniers temps, ce qu'il n'avoit pas fait par le passé, s'en étant toujours rapporté à ses conducteurs.

Je lui rendis très humbles grâces des marques qu'il me donnoit de l'honneur de sa bienveillance, que je les recevois avec beaucoup de respect et de reconnaissance, et que j'étois au désespoir de trouver quelque chose où je fusse contraint de m'opposer à ses sentiments et de lui refuser des preuves de la forte considération que j'avois pour lui; mais que j'étois si convaincu de la pureté de ma religion, et du peu de pureté de la sienne que j'avois étudiée depuis que j'avois l'âge de connaissance, et que j'aurois embrassée avec joie si j'y avois trouvé la sûreté de mon âme, les honneurs du monde y étant joints où mon cœur n'avoit jamais été insensible, étant né gentilhomme et ayant toujours vu l'obstacle que nous faisoit notre religion pour y parvenir : et qu'ainsi ne pouvant faire en conscience ce qu'il exigeoit de moi, je le priois de ne me point presser là-dessus davantage. Alors, ayant pris congé de lui, je le quittai peu content de mon refus, et m'assurant que ce seroit avec regret qu'il se verroit contraint de m'envoyer des troupes, et qu'il me prioit d'y réfléchir encore sérieusement.

A peine je fus de retour de mon voyage que je sus l'arrivée des troupes à Dieppe ; quelques compagnies du régiment Royal-Etranger avoient été logées à Arques, dans l'espérance d'être employées à ce bel ouvrage de la conversion des habitants de cette ville; mais elles eurent une mortification cruelle, lorsqu'elles reçurent ordre de déloger et de laisser en repos cette pauvre ville qu'elles avoient déjà dévorée des yeux. Mais si elle fut exempte de leur persécution, les cuirassiers leur firent connaître qu'ils ne s'entendoient pas moins bien que les plus cruelles troupes du royaume à tourmenter les gens. Le marquis de Beaupré, à la tête de quatre compagnies de ce régiment, y fit son entrée comme à Rouen, c'est-à-dire l'épée à la main. Les habitants ne s'ébranlèrent point et ne donnèrent d'abord aucune espérance de les pouvoir réduire facilement. MM. de Beuvron et l'archevêque, qui y étoient, logèrent chez M. Chauvel, beau-père de mon fils, le marquis de Beaupré et tout son équipage, et ensuite on logea chez tous les plus gros bourgeois les troupes.

Chacun paraissoit ferme, et l'insolence du cavalier ne les chagrinoit point : M. Chauvel étoit traité honnêtement de son commandant, et lui faisoit aussi de son côté la meilleure chère qu'il pouvoit. Mais lorsque le marquis de Beaupré vit qu'il perdoit son temps et qu'il ne se faisoit point de conversions, la plupart ayant les yeux fichés sur ledit sieur Chauvel, qui, outre qu'il étoit des plus considérables de la ville tant par son bien que par ses alliances et par sa bonne réputation d'homme de bien et zélé pour sa religion, ayant été même ancien de l'Eglise, chacun, dis-je, sembloit vouloir l'imiter, le commandant délogea de chez lui et en sa place y envoya trente cavaliers. Cette troupe entra dans sa cour le sabre haut, pour intimider le maître et la maîtresse de la maison ; et en effet ils n'y furent pas longtemps sans ébranler leur constance. Ils ne purent résister à l'insolence de leurs hôtes; et le mari, persuadé par ses amis catholiques de signer pour se défaire de cette méchante compagnie, le fit en pleurant entre les mains de l'archevêque. Alors, comme si toute la fermeté de cette ville eût été posée sur ledit sieur Chauvel, du moment qu'il eut succombé, tout le monde courut en foule suivre son exemple, si bien qu'en peu de jours il s'en trouva peu qui n'eussent signé.

Mon ami Mollart, syndic de la ville, ne manqua pas à me faire part de ces bonnes nouvelles; il souffroit impatiemment ma fermeté. M. de Beuvron le pressoit de me mander qu'il ne pouvoit plus se défendre de me loger. La terreur étoit grande dans ma famille où j'avois cependant mis les choses en état de tout souffrir : nous avions tiré et caché ce que nous avions pu de meubles. Enfin ne pouvant plus résister aux fortes et réitérées menaces de M. de Beuvron, je me rendis à Dieppe accompagné de mon gendre de Sainte-Foy, qui ne me quittoit point depuis ces temps fâcheux, et de mon fils ainé. Nous passâmes chez M. de l'Estang, où mon beau-frère de Béquigny se trouva. Ils me parurent l'un et l'autre d'une grande fermeté, mais qui ne dura guère. Ils n'approuvoient pas mon voyage; mais comme j'y étois engagé de parole, je crus, trouvant encore M. de Beuvron à Dieppe, en tirer encore du temps. Ainsi partant de chez l'Estang devant le jour, où nous avions couché, nous allâmes à Dieppe. A une demi-lieue de la ville nous rencontrâmes Camin, le ministre de jadis de Boissé, lequel, n'ayant pas voulu suivre les autres, s'étoit révolté (1). Il me complimenta et m'exhorta fortement à faire de bonne grâce ce que les autres faisoient de force, et que la religion romaine n'avoit pas tant d'horreurs que l'on nous avoit voulu faire croire. Je lui dis qu'il étoit donc bien malheureux de nous avoir trompés si longtemps, et ennuyé de sa harangue je le laissai.

(1) C'est-à-dire avait signé son abjuration.

Là nous apprîmes de lui que M. de Beuvron étoit parti de Dieppe, et que M. de Beaupré seul y commandoit les troupes. J'en eus un extrême chagrin, et nous résolûmes, en n'entrant pas dans la ville, de ne lui pas donner connaissance de notre arrivée. Je n'en étois pas connu, et je ne me voulois pas exposer à ses menaces. Je donnai avis, du faubourg où nous avions mis pied à terre, au sieur Mollart du lieu où j'étois. Il me vint trouver aussitôt, et m'engagea à entrer dans la ville pour manger un morceau, avec assurance que le marquis de Beaupré n'en sauroit rien. Il me dit avec douleur que M. de Beuvron, n'ayant pu rien gagner sur moi, avoit donné les ordres en partant d'envoyer vingt-cinq cavaliers chez moi ; on l'avoit déjà fait chez MM. de Boissé et de Montigny Menasge ; et que le lendemain au plus tard il seroient mes hôtes. Je fis bonne mine, quoique peu content de cette nouvelle.

Je ne pus être caché longtemps dans la ville ; j'y étois trop connu, et quelqu'un l'ayant dit au sieur de Lonchamp, avocat du roi, il en donna avis audit marquis de Beaupré, qui sans perdre temps m'envoya prier de l'aller voir. Ce compliment, qui se réitéra par deux fois, m'engagea à l'aller trouver. Ainsi, avec ledit sieur de Lonchamp et ledit sieur Mollart, nous nous acheminâmes comme gens que l'on menoit au supplice. Je fus très surpris, en allant, de voir dans la rue M. de Béquigny qui s'étoit si fort opposé à ce voyage : il me joignit, et comme il étoit connu de ce commandant nous y entrâmes ensemble. Je le trouvai avec M. de Tierceville, lequel lui ayant dit mon nom, il me reçut avec grande apparence de joie. Tierceville, spirituel autant que méchant, s'étendit sur mes louanges, et voulut faire connaître audit sieur de Beaupré que de ma conversion dépendoit celle de toute ma famille, et même de toute la noblesse du pays. Ces encens empoisonnés ne me firent nulle impression : mais j'avoue à ma honte, et avec une douleur extrême, dont je demanderai pardon à Dieu tant que je vivrai, que je ne pus résister à l'ordre qui fut donné en ma présence de loger vingt-cinq maîtres chez moi. La peur de voir tant de femmes et filles exposées à l'insolence du cavalier à qui tout étoit permis, me força de signer, entre les mains de ces deux hommes, aussi laids que des démons et aussi pleins de malice et de cruauté, que je promettois, en obéissant aux volontés du roi, d'embrasser la religion catholique en dedans Noël.

Le temps étoit encore long, et je me flattois que Dieu auroit pitié de nos misères, et que peut-être il y auroit du changement. Je tirai parole de ce commandant que l'on n'exigeroit rien de ma femme qui étoit fort grosse, de ma mère ni de mes enfants, qu'après qu'elle seroit relevée de ses couches. Mon fils suivit mon malheureux exemple, et Sainte-Foy voulut du temps pour conférer avec son épouse : ce qui ayant irrité le sieur de Beaupré, il le menaça de le mettre en prison, et à ma seule considération il en fut exempt. Tierceville courut chez l'archevêque lui faire part de ma prétendue conversion. Le bon homme en marqua une joie extrême, et m'envoya offrir par le sieur de Lonchamp de me venir trouver en quelque lieu que je voudrois pour recevoir mon abjuration. Je rejetai cette offre avec indignation. Si je pouvois dépeindre au vif les sentiments de mon cœur, lorsque je fis réflexion sur cette criminelle signature, l'on verroit une triste peinture. Mon âme combattue entre la grandeur de sa faute et de sa faiblesse, et la crainte où elle avoit été de voir exposer sa famille qui lui étoit si chère, lui donnoient mille sortes de divers sentiments. Enfin ne pouvant plus rester à la présence de ces séducteurs, nous les quittâmes, confus comme des malfaiteurs. Mon beau-frère de Béquigny avoit joué ce même personnage dans une autre chambre, entre les mains de quelques officiers de ce régiment, de ses amis. Ainsi tous également chagrins et criminels, nous allâmes dans l'hôtellerie du Chariot où je logeois d'ordinaire.

A peine étois-je entré que le sieur de Boissé, mon ami et ancien camarade d'académie, me vint joindre et me faire part de son chagrin. On avoit envoyé chez lui et à Montigny une compagnie de mousquetaires, je veux dire de cuirassiers. Ces hôtes importuns mettoient sa patience à bout : je lui conseillai de tout souffrir constamment, ou s'il ne le pouvoit, de signer ; ce qu'il avoit envie de faire, comme je le voyois bien. Et, en effet, il se déchargea promptement de ses persécuteurs. Mais le sieur de Montigny les souffrit plus longtemps : il étoit seul dans sa maison. Madame sa mère, femme d'esprit et prudente, avoit prévu l'orage et s'étoit retirée en Hollande avec ses quatre filles, et étoit à Rotterdam à la tête d'une société. Ainsi son fils, n'ayant point ce sexe à défendre de l'insulte du cuirassier, soutint par plusieurs jours ce que la rage de ces démons leur inspiroit. Mais enfin il succomba comme les autres, et ainsi signant les renvoya ailleurs.

A peine le jour fut venu que nous quittâmes Dieppe pour venir à Luneray trouver le sieur de Radioles, subdélégué de l'intendant. Il étoit là pour faire partir un lieutenant et vingt-cinq maîtres pour me venir lutiner. Il ne s'acquittoit de cette charge qu'avec chagrin, il étoit de mes amis ; il eut une joie extrême quand je lui montrai un ordre du contraire. Je le trouvai chez ma fille de Reinfreville où il tâchoit de résoudre Mademoiselle d'Hiberville, sa belle-mère, son mari et elle à obéir : on ne leur demandoit point la signature du beau-père qui, demeuré depuis longtemps d'une maladie surprenante, se faisoit traiter comme un homme hors du monde. Je trouvai toute la troupe en pleurs, et les ayant recommandés à la garde de Dieu, je revins au Bostaquet retrouver ma famille qui étoit dans d'étranges alarmes : ma présence les rassura, et se voyant encore du temps pour penser à eux tous, ils perdirent la crainte des cuirassiers.

Cet embrasement devint général, et chacun à son tour signa, les uns quelques jours plus tôt, les autres plus tard. M. de Grosménil, mon beau-père, prêt à recevoir logement fut saisi de crainte, et prit la résolution de suivre le torrent et de signer.

Sa famille en prit l'alarme et l'abandonna : il étoit demeuré des gouttes depuis longtemps, et hors d'état d'agir, il envoya chez moi me demander consolation dans cette triste conjoncture ; j'y courus et le trouvai seul, il me fit fort grande pitié. La femme avoit laissé le mari, les enfants le père, et les domestiques même n'avoient pu se résoudre à se tenir auprès de lui, c'est-à-dire ceux qui étoient de la religion. Madame de Grosménil ne paraissoit point dans la maison, quoiqu'elle y fût encore. Ma vue arracha des larmes de ce pauvre homme. Mademoiselle de Béquigny, sœur de ma femme, avoit pris la route de Picardie, d'où elle passa en Hollande ; les cadettes avoient gagné Rouen. Brossard, fils cadet, avoit également fui. Je ramenai la femme au mari et le fils au père, et remis quelque calme dans la maison ; et à la prière de M. de Grosménil je fus trouver le marquis de Beuvron pour arrêter le logement, et lui porter les gages de son obéissance. Ce marquis, à son ordinaire, me fit beaucoup de caresses et me marqua sa joie de ma signature, mais me reprocha de n'avoir pas fait à sa prière ce que j'avois accordé au sieur de Beaupré. Je me tirai de ce mauvais pas et de cette conversation le moins mal que je pus, en lui marquant cependant toujours mon extrême répugnance pour ce que j'avois été contraint de faire contre mes sentiments.

Je cherchai mes belles-sœurs inutilement, et je vins rendre compte à mon beau-père de mon voyage : il me remercia, et prit la résolution de tout faire pour acquérir le repos. Peu de jours après ses filles rentrèrent dans la maison, et passant d'une extrémité à l'autre, sont avec le temps devenues bonnes catholiques-romaines, moyennant 2,000 livres de pension que le roi de France leur donne. Ainsi ce qui avoit été la récompense des services du père est le fruit de leur conversion. Mademoiselle de Brossard, leur sœur, ne voulant point imiter l'exemple des autres, se retira en Hollande, où après avoir été quelque temps avec Mademoiselle de Béquigny dans la société des dames françaises à la Haye, elle a été mise auprès de Madame la princesse de Tarente, où elle jouit de la joie de l'âme et de l'honneur de la bienveillance de cette grande princesse dont la piété et la générosité font toute sa consolation dans l'éloignement de sa patrie (1).

Toutes nos familles succombèrent chacune à leur tour, et si j'ose le dire à la honte de toutes, pas une n'a pu mériter par sa constance la récompense que Dieu a faite à ceux qui ont persévéré, qui jouissent de la liberté, et se sont attiré la gloire du ciel et les honneurs du monde. Ce triste état où mon âme étoit réduite, et cette désolation générale de l'Eglise ne me laissoit aucun repos, et me donnoit une indifférence extrême pour ce qui autrefois faisoit mon attachement. Je n'étois sensible qu'à ces maux, et je voyois approcher avec douleur le temps que le marquis de Beaupré m'avoit donné pour achever cette tragédie. Il fallut enfin s'y résoudre dans le temps de l'échéance et avaler cette pilule de bonne grâce, à quoi il m'exhortoit fort, et passer par les mains du pénitencier de Notre-Dame de Rouen, nommé Auvré. Je signai sur son registre; et après m'avoir lu *Notre Père*, etc., et *Je crois en Dieu*, et le Psaume LI, le tout en français, il me donna l'absolution. Je lui fis après serment de n'aller jamais à la messe que je ne fusse convaincu de la vérité des choses que la violence seule nous contraignoit de signer, ni que je ne changerois point dans ma famille l'ordre qui y étoit établi pour les exercices de piété. A quoi il m'exhorta, et consentit que je prisse du temps pour m'instruire, sans entrer dans leurs églises : ce que j'ai exécuté fort religieusement, n'ayant jamais entendu de messe ni participé à leurs mystères.

Peu de jours après, le sieur de Radioles, avec des troupes, contraignit le reste de ma famille à signer. Mon épouse étoit

(1) Mademoiselle de Brossard est morte à Francfort de la petite vérole, peu de jours après la princesse sa maîtresse, en 1693. (*Note de l'auteur en marge du manuscrit.*)

relevée; et ayant fait un voyage de Picardie, il prit le temps de mon absence pour achever ce fâcheux ouvrage, dont ma mère même ne put être exempte. Malgré son extrême répugnance à cette signature et son âge de près de quatre-vingts ans, elle y fut forcée, dont M. de Beuvron, à mon retour, me marqua du chagrin. Ainsi tous également criminels, ne jouissions plus de cette tranquillité d'âme qui faisoit autrefois notre félicité. Dieu sembloit s'être retiré d'avec nous; et quoique par nos exercices ordinaires de piété, que nous faisions en toute liberté et publiquement, nous donnassions des marques de la pureté de nos sentiments et de notre repentance, ce crime étoit toujours présent à mes yeux; et je m'accusois souvent d'avoir servi de mauvais exemple à ma famille et même à plusieurs autres. Je ne pouvois voir sans douleur plusieurs de mes petits enfants exposés à devenir la proie de ces démons, que je croyois prêts à me les enlever. Je méditois incessamment ma retraite; mais la chair combattoit contre l'esprit, et la crainte d'abandonner cette grande famille et l'impossibilité que je voyois à la faire subsister dans les pays étrangers, me retenoit incessamment et me faisoit chercher un temps favorable, où pouvant faire inventaire de mes meubles, je me trouverois de l'argent.

Dans cette fatale année mourut Madame de Grosménil, belle-mère de mon épouse : elle se nommoit Catherine Hébert; elle n'étoit pas de qualité; elle avait épousé en premières noces le sieur Hamel, marchand de Dieppe, dont elle avoit eu deux filles : l'une mariée en premières noces au sieur d'Aussy de Rouen, dit le Capitaine, et en après au sieur baron de Neufville; et la seconde au sieur d'Aussy, neveu du premier. Cette dame étoit fort spirituelle, et remplie de piété et de connaissance de sa religion : elle n'avoit pu résister à la syndérèse (1) que lui faisoit sa conscience, et quoiqu'elle eût tâché de l'en-

---

(1) Tourment intérieur occasionné par la conscience.

dormir un peu de temps, cependant confuse de sa faute elle s'en étoit relevée, et portoit impatiemment la perte de sa religion qu'elle conservoit tout entière dans son cœur. Ces chagrins lui causèrent une maladie, et son heure étant venue, Dieu la retira en son repos, après avoir donné des preuves de sa repentance et exhorté ses filles à leur devoir. Je fus averti trop tard de l'état où elle étoit : mon épouse et moi y courûmes, mais nous la trouvâmes morte. J'en eus beaucoup de douleur et prévis que son mari ne lui survivroit pas de beaucoup. Il étoit très infirme et ne se pouvoit passer de son secours : il fut très sensible à cette perte, mais il s'en consola en peu de temps, et ses filles même ne furent pas aussi sensibles qu'elles le devoient être à cette perte. Le mari reconnut dans la suite de quelle conséquence elle lui étoit : ses affaires et le peu d'aide qu'il tiroit de ses enfants, en comparaison de leur mère, l'accablèrent de chagrin ; ses maux qui augmentoient de jour en jour diminuoient ses forces. Ainsi il ne put résister que six ou sept mois à toutes ces secousses, et il fut emporté de la mort lorsque l'on y pensoit le moins. Ses enfants ne purent être assez en temps pour le voir expirer ; la fluxion l'étouffa en un moment, et après avoir réclamé l'assistance de Dieu, il lui remit son âme, assisté de deux de ses domestiques, qui seuls ont été témoins de sa fin et des élans de son cœur. Cette mort imprévue nous affligea amèrement ; mon épouse rendit à la nature ce qu'elle devoit et fut touchée au vif de la mort de ce père qui étoit très rempli d'amitié pour elle et d'un très grand mérite. Sa perte faisoit celle de sa famille qui se voyoit sans conduite et sans retraite. Je l'offris cependant à mes belles-sœurs ; mais comme elles avoient l'âme déjà tournée au papisme auquel elles nous voyoient si opposés, elles ne voulurent point accepter mon offre et dès lors prirent la résolution de demeurer à Rouen : ce qu'elles exécutèrent peu de temps après, et leur pension de deux mille livres qu'elles tirent de la Cour les faisant subsister honorablement, elles se sont mises dans le grand monde où elles sont très bien venues, étant toutes trois bien faites et spirituelles, et, à leur papisme près, filles de mérite.

M. de Grosménil, leur père, avoit soutenu l'honneur de sa maison avec beaucoup d'éclat, mais cela ne s'étoit pu faire sans grande dépense : il avoit servi dès sa première jeunesse et étoit parvenu par les degrés à être capitaine dans le régiment du marquis de Monteclair, gouverneur de Doullens, qui étoit d'infanterie, et dans ce temps il épousa dame Judith d'Ainval, fille de qualité et dame du Quesnel, près Doullens, et de Béquigny, près Montdidier. Ce riche mariage lui donna lieu de faire une grosse dépense à laquelle il étoit assez porté. Le marquis de Monteclair ayant fait pour lors un régiment de cavalerie, il lui en donna le commandement, et dans tous ces emplois il s'acquit beaucoup d'honneur et beaucoup d'amis par le moyen desquels il conserva dans le plus fort de la guerre sa terre du Quesnel de l'insulte des ennemis : elle servoit de retraite aux habitants du voisinage, qui s'y tenoient plus sûrement qu'à Doullens, ce que je leur ai ouï dire; aussi cela lui valoit-il beaucoup. Il s'attacha au cardinal Mazarin, qui, faisant cas de son mérite et de sa bravoure, lui donna le commandement du régiment de cavalerie de son neveu Mancini, avec le brevet de maréchal de camp auquel il fit ajouter deux mille livres de pension. Il eut toujours un très grand soin dans ces temps de MM. de Monthuc et d'Heusecourt, ses frères : il fit servir le premier avec lui, auquel il fit avoir une compagnie de cavalerie. La mort de M. de Mancini, tué dans la guerre civile de Paris, le fit retirer du service : on lui refusa le régiment qui lui appartenoit de droit, et il quitta pour s'attacher à réunir la terre de Grosménil ensemble, laquelle étoit partagée entre M. d'Houdetot et lui. Il étoit pour lors en bas âge, en la tutelle de Madame sa mère, de laquelle il acheta la part; mais cette acquisition, pour laquelle il se constitua en rente, l'a toujours incommodé, de manière qu'après sa mort pas un de ses enfants n'a voulu appréhender sa succession qu'en qualité d'héritier bénéficier, ce que M. de Grosménil, son fils aîné, a fait.

Nous fûmes occupés quelque temps à Grosménil après la mort de mon beau-père, et tous les enfants s'y trouvèrent pour les inventaires. M. le marquis d'Houdetot, colonel du régiment de M. le duc de Bourgogne, de cavalerie, ne manqua pas à y être présent, pour garder ses intérêts comme créancier et comme parent : il nous fit bien des compliments sur cette mort dont il parut touché; Madame son épouse s'y trouva avec Madame Le Breton, sa mère. Il me voulut fort persuader d'être catholique de bonne foi; qu'il étoit impossible de rester dans le royaume sans cela; que pour lui il s'en trouvoit bien d'avoir pris ce parti-là; car outre les honneurs du monde dont il jouissoit en abondance, il goûtoit un grand repos de conscience. Il paroissoit parler comme il le sentoit; mais cela n'est pas étrange, n'ayant eu que de faibles instructions de notre religion, et sacrifiant tout pour avancer sa fortune qui est en beau chemin. Les fêtes de Pâques interrompirent le cours des affaires et nous obligèrent à nous séparer.

Peu de temps après que je fus au Bostaquet, ma mère qui pensoit incessamment à sa retraite en Hollande, et qui la concertoit avec ma sœur d'Hérondeville qui vouloit être du voyage, en reçut des lettres qui lui donnoient avis de son arrivée à Rouen, et comme elle avoit pris le carrosse de Caen, je lui envoyai des chevaux pour elle et pour sa fille cadette qui étoit du voyage. Elles arrivèrent donc chez moi quinze jours avant la Pentecôte de l'année 1687. Je les reçus avec beaucoup de joie, mais cependant avec quelque pressentiment que cette résolution de partir dans un temps où je ne trouvois pas les choses assez bien disposées, me pouvoit attirer des affaires. Un petit accident, qui ne devoit être rien, me causa la perte du cheval qui avoit apporté ma sœur : il étoit un de mes meilleurs, et une simple blessure sous la selle le fit mourir en six jours. Ce pronostic fâcheux ne laissa pas de me faire impression : il me sembloit que Dieu s'opposoit à mes desseins de ce côté-là. J'avois tenté trois fois à faire embarquer la petite Judith-Julie, fille aînée de mon épouse, sans pouvoir y réussir : j'avois été plusieurs fois au bord de la mer pour cela. Le sieur de Tierceville qui, par l'absence du comte de Manneville, commandoit à Dieppe en avoit été averti ; et comme on grossit toujours les choses que l'on veut envenimer, on me faisoit l'auteur de tous les embarquements.

En effet, il s'en étoit fait plusieurs où Madame de Monval, MM. de l'Estang et de Bruneval avoient fait passer des enfants avec Mademoiselle de La Voute, dont le père, qui avoit été ministre de Lintot, étoit à Flessingue. Ces exécutions, où je n'avois aucune part que de volonté, me furent imputées ; et Tierceville me fit prier de l'aller voir par mon beau-frère de Béquigny, qui m'en ayant dit la raison, je me rendis à Dieppe. Il me fit beaucoup de compliments sur la peine qu'il me donnoit de faire ce petit voyage, et que sans ses gouttes il me seroit venu trouver, pour me dire qu'il étoit averti de plusieurs endroits que je favorisois les embarquements qui se faisoient, et qu'avec plusieurs de mes amis je les faisois faire haut la main ; que j'avois menacé de tuer et de brûler le capitaine de Quiberville, s'il s'opposoit à mes desseins et que j'avois été sur les paysans de cette paroisse le pistolet à la main pour les chasser et les empêcher de m'être en obstacle dans mes desseins. Il me dit plusieurs choses de cette nature, dont les unes en partie étoient vraies et les autres point. Il me dit qu'il n'avoit pu se dispenser d'en écrire à la cour, qu'il avoit ordre de M. de Chateauneuf d'en faire informer ; mais que cependant, comme j'étois très fort de ses amis, il ne m'avoit pas voulu nommer de peur de me perdre ; qu'il me prioit de ne me point engager dans ces affaires ; qu'il savoit mon crédit dans la province, et que mon bon exemple retiendroit les autres dans le devoir ; que je n'avois pas lieu de me plaindre, ayant une entière liberté de faire chez moi tous les exercices de ma religion ; et que hors que je n'avois point de ministre, il savoit de bonne part que rien ne me manquoit de ce côté-là, et que l'on s'assembloit chez moi publiquement ; et qu'ainsi j'avois le plus grand tort du monde de quitter le royaume, et de m'exposer à une perte assurée en favorisant ceux qui prenoient ce mauvais part.

Je lui fis mes compliments sur toutes ses honnêtetés et lui en marquai ma reconnaissance. Je me justifiai le mieux que je pus et partis fort content de son procédé. Je l'assurai que je ne me mêlerais point de ces choses-là ; mais ma promesse fut vaine. Ma sœur n'étoit pas venue dans le dessein de retourner, elle avoit quitté son mari sans lui communiquer son sentiment, elle savoit qu'il s'y seroit opposé. La religion ne lui a jamais fait une affaire, et il s'accommodoit de la papiste comme de l'autre : son épouse y étoit fort opposée, et ne pouvoit plus souffrir la contrainte où elle avoit été de pratiquer un culte pour lequel elle avoit tant d'horreur ; et résolue de tout entreprendre pour sortir de cette captivité, et d'expier par sa retraite les crimes qu'elle s'imputoit, elle pressa ma mère de ne plus différer leur départ.

Dans ce temps le bruit couroit que l'on alloit remettre les gardes sur les côtes pour empêcher le passage qui étoit assez libre. Cette nouvelle renouvela l'impatience de ma sœur de partir. J'avois été m'informer de la vérité de ce que l'on débitoit, et je n'avois appris rien de certain, sinon que l'intendant de la marine, nommé Montmorin, avoit été le long des côtes de la mer depuis le Havre jusques à Dieppe où il étoit et y devoit faire quelque séjour, et de plus que M. de Saint-Jehan, père du marquis d'Harbouville, devoit le lundi ou mardi des fêtes de la Pentecôte faire revue des paysans destinés pour la garde des côtes. Je rapportai ces nouvelles chez moi, et fis voir de quelle conséquence il étoit de tenter dans ce contre-temps un embarquement où nous pourrions être traversés ; que selon toutes les apparences on remettroit les gardes après la revue, et que l'intendant qui étoit notre ennemi capital et qui faisoit sa cour à nos dépens rendroit notre entreprise difficile et peut-être impossible; que j'aurois peine à m'en mêler dans la situation où j'étois auprès des puissances auxquelles on avoit fait des plaintes de moi, comme j'ai dit ci-dessus ; de plus que le temps des fêtes que l'on vouloit prendre pour l'embarquement n'étoit point propre, parce que le paysan inutile ne songe qu'à boire et à se promener, et qu'ainsi nous les pourrions avoir sur les bras.

Toutes ces raisons ne firent aucune impression dans l'esprit de ma sœur, au contraire, si bien que sans différer, le dimanche de la Pentecôte, après avoir fait nos dévotions et prié ardemment l'Eternel de bénir cette sainte résolution, quand l'on eut dîné, on se disposa à partir. Madame d'Heusecourt étoit au Bostaquet, qui vouloit faire passer Mademoiselle sa fille : elle nous l'avoit laissée il y avoit longtemps avec Mademoiselle de Prouville, sa germaine, qui vouloit être aussi du voyage; elle mena Mademoiselle d'Augeville sa fille à M. de Béquigny pour la conduire, et retourna chez elle pour lui envoyer ce qu'elle vouloit qu'elle emportât. Ma fille de Reinfreville nous étoit venue voir et passer les fêtes avec nous : quand elle eut vu cette partie faite sans la pouvoir remettre, elle pria et ma mère et ma sœur de monter dans son carrosse et d'aller chez elle à La Halière ; je les y exhortai même, ne trouvant pas à propos qu'elles se montrassent à Luneray qui étoit le rendez-vous. Je faisois partir avec elles mon fils de Ribœuf, qui craignant que je ne voulusse pas qu'il fût du voyage, m'avoit fait prier avec larmes d'y consentir. Il avoit employé pour cela Madame d'Heusecourt; et lorsqu'il avoit eu mon agrément, il m'avoit sauté au cou et témoigné une joie extrême.

Mon épouse, qui, à quelque prix que ce fût, vouloit que sa fille allât en Hollande, ne perdit pas cette occasion.

Ainsi toutes choses étant disposées, je me sentois combattu de divers sentiments. Cette séparation ne se faisoit pas sans larmes ; cette pauvre mère qui, à quatre-vingts ans, s'alloit exposer aux périls de la mer, et que selon les apparences je ne reverrois plus, quelque envie que j'eusse de la rejoindre bientôt, me faisoit peine à quitter. Ces enfants qui l'accompagnoient et que j'aimois si tendrement, ébranloient la résolution que j'avois presque prise de ne voir point cet embarquement qui ne manqueroit pas à faire grand bruit, et qui m'exposeroit à la rigueur des ordonnances, si j'étois convaincu d'y avoir eu part. Cependant je ne pus résister à la prière de ma mère de la conduire au vaisseau, et de lui dire là le dernier adieu; si bien que, la tendresse l'emportant sur ce que j'avois résolu, je les priai d'attendre de mes nouvelles chez ma fille, et que j'allois à Luneray leur chercher occasion et que je leur en viendrois rendre compte : et ainsi chacun se sépara, eux pour La Halière, et moi pour Luneray.

Je me rendis donc chez Madame d'Hiberville, belle-mère de mon gendre de Reinfreville : je lui dis le sujet de mon voyage, et aussitôt elle m'envoya querir un paysan nommé Le Tillais qui se mêloit des embarquements. Il y avoit une infinité de monde à Luneray pour ce même dessein, et il m'assura que des paysans étoient à Dieppe pour faire partir des vaisseaux pour s'embarquer à Quiberville. Je le priai de m'en avertir quand ils seroient de retour. A peine j'avois été deux ou trois heures dans ce lieu, que mon fils de Ribœuf me vint avertir que toute leur troupe alloit arriver. Cette nouvelle me chagrina et Madame d'Hiberville ; je fis aussitôt remonter mon fils à cheval pour leur dire de retourner à La Halière attendre de mes nouvelles : mais ne les ayant point rencontrés, je fus surpris de les voir tous arriver. Cet équipage de carrosse plein de femmes, chargé de valises, M. de Reinfreville avec ma nièce derrière lui, toute cette grosse troupe, qui avoit passé en vue d'une infinité de paysans, leur avoit fait naître la pensée de leur dessein. Je leur dis de quelle conséquence cela étoit, et leur fis connaître le tort qu'elles avoient de s'être impatientées et de n'avoir pas attendu de mes nouvelles. Mon gendre et ma fille m'assurèrent que, la maison leur appartenant, il n'y avoit point de péril et que l'on n'y pouvoit rien trouver à redire. Il fallut se payer de ces mauvaises raisons et que Madame d'Hiberville fît bonne mine, bien qu'elle ne fût pas sans bien de l'inquiétude que cela ne lui fît des affaires.

Je ne reçus point de nouvelles du Tillais le reste de la journée; et le lendemain, qui étoit le lundi des fêtes de la Pentecôte, le 19e de mai de l'année 1687, je fus averti qu'un vaisseau anglais étoit abordé à Saint-Aubin, pour chercher des passagers, et qu'il y avoit des matelots à terre et un avec qui l'on pouvoit traiter. Cette nouvelle me réjouit, et me fit donner ordre de m'amener ces gens, ce que l'on fit en diligence. Je traitai avec eux par deux pistoles et demie par tête, et leur dis tout ce que je pus pour faire la chose sûrement. Notre traité donc conclu, j'en fis part à nos dames qui en eurent une joie extrême. La journée se passa agréablement entre elles; et moi, je fus voir mon beau-frère de Béquigny et le disposer à nous venir joindre avec Mademoiselle d'Augeville. Je trouvai chez lui les enfants de M. Signard, l'avocat, qui y étoient pour passer aussi en Hollande. Après donc avoir pris nos mesures ensemble, et le soir approchant, je retournai à Luneray, pour rejoindre ma troupe et les disposer à partir.

Le soir venu, et toutes choses étant prêtes à monter à cheval, Le Tillais me vint avertir que les vaisseaux dont il m'avoit parlé étoient arrivés à Quiberville. Je lui dis qu'il n'étoit plus temps et que j'avois traité avec un de Saint-Aubin. Il murmura et me dit quelque chose qui m'ayant déplu, je le menaçai de lui donner sur les oreilles. Ainsi il partit d'avec moi tout grondant, et Madame d'Hiberville me vint avertir qu'il avoit dit que je méritois que l'on me fît pièce. Je me moquai de la colère de ce coquin, et me promettois bien, à mon retour du rivage, de lui laver la tête. Cependant ses menaces ne furent pas vaines, comme la suite me le fit connaître, ayant selon toutes les apparences contribué par ses avis au désordre qui nous arriva.

Nous nous mîmes en marche sur les dix heures de soir, après que M. de Montcornet, bel-oncle de mon épouse, nous eut rejoints. Il vouloit être du voyage et comptoit fort sur ses vieux services, pour être participant des pensions que MM. les Etats donnoient à ceux qui avoient été officiers. M. de Béquigny ne manqua pas au rendez-vous que je lui avois donné, et accompagné d'un valet allemand qui portoit en croupe Mademoiselle d'Augeville, il se trouva comme nous sortions de Luneray. Ma mère, pour être plus doucement, étoit sur une petite monture, accompagnée de deux paysans à qui j'avois donné ordre de ne la pas quitter. Mon gendre de Reinfreville avoit ma nièce derrière lui, et moi j'avois pris ma sœur en croupe sur un cheval isabelle que j'avois acheté, après le départ de M. Signard, de Madame d'Hiberville qui avoit ordre de lui de le vendre. Mon fils de Ribœuf étoit seul à cheval sur un joli coureur gris que j'avois, et Judith-Julie sur un cheval de paysan qui portoit les valises. Reinfreville avoit son valet à cheval, armé d'un mousqueton. Ainsi, en cet équipage, après les adieux faits, nous primes la route de Saint-Aubin. Nous nous trouvâmes à la plaine plus de trois cents, tant hommes, femmes qu'enfants et tous en dessein de passer, les uns à Saint-Aubin et les autres à Quiberville. Mais dans cette troupe il n'y avoit que des paysans et très peu de bourgeois, point d'armes que les nôtres et les deux mousquetons des valets de Béquigny et de Reinfreville. La facilité avec laquelle on s'étoit embarqué par le passé et l'assurance qu'il n'y avoit aucun péril nous fit marcher sans plus de précaution, dont nous nous trouvâmes très mal. La nuit étoit charmante, la lune nous éclairoit comme en plein jour, et la fraîcheur qui avoit fait reprendre courage à tous ces pauvres paysans à pied que la chaleur du jour avoit extrêmement fatigués les faisoit aller d'un pas léger, et l'envie extrême de se voir délivrés de la captivité où ils étoient les faisoit courir au rivage comme aux noces.

Nous passâmes par le bout du village d'Avremenil où un grand nombre des habitants s'étoient assemblés pour nous voir passer. Ils nous souhaitoient bon voyage, et toutes choses sembloient favoriser nos desseins. Dans notre marche, M. de Béquigny qui étoit resté derrière, poussa à la tête de la troupe où j'étois, pour m'avertir que Madame du Roncheraye, ma belle-sœur, venoit nous joindre dans son carrosse avec ses trois enfants, et ma fille de Ribœuf, et une demoiselle de Rouen nommée Duval, et qu'elle me prioit de l'attendre. Je fis aussitôt faire halte, et nous marchâmes au petit pas. Ceux qui se devoient embarquer à Quiberville se séparèrent de nous, et ceux qui devoient le faire à Saint-Aubin nous suivirent. Nous ne trouvâmes aucun obstacle : nous traversâmes Flainville, sans que personne nous dit la moindre chose; et croyant avoir tout à souhait, nous gagnâmes le bord de la mer. Le corps de garde que l'on y avoit bâti étoit vide : personne ne paraissoit, et ainsi sans crainte nous mîmes pied à terre pour soulager nos chevaux. Nous fîmes asseoir nos dames et demoiselles sur le galet, les unes et les autres auprès de ma mère. Une grande fille de Caen qui étoit de cette troupe leur tenoit compagnie. J'étois inquiet de ne voir point paraître le vaisseau qui les devoit toutes embarquer. Je ne pouvois savoir qui étoit celui qui avoit le signal pour le faire avancer; et comme j'étois dans cette inquiétude, mon fils me vint avertir que sa tante étoit arrivée : son carrosse n'avoit pu venir au rivage, et elle m'attendoit à une portée de mousquet. Je fus à pied accompagné de mon fils la trouver; elle et ses enfants fondoient en larmes sur le point de cette rude séparation. Elle m'embrassa tendrement, et moi, elle et ses petits qui me faisoient grand'-

pitié. Ma fille de Ribœuf étoit descendue du carrosse pour me venir saluer, et Mademoiselle Duval.

Il n'y avoit que très peu de temps que j'étois avec elles, lorsque j'aperçus qu'il se faisoit un grand mouvement au bord du rivage. Je demandai ce que ce pouvoit être, et croyant que le vaisseau paraissoit plus loin, je me disposois à faire avancer le carrosse. Mais je ne fus pas longtemps dans cette incertitude : une voix de paysan s'éleva, criant que c'étoit du bruit; et aussitôt j'entends des tambours et une décharge de coups de fusil. Je ne doutai point que ce ne fût la garde qui venoit pour gagner son poste qui avoit tombé sur notre troupe. Cet accident imprévu me fit croire que nous étions perdus sans ressource : j'étois à pied seul, avec mon petit Ribœuf, auprès de ce carrosse. Je ne voyois point deux cavaliers qui venoient à toutes jambes pour l'arrêter, mais j'entendis qu'ils crioient de toutes leurs forces : *A moi, à moi!* Je me trouvois dans un étrange embarras de me voir hors de défense, lorsque mon laquais, qui tenoit mes chevaux au bord de la mer, vint à toutes jambes me les amener. Je n'eus le loisir que de me jeter sur mon isabelle et de crier au cocher de ma belle-sœur de tourner diligemment, et moi, le pistolet à la main, je marchai du côté que j'entendois ces voix. A peine j'étois à découvert du carrosse qu'un cavalier me crie : *Tue! tue!* Je lui réponds sans m'ébranler : *Tire, coquin!* et au même temps il me tire un coup de pistolet, qui me coulant le long de la joue gauche mit le feu à ma perruque sans me blesser. J'étois encore si près du carrosse que le cocher et le laquais rapportèrent avoir vu le feu clairement dans mes cheveux. Je mis le pistolet dans le ventre de ce maraud, mais par bonheur pour lui il manqua, bien que je les eusse amorcés de frais à Luneray. Cependant il tourna la croupe de son cheval et poussa du côté de l'autre qui étoit avec lui. Je reprends mon autre pistolet, et les suivant au trot, il cria à l'autre : *Tire! tire!* Il avoit un fusil duquel il me coucha en joue, et comme il faisoit clair comme jour et que je n'étois qu'à deux ou trois longueurs de cheval de lui, il me donna le coup dans le bras gauche dont je tenois la bride. Je remuai les doigts aussitôt pour voir s'il n'étoit pas cassé, et appuyant les talons à mon cheval, je gagnai la croupe du premier qui m'avoit tiré, qui étoit sur ma gauche, et lui voulant casser les reins, comme il couroit tout courbé sur l'encolure de son cheval, je lui donnai mon coup de pistolet dans la hanche. Mes deux cavaliers disparurent à mes yeux et s'enfuirent.

J'entendois la voix de Béquigny qui, embarrassé parmi les fusiliers, faisoit rage de se bien défendre, et sans perdre de temps à suivre mes fuyards, je courus à lui l'épée à la main, et en chemin je rencontrai mon gendre de Reinfreville, pied à terre, qui venoit devers moi. Je lui demandai où il alloit : il me dit qu'il ccuroit après ses chevaux que son valet avoit emmenés. Je lui répondis que c'étoit en vain et qu'il fuyoit à toutes jambes : il avoit passé assez près de moi quand j'avois monté à cheval ; et qu'ainsi il n'avoit qu'à me suivre ou se tirer en diligence. Je n'avois pas le temps de raisonner avec lui. Je joignis en un moment Béquigny, qui n'avoit avec lui que le bonhomme Montcornet, et nous écartâmes toute cette canaille et nous trouvâmes seuls maîtres du champ de bataille. Il me dit que son cheval étoit blessé, et qu'il n'en pouvoit plus; et moi je lui dis que je l'étois au bras, mais que sans perdre de temps il nous falloit voir de quoi nos pauvres femmes étoient devenues.

Nous les trouvâmes presque au même lieu où nous les avions laissées, et abandonnées de tout le monde ; toute la troupe ayant coulé le long du rivage par-dessous les falaises. Ma mère, extrêmement sourde, n'avoit point ouï les coups et ne savoit que vouloit dire toute cette rumeur, ne songeant qu'au vaisseau qui ne paraissoit point. Ma sœur, tout effrayée, sur le reproche que je lui fis de n'avoir pas suivi les autres doucement, me dit que ma mère ne pouvoit marcher, pour être trop chargée d'habits ; et en effet, craignant que la fraîcheur de la nuit ne l'incommodât, elle s'étoit vêtue extrêmement. M. de Béquigny me fit penser que si nous pouvions rallier quelques hommes de notre troupe, cela nous faciliteroit le moyen de tirer nos femmes du péril où elles étoient. Lors, sans perdre de temps, je courus le long du rivage assez loin, croyant que la peur auroit fait cacher des hommes dans les falaises, mais ma peine fut inutile : je ne vis que quelques filles qui fuyoient en pleurant. Lors, voyant que ma présence étoit plus utile à nos pauvres femmes, je les revins joindre au galop. M. de Béquigny, de son côté, avoit retourné du côté du corps de garde, pour savoir s'il n'y avoit personne, car nous ne doutions pas que ce ne fût des gardes dont nous avions été chargés ; et les deux cavaliers avec qui j'avois eu affaire, me le confirmoient, car je savois qu'il y en avoit eu toujours qui battoient l'estrade le long des côtes et visitoient les postes toutes les nuits. Nous arrivâmes au même temps au lieu où nous les avions laissées. Béquigny me dit que nous étions perdus, que les coquins s'étoient ralliés au nombre de quarante et qu'ils se préparoient à nous venir charger. Nous étions sans balles pour recharger nos pistolets. Le sang que je perdois en abondance me faisoit perdre mes forces. Le cheval de M. de Béquigny, blessé d'un coup de fusil à l'épaule, n'alloit qu'à trois jambes, et dans cette extrémité ne sachant que faire pour sauver toutes ces femmes et filles, je le priai de mettre ma mère derrière moi. Il l'essaya, mais comme elle étoit trop pesante, il ne le put. M. de Montcornet seul étoit avec nous, mais qui nous étoit fort inutile : son grand âge de soixante-douze ans et un bidet sur lequel il étoit monté nous le rendoient d'un petit secours. Le valet de Béquigny nous avoit abandonnés, après avoir dans la mêlée tiré son mousqueton, dont il avoit cassé l'épaule d'un garde-sel qui en mourut. La mer qui commençoit à monter me faisoit peur à engager ces femmes et filles à pied sous ces falaises, incertain du lieu par où elles se pourroient tirer.

Ma mère et ma sœur me conjuroient instamment de nous tirer, que si nous étions pris, notre perte étoit assurée, que pour elles le pis qui leur pouvoit arriver étoit d'être mises dans le couvent. Dans cette dure extrémité mon cœur déchiré de mille regrets, et accablé de désespoir d'être hors d'état de tirer de péril des personnes qui m'étoient si chères, ne savoit quel parti prendre; et dans cette irrésolution ne pensant point à moi, je sentis que je perdois trop de sang pour être longtemps debout et que je ne manquerois pas à m'évanouir. Lors, je pris mon mouchoir et priai ma sœur de me bander le bras; mais n'en ayant pas le courage, et même n'étant pas assez haute pour me rendre ce service que je lui demandois comme une preuve dernière de son amitié, je m'adressai à cette demoiselle de Caen qui étoit avec elle et s'appeloit La Rosière; elle étoit grande et au clair de lune elle me sembloit bien faite. Elle eut peine à approcher de moi en cet état; mais enfin après que je l'en eus fortement priée, elle me rendit cet office. Cela arrêta mon sang. Après donc avoir résisté aux prières de ma mère et de ma sœur de les abandonner et m'en être défendu autant que je pus, voyant que ma présence leur étoit inutile, et que MM. de Montcornet et de Béquigny me pressoient de me retirer, il fallut céder à ma mauvaise fortune et les laisser aux mains de la Providence. Ma sœur, qui craignoit d'être volée par ces fripons, me donna vingt louis d'or à garder, et après des vœux au ciel pour ma conservation me força à les quitter: ce que je fis avec la plus grande douleur que j'eusse jamais ressentie.

Nous nous retirâmes donc par-dessus la falaise où nos chevaux avoient grand'peine à marcher à cause de la quantité du galet: nous rencontrâmes le valet de Béquigny, qui nous venoit rejoindre. Il justifia sa fuite sur la nécessité où il avoit été de recharger son mousqueton; et comme nous n'avions pas le temps d'entendre ses méchantes raisons, nous hâtâmes notre marche pour trouver un passage devant que la mer qui montoit nous eût enveloppés. Outre l'inquiétude où j'étois d'avoir abandonné nos dames, manque d'équipage à les pouvoir emporter, je ne savois de quoi étoit devenue ma petite Judith-Julie. Je l'avois confiée aux soins d'un paysan et de sa femme qui avoient longtemps servi ma mère, lorsque nous avions mis pied à terre au bord du rivage. J'ignorois leur destinée et ne savois s'ils étoient entre les mains de ces bandits ; mais je fus surpris qu'après avoir marché quelque temps, nous les rencontrâmes tous deux qui traînoient cette pauvre petite avec eux, qui n'en pouvoit plus de lassitude. Je ressentis une grande joie de retrouver cette pauvre enfant, et sans perdre de temps je la fis mettre par ce paysan devant le valet de mon beau-frère de Béquigny. Ce bonhomme, premier que de partir de Luneray, m'avoit remis entre mains seize louis d'or avec prière de les lui envoyer par le moyen de M. Lefébure veuf, marchand de Rouen, lequel étoit de sa connaissance, et ne me voulant pas charger de cet argent pendant l'embarras de l'embarquement que nous espérions faire, je l'avois donné en garde à ma fille de Reinfreville avec cent livres de pièces de 3 l. 6 d. qu'il m'avoit aussi baillées, le tout présence de la femme de ce paysan nommé Renout et sa femme Jehanne Mayeu, espérant reprendre cette somme de ma fille pour lui envoyer. Mais ce désordre étant arrivé, lorsqu'il me vit, se croyant hors d'état de se pouvoir sauver, il me donna une bourse dans laquelle il dit qu'il y avoit quatre-vingts livres.

Lors, l'ayant quitté et repris ma fille de ses mains, nous marchâmes jusques à ce que nous eussions trouvé un passage pour sortir du péril où la mer qui venoit haute nous exposoit. Enfin nous trouvâmes une ouverture par où l'on descendoit au bord de la mer, nous y montâmes, au risque d'essuyer le feu du corps de garde que l'on avoit fait en ce lieu. Je marchois à la tête de notre troupe, l'épée nue ; je savois les chemins mieux que mon beau-frère Béquigny. A peine avions-nous marché demi-heure dans la plaine que nous aperçûmes cinq ou six cavaliers. Je ne doutai point que ce ne fussent gens qui nous vouloient couper chemin : nous marchâmes de front, l'épée haute et les croisâmes d'assez près sans avoir pu savoir qui c'étoit et quel étoit leur dessein. Ils marchoient au grand trot, et nous aussi vite que le cheval blessé de M. de Béquigny pouvoit nous le permettre. Ainsi en peu de temps nous les perdîmes de vue. Ils nous parurent balancer à venir nous attaquer par une halte qu'ils firent un moment : mais soit que notre contenance leur marquât que nous nous défendrions s'ils s'en mettoient en effet, bien que nous ne fussions que trois; ou que ce fussent des cavaliers allant à Dieppe la nuit pour éviter la chaleur, nous nous séparâmes de vue sans nous rien dire et nous marchâmes à travers champs jusques à Luneray, chez Madame d'Hiberville.

Nous la trouvâmes couchée, en attendant mon retour; mais s'étant levée à ma voix, elle pensa tomber évanouie lorsqu'elle m'aperçut tout sanglant. Ma fille de Reinfreville à ses cris se leva aussi et vint pleurer amèrement sur mon état : mais lorsqu'elle s'aperçut que son mari n'étoit point de notre troupe, elle ne douta pas qu'il ne fût mort ou prisonnier. Ce fut lorsqu'elle s'abandonna entièrement à sa douleur, et que, sensible uniquement à l'amour conjugal, elle oublia ce qu'elle avoit donné à la tendresse de fille pour un père qui l'avoit toujours fort aimée. Quoi que je lui pusse dire, elle ne pouvoit entendre raison : j'étois persuadé que son mari, ne s'étant pas trouvé dans la mêlée, auroit eu assez de prudence pour ne s'exposer pas à être pris des paysans, et que connaissant parfaitement ce pays-là où il venoit souvent à la chasse, il se seroit tiré aisément. Elle avoit un pressentiment du contraire et fondait en larmes.

Voyant que mes consolations lui étoient inutiles, que nous n'étions pas en sûreté dans ce lieu, que même nous pourrions faire des affaires à Madame d'Hiberville et que j'avois besoin d'être pansé, nous leur dîmes adieu. Je laissai aux soins de

Madame d'Hiberville ma petite Julie qui avoit grand besoin de repos, et après les avoir embrassées et remis entre les mains de ma fille ce que Renout m'avoit donné au bord de la mer, je la priai de lui rendre le tout, tant ce que je lui avois baillé premier que de partir, que ces bourses que je lui laissois sans savoir ce qu'il y avoit dedans. Je ne doutois pas qu'il ne repassât par Luneray où je lui dis qu'il trouveroit tout ce qu'il m'avoit donné en garde. Ainsi donc après avoir pris cette précaution et prié que l'on envoyât en diligence pour avoir nouvelles de ces dames, nous montâmes à cheval. Nous résolûmes de passer par chez de Bruneval, mon parent, qui demeuroit à Tocqueville. Nous le trouvâmes fort endormi, mais s'étant levé, nous lui contâmes notre infortune et le priâmes de monter diligemment à cheval, de pousser chez M. de Saenne pour l'envoyer voir quelle étoit la destinée de ma mère et de toute cette troupe. Il y avoit du risque pour Bruneval à faire cette découverte, étant de la religion; et point pour Saenne, qui étoit papiste. Et après avoir dit le lieu où l'on auroit de mes nouvelles, le lendemain nous gagnâmes, Béquigny et moi, Saint-Laurent.

Il vouloit être présent lorsque l'on me panseroit. Nous entrâmes dans la maison du sieur Legrand, habile chirurgien et de notre religion : il fut extrêmement surpris de me voir en cet état et en parut très touché. Il se mit en devoir diligemment de voir ma blessure, et après avoir défait un surtout et une veste de drap noir que j'avois, qui avoient dans la manche plus de deux doigts de sang caillé, après avoir tiré ma chemise, dont il fallut couper la manche ensanglantée, il découvrit la plaie : mais craignant qu'en la sondant je ne tombasse en faiblesse, il n'en doutoit pas même, ayant perdu extraordinairement du sang, il me fit prendre un peu d'eau-de-vie. Il trouva une grande escarre à la partie supérieure du bras gauche, un peu au-dessus du poignet, et ayant pris la sonde il se mit en devoir de chercher de quoi seroit devenue la balle.

Il trouvoit un creux qui couloit en haut et voyoit le muscle à découvert presque coupé, sans trouver de balle. Il sonda par plusieurs fois, me faisant des douleurs extrêmes, et ne trouvant rien il crut qu'elle étoit engagée entre les deux os. Il m'appliqua le premier appareil. J'aurois eu extrêmement besoin de repos; mais le lieu n'étant pas sûr pour moi, je dis adieu au bonhomme Legrand qui pleura de douleur et m'offrit tout ce qu'il avoit d'argent, en cas que j'en eusse besoin pour ma retraite. Je le remerciai et lui donnai un écu pour sa peine de m'avoir pansé.

Je remontai à cheval comme je pus, et me séparai de Béquigny avec promesse de nous rejoindre le soir à Grosménil. Je fis toute la diligence que je pouvois faire pour gagner le Bostaquet; et comme je n'y pouvois tarder en sûreté, je n'y voulus point entrer. Je fus descendre dans une de mes fermes, occupée par un nommé Malherbe, qui étoit à moi depuis longtemps et fort zélé pour mes intérêts. Je l'envoyai avertir mon épouse du lieu où j'étois : son étonnement fut très grand de ce réveil, le soleil ne faisant que de se lever; mais sa douleur fut extrême, lorsqu'elle me trouva tout couvert de sang et le bras en écharpe; elle s'y abandonna entièrement et versa des larmes en abondance. Je lui dis qu'il n'étoit point temps de pleurer, mais de donner ordre à ses affaires, que tout étoit perdu et qu'immanquablement on me viendroit chercher et tout saisir. Je lui dis ce qu'il nous étoit arrivé et l'exhortai de tirer tout ce qu'elle pourroit de mes meubles. J'envoyai aussitôt mon cocher, qui étoit de la religion, dire à Sainte-Foy de me venir trouver, ce qu'il fit promptement. Mes filles aînées se levèrent et vinrent pleurer sur moi; leurs cris et leurs larmes inutiles m'affligeoient et mes exhortations à se consoler étoient sans effet. Enfin il fallut tout de bon songer à nous séparer : cela étoit rude. La nécessité de laisser une femme que j'aimois chèrement, laquelle étoit grosse, tous mes enfants pour lesquels j'avois eu toujours une extrême tendresse, la perte inévitable que je voyois de ma maison, toutes ces considérations me faisoient une peine cruelle; cependant il le falloit, et sans différer.

Entre temps la femme du fermier courut chez mon curé. M. Baudry, par mon ordre, lui dire de me venir voir. Cette désolation où il nous trouva tous le toucha sensiblement. Il étoit fort de mes amis et s'étoit conduit avec moi d'une manière si obligeante dans tous ces temps fâcheux de notre persécution, que j'avois une entière confiance en lui. Et en effet, jamais il ne m'avoit parlé de religion, et au contraire, il m'avoit toujours protesté que ce seroit avec une douleur extrême s'il me voyoit jamais entrer dans son Eglise par contrainte et à moins d'être convaincu des vérités de sa religion. Aussi l'aimois-je très fort : je lui avois donné la cure, étant fils de M. de Camrose, gentilhomme de mérite de mes voisins et bons amis. Je le priai de servir ma famille dans cette fatale conjoncture de son mieux, ce qu'il me promit de tout son cœur, et après nous être embrassés il s'en retourna faire ses fonctions, étant encore fête.

J'étois accablé de sommeil et de lassitude, cependant je ne pouvois dormir; je m'étois couché sur la paille dans une grange et changé de linge. On avoit lavé mon haut-de-chausses qui étoit tout couvert de sang, il le falloit laisser sécher au soleil. Sainte-Foy, dans ce désordre auquel il me trouva, pensa mourir de douleur. Je le priai de ne me point plaindre, mais de me secourir. Je me trouvois sans argent et je ne pouvois faire ma retraite sans cela. Comme je ne l'avois résolue qu'après le mois d'août, je ne m'étois pas précautionné pour cela. J'avois donné ce que j'en avois à ma mère et je ne m'étois réservé que très peu de chose. Je donnai mes ordres pour envoyer le lendemain des moutons et autres bestiaux à Basqueville où le marché se tenoit. Je priai mon gendre, de Sainte-Foy, de s'y trouver et de m'en apporter l'argent. Mon fermier de Neufville, nommé Mustel, m'y en devoit apporter.

Après avoir donc donné ces ordres et fait venir tous mes enfants, jusques à ma petite Fanchon, fille cadette de feue mon épouse, laquelle étoit toute mourante du poumon, les avoir tous exhortés à vivre en paix et union, et d'avoir le respect et l'amitié qu'ils devoient pour ma femme, je leur donnai ma bénédiction et les recommandai à la garde de Dieu; et les ayant embrassés tous, mon fils de Ribœuf étant revenu entre temps, je pris congé de cette pauvre femme affligée dans l'excès, et laissant toute cette désolée troupe je montai à cheval, outré de douleur. Sainte-Foy m'accompagna : je pris mon jardinier que je fis monter sur un de mes chevaux, n'ayant point repris de valet de chambre depuis la mort du mien nommé Laplume, qui m'avoit servi vingt-deux ans. Je ne le voulois mener que jusques à Grosménil où j'en devois prendre un autre. Je n'avois point de grande valise chez moi, ayant donné la mienne pour mettre les hardes de ma mère, et n'ayant qu'une petite malle que mon neveu d'Hérondeville m'avoit laissée en s'en retournant en Hollande avec M. de Béchevel, premier capitaine du régiment de Torcé et à présent major. On n'y put mettre que quelques chemises et autre petit linge avec du vieux linge pour me panser; et en cet équipage et aussi peu muni, je quittai ma maison et toute ma famille de vue.

Nous passâmes donc la rivière, Sainte-Foy et moi, et allâmes à Varvannes chez M. de Verdun, mon parent, de la maison de La Barre, quoiqu'il fût papiste et même cagot. Comme il étoit honnête homme, je ne craignois pas à me retirer chez lui : sa surprise fut extrême et celle de Madame sa femme, quand ils me virent en cet état. Mon curé, à qui j'avois dit que j'irois, s'y étoit rendu ; celui du lieu y étoit pareillement, c'étoit un honnête homme et plein d'esprit. Ils me rendirent tous les bons offices dont ils furent capables : ils voyoient la conséquence de cette affaire et les suites très fâcheuses qu'elle entraînoit après elle. Ils me conseilloient de me retirer dans quelque communauté, persuadés que l'on ne m'y viendroit jamais chercher. Je les remerciai de leur avis; et sans leur dire mon dessein de passer en Hollande, je fis courir le bruit dans la maison que je m'en allois à Paris attendre le retour du roi qui étoit allé faire un voyage. Je passai la chaleur du jour chez mon parent qui fit de son mieux pour me faire bonne chère, dont j'avois peu de besoin. Je n'avois point été pansé depuis la pointe du jour, j'envoyai chercher un chirurgien à Anglesqueville, lequel ne voulut pas venir. Par hasard, un médecin d'Ivetot se trouva dans le village, qui, se mêlant de chirurgie, fit cette offre. Il sonda ma plaie sans trouver de balle, ne pouvant comprendre ce qu'elle étoit devenue; mon bras étoit extrêmement enflé et la plaie fort en feu par l'agitation perpétuelle où j'avois toujours été. Je pris un peu de repos, et après que la chaleur du jour fut passée, je dis adieu à mon hôte et aux curés, et nous ne nous séparâmes pas sans douleur.

Je conserverai toujours le souvenir de cette dernière visite de mon parent de Verdun, dont je partis très content comme de Madame son épouse et de mes bons amis les curés de La Fontelaye et de Varvennes. Nous montâmes donc à cheval, Sainte-Foy et moi, et nous prîmes la route de Grosménil où nous arrivâmes au soir. Nous y trouvâmes M. de Grosménil et de Béquigny : le premier arrivoit de Picardie, et venoit pour conclure le marché que l'on vouloit faire de la terre avec M. de Colmoulins. Le prix en étoit fait par 70,500 livres; il n'y avoit plus qu'à passer contrat. Nous regardions ce traité comme une chose avantageuse à toute la famille, et l'on se faisoit un fort grand plaisir de le pouvoir conclure; mais Dieu en avoit ordonné tout autrement. Le bruit de notre aventure ne tarda pas à venir à lui, et lui fit perdre l'envie de traiter avec des gens si pressés à sortir du royaume, et aussi criminalisés que nous allions être, Béquigny et moi. Ainsi, les procurations que nous passâmes à M. de Grosménil furent inutiles : le marché ayant été rompu, cette affaire étoit le moindre de mes soins.

Le sort de ma mère, et ce qu'elle et les autres seroient devenues, me donnoit une inquiétude mortelle. M. de Bruneval, à qui j'avois donné commission de s'en informer par le moyen de M. de Saenne, s'en étoit acquitté lui-même, ne l'ayant pas trouvé chez lui. Il nous vint trouver la nuit à Grosménil et nous rapporta que ce n'étoit point la garde qui nous avoit chargés, mais un cadet de d'Aubœuf, nommé Vertot, demeurant audit lieu de Saint-Aubin, qui ayant été averti qu'il s'y devoit faire un embarquement considérable, attiré par le butin qu'il prétendoit faire en nous pillant, avoit amassé quarante ou cinquante paysans, tant du Bourg-d'Un que des villages circonvoisins, pour nous insulter; que ledit Vertot étoit blessé à la hanche, que bien des paysans étoient blessés et demeurés sur la place, et que nos dames avoient été menées chez lui où elles avoient été bien traitées, et qu'il avoit renvoyé ma mère, mais qu'ayant envoyé donner avis de cette capture à Montmorin et à Tierceville, ils seroient venus chez ledit Vertot avec les juges d'Arques, et qu'ils auroient fait conduire ma sœur, sa fille, Mesdemoiselles d'Augeville, de la Rozière et mon gendre de Reinfreville, qui mal à propos s'étoit laissé prendre, dans le château de Dieppe, à la pointe du jour. Mon fils de La Fontelaye, qui avec sa femme étoit pour lors à Dieppe, me rapporta ce que M. de Bruneval nous venoit de dire, mais nous exagéra de beaucoup le carnage que nous avions fait. Il nous assura qu'il y avoit dix paysans au moins de restés sur la place (cela n'étoit pas impossible, ils avoient tiré bien des coups et nous en avions blessé plusieurs tant de feu que d'épée), et nous dit l'arrivée des prisonniers au château de Dieppe. Il nous dit cette particularité, que lorsqu'on les avoit trouvés au bord de la mer, elle étoit déjà si haute que l'on avoit trouvé Mademoiselle d'Augeville dans l'eau, qui, s'étant cachée dans un antre de la falaise, s'y étoit assoupie, de manière que je louai Dieu de ne les avoir pas exposées à être noyées, comme elles auroient couru risque d'être en se tirant à pied ; ce que ma mère ni peut-être les autres n'auroient jamais pu faire assez vite, pour n'être pas enveloppées dans les flots. Je me sentis une grande consolation quand je sus ma mère en liberté. M. d'Heusecourt et Madame son épouse, impatients de savoir la vérité de cette tragique histoire où leur fille unique avoit tant de part, arrivèrent à Grosménil à notre lever (1).

Après bien des plaintes inutiles sur notre malheur, il fallut chercher quelque remède à ces maux. M. d'Heusecourt envoya en diligence prier le sieur de Lombardin, homme d'esprit et honnête homme, pour l'envoyer à Dieppe. Moi, de mon côté, je résolus d'écrire à Tierceville, que je croyois le meilleur de mes amis, et pour n'avoir rien à me reprocher, d'écrire aussi à Madame la duchesse de Luynes et à M. le comte de Manneville, son fils, gouverneur de Dieppe, dont j'avois l'honneur d'être parent et ami. Cependant il falloit songer à moi-même, et donner ordre à ma blessure que le chaud et la fatigue où je m'allois mettre pouvoit rendre dangereuse. J'envoyai donc au Boslehart, pour faire venir le chirurgien, nommé maître Antoine qui, ayant longtemps servi dans les troupes, passoit pour fort habile. Il sonda comme les autres inutilement ma plaie sans trouver de balle, et conclut qu'elle étoit entre les deux os, et après m'avoir pansé, je le renvoyai jusques au

---

(1) L'intendant de Normandie, Feydeau de Brou, se rendit successivement à Dieppe et à Caudebec, pour diriger l'instruction de cette affaire. Nous avons trouvé aux Archives de l'Empire (liasse TT, 314) une partie de sa correspondance avec le marquis de Châteauneuf ; nous publions ces lettres à l'Appendice, en y joignant les pièces principales de la procédure et la copie du jugement rendu, le 14 août 1687, au présidial de Caudebec. En lisant les lettres de Feydeau de Brou, on se plaît à rendre hommage à sa modération et à ses sentiments d'humanité ; ils contrastent singulièrement avec les vues intolérantes et sanguinaires de son prédécesseur Marillac.

soir. Nous allâmes passer la journée chez M. de Heusecourt, où mon gendre de Sainte-Foy me vint trouver et apporter ce qu'il avoit fait d'argent de mes bestiaux au marché de Basqueville, et ce que mon fermier de Neufville m'avoit promis d'y apporter. Il nous confirma ce que Bruneval et mon fils nous avoient dit, et ajouta que Laverdure, hôte du *Chariot d'Or*, à Dieppe, où je logeois ordinairement, à la tête des gardes du gouverneur dont il étoit capitaine, avec des sergents, devoit venir chez moi me chercher. Le bruit couroit partout que j'avois l'épaule cassée, et que ne pouvant pas faire de traite, je serois aisé à prendre. Il nous dit cent choses dont on grossissoit cette histoire qui faisoit tout l'entretien du pays et qui m'attiroit les regrets de tout le monde par les suites fâcheuses dont j'allois être accablé.

Bien que je n'eusse pas de peur d'être trouvé au Bostaquet, je ne me trouvois pas en sûreté au lieu où j'étois. Je ne voulois pas même embarrasser davantage dans cette affaire M. d'Heusecourt, qui n'y étoit déjà que trop engagé. Ainsi nous conclûmes, M. de Béquigny et moi, que, sans balancer, il nous falloit prendre la route de Picardie, et de là passer en Hollande, pour mettre nos corps et nos âmes en sûreté. Cependant Béquigny, voulant, autant qu'il pouvoit, se justifier de cette affaire auprès de Tierceville, prit le parti d'aller trouver un gentilhomme de ses amis, nommé Belozane, qui demeuroit auprès du Neuf-Châtel; et de fait il s'y en alla et m'y donna rendez-vous le lendemain. Entre temps Lombardin arriva de Rouen et on l'envoya à Dieppe. J'écrivis à Tierceville le plus fortement qu'il me fut possible, et j'adressai ma lettre à M. Mollart, qui, l'ayant trouvé déchaîné contre moi et voulant faire sa cour à mes dépens, ne jugea pas à propos de lui donner, à ce que je sus depuis. J'écrivis en conformité à Madame la duchesse de Luynes et à M. son fils, et réclamai leur protection; et ne sachant plus quel remède trouver à ce mal dont je voyois la grandeur, m'abandonnant aux soins que

Dieu prend de la veuve et de l'orphelin et de ceux qui mettent leur confiance entièrement en lui, je me préparai à partir. Après donc avoir passé la journée entière avec MM. d'Heusecourt et de Grosménil, je pris congé d'eux le lendemain au matin, après avoir été pansé. Notre séparation fut triste et fort remplie de souhaits pour la conservation des uns et des autres. Je leur recommandai mon épouse et ses enfants, et leur dis adieu.

Sainte-Foy et mon fils me voulurent accompagner: nous passâmes par Bailly où je dis adieu à Bruneval, à la dame du lieu et à ses enfants. Nous arrivâmes à Belozane, où mon gendre étant entré, il n'y trouva ni le maître de la maison ni Béquigny; sa mère, qui ne savoit ce qu'ils étoient devenus, lui dit qu'ils pourroient être chez son gendre de Morimont. Nous nous y en allâmes, et nous ne les y trouvâmes ni l'un ni l'autre. Bien que je n'eusse jamais eu de commerce avec le sieur de Morimont, il me reçut parfaitement bien. Je lui dis, premier que d'entrer chez lui, l'accident qui m'étoit arrivé, et que ne doutant pas que l'on ne m'en fît un crime, je serois au désespoir de l'envelopper dans ma disgrâce; que je le priois de me dire franchement si cela ne lui faisoit point de peine de me recevoir chez lui. Il m'assura fort obligeamment que bien loin de cela il se tenoit très honoré de la confiance que je prenois en lui, et qu'il m'offroit ses services et tout ce qui dépendoit de lui. Ce procédé franc me contenta très fort, et me rendra son obligé tant que je vivrai. Je trouvai Madame son épouse fort jolie et bien faite, qui, comme M. son mari, me reçut fort civilement. Le désordre où elle me voyoit lui fit grande pitié, et elle en parut fort touchée. Cependant comme elle étoit fort gaie, qu'elle connoissoit particulièrement mon gendre de Sainte-Foy, qui même étoit son parent, sa belle humeur se réveilla, elle fit ce qu'elle put pour me divertir. Ce jour-là ils donnoient à manger à plusieurs gentilshommes de leur voisinage, lesquels ne manquèrent pas à s'y trouver. La compagnie fut grosse, mais composée que de gens que je ne connoissois que de nom, ni eux moi; mais qui tous cependant me firent beaucoup de civilités et d'offres de services, et quoiqu'ils fussent tous papistes, firent le procès à mon assassin et le traitèrent du plus grand coquin du monde. Encore que je fusse fort incommodé de ma blessure, accablé de fatigue et de chagrin, je me contraignis pour ne pas troubler la fête et empêcher plusieurs bien disposés à boire. Le maître de la maison, tout rempli de bonne volonté, régala ses conviés de son mieux et leur fit fort bonne chère. Enfin le repas fini, la chaleur du jour commençant à se passer, et n'apprenant aucune nouvelle de Béquigny, il fallut se préparer à la retraite, ce que je fis après avoir fortement marqué ma reconnoissance à M. et Madame de Morimont, de leurs honnêtetés pour moi. Je leur dis adieu et à tous ces messieurs, et ayant remonté à cheval comme je pus, avec beaucoup de peine, je pris la route de Neuf-Châtel, accompagné de mon fils et de mon gendre; ils avoient peine à se séparer de moi; cependant il falloit que cela arrivât.

Après donc avoir marché quelque temps ensemble et leur avoir dit ce que je croyois qu'ils devoient faire dans cette fâcheuse affaire pour leurs intérêts à tous, je les congédiai; je leur donnai ma bénédiction et les exhortai de me venir joindre en Hollande, où j'allois leur préparer retraite; ce que l'un et l'autre me promirent avec larmes, comme d'avoir soin de ma famille en général et de moi en particulier pendant mon absence. Sur donc ces belles promesses qui, je crois, pour lors étoient sincères, dans l'angoisse de leur cœur qui paraissoit pénétré de douleur de me voir partir en cet état, je les embrassai avec larmes, et les recommandant à la garde de Dieu que je priai du meilleur de mon âme de prendre soin d'eux et de leurs enfants, je leur dis adieu et me séparai d'eux en diligence, pour m'arracher à la tendresse qui me faisoit regarder mal à propos derrière moi.

Ainsi donc j'entrai dans le pays de Bray que le beau temps rendoit accessible contre son ordinaire, et ayant traversé cette belle et riche vallée, je vins me reposer au Neuf-Châtel, à l'entrée de la porte, aux *Trois-Etoiles*. Je m'étois aperçu, premier que d'y arriver, que j'avois oublié mon épée chez Morimont. J'en fis chercher une dans toute la ville, et je n'y trouvai qu'un méchant couteau que j'achetai dans le temps que mes chevaux mangeoient leur avoine. J'entrai dans l'écurie où je trouvai un monsieur qui la voyoit manger au sien. J'entrai en conversation avec lui, il me dit qu'il partoit de Dunkerque où il avoit laissé le marquis de Seignelay, qui devoit partir le même jour pour aller joindre le roi à Luxembourg. Cette nouvelle me réjouit et me fit croire que j'aurois le temps de me tirer, premier que ledit sieur de Seignelay fût informé de mon aventure, ne doutant pas que Montmorin ne lui envoyât les informations comme surintendant de la marine, l'action s'étant passée au bord de la mer et qu'étant en marche, il n'auroit pas si tôt les nouvelles ni le temps d'y penser et d'en informer le roi.

Je remontai à cheval, et marchant à la fraîche et partie du temps au clair de la lune, j'arrivai à Foucarmont. J'envoyai aussitôt quérir un chirurgien, lequel trouva ma plaie en méchant état, fort enflammée et mon bras extrêmement enflé. Il me pansa, et je reposai jusques à quatre heures du matin qu'il revint me panser. Le dormir avoit diminué l'inflammation, et pour lors il en eut meilleure opinion qu'il n'en avoit eu le soir où il avoit eu peur de la gangrène. Après avoir déjeuné avec lui je laissai mon gîte pour aller à Abbeville. La traite étoit grande et la chaleur excessive : je fus extrêmement incommodé pendant cette marche, mon bras me faisoit grande douleur. Je commençois déjà à découvrir Abbeville, lorsqu'il me vint dans la pensée que je pourrois être reconnu : le cheval que je montois étoit fort de remarque, et comme je ne doutois pas que m'ayant cherché inutilement dans ma maison, il ne montât dans la pensée de Montmorin et Tierceville que j'aurois pris la route de Picardie où ils savoient que j'avois des retraites assurées, ils auroient pu y avoir donné ordre de m'arrêter en passant. Cette réflexion me fit changer de dessein, et laissant Abbeville à gauche, je coupai à travers champs chercher un passage pour traverser la Somme. J'étois extrêmement fatigué de la grande chaleur et mon bras me faisoit beaucoup de douleur. Mes chevaux même avoient besoin de reprendre haleine. Je m'arrêtai donc dans le premier village que je rencontrai de la vallée. Je tombai à la maison d'un chirurgien, n'y ayant point de cabaret, où je me rafraîchis et fis manger mes chevaux. Je n'y trouvai pour moi que quelque œuf et du bouillon, qui est un breuvage ordinaire chez les habitants de cette province. Après m'y être reposé assez longtemps, je payai libéralement mon hôte qui avoit fait de son mieux pour me bien recevoir, et sans m'y faire panser, je remontai à cheval.

Je suivis la vallée jusques au Pont-de-Remy où je passai cette rivière qui fait la séparation de la Normandie et de la Picardie. Tous les passages y sont d'ordinaire gardés, pour empêcher le transport du sel et du tabac que l'on apporte du pays d'Artois en Normandie; mais ils l'étoient plus étroitement depuis la persécution qui faisoit fuir le royaume à une infinité de monde de toutes conditions, sexe et âge, de manière qu'y en ayant eu plusieurs arrêtés, à partie desquels on avoit fait subir la rigueur des ordonnances qui infligeoit la peine des galères à ceux qui seroient pris se sauvant, cela rendoit le passage difficile. Cependant je fus assez heureux que les gardes, au lieu de m'arrêter, me montrèrent civilement le chemin de Beaumel que je leur demandai, au lieu de Prouville où je voulois aller. Comme M. de Monthuc, chez lequel j'allois, étoit trop connu pour huguenot, je crus mieux faire en demandant la maison de M. d'Oirgemont, gentilhomme, son voisin, fort riche et papiste. Ainsi je passai à Pont-de-Remy sans nul obstacle : ce qui me fit espérer que Dieu répondant à mes vœux, me donneroit bonne issue dans mon dessein. Je continuai ma route le plus diligemment que je pus, ne me voulant exposer à la nuit dans un pays qui m'étoit inconnu, surtout en l'état où j'étois où j'avois besoin de repos, et sur le soir j'arrivai à Prouville.

M. de Monthuc, que je trouvai en entrant, parut surpris de me voir. Bien loin de m'attendre chez lui, il me croyoit occupé au marché de la terre de Grosménil avec toute la famille, et s'avançant à moi à grands pas, à peine me donna-t-il le temps de descendre de cheval pour me demander le sujet de mon voyage; mais me voyant le bras en écharpe, il ne douta pas que quelque aventure tragique ne l'eût produit et soupçonna d'abord qu'il m'étoit arrivé quelque chose pour la religion. Après donc l'avoir salué et en avoir été tendrement embrassé, il n'y eut pas moyen de différer à lui dire la cause et de ma visite et de l'état auquel il me voyoit. Il m'en marqua son chagrin et m'assura que je lui faisois honneur et plaisir de prendre sa maison pour retraite. Je ne balançai pas sur le choix des lieux et des personnes après cette aventure, et crus fortement que je ne pouvois pas mieux faire que de me rendre chez ce digne oncle de mon épouse, ne connaissant personne plus propre à me bien conseiller et à me consoler dans ce pressant besoin. Aussi peux-je dire que je ne fus pas trompé, puisque j'expérimentai, pendant le séjour que j'y fis, tout ce que la générosité et l'amitié peut produire de plus fort, pour consoler un homme cruellement combattu de divers mouvements et pressé d'une affliction violente. Si M. de Monthuc s'intéressa dans ma disgrâce, Madame ne lui céda point à me donner des preuves sensibles de l'honneur de son amitié et de sa douleur de mon désordre. On courut par leur ordre, quoiqu'il fût très tard, me chercher un chirurgien à Dommare, qui est une terre appartenant à M. le maréchal de Créquy. Comme j'avois besoin de repos, après avoir soupé légèrement, on me mena coucher. Je passai une nuit cruelle : la douleur de mon bras m'empêchoit le repos, et le malheur de ma sœur et de ses compagnes de prison me sembloit si triste que j'en étois inconsolable.

A peine le soleil étoit-il levé, que l'on me vint avertir que le chirurgien étoit arrivé, et aussitôt M. de Monthuc entra avec lui dans ma chambre. Il voulut être présent toutes les fois que l'on me pansa; mais cette première opération l'étonna. Lorsque l'appareil étant levé, le chirurgien vit la plaie fort grande, toute noire, et le bras et la main extraordinairement enflés, il sonda; et lui ayant dit que l'on n'avoit pas trouvé les balles, il les chercha en vain et me fit beaucoup de mal. Il marqua appréhender la gangrène, et il m'ordonna un régime de vivre bien austère et du repos, ce qui étoit dont j'avois le plus besoin.

Cependant je ne pus garder le lit longtemps, et cette première journée fut employée au récit étendu de cette catastrophe que je n'avois fait qu'ébaucher le soir d'auparavant. M. de Monthuc ne pouvoit assez admirer la grâce que Dieu m'avoit faite de me tirer d'un si grand péril, et au même moment envisageant les suites fâcheuses dont ma famille alloit être désolée, il ne se lassoit point de la plaindre. Toutefois comme toutes ces réflexions ne servoient qu'à augmenter mon chagrin, il faisoit ses efforts pour me divertir : la saison étoit belle, la promenade du bois qui joint sa maison étoit le lieu de nos conversations; elle est charmante, et cette solitude s'accommodant très fort à la disposition de mon esprit, m'a presque toujours servi de retraite pendant le séjour que j'ai fait à Prouville.

Deux jours après que j'y fus arrivé, M. de Montcornet m'y vint joindre. M. d'Heusecourt, son beau-frère, lui conseilla de le faire, ne doutant pas que je ne passasse en Hollande, et que, comme il n'avoit pas d'argent, je me ferois un plaisir de lui faciliter les moyens de pouvoir aller mourir en paix, et cependant de vivre en attendant beaucoup plus heureux qu'il ne faisoit en France, où le mauvais état de ses affaires le réduisoit dans la dernière nécessité. J'ai pris toute ma vie à tâche d'obliger autant que je l'ai pu, et je ne m'opposai pas au dessein de ce bonhomme, bien qu'étant de la maison de Bautot avec qui la mienne avoit eu de si longs différends, je n'eusse jamais eu de liaison ni de commerce avec lui; mais ayant épousé la tante et marraine de mon épouse, je me trouvois engagé à lui aider à réussir dans ce pieux dessein. Je lui témoignai ma joie de le revoir : il me conta plusieurs particularités de ce qui s'étoit passé chez moi depuis mon départ.

Le lendemain de mon arrivée, mon chirurgien nommé Lafuite tardant plus que d'ordinaire à venir, je me levai; et comme j'étois auprès de la table de ma chambre, j'aperçus quelque chose d'extraordinaire au haut d'un de mes gants qui étoient dessus. Lors l'ayant pris et regardé de près, je trouvai une balle qui, l'ayant percé, étoit attachée au bord ne paraissant presque point au dehors. Les gants étoient de cerf, pas cependant épais; mais comme il s'étoit trouvé apparemment engagé sous la manche de mon surtout, cela avoit rompu la force du coup et avoit fait entrer dans mon bras l'étoffe, le cuir et le plomb, et fait une grande escarre : une autre balle avoit percé ma manche sans me blesser. J'appelai M. de Montcornet pour lui faire voir comme quoi mon bras avoit été garanti miraculeusement d'être cassé; et dans ce temps M. de Monthuc et le chirurgien qui venoit d'arriver, entrèrent dans ma chambre et admirèrent mon bonheur. On ne chercha plus la balle, et le sieur de Lafuite reconnut que tout son raisonnement avoit été inutile là-dessus, et n'avoit servi à lui et aux autres qui m'avoient pansé qu'à me faire du mal en vain. Le repos rendit tous les jours plus belle ma plaie, et le chirurgien commença à ne plus craindre les accidents et m'assuroit d'une prompte guérison, si je pouvois rester quelque temps en ses mains. Je voyois cela bien difficile, et je ne voulois pas faire de peine à mon oncle. Je ne pouvois pas être longtemps caché, et les procédures que l'on faisoit en Normandie contre moi me faisoient craindre qu'il ne vînt ordre à l'intendant d'Amiens, M. Chauvelin, de me faire chercher en Picardie. Mon épouse m'avoit envoyé un exprès pour me dire, qu'après que Laverdure avec ses gardes m'eût cherché inutilement, on avoit envoyé six archers du grand prévôt chez moi pour reprendre ma mère; et qu'après y avoir été longtemps en garnison, ils l'avoient conduite à Dieppe où elle étoit gardée chez Laverdure; que tout étoit saisi chez moi, à la requête du procureur du roi, malgré la précaution que mon fils avoit prise de faire saisir pour ses prétentions sur mon bien; et me mandant les procédures violentes que l'on faisoit contre moi, me conjuroit de me mettre en sûreté.

Madame de Grosménil n'avoit pas sitôt su mon arrivée à Prouville qu'elle m'étoit venue voir et me prier d'aller au Quesnel, si bien qu'après avoir été huit jours à Prouville, je pris congé de M. de Monthuc. Il devoit partir pour Paris, et me fit balancer à le suivre. Je voyois de quelle conséquence il m'étoit d'abandonner ma famille que l'on perdroit immanquablement, du moment que l'on me sauroit en Hollande; ou qu'au contraire, si j'allois à Paris avec M. de Monthuc, je m'y pouvois aisément cacher; et que le roi étant de retour, il feroit agir ses amis et les miens pour faire ma paix. Je voyois ce raisonnement plausible, et je ne doutois pas qu'il ne réussît : mais en même temps je voyois que cela ne se pouvoit faire sans m'exposer au culte de l'Eglise romaine, lequel sans doute on me voudroit faire pratiquer, ce que je ne voulois pas absolument. Je pris donc une ferme résolution de m'abandonner aux mouvements de ma conscience, qui me faisoit regarder cet accident imprévu comme un effet de la grâce par laquelle Dieu m'arrachoit comme par force à tous ces liens qui m'avoient attaché et été cause de ma chute par un faux raisonnement humain ; et ayant communiqué ma résolution à M. de Monthuc, il l'approuva et me témoigna qu'il eût été bien aise d'être de la partie.

Le voyage n'étoit pas difficile ni long : car, quoique l'on prît encore garde aux passages, les guides savoient les faire éviter, et en un jour et deux nuits vous rendoient à Courtrai. M. de Monthuc gémissoit et toute sa famille dans la crainte de se revoir contraint de pratiquer le culte de l'Église romaine, où il avoit été quelque temps assujetti et dont il s'étoit relevé, ayant conservé dans son cœur beaucoup de zèle pour Dieu et d'amour pour sa religion. Mais les considérations humaines l'emportèrent : il ne pouvoit se résoudre à abandonner sa grande famille, ni l'exposer à la misère dans un pays étranger. Ainsi après m'avoir fait parler à un guide que le frère d'une cuisinière qui m'avoit longtemps servi, m'avoit amené, et lui avoir donné rendez-vous au Quesnel, je pris congé de lui et de Madame de Monthuc de laquelle j'avois reçu, comme de M. son mari, toutes les marques d'une amitié sincère et dont je conserverai le souvenir jusques à ma fin. On peut dire qu'il y a peu de mariages aussi bien assortis que celui-là, et que rarement se trouvera-t-il deux personnes aussi remplies de mérite que M. et Madame de Monthuc. Ils conservent l'un et l'autre dans un âge assez avancé, et particulièrement le mari qui l'est bien plus que la femme, de la bonne mine et de la beauté. Les longs services du mari, ni les couches fréquentes de la femme ne les ont point usés. M. de Monthuc a servi dès sa première jeunesse : la compagnie de cavalerie que lui laissa M. de Grosménil, son frère aîné, fut incorporée dans le régiment d'Epiés où il a servi longtemps. Il commanda depuis le régiment du chevalier de Nogent, d'où il passa dans celui de Chevrier, en qualité de lieutenant-colonel ; et s'il eût servi l'année de la campagne de Sénef, le régiment ne lui eût pas manqué, le colonel y ayant été tué : mais il quitta dans ce temps par un chagrin de se voir brouillé avec le chevalier de

Fourilles, commissaire général de la cavalerie, qui le traversoit en tout ce qu'il pouvoit en vengeance de ce qu'il avoit pris le parti du marquis de Vaubrun dans un démêlé qu'ils avoient eu l'un avec l'autre. Mais il se repentit d'avoir quitté le régiment, car le chevalier de Fourilles fut tué dans ce sanglant combat de Sénef, et le régiment donné à M. de Roquesvielle qui l'a possédé avec beaucoup de gloire. Mais, comme j'ai dit, ce chagrin et les prières de Madame son épouse l'arrêtèrent, et l'empêchèrent d'aller plus loin. Il l'avoit épousée avec beaucoup de peine et de dépense; il avoit eu pour rival un gentilhomme du Roumois, près le Pont-Audemer, nommé Daneval, fils de M. de Saint-Mars. Il étoit de qualité, bien fait de sa personne, et beaucoup plus jeune que M. de Monthuc. Cela n'empêcha pas que Mademoiselle Chauvel ne lui donnât la préférence en plein parlement où les parties reçurent sa déclaration. Ainsi il avoit emporté cette riche héritière pour laquelle il a conservé toujours beaucoup d'amitié et de reconnoissance. Elle lui a donné une belle et nombreuse famille, tant fils que filles. M. de Prouville, son aîné, est un cavalier de mérite et fort bien fait. Il a été capitaine de cavalerie, fort jeune, dans le régiment d'Auger où celui du marquis d'Houdetot, son parent, étoit incorporé, et il sert dans ledit régiment devenu de La Roche-Surion et depuis du duc de Bourgogne que ledit sieur d'Houtetot commande. Il y sert fort agréablement, le colonel l'aimant parfaitement et le régiment étant rempli de ses plus proches parents, comme de MM. de Béquigny, de Brossard, d'Augeville et de Fornaham, cadet de Montval, lequel comme mon parent ils l'adjoignent aux autres : ce qui fait nommer ledit régiment, le régiment des cousins.

Après donc bien des embrassades de toute la famille, je me rendis au Quesnel où Madame de Grosménil m'attendoit avec impatience : elle nous reçut, M. de Montcornet et moi, le plus obligeamment du monde. J'avois donné ordre au chirurgien de m'y venir panser ; à quoi il ne manqua pas. Ainsi ma plaie allant de mieux en mieux me fit espérer de pouvoir entreprendre en peu de jours le voyage. Le bruit de mon aventure ayant presque couru partout, n'avoit pas tardé à venir à Abbeville par le commerce des marchands de lin de Dieppe et de notre pays. Ainsi cela étoit su par tous les villages de ce canton. Je craignois toujours l'intendant d'Amiens, et de donner des affaires à mes hôtes. Quoique Madame de Grosménil fût seule, elle me paraissoit ne rien craindre et répondoit de la sûreté de ma personne chez elle ; je me faisois un grand scrupule de l'exposer, mais il falloit attendre que mon bras pût souffrir la fatigue, et des lettres de mon épouse. J'en reçus en effet où elle me mandoit le triste état où elle étoit réduite et toute ma famille, la prison de ma sœur dans la guérite de Dieppe, et celle de M. de Reinfreville dans le château ; et qu'après m'avoir cherché inutilement on alloit procéder contre moi à toute rigueur et me faire crier à ban ; qu'ainsi tous mes amis, même romains, et entre les autres MM. d'Imbleville et d'Osménil, conseillers au parlement, qui lui étoient venus offrir leurs services, l'avoient pressée de me mander de me mettre en sûreté, et qu'eux me conseilloient de passer en Hollande, d'aller réclamer la protection de M. le comte d'Avaux, ambassadeur du roi, lequel feroit ma paix ; que cependant M. le marquis de Beuvron et M. de Brou-Feydeau, notre intendant, auroient fort voulu, par les nouvelles informations qu'ils faisoient faire, réparer le tort que Montmorin m'avoit fait par les siennes. Elle m'assuroit de l'intérêt que tous mes amis prenoient dans ma disgrâce, qui prévoyant tous jusqu'où elle pouvait aller, ne me plaignoient pas seulement, mais détestoient ce fripon de Vertot qui en avoit été la cause.

Toutes ces nouvelles, bien que je m'y fusse attendu, ne laissèrent pas de me donner une douleur extrême. Ce chaos d'affaires dont elle et ma famille alloient être enveloppées, et la prison de mes plus proches, toutes ces idées me perçoient l'âme de mille regrets inutiles d'avoir entrepris cette affaire si mal à propos et avec si peu de précaution. Mais il n'y avoit pas de remède, la chose étoit sans retour. Alors, me retournant du côté de Dieu, je regardai ce triste événement comme un effet de sa grâce et comme un moyen de me relever de ma chute, en allant faire une réparation publique de mon crime d'avoir signé le renoncement à ma religion, et un moyen admirable dont ce Père des miséricordes s'étoit servi, pour me témoigner sa puissance et le soin qu'il prenoit de mon salut. En effet, je ne peux réfléchir là-dessus sans m'écrier, comme saint Paul : « *O profondeur des richesses, et de la sagesse, et de la connaissance de Dieu !* » et adorer la profondeur de ses jugements, lorsque je considère les moyens dont il s'est servi pour me châtier de mes désobéissances à ses saintes lois, et pour me faire connaître que toute la sagesse de l'homme n'est que folie devant lui, en rendant toutes mes précautions inutiles par lesquelles j'avois conservé du pillage des dragons mes meubles. Mais au même temps il m'a fait voir qu'il prend soin du salut de mon âme et de l'entretien de ma vie, en me donnant moyen de subsister sans le secours des choses sur lesquelles j'avois bâti mes espérances.

Je ne pus être longtemps avec ma belle-sœur, sans que le bruit de mon aventure n'y rendit ma demeure peu assurée : Le Quesnel étoit trop près de Doullens, pour n'en craindre pas le voisinage. On y débitoit publiquement cette nouvelle, et le sieur de Lerou, lieutenant du roi, en étoit déjà informé ; et quoiqu'il n'en sût pas la vérité, on lui avoit dit qu'un frère de M. de Grosménil blessé y étoit. Je fus averti du bruit que cela faisoit dans la ville et dans le village d'Outrebois où j'étois, de manière que, ne voulant plus différer à me tirer du royaume, sans écouter davantage les raisons de Madame de Grosménil qui faisoit ses efforts pour retarder mon départ, dans la créance que l'on ne pousseroit point les choses contre moi avec tant de violence ; et sans me laisser endormir à sa bonne chère et à toutes les bontés et complaisances qu'elle avoit pour moi, je la priai de trouver bon que je me retirasse ; et sans différer, j'envoyai avertir mon guide que Daniel de Prouville et Jehannon ma cuisinière, sa sœur, m'amenèrent, et ayant conclu de marché avec lui par dix louis d'or pour me passer, je lui donnai parole de me trouver le lendemain au rendez-vous qu'il me marqua de l'autre côté de la rivière d'Autié, ne s'étant pas voulu charger de nous la faire passer, pour être gardée partout. Je ne me mettois pas en peine de le faire. J'étois bien monté, et j'aurois toujours passé pour un officier allant à sa garnison ; mais le sieur de Montcornet, mal monté et en mauvais ordre, m'inquiétoit ; et ne voulant pas qu'il m'accompagnât, je lui avois conseillé, pour accoutumer les gardes du pont d'Outrebois à sa vue, d'aller voir M. de Rumigny qui étoit à une lieue de là, ce qui réussit : les gardes lui enseignèrent sa maison, il y fut et y coucha. Il prit des lettres pour son frère de Montainé et nous revint joindre au Quesnel.

Le jour donc pris pour partir, nous lui fîmes prendre la même route pour aller joindre notre guide. Et moi je résolus d'aller passer la rivière à un gué au-dessus de Doullens, à un moulin où cependant il y avoit garde et barrière ; et après avoir congédié le chirurgien qui trouvoit ma plaie en état de pouvoir entreprendre cette fatigue, je dis adieu à Madame de Grosménil. Elle versa des larmes à notre séparation, et moi je ressentis une cuisante douleur de l'abandonner. Après bien des embrassades et bien des souhaits de sa part pour ma consolation, et de la mienne bien des marques de ma reconnaissance de toutes ses bontés, je quittai cette charmante dame, qui joint à la beauté du corps une solidité d'esprit, une grandeur d'âme et une fermeté au-dessus de son sexe et de son âge. Elle joint à toutes ces belles qualités une piété sans hypocrisie, une douceur et une gaieté d'humeur qui la rendent une des femmes du monde les plus accomplies. Et ayant de concert publié avec elle que je m'en allois à Béquigny, je pris la route de Corbie pour ne donner pas connaissance de ma marche. Je ne pus quitter Le Quesnel sans en regarder les beautés avec plaisir; et en effet, c'est une des plus charmantes solitudes que l'on puisse voir. Le château est bâti au pied d'un grand coteau planté de bois taillis, au haut duquel règnent deux grosses tours jointes par une muraille, lesquelles servent à présent de colombiers et sont les restes d'un magnifique château qui, par sa force, donnoit de la jalousie à Doullens, et lequel le seigneur du Cauray, Geoffroy d'Ainval, dit la Grande-Barbe, grand-père de mon épouse, fit démolir, pour, n'étant pas entre les mains des Français ou des Espagnols, qui sans doute s'en seraient saisis, jouir plus facilement de cette terre que M. de Grosménil, son gendre, a fait planter d'une grande quantité de pommiers qui la font une petite Normandie; et son fils, enchérissant sur le père, l'a ornée d'une infinité d'avenues de toutes espèces, de manière qu'avec le temps il la rendra une terre fort accomplie. En peu de temps j'en perdis la vue, et l'esprit rempli de mon dessein, je ne songeai plus qu'à marcher en diligence et sûrement.

J'avois du Quesnel renvoyé un garçon que j'avois pris à Augeville même, nommé Philippe; et M. de Monthuc m'avoit donné à la place un homme de la religion qui, voulant passer en Hollande, étoit ravi de venir avec moi, nommé Jehan Teiller. Il savoit parfaitement bien les chemins, et, me reposant sur sa conduite, je me trouvai au moulin susdit. J'y trouvai la rivière fort basse, mes chevaux n'ayant de l'eau que jusques aux genoux. Ainsi je passai la rivière sans que les gardes s'y opposassent : ils me saluèrent civilement et moi eux; et lorsque je fus dans le chemin qui conduit à Doullens, je pris à gauche et montai la côte, et pris la route d'Arras quelque temps, puis je repris un sentier qui me mena au bord d'un bois où mon guide m'attendoit il y avoit longtemps. Il falloit que je fisse quatre lieues, premier que de le venir joindre. Alors, m'ayant montré la route que je devois tenir, il fut reprendre son cheval et rejoindre M. de Montcornet.

Je marchai quelque temps seul : après quoi nous nous rencontrâmes tous quatre dans le grand chemin de Hesdin. Nous continuâmes cette route une heure, et le guide nous ayant montré un sentier à travers champs, nous le gagnâmes au trot, pour éviter la rencontre de quelques cavaliers qui venoient du côté de Hesdin. Nous tombâmes dans les bois de l'abbaye de Sercan ; nous passâmes au pied de ce monastère, qui est grand et qui paraît l'avoir été davantage, par les ruines que l'on voit de plusieurs bâtiments. Nous y passâmes sur un pont une rivière assez large et qui paraît fort creuse. On attendoit dans ce lieu la cavalerie de Flandre qui y devoit venir camper, comme elle avoit fait l'année précédente ; et comme les ordres étoient donnés, je craignois de rencontrer les troupes. Nous suivîmes le grand chemin d'Arras une partie du jour, et tout à coup, l'ayant laissé à droite, nous prîmes celui de Béthune. Nous découvrions cette ville qui se voit d'assez loin. Nous fûmes surpris, lorsqu'il sortit du bois dans lequel nous marchions, quatre grands coquins bien découplés et qui avoient l'air de n'être pas là inutilement. Comme ce ne sont que bois abroutis, je les aperçus de loin : ils venoient droit à M. de Montcornet et à mon guide. Lors, craignant qu'ils ne les insultassent, je poussai au trot les rejoindre, le pistolet bandé, ce qui les fit rembucher dans le bois. Le soleil commençoit à se coucher, quand nous descendîmes dans une plaine ; le guide vouloit que nous laissassions paître nos chevaux, premier que de quitter ces bois. Je l'aurois fort souhaité, j'étois las, et mes chevaux qui marchoient depuis neuf heures du matin avoient besoin de repaître ; mais comme je voulois gagner La Gorgues pour y passer le jour, nous ne débridâmes qu'à la nuit fermante dans un village à une lieue de Béthune ; nous fîmes manger de l'avoine à nos chevaux et je me reposai un peu. Le guide nous donna quelque inquiétude en nous avertissant que la nuit passée on avoit arrêté plusieurs personnes dans ce village. Après le repas, et comme nous étions prêts de remonter à cheval, il me demanda le reste de l'argent que je ne lui avois promis que lorsqu'il nous auroit rendus à Courtrai. Je lui refusai, dont il parut mécontent : je ne voulus pas paraître moi-même le craindre. Je lui dis fortement que je lui tiendrois parole dès que nous serions en lieu sûr, et qu'il songeât seulement à nous y conduire sûrement; que si par sa faute nous courions risque d'être arrêtés, que je lui casserois premier la tête, étant résolu de périr plutôt que de me laisser prendre. Après lui avoir parlé sur ce ton, je me radoucis, et nous continuâmes notre route : nous passâmes la Lys dans un bac au-dessus de La Guorgues où nous passâmes la journée sans sortir, et la nuit venue, nous continuâmes notre voyage bien heureusement jusques à Courtrai, après avoir laissé Menin à droite. Nous y arrivâmes à deux heures après minuit : notre guide nous mena loger *à la Carpe,* auprès du pont; nous nous mîmes au lit jusqu'à huit heures.

La joie de nous voir hors de notre ingrate patrie fut grande et nous commençâmes à respirer. Je fis venir un chirurgien pour voir ma plaie, que j'avois toujours pansée seul pendant cette course qui avoit été violente. J'avois fait vingt lieues le premier jour, dont je fis dix-sept sans débrider. Cette fatigue m'avoit mis le bras en fort méchant état. Cependant je ne pouvois prendre de repos que je ne fusse à Gand. Quoique Courtrai soit de la domination d'Espagne, comme elle est démantelée, les partis de Menin courent non-seulement la campagne jusques à Gand, mais même viennent dans la ville, où nouvellement ils avoient arrêté des déserteurs. Ce qui fit qu'après avoir dîné je donnai le reste de l'argent à notre guide, qui se nommait Minart, de la paroisse de Villers près Frohan. Ainsi contents les uns des autres, nous nous dîmes adieu. Je reçus bien des civilités de l'hôte : il étoit Normand et de mon pays, de la paroisse de Longuerue. Lorsqu'il sut mon nom et que j'étois gendre de M. de Grosménil, il m'offrit vingt louis d'or si j'en avois besoin. Je le remerciai et lui payai une petite obligation que lui avoit faite Montsimon, qui avoit passé par là en allant en Hollande. Je pensai vendre mes chevaux à mon hôte, qui m'en offrit le même prix que je les vendis à Gand, et, croyant en avoir davantage, nous partîmes de là sans les vendre : il étoit plus de deux heures et la traite étoit longue. C'est pourquoi nous allâmes presque toujours le grand trot ; ce qui fit que nous arrivâmes à huit heures du soir à Gand. Je fus loger au marché au blé, *à la Grande-Etoile ;* je trouvai l'auberge fort belle et les hôtesses charmantes. La demoiselle qui en étoit la maîtresse paraissoit avoir été d'une grande beauté ; elle étoit encore fort passable ; et trois filles qu'elle avoit ne devoient rien à ce qu'elle avoit été. Elles me reçurent fort civilement et me logèrent dans un appartement fort propre. Comme nous étions fort fatigués, nous ne pensâmes qu'à nous reposer ; et, après avoir soupé légèrement, nous nous couchâmes ravis de la grâce que Dieu nous avoit faite de nous avoir amenés en lieu sûr sans mauvaise rencontre.

J'avois admiré la vigueur de M. de Montcornet, qui avoit soutenu cette grande fatigue comme un jeune homme, et encore plus, de ce que son bidet y avoit peu fourni. Nous dormîmes tranquillement la grasse matinée, et quand nous fûmes levés nous rendîmes visite à nos hôtesses, dont je fus très content ; et comme je voulois y passer la journée, le fils de la maison s'offrit de nous mener voir cette grande et superbe ville. Je le priai de me faire vendre mes chevaux ; il en donna avis à quelque marchand, et aussitôt l'écurie en fut remplie. Ils ne m'offroient presque rien, et les derniers ne le faisoient qu'en diminuant. Il falloit avoir patience, je ne les voulois point mener en Hollande, et à quelque prix que ce fût, je m'en voulois défaire. Nous passâmes la journée à visiter les choses les plus curieuses de la ville; nous y vîmes des églises magnifiques, et les filles de la maison me menèrent dans une à l'heure du salut, où toutes les belles de la ville étoient. J'y vis de fort charmantes personnes. Cependant comme toutes ces beautés ne me contentoient pas, et que la Hollande étoit le lieu où j'aspirois, je ne songeai plus qu'à tirer pays. Ainsi, le lendemain je conclus de marché et vendis mes chevaux, l'isabelle vingt-trois écus et le gris dix-huit. Ce n'étoit pas, à beaucoup près, le prix qu'ils valoient, mais ne pouvant mieux, il me fallut passer par là.

Nous nous séparâmes, M. de Montcornet et moi. Il prit le carrosse de Bruxelles, que je lui payai, n'ayant pas d'argent et l'ayant défrayé sur toute la route. Il partit pour aller joindre son fils qui avoit sa garnison à Maëstricht : il avoit passé en Hollande lorsque Mademoiselle de Béquigny s'y en alla, et avoit eu pour camarades de voyage M. de La Motte-Frémontier et les sieurs Guédon, de Rouen, et Boitout, de Luneray. Ils furent reçus à la seconde promotion sur le pied de lieutenants, Montcornet de cavalerie et La Motte d'infanterie, et les deux autres entrèrent cadets dans le régiment des gardes de S. A. Premier que de quitter Gand, je voulus voir la chambre où étoit né Charles-Quint; ce que je fis : elle est fort petite, et elle ne mériteroit pas être vue, si elle n'avoit pas la première logé ce grand empereur, dont les victoires en relief sur le marbre font l'ornement de ce petit réduit.

Après avoir donc satisfait ma curiosité de toutes les raretés de cette belle et grande ville, je me préparai à partir en prenant la barque pour les Sas-de-Gand; et comme je me disposais à cela, on me vint demander le droit pour la vente de mes chevaux. J'en parle à mon hôte, qui ne sachant pas au vrai à qui c'étoit à le payer du vendeur ou de l'acheteur, me mena au bureau où celui qui me le demandoit nous accompagna. Le commis du bureau dit que l'acheteur devoit le droit : il me fit excuse et protesta qu'il ne le savoit point.

Revenu donc à la maison de mon hôte, et prêt à me mettre à table, le même homme revint me demander ce droit, accompagné de plusieurs. On ne les fit pas parler à moi, et ils m'attendirent sur la place. Mon hôte m'en ayant averti, je fus conseillé, tant par sa mère que par lui, d'éviter ces coquins, et pour cet effet qu'il me conduiroit hors de la ville à pied ; autrement, que je courois risque d'être arrêté à la porte, où, quand on se trouve saisi de plus d'argent qu'il n'est permis d'en porter, on le confisque ; et si vous dites que partie de cet argent provient de la vente de vos chevaux, on vous demande votre acquit du droit, et ne l'ayant pas, tout ce que vous avez d'argent est perdu : ce que M. de Bernate, qui avoit passé quelques semaines devant moi avec Madame sa mère, quatre de ses sœurs et Madame du Vidal, éprouva comme je l'appris dans la barque. Pour donc éviter ces chicanes, j'acceptai l'offre de mon hôte, qui me fit sortir par une porte de derrière ; je me fis un plaisir de voir ces drôles m'attendre sur la place où ils purent s'ennuyer. Je reçus en partant toutes les civilités possibles de mon hôtesse ; elle m'offrit de l'argent si j'en avois besoin, et cela d'une manière la plus obligeante du monde. Je lui en rendis grâces et lui dis adieu et à ses belles filles, fort content des unes et des autres, tant pour la bonne chère que le bon marché qu'elles m'avoient fait avec bien des offres de service et des compliments. Mon hôte me mena à la barque où je mis mes hardes, et nous continuâmes notre chemin ; nous trouvâmes à la porte de la ville un commis au bureau, auquel je dis que j'avois mis une valise dans la barque des Sas, fermant à clef, que s'il la vouloit visiter je lui enverrois mon valet à l'heure que la barque passeroit ; ce qu'il me conseilla, puisque c'étoit l'ordre de visiter les hardes en sortant le royaume. Je lui dis que je n'étois pas un marchand, mais un officier qui fuyoit la France pour la religion ; que j'avois été blessé dans ma retraite et qui n'emportois que mon âme pour butin, qu'il ne verroit dans ma valise que quelque peu de linge à mon usage et d'autre à panser mon bras. Je le trouvai fort honnête : aussi étoit-il de la connaissance de mon hôte. Nous le priâmes de venir dîner avec nous, ce qu'il ne voulut pas, pour n'oser quitter son poste.

Nous sortîmes la ville sans nul obstacle, et après avoir marché assez longtemps nous arrivâmes à un beau village où l'hôtellerie que nous prîmes se nommoit *l'Estoile*. J'y fis accommoder du poisson de rivière qui y est d'un goût merveilleux : aussi vient-on dans ce lieu pour se régaler ; et les ecclésiastiques qui dans Gand n'osent aller au cabaret, viennent en troupe dans ce lieu où ils font bonne vie (ce que nous vîmes dans le temps que nous y étions) et que mon hôte m'assura être leur ordinaire rendez-vous. Je fis mon possible pour réjouir mon conducteur, et en effet, je lui fis fort bonne chère. L'heure que j'avois donnée au commis du bureau étant venue, je lui envoyai mon valet pour visiter mes hardes, ce qu'il refusa fort obligeamment. Ces heureuses rencontres me donnèrent une secrète joie et me firent espérer que, puisque dans un pays espagnol je recevois tant d'honnêtetés, je pouvois espérer que Dieu avoit à gré mon voyage et qu'il me feroit trouver en Hollande une retraite heureuse et assurée contre mes persécuteurs. Mon hôte à notre séparation me confirma ce que sa mère m'avoit dit et offert, que si j'avois besoin d'argent en Hollande, que je n'avois qu'à leur faire savoir. Je lui dis que son honnêteté me surprenoit ; que n'étant pas connu ni de Mademoiselle sa mère ni de lui, ils pourroient se repentir si j'acceptois leurs offres. Il m'assura qu'ils étoient si persuadés que j'étois un homme de qualité et d'honneur qu'ils se feroient un extrême plaisir de m'obliger dans ma disgrâce. Je lui en marquai ma reconnaissance, et la barque paraissant devant notre hôtellerie, je le quittai et le chargeai de mes compliments pour sa famille.

J'entrai donc dans la barque, et le soir nous arrivâmes aux Sas qui est la première place appartenante à MM. les Etats.

Je fus conduit au commandant qui me fit quelques questions et me laissa passer. J'avois envie de voir le ministre du lieu, pour avec lui rendre grâces à Dieu de m'avoir fait la grâce de parvenir dans un pays de repos et de tranquillité d'âme. Je ne le trouvai point; et rempli de consolation et de joie je me mis au lit en peu de temps, après avoir été à l'hôtellerie où je trouvai une femme de Rouen, nommée Vendrescart, qui avoit été des amies de ma fille de Sainte-Foy. Elle eut bien de la joie de me voir, elle avoit appris une partie de mes aventures. Le jour à peine paraissoit lorsque l'on me vint avertir que la barque de Middelbourg étoit prête à partir. Je me levai en diligence et m'embarquai : j'y trouvai dedans un baron qui fait sa demeure aux Sas, avec lequel j'entrai en conversation. Il parloit bon français; et comme il me voyoit le bras en écharpe et l'air fatigué, il crut qu'étant Français je sortois du royaume pour la religion : il me témoigna quelque curiosité là-dessus, ce qui me donna lieu de lui dire une partie de mes aventures; et comme je lui dis que j'avois vendu mes chevaux à Gand, il me demanda si l'on ne m'avoit rien demandé à la porte. Je lui dis que non et de quelle manière je m'en étois tiré. Il admira mon bonheur et me conta ce qui étoit arrivé à M. de Bernate que l'on avoit arrêté prisonnier, et auquel on avoit voulu confisquer et tout l'argent et toutes les hardes; qu'heureusement il s'y étoit trouvé et qu'il avoit fait rendre le plus qu'il avoit pu, n'ayant cependant pas empêché la confiscation de l'argent des chevaux. Je conçus de l'estime pour cet officieux baron qui me paraissoit obligeant; et après bien du temps, le vent nous étant contraire, nous arrivâmes à Middelbourg. Je fus loger avec lui, nous dînâmes ensemble; puis je fus chercher M. Signard, notre ministre. Je le trouvai en parfaite santé, et il fut ravi de me voir : mon désordre et celui de ma famille qui avoit précédé ma venue avoient donné un sensible déplaisir à tous mes amis et à lui particulièrement. Il m'exprima sa joie le plus fortement qu'il put : son hôtesse,

Madame Esther, que j'avois connue à Saint-Mars en versa des larmes et m'assura qu'elle avoit bien prié Dieu pour moi. Nous allâmes voir Mesdemoiselles de Montval et du Boislé, mes cousines, qui ayant quitté leurs familles étoient venues chercher la liberté de conscience dans ce lieu où elles étoient chez des dames de considération de cette ville. On ne peut exprimer leur joie de me voir; nous nous le témoignâmes les uns aux autres par bien des caresses. Comme elles sont fort gaies, nous ne laissâmes pas de nous divertir sur l'état présent où nous nous trouvions.

Après avoir donc visité M. Signard et mes parentes, et vu avec plaisir le sieur de Gourné, qui avoit été si longtemps précepteur de mes enfants, et qui avoit quitté ma maison dans le temps que Radiolles, subdélégué de l'intendant, avec des cuirassiers étoit venu chez moi faire signer mes domestiques, qui étoient au nombre de huit de la religion. Ledit Gourné avoit passé heureusement en Zélande; et s'étant établi à Middelbourg, je l'y trouvai tenant école. Il pleura de joie de me voir, et je fus fort aise de l'embrasser, l'aimant beaucoup. Je ne voulois pas partir de Zélande sans avoir vu ce que j'avois d'amis à Flessingue : je pris le chariot pour m'y rendre où je fus conduit par mon ministre et mes parentes, que je laissai avec promesse de les revoir à mon retour. Comme il n'y a qu'une heure de chemin entre ces deux villes, je ne tardai que ce temps à découvrir Flessingue, où ayant mis pied à terre, je fus mené à la maison de M. de La Voute, jadis ministre de Lintot, et pour lequel toutes nos familles avoient eu toujours beaucoup d'amitié et de considération (1). Je le trouvai chez

(1) M. de La Voute, comme beaucoup d'autres ministres de l'Eglise réformée, en recevant l'ordre de quitter le royaume, fut obligé d'y laisser ses enfants en bas âge. Nous trouvons dans les papiers des Nouvelles-Catholiques la supplique suivante adressée au roi par une demoiselle de La Voute, d'où l'on peut inférer qu'elle était demeurée fidèle à sa religion : « Sire, Catherine de Rallemont, demoiselle de la Voute, représente très humblement à Votre Majesté, que depuis neuf ans elle est enfermée dans la maison des Nouvelles-Catholiques de Rouen,

lui où ma visite, à laquelle il ne s'attendoit point, le surprit d'une étrange manière. Après nos premiers compliments, je le priai qu'aussitôt que j'aurois salué sa famille il me menât chez M. Dumont. Je vis donc et la mère et les enfants; deux des filles que j'avois vues, il n'y avoit guère, en France étoient arrivées depuis peu chez M. leur père : nous eûmes bien de la joie de nous retrouver, elles sont fort aimables, et lorsque j'eus embrassé toute cette famille nous fûmes voir ce cher parent. Je le voulus surprendre, et en effet j'y réussis; mais cela lui coûta cher et à moi bien de l'inquiétude, car ayant entré sans lui faire dire, je l'embrassai par derrière, et m'ayant reconnu il pensa s'évanouir, la parole lui manqua et les larmes lui tombèrent des yeux. Mais enfin il se remit de cette grande émotion, et lors nous donnâmes à notre ancienne amitié toutes les marques de tendresse que nous lui devions. Il m'avoua qu'il me croyoit mort par la manière dont on lui avoit dit ma blessure; qu'il avoit quitté à prier Dieu pour moi, nous étant défendu de prier pour les trépassés, et qu'en me voyant il avoit cru que c'étoit mon ombre qui lui apparaissoit. Notre joie de nous revoir lorsque nous nous y attendions si peu ne se peut plus grande. Nous avions, M. Dumont et moi, eu une étroite amitié depuis longtemps : il avoit demeuré plusieurs années au Bostaquet, et ma mère, qui étoit sa germaine, avoit

---

par la sollicitation d'un fermier qui lui fit ce tour en faisant entendre au sieur de Retours, intendant, qu'elle n'avoit que seize à dix-huit ans, quoiqu'elle en eût pour lors trente, et pendant lesdites neuf années ses père et mère sont décédés et leurs biens abandonnés, lui ayant été impossible pendant ledit temps d'obtenir sa liberté, ni de donner ordre à ses affaires, se trouvant à présent dans un état déplorable et sa santé fort altérée par la privation de son air natal, et comme la conduite de la suppliante a toujours été sans reproche, elle espère que Votre Majesté aura la charité de protéger son innocence et de la faire mettre en liberté, afin qu'elle puisse mettre ordre à ses affaires, qui sont dans un grand dérangement, et éviter par là la ruine entière. Elle continuera ses prières pour la santé et la prospérité de Votre Majesté.

« Le 4 février 1710. »

Une autre lettre nous informe que la suppliante était bien la fille de l'ancien ministre de Lintot. (*Archives de la Seine-Inférieure.*)

eu toujours pour lui bien de la considération ; il a beaucoup d'esprit et de capacité, et lui avoit été fort utile dans ses démêlés avec le sieur de Bautot, subvenant à ce que ma trop grande jeunesse ou mes absences ne permettoient pas que je fisse pour la soulager. Je fus ravi de le voir si bien établi : il avoit soutenu cette persécution avec une constance véritablement chrétienne, il avoit vu piller tous ses meubles par le cuirassier insolent, et s'étant heureusement sauvé avec Madame sa femme et deux de ses enfants, il étoit venu en Zélande, où M. de La Voute, qui y étoit déjà, lui avoit donné des amis. MM. les Etats, par un effet d'une charité et d'une générosité qui rendra leur mémoire immortelle, à la sollicitation de S. A. R. Monseigneur le prince d'Orange, illustre protecteur des réfugiés, ayant fait un fonds pour la subsistance des officiers qui avoient cherché retraite dans leurs provinces, lui avoient donné une pension de capitaine réformé, comme ayant été lieutenant et aide-major de la maître de camp du régiment de Longueville d'infanterie, avec brevet de capitaine ; et avec ce qu'elle rend, qui étoit pour lors six cent cinquante livres, il subsistoit agréablement.

Je trouvai à Flessingue Montsimon, lequel ayant autrefois changé de religion s'étoit repenti de sa faute, et m'ayant demandé pardon de sa conduite passée, je lui avois donné les moyens de venir dans ce lieu où j'espérois qu'il pourroit trouver à subsister, sachant le métier de tourneur en ivoire que je lui avois fait apprendre à Dieppe ; et après sa révolte, Madame de La Tour, dont il avoit été réclamer la protection, croyant avoir fait une conquête sur moi que d'avoir ce fruit de mes folies de jeunesse, l'avoit reçu avec joie, et lui ayant fait donner quelque pension, il avoit continué à travailler à Paris. Cependant je le trouvai fort embarrassé de sa posture, ne pouvant y vivre par ce moyen ; ce qui avoit obligé M. Dumont de l'engager pour les Grandes-Indes : mais comme il n'y avoit pas pour lors de vaisseaux prêts à partir, je le pris avec moi et congédiai Jehan Tellier, qui eut bien du regret de me quitter.

Après avoir été suffisamment avec cet ancien ami, je lui dis adieu; mais M. de la Voute et lui voulurent m'accompagner jusqu'à Middelbourg, où je fus rejoindre M. Signard et revoir mes parentes avec lesquelles je passai agréablement le reste du jour. M. Signard, le plus obligeamment du monde, voulut venir avec moi en Hollande. Je pris donc congé des amis de Flessingue et des cousines de Montval et du Boisle, et le lendemain, ayant pris la barque à Trevers, nous vinmes avec un vent favorable coucher à Dort. Quoique nous eussions eu dans ce trajet un temps admirable, cela n'avoit pas empêché M. Signard d'être malade comme en pleine mer, ce qui l'avoit fatigué. Il goûta le repos de la nuit avec plaisir, et nous étant rencontrés au dimanche, nous fûmes au prêche, premier que de partir pour Rotterdam. Ce fut la seconde fois que j'entendis des sermons : j'avois, à Middelbourg, ouï avec étonnement un vieux ministre de Pau, nommé Casamajor, prêcher à quatre-vingts ans et plus avec beaucoup de vigueur et de solidité. Cette pâture spirituelle, de laquelle j'avois eu une si grande disette, me sembla d'un goût merveilleux.

Après donc avoir fait nos dévotions à Dort, nous nous embarquâmes pour Rotterdam, où nous arrivâmes à quatre heures. Je ne fus pas à peine entré à l'hôtellerie dite *le Prince d'Orange*, qu'y trouvant quelques personnes de Dieppe, elles coururent l'annoncer à mes amis qui, sortant de l'église, me visitèrent en grand nombre. Messieurs les ministres, que M. Basnage me mena voir, me reçurent avec de grands témoignages de joie, et me donnant force louanges me souhaitèrent tout bonheur et consolation. Ce fut la première fois que je vis M. Jurieu, dont le nom est si célèbre et en si grande vénération parmi les réformés, et cela avec bien de la justice, puisque ses soins infatigables pour la défense de notre sainte religion et pour la consolation de ceux qui gémissent sous l'oppression, joints à la charité dont il use envers les réfugiés le rendent digne d'une louange immortelle. On ne peut dire toutes les caresses que je reçus dans cette belle et grande ville devenue presque française par la retraite d'un très grand nombre des habitants de Rouen et de Dieppe, de manière qu'étant connu ou de nom ou en effet de la plupart, comme ils avoient su l'accident qui m'étoit arrivé, me venoient en foule témoigner leur joie de mon heureuse arrivée. M. Basnage, héritier de l'amitié que sa famille m'a toujours témoignée, me donna mille marques sensibles de la sienne, et s'offrit de m'accompagner le lendemain à la Haye. Il m'assura que j'arrivois le plus heureusement du monde, et que dans peu de jours on devoit faire une troisième promotion d'officiers, que je n'avois point de temps à perdre pour donner mon nom.

Après donc avoir donné le reste de cette première journée à rendre visite à mes amies, entre lesquelles je compte comme les principales Mesdames de Bolhubert (1) et de Saint-Mars, que j'eus une joie extrême de revoir, et dit adieu à MM. Jurieu, du Bosc et Le Page (2), je fus prendre congé de Madame de La Rive, belle-mère de ma première femme, de laquelle j'avois reçu tant de faveurs en France, et dont j'attendois beaucoup de consolation dans mon exil. Elle m'avoit reçu avec des témoignages de joie extrême, et m'avoit fait bien des offres de services sur lesquels je crois que j'aurois pu compter si Dieu l'eût laissée plus longtemps en vie. Après m'être donc acquitté de tous ces justes devoirs, M. Signard, qui ne me quittoit point, et moi fûmes prendre M. Basnage, où nous trouvâmes M. de Grandchamp qui voulut être de notre voyage. Madame Basnage, de qui j'ai reçu en tout temps bien des amitiés, me souhaita bien des avantages : ainsi très con-

---

(1) Probablement Boishubert.
(2) Ancien ministre à Dieppe.

tent de mon séjour de Rotterdam, nous nous embarquâmes pour La Haye, nous passâmes à l'ordinaire par Delft, et nous arrivâmes en ce charmant séjour après lequel j'aspirois il y avoit si longtemps, et où je prétendois me reposer de mes fatigues et trouver de la consolation dans mes ennuis et de quoi subsister par la générosité de Son Altesse, à qui sans doute mon nom ne seroit pas inconnu et dont mon parent, M. de Torcé, voudroit bien la faire souvenir.

Voilà, mes chers enfants, un abrégé de tout ce qui s'est passé dans ma vie de biens et de maux, jusques au temps que le ciel par un effet de sa divine providence et de son secours que j'ai expérimenté dans cette longue course que j'ai déjà faite, m'a amené dans cet asile où, à l'abri de mes persécuteurs, je puis en repos repasser sur les divers événements qui me sont arrivés et qui me rendent un exemple sensible de l'inconstance des choses du monde ; et comme les douceurs et la tranquillité de la vie que je mène sont le fruit de ma retraite, je veux vous en laisser un mémoire exact et sincère, et vous donner un patron pour éviter ce que j'ai fait de mal et imiter ce que j'ai fait de bien.

MÉMOIRE

DE MA VIE NOUVELLE

OU DE CE QUI M'EST ARRIVÉ DE BIENS ET DE MAUX DEPUIS LE MOIS
DE JUIN 1687 QUE JE ME SUIS RÉFUGIÉ A LA HAYE.

II

La vie de l'homme est un mélange perpétuel de biens et de maux; et si cela est commun à tous, peu de personnes en ont fait plus que moi la triste expérience. J'ai eu des commencements très heureux : la perte de mon père fut réparée par les soins d'une mère fort habile et d'une vertu exemplaire. Ainsi ce malheur, auquel je fus insensible dans ce petit âge, est un effet de bonheur, puisque dans un âge plus avancé j'aurois ressenti violemment la mort d'un père d'un grand mérite, et aimé et considéré de tous ceux qui l'ont connu. J'ai été élevé avec grand soin, et je peux dire que l'on n'a rien épargné pour mon éducation. J'ai réussi assez bien à tout ce à quoi j'ai voulu m'appliquer : je me suis toujours fait beaucoup d'amis dans tous les lieux où j'ai été, et cela a fait partie de mon étude dont je me suis bien trouvé en tout temps : je me suis attaché avec soin à n'insulter personne, mais en même temps à ne rien souffrir qui pût être sujet à la critique du siècle malin dans lequel j'ai commencé à vivre. Ainsi j'ai eu peu de querelles, et si par malheur je n'ai pu en éviter, je m'en suis tiré avec honneur. Je ne me vanterai point de mes longs services; la perte de mon parent, M. du Tot, et la cassation du régiment de M. le duc de Longueville, dans lequel j'étois attaché, m'obligèrent à consentir au dessein que ma mère prit de me marier; mais j'ose dire que ce que j'ai servi, je l'ai fait avec honneur et fort agréablement. J'ai eu des biens considérables de mes deux premières femmes, mais ils m'ont causé des peines et des embarras. J'en ai été aimé tendrement, mais la mort de deux personnes qui m'étoient si chères m'a causé de violents déplaisirs. J'ai eu la satisfaction de faire une belle et grande terre et de me défaire d'un voisin fâcheux; mais ensuite j'ai eu la douleur de voir périr dans les flammes, et ma maison qui faisoit mon charme, et mes meubles, mon accommodement. J'ai eu dix-neuf enfants de trois femmes, mais j'en ai perdu plusieurs : j'ai eu une tendresse extrême pour eux, mais j'éprouve avec chagrin que je n'ai fait que des ingrats. J'ai joui de beaucoup de bien, mais n'en ayant pas fait un aussi bon usage que je devois, Dieu m'en a privé. Mais si d'un côté il m'a abattu, il me relève de l'autre en me donnant de quoi être nourri du pain de mon ordinaire, et de quoi subvenir aux besoins pressants de cette famille si petite en comparaison de celle que j'ai eue en France; et comme cette subsistance est un effet de sa grâce, il est juste que je lui en marque ma reconnaissance en gravant à ma postérité, en caractères les plus forts qu'il me sera possible, la pénétration de mon âme sur ces bienfaits infinis : et comme ils me sont départis par le ministère de Nos Seigneurs les Etats généraux, lesquels, à la sollicitation de Son Altesse Royale Monseigneur le prince d'Orange, me donnent pension, je veux inspirer à mes descendants un attachement fidèle et passionné pour un Etat et pour un prince à qui je dois le secours dans ma misère et le repos de ma conscience.

Pour donc reprendre le cours de mon discours, je dirai que

j'avois trop d'intérêt à voir M. de Torcé pour ne le pas faire aussitôt que je serois arrivé. Aussi sans différer, du moment que nous eûmes trouvé où nous loger, ce que M. Mesnart, que nous rencontrâmes près de la vieille cour, nous facilita en nous menant chez le sieur de La Fosse, qui avoit un logis garni fort propre, où nous prîmes des chambres. Après nous être un peu rafraîchis dans ce lieu, Mesdames Basnage et Signart m'y accompagnèrent. Je fus reçu de ce généreux parent avec des marques d'amitié qui me parurent très sincères et très tendres. Il voulut savoir de moi la vérité de mes aventures dont le bruit m'avoit précédé partout. Il m'assura que Son Altesse en étoit instruite. Je le satisfis donc et lui dis ma disgrâce et le malheur de mes proches. Après avoir bien raisonné sur cet accident et avoir admiré mon bonheur de m'être tiré d'un péril si grand sans y périr, il m'offrit avec une bonté très cordiale tout ce qui seroit à son pouvoir pour me secourir dans cette triste conjoncture. Je lui en rendis mes très humbles grâces, et l'assurai que rien ne m'avoit plus consolé que de trouver en lui les effets dont il m'avoit tant de fois si obligeamment fait les promesses. Depuis notre première connaissance qui s'étoit faite en Hollande lors de la mort de mon oncle, j'avois toujours entretenu commerce avec ce digne parent pour lequel j'avois conçu une haute estime. Il m'avoit très obligeamment fait part de tous les avantages dont la fortune avoit récompensé son mérite. Je lui en marquai ma joie à le persuader que j'y prenois un vrai intérêt. Ainsi toutes ces confiances et ces témoignages d'amitié réciproques avoient entretenu une liaison entre nous que rien n'avoit pu rompre, quoique l'on eût tâché à diminuer la bonne opinion qu'il avoit de ma piété et de ma probité. Je fus présenté par lui à M. et Mademoiselle de Vandravè, enfants de feue Madame son épouse, lesquels me reçurent très obligeamment.

Tous ces heureux commencements me furent des gages du

bonheur qui m'attendoit, et en effet ils ne furent point trompeurs, puisque peu de jours après que je fus arrivé, il se fit une troisième promotion d'officiers, dont un très grand nombre attendoit il y avoit longtemps. M. de Torcé donc me confirma ce que M. Basnage m'en avoit dit, et s'offrit à me mener saluer Son Altesse qui étoit à sa maison de Onslardic; et ayant pris jour pour cela, je lui dis adieu, très content de sa bonne réception. M. Basnage me fit faire visite chez cet illustre persécuté du roi d'Angleterre, le docteur Burnet, dont l'esprit et la capacité font tant de bruit et lui ont attiré tant d'ennemis (1) : il me reçut fort civilement et me donna des avis dont je me suis très bien trouvé dans la suite. Je fus après voir la marquise de Sommerdick qui, ayant prié M. Basnage de dîner, voulut que j'eusse cet honneur. Je trouvai cette dame d'un très grand mérite, toute pleine d'esprit et de civilité. Elle est fille de M. le marquis Saint-André Montbrun, illustre par sa naissance et par mille belles qualités qui ont rendu sa vie glorieuse (2). Cette digne fille d'un père de cette reputation tient un des premiers rangs à La Haye; et cette bonne mine qu'elle conserve et son air français la rendent très agréable. Elle paraît avoir été d'une grande beauté : toutes ces qualités du corps, jointes à un esprit sublime et engageant, lui attirent les respects et l'estime de tous ceux qui ont l'honneur de la connaitre. J'en reçus beaucoup de civilités qui m'ont engagé à lui rendre mes respects avec assiduité (3). Il serait difficile de dire les honnêtetés de tous les

---

(1) Gilbert Burnet, plus tard évêque de Salisbury. Hostile à la maison des Stuarts, il était entré dans le projet de faire exclure Jacques II du trône. Après l'avénement de celui-ci, en 1685, il avait passé en France, puis en Hollande, où il avait agi ouvertement en faveur du prince d'Orange, dont il devint plus tard le chapelain.

(2) Voir, sur Saint-André Montbrun, la *France protestante*, article *Du Puy-Montbrun* (IV, 465-472).

(3) Voir, sur Madame de Sommerdick et sur son mari, les *Mémoires de Jean Rou*, qui fut gouverneur de leur fils et donne sur eux beaucoup de détails (t. I, p. 157 à 200).

officiers que je trouvois à chaque moment, et combien chacun s'empressa à m'en faire le jour que M. de Torcé m'avoit marqué pour aller à la cour. Je le fus trouver et nous y allâmes dans son carrosse. Quoiqu'il y fut très bien et fort considéré du prince, il ne voulut pas m'y présenter, mais il me mena à M. le marquis de Montpouillan, qui voulut bien me faire cet honneur. Je fus reçu obligeamment de ce seigneur, qui tient un grand rang dans cette cour. Il est de la maison de La Force et possède de grands emplois. Après lui avoir fait ma cour, M. de Torcé me présenta à M. de Beinteim, favori de Son Altesse et le seigneur de la cour le plus accrédité (1). Il me fit l'honneur de me féliciter sur mon heureuse arrivée : il s'informa si je n'avois pas eu beaucoup de peine à venir et si je ne serois point estropié de ma blessure. Il m'assura de ses services; et après lui avoir rendu mes respects, nous fûmes au lever de Son Altesse, où M. le marquis de Montpouillan se trouva. Il lui dit que j'étois dans l'antichambre et il nous vint retrouver pour me dire que Son Altesse se souvenoit de mon nom, et qu'elle lui avoit dit que j'étois neveu de cet officier qui avoit si longtemps servi l'Etat et qui avoit reçu la plus grande blessure qu'homme pût jamais recevoir sans mourir, et qu'il lui avoit dit cette particularité que c'étoit lui qui avoit amené Sandouville en Hollande. Bref, il m'assura que ce grand prince, qui savoit ce qui m'étoit arrivé, avoit marqué de la bonté pour moi, et qu'il ne doutoit pas que je n'en fusse bien reçu. Et en effet, comme j'eus l'honneur de le saluer et de lui faire mon compliment, il me fit l'honneur de me dire qu'il me serviroit. Je fus très content de cette bonne réception, et j'espérai de trouver de quoi subsister dans la libéralité que l'Etat faisoit aux officiers, en faisant revivre le peu que j'avois de vieux services. Cependant M. de Torcé doutoit que, n'ayant pas de commission de capitaine à produire devant

---

(1) Bentheim, probablement Bentinck, depuis lord Portland.

MM. les commissaires, je pusse obtenir qu'une pension de lieutenant réformé. En effet, je n'en avois point, et feu M. de Longueville ne les avoit point délivrées aux capitaines de ses régiments, les ayant gardées par-devers lui. Ainsi je n'avois eu qu'un acte particulier de M. de Royville et le consentement verbal de feu M. de Longueville, en vertu duquel je m'étois mis en possession de ladite compagnie. Cet acte a été sans doute perdu lors de mon feu de La Fontelaye, et je n'avois que des certificats que j'avois retrouvés en un lieu d'où j'avois sauvé des écritures, qui étoient, l'un de lieutenant, et l'autre de cornette. Cela ne suffisoit pas selon M. de Torcé : cependant il me mena chez M. de Vésian, secrétaire de M. d'Auverquerques, lequel recevoit les noms des officiers. Je me fis mettre sur son registre sur le pied de capitaine de cavalerie. M. de Torcé me fit ensuite saluer MM. les commissaires, qui étoient MM. le marquis de Montpouillan, d'Auverquerques et le président d'Aufègue. Ce dernier avoit été des amis de feu mon oncle et de M. de Sandouville. M. de Torcé leur parla à tous fortement de mes intérêts, et j'en fus très bien reçu.

Le temps approchoit pour l'examen, je craignois que l'on ne m'accordât pas ce que je souhaitois; car, quoique je ne fusse pas venu en Hollande en vue de faire ma fortune, mais uniquement pour chercher la liberté de ma conscience, et faire ma réparation de la signature que j'avois été assez malheureux de donner (dont je m'acquittai en présence de tous les ministres et anciens de l'Eglise de La Haye) (1), cependant, puisque je pouvois jouir des avantages que Dieu me présentoit, il n'étoit pas juste de les négliger. Je ne pouvois consentir à n'être mis que sur le pied de lieutenant, après avoir été en possession d'une compagnie : je fus conseillé de faire venir un certificat de cette vérité ; j'en écrivis aussitôt à

---

(1) C'est le 29 juin 1687 qu'il fit cette déclaration publique; son nom figure à cette date sur les registres de l'Eglise wallonne de La Haye.

MM. de La Voûte et Dumont en Zélande, mais on examina, premier qu'ils m'eussent fait réponse. On commença par les officiers de cavalerie, et mon tour étant venu, je produisis les pièces dont j'étois saisi et la commission de feu mon oncle. Les commissaires me dirent de présenter un mémoire à Son Altesse Royale par lequel je lui expliquerois mes raisons; ce que j'avois déjà prévu et avois dressé. Je pris la liberté de le leur montrer; le sieur de Vésian en fit la lecture : ils le trouvèrent et fort respectueux et bien tourné, mais un peu trop étendu, de manière qu'ils me conseillèrent de le réformer si je voulois que le prince se donnât la peine de le lire : ce que je fis, réduisant en peu de lignes mon placet. Il fallut retourner à Onslardic où je lui donnai en le suppliant de vouloir jeter les yeux dessus. Il me dit très obligeamment qu'il le verroit. Lors M. de Torcé, qui avoit eu encore la bonté de m'accompagner, et moi, nous nous en revînmes en diligence. Entre temps, les certificats de mes amis arrivèrent, mais je ne les produisis que pour m'acquitter de la parole que j'avois donnée d'en faire venir, car je fus reçu premier avec tout l'agrément possible de MM. les examinateurs, auxquels M. le marquis de Montpouillan répéta par plusieurs fois que Son Altesse prenoit intérêt à ce qui me touchoit. M. de Torcé et sa famille m'en félicitèrent, et moi je lui en témoignai ma reconnaissance de s'être employé pour moi avec tant de chaleur et avec succès. Il m'assura que M. le prince avoit tout fait pour moi, mais que cependant il m'assuroit que j'avois en sa personne un ami fidèle.

Il est aisé de concevoir la joie de mon cœur de trouver en arrivant un moyen de subsister et des protecteurs contre mes persécuteurs. J'en louai Dieu du meilleur de mon cœur et lui en rendis mes très humbles actions de grâces. Nous nous trouvâmes plus de soixante officiers à cette promotion dont la plupart attendoient depuis longtemps. Il ne se trouva de notre province, c'est-à-dire de notre pays, que MM. du Petit-Bosc,

Bétencourt et Sailly, son frère, et moi : nous prêtâmes tous serment de fidélité au Conseil d'Etat, ce que je fis de toute mon âme, après quoi on nous délivra nos actes. Les capitaines sortant actuellement du service furent à sept cents livres de pension, et les autres comme réformés à cinq cent vingt livres, et l'on réduisit tous les officiers des deux promotions précédentes aux mêmes gages à peu près pour trouver le fonds qu'il falloit pour nous. Quoique nous n'eussions été reçus qu'au mois de juillet, on nous paya du 19 juin : on distribua les ordres pour les garnisons et chacun se sépara. M. de Montcornet, que j'oubliois à nommer, s'en alla à Maëstricht joindre son fils qui y étoit établi. Je demandai à rester à La Haye pour ne pas m'éloigner de M. de Torcé et pour être plus à portée de recevoir des nouvelles de ma famille. M. le président d'Aufègue me fit porteur de l'ordre de Son Altesse qui contient le nom des officiers qui y restoient en garnison, lequel je garde avec mon acte.

La joie de cet établissement me touchoit jusques au cœur, mais elle ne pouvoit effacer de mon souvenir le cruel désordre de ma famille. Je faisois prier Dieu pour elle en plusieurs lieux pour détourner les maux dont elle étoit accablée. Les lettres que je recevois chaque semaine de mon épouse et de mes enfants me confirmoient l'excès de leurs peines et la dureté que l'on avoit pour nos prisonniers et prisonnières, et les procédures violentes que l'on faisoit contre moi. Le procureur du roi d'Arques, nommé Avisse, avoit fait saisir mes meubles, comme j'ai dit, et pour les provisions des blessés ; on les fit vendre argent comptant et le tout à si vil prix que quoique j'en eusse pour plus de 8,000 livres, le tout cependant ne fut vendu que 6 à 700 écus. Mon fils de La Fontelaye et mon gendre de Sainte-Foy enchérirent le tout à peu près, et profitèrent de ce bon marché et de mon désordre. J'aurois eu de la joie que cela eût tombé en leurs mains, s'ils en eussent bien usé avec mon épouse et avec moi ; mais ni eux ni mes filles aînées à marier qui avoient aussi renchéri à ma vendue, ne lui voulurent rien relâcher; et si Avisse ne lui eût donné sa chambre à bon marché, elle eût été contrainte de chercher de quoi se coucher. La passion extrême qu'elle avoit de me joindre lui avoit donné une indifférence entière pour tous ces bons marchés de mes meubles, elle ne s'en vouloit point charger; mais elle éprouva qu'elle avoit très mal fait de n'avoir pas profité de l'occasion : elle tenta de s'embarquer et fut quelque temps cachée chez le sieur d'Alinquanmel (*sic*) à Appreville, près de Dieppe, avec quatre de mes enfants, deux à elle, Judith-Julie et son fils, et deux de mon second mariage, Babet et Marianne : mais n'ayant pu le faire, ses enfants étant tombés malades de la rougeole, comme elle étoit prête d'accoucher, elle fut contrainte de venir à Royville où ayant été prise de mal elle ne put aller au Bostaquet, si bien qu'elle fit ses couches chez Madame de Béquigny qui lui rendit tous les bons offices qu'elle put. M. de Béquigny, qui n'ayant pas voulu suivre mon exemple étoit retourné à son régiment, avoit fortement recommandé aux soins de son épouse la mienne : il m'en avoit assuré par ses lettres, cela me consoloit. Mais lorsqu'elle fut relevée, et que pour changer d'air et remettre de quelques accès de fièvre qu'elle avoit eus après sa couche, elle revint au Bostaquet, se trouvant dénuée de toutes choses et rencontrant des esprits mal disposés à la secourir dans sa nécessité et des cœurs remplis de dureté et d'ingratitude pour elle et pour moi, alors elle reconnut sa faute et toutes ses lettres furent remplies des plaintes qu'elle me faisoit de mes enfants. Je ressentis, je l'avoue, avec une douleur cruelle le peu de respect qu'ils avoient pour elle et leur dureté : je leur en fis des reproches dont ils tâchèrent à se justifier. Ce brouille domestique de ma famille, qui dans sa calamité devoit être plus unie que jamais, m'accabloit d'ennuis et ne me donnoit aucun repos. Je ne trouvai de la consolation qu'avec M. de Torcé et Mademoiselle de Vandrave, sa belle-fille, lesquels entroient dans mes intérêts et tâchoient d'adoucir l'amertume de mes ennuis par mille marques de bonté et de tendresse. Je les voyois à chaque moment, et je peux dire que sans ce secours j'aurois succombé à mon chagrin. J'ai ressenti dans cette fatale année de 1687 une continuation de malheurs presque infinis, et Dieu m'y a fait passer par des épreuves terribles. Ce n'étoit pas assez que mes maux du côté de la France, il falloit que j'en ressentisse en ces provinces. Je n'y fus pas longtemps sans perdre Madame de La Rive : je l'avois laissée malade à Rotterdam d'un flux dont elle souffroit depuis plusieurs semaines ; elle n'y put trouver de remède, il l'emporta. M. Basnage m'en donna avis trop tard, je ne sus l'extrémité de son mal que lorsqu'elle fut morte et ne pus même être assez à temps pour lui rendre les derniers devoirs, dont j'eus beaucoup de déplaisir. Je l'honorois extrêmement et j'avois eu en toutes rencontres lieu de me louer de ses bontés tant pour moi que pour les miens ; et quoiqu'elle n'eût été que belle-mère de ma première femme, elle l'avoit aimée comme sa fille et avoit continué cette amitié à ses enfants, et non-seulement à elle et à eux, mais même mes deux autres femmes et leurs enfants avoient reçu toujours des marques de ses bonnes intentions pour tout ce qui me touchoit, de manière que perdant dans ces lieux une personne sur qui je faisois beaucoup fonds, je souffris cette perte impatiemment et cela redoubla mes déplaisirs.

Les lettres de mon épouse m'annonçoient chaque ordinaire quelque chagrin nouveau. La mort de ma petite Fanchon fut suivie de près de celle de Marianne : la perte de ces deux enfants me toucha sensiblement, et quoique je louasse Dieu de les avoir prises à lui dans le temps de leur innocence, cela m'affligea amèrement. Je crus que les trois autres les suivroient de près, et déjà Du Mesnil avec sa belle-mère, Madame de Béviller, partageoient leur succession. Je les avois tous sus malades ; mais ils me mandèrent leur guérison, dont j'eus bien de la joie, et j'espère que Dieu les conservera.

Cependant les poursuites que l'on faisoit contre moi et contre les autres se poussoient avec grande chaleur : les prisonniers étoient gardés étroitement, Reinfreville au château, et ma sœur et sa fille dans la guérite ; pour ma mère, elle étoit chez Laverdure, *au Chariot*, et avoit la liberté de voir ses amis. Mon beau-frère de Béquigny étoit compris au procès et crié à ban comme moi : cela lui avoit pensé faire prendre le parti de me venir joindre, mais son colonel, M. d'Houdetot, ayant tiré parole de M. de Bulonde, leur général, d'en écrire au marquis de Louvois, ils l'obligèrent à rester au régiment; et lui, de son côté, crut leur faire sa cour en m'écrivant de retourner en France. Pour cet effet, il tâcha à me toucher par mon endroit sensible, qui étoit l'état déplorable où étoit ma famille, laquelle par mon retour je tirerois d'oppression; qu'il me conseilloit d'en écrire à M. le marquis de Seignelay pour demander ma grâce au roi, que M. d'Houdetot m'offroit de lui donner ma lettre et d'appuyer de son crédit ma demande. On me pressoit même, dans ma famille, de faire agir M. le comte d'Avaux pour ce même dessein. Le bruit s'étant répandu dans le pays que j'étois très bien avec lui et que je le voyois souvent, j'écrivis fortement aux uns et aux autres que je n'achèterois jamais aux dépens de ma conscience leur liberté et mon retour, que je ne croyois point avoir rien fait contre le roi de criminel pour lui en demander grâce, mais bien à Dieu de qui je l'attendois dans ces heureuses provinces où il m'avoit conduit pour l'expiation des péchés que j'avois commis en France; que je les exhortois à souffrir patiemment leurs fers, qui leur donnoient lieu de se relever de leurs chutes et de glorifier Dieu en leurs corps et en leurs esprits; que je les prioiś de croire que je n'avois ni ne voulois avoir aucun commerce avec l'ambassadeur, et que tout ce que mon voisin Saint-Mars en avoit dit n'étoient que des contes faux. Je les pressois tous qui étoient en liberté de me venir trouver, que je leur tendois les bras pour les recevoir; et je faisois voir à Béquigny son tort de ne m'avoir pas suivi.

Mais comme leurs sollicitations à mon égard ont été inutiles, les miennes ne leur ont pu persuader de m'imiter. Les temps des criées à ban expirés, j'appris que l'on avoit transféré les prisonniers dans la prison de la ville. Cela leur donna de la consolation de se voir rassemblés; et j'eus celle d'apprendre que ma mère, ma sœur, sa fille et mon gendre avoient résisté fortement à toutes les tentations auxquelles on les avoit exposés, et qu'ils s'étoient relevés de leurs signatures hautement; que M. de Brou, notre intendant, étoit touché de leurs souffrances et surtout de celles de ma mère, et qu'il entroit avec bien de la générosité dans les intérêts de mon épouse à qui il avoit accordé quelque provision pour sa subsistance; que M. de Beuvron et lui étoient bien intentionnés pour nous, mais que n'en étant pas les maîtres ils ne pouvoient que d'exécuter les ordres de la cour, lesquels ils attendoient de jour en jour (1). On confronta le coquin de Vertot avec nos prisonniers, qui le couvrirent de honte et d'infamie, et firent connaître à l'intendant que son but n'avoit été que de nous voler, quoique le fripon de Tierceville, qui sans doute partageoit le butin avec lui, le voulût justifier par l'ordre qu'il disoit lui avoir donné de veiller à la garde de la côte. Après donc bien des procédures faites à Dieppe et un nombre infini presque de témoins examinés, le roi ordonna que le tout seroit porté au siége présidial de Caudebec, et que ma mère et les autres y seroient conduits en prison, ce que l'on exécuta, et M. d'Heusecourt, à qui on avoit redonné sa fille, fut obligé à lui mener pour être présente au jugement.

Je ne fus pas longtemps sans savoir ce changement; ma mère

---

(1) La correspondance de l'intendant Feydeau de Brou avec le marquis de Châteauneuf confirme ces bonnes intentions. (Voir à l'Appendice.)

et ma sœur m'en donnèrent avis avec des marques d'une joie extrême d'avoir été réunies. Comme Caudebec est dans le voisinage de Lintot, lieu natal de ma mère, Mesdames de Montval, Beusevillette et de Saint-Aubin, cousine-germaine de ma première femme, leur firent aussitôt visite dans la prison, et tous nos amis les y furent voir et par leurs soins obligeants tâchèrent à diminuer leurs peines. Elles attendirent longtemps leur jugement, et l'intendant le reçut de la Cour sans le prononcer.

Cependant le bruit courut partout de ce que le roi avoit décidé contre nous : mes amis et mon fils aîné me mandèrent que j'étois condamné à avoir le cou coupé, et mon gendre aux galères pour trois ans, et les femmes rasées et à être mises dans le couvent à perpétuité. Cette nouvelle se débita à La Haye et l'on me la cachoit de peur de me chagriner : mais comme on me l'avoit mandée, je n'en fus point ému et n'en fis point de mystère lorsque l'on m'en parla. Enfin, après que l'intendant eut tenu plusieurs semaines les prisonniers dans l'incertitude de leur destinée, que l'on les eût fait comparoître plusieurs fois devant les juges et sollicités à obéir au roi en allant à la messe, et que moyennant cela on les délivreroit, voyant que ni la peur des supplices ni les promesses ne pouvoient en rien ébranler leur constance, on leur lut leur arrêt, qui se trouva conforme à ce que l'on en avoit dit, hors que Béquigny et moi nous étions condamnés aux galères à perpétuité. On ne nous voulut pas faire l'honneur de nous condamner à perdre la tête ; on suivit la déclaration du roi contre ceux qui sont pris en sortant le royaume ; et comme dans le procès personne ne se rendit partie ni pour les morts ni pour les blessés, on ne nous condamna point à la mort, mais à cet infâme supplice et à de grosses amendes. Mademoiselle d'Augeville ne put supporter l'horreur de la prison, ni la crainte du couvent ; elle s'abandonna au chagrin, et la fièvre l'ayant prise, elle mourut dans ce triste séjour.

L'intendant refusa à Madame d'Heusecourt, sa mère, la liberté de la faire sortir de prison pour la faire traiter ; et n'ayant pu obtenir cette grâce, elle abandonna sa fille prête à expirer, ne voulant pas que l'on lui imputât la fermeté avec laquelle elle refusa d'adhérer à la superstition romaine. Ainsi périt cette innocente victime entre les mains de ses bourreaux : elle mourut avec beaucoup de constance et de résignation aux volontés de Dieu et édifia tous les prisonniers par sa mort.

Les condamnés reçurent avec fermeté leur arrêt et glorifièrent Dieu d'avoir été rendus dignes de souffrir opprobre pour son nom ; et ma mère m'en écrivit en des termes très consolants. L'intendant n'avoit prononcé cette dure sentence qu'avec regret, et tâchant de la faire adoucir, en avoit écrit à la cour ; et en effet il y réussit, on donna la liberté à ma mère dont le grand âge attiroit la compassion de tout le monde. M. de Francmanoir, gentilhomme papiste, la cautionna avec mon fils et furent garants de son séjour dans le royaume. On conduisit dans le couvent des Nouvelles-Catholiques de Rouen ma sœur et sa fille (1) ; et après avoir gardé encore quelque temps Reinfreville dans la prison, on lui donna la liberté et sa grâce moyennant quelque prise de catholicisme. Cette sentence inique m'affligea pour ma sœur et ne

---

(1) On trouve le nom de la demoiselle d'Hérondeville dans la liste des personnes enfermées au mois de janvier 1692 au couvent des Nouvelles-Catholiques de Rouen. A côté de son nom se lit l'annotation suivante : « Mademoiselle d'Hérondeville de Basse-Normandie, qui est encore de la religion P. R., a été mise en ladite maison par arrêt de la cour, il y a quatre ans, et ne donne aucune espérance de conversion. » (*Archives de la Seine-Inférieure. Liasses des Nouvelles-Catholiques.*)

Voici ce qu'en écrivait l'intendant de Rouen : « La demoiselle Morel d'Hérondeville est depuis quelques années dans la maison des Nouvelles-Catholiques de Rouen ; on désespère de la convertir et la supérieure consent à la laisser partir ; elle avoit été arrêtée sortant du royaume ; son père s'appeloit Gabriel d'Hérondeville, escuyer, et étoit de la paroisse d'Ecardonville, dont il est seigneur. » (*Archives de l'Empire*. M. 671.)

me toucha point personnellement, et ne me croyant en rien coupable devant Dieu ni devant les hommes, je regardai cette injustice comme une marque glorieuse de ma fidélité pour la religion. J'écrivis avec empressement pour que l'on m'envoyât copie de cette sentence pour la faire voir en tous lieux, ce que je n'ai pu obtenir jusques à présent (1).

Aussitôt la prononciation de la sentence, je sus que l'on étoit venu pour saisir chez moi à cause des amendes; mais comme tout y avoit été vendu, ne trouvant rien, les huissiers perdirent leurs pas. Mon épouse reçut avec joie ma mère, et tâcha de lui subvenir du peu dont elle étoit saisie; mais comme son but étoit de me venir trouver, elle se disposoit à faire un voyage de Picardie pour mettre ordre à ses affaires. Elle m'avoit envoyé d'avance sa petite Judith-Julie; je la reçus comme par miracle, et je peux dire que j'ai peu senti en ma vie de joie plus parfaite que la possession de cette enfant que je croyois perdue. Sa mère, pour me la pouvoir envoyer plus sûrement, l'avoit mise à Dieppe, chez Madame Ferment, laquelle après plusieurs efforts faits pour son embarquement, sans y avoir pu réussir, enfin avoit trouvé une occasion favorable, et moyennant les soins obligeants de Madame du Bourgay, on l'avoit descendue par-dessus la muraille de la ville et mise entre les mains d'une femme dans le vaisseau; et cela s'étoit fait avec tant de précipitation que l'on n'avoit pu dire à cette femme, nommée Marie Lamisse, à qui il falloit l'adresser en Hollande. Le matelot lui dit d'en avoir soin et lui mit un louis d'or en main et l'enfant. On sortit du port en diligence, et ils mirent à la voile en intention de venir à Rotterdam; mais à peine furent-ils en mer que la tempête les chassa en Angleterre avec une violence extrême, de manière que tous ceux qui étoient dans le vaisseau se crurent perdus; mais Dieu les réservoit à d'autres épreuves et les fit

---

(1) Voir à l'Appendice le texte de l'arrêt.

arriver heureusement à Larie (*sic*). Madame du Bourgay me manda l'embarquement de ma fille; mais comme je vis que les tempêtes étoient terribles et que je n'en entendois point parler, je la fis recommander aux prières de l'Eglise et je me sentis frappé d'un cruel chagrin : mais enfin Dieu exauça ma requête et préserva le vaisseau de naufrage. Après s'être remis en mer pour continuer sa route en Hollande, la tempête l'avoit rejeté deux fois aux côtes d'Angleterre, et chacun, croyant que ce fût sa dernière heure, s'étoit dit un dernier adieu. Cette pauvre petite, insensible à ce péril et se portant bien, se faisoit admirer par sa patience. Le ciel eut pitié de cette petite créature et voulut qu'après avoir tenté jusques à sept fois à pouvoir s'embarquer, enfin elle arrivât en sûreté.

Le vaisseau fut porté à Flessingue, où M. Dumont la reçut humainement et la garda quelques jours pour la refaire du travail de la mer. La femme qui en avoit eu soin dans le vaisseau resta avec elle, et le reste des passagers arriva heureusement à Rotterdam. Quelques femmes de Dieppe, qui avoient vu mon enfant, publièrent son arrivée : ce que M. Basnage ayant su, il me le manda en diligence pour me tirer de la peine dans laquelle il savoit que j'étois. Je reçus cette agréable nouvelle comme je revenois du lever du prince, et sans achever de lire ma lettre je courus à la barque de Delft, et près d'y arriver je voulus revoir ce que me mandoit M. Basnage, lequel me mettoit en apostille que ma fille étoit à Flessingue. Ce retardement à ma joie me fit quelque peine, mais n'empêcha pas que je ne continuasse mon voyage, résolu de l'attendre à Rotterdam, ce que je fis. Je fus voir plusieurs des passagers qui me contèrent les périls extrêmes où ils avoient été exposés, et comme ils avoient été tous très malades, peu avoient eu connaissance que ma fille eût passé avec eux. Mademoiselle Cardel ne l'avoit point su, ni même un médecin que je croyois plus capable de m'en instruire : cependant une femme m'assura l'avoir laissée entre les mains de M. Dumont, et me dit les prières ardentes que cet enfant faisoit pendant qu'elles pleuroient toutes; elle m'en dit bien du bien. Cela augmentoit mon impatience, et toutes les barques qui venoient de Zélande attiroient ma curiosité. Je passai cinq jours dans cette inquiétude que je tâchois d'adoucir par les visites de mes amis et amies. Enfin, après avoir attendu tout ce temps, comme j'étois le soir sur la tête du port à attendre la dernière barque, celle de Flessingue arriva, et comme elle fut entrée je remarquai une femme que je crus de Dieppe à sa coiffure, et même j'avois vu paraître un enfant : lors m'étant avancé je demandai s'il n'y avoit pas une petite fille de M. Bostaquet, et aussitôt on me la montra. Jamais joie n'a été plus grande que celle que nous ressentimes; ma fille vouloit se jeter à moi qu'elle reconnut tout à l'heure. Je la fus recevoir et je l'embrassai avec plaisir : tous mes amis de Rotterdam la voulurent voir et m'en félicitèrent. Après quoi je m'embarquai pour La Haye où l'arrivée de ma fille obligea tous mes amis à m'en féliciter. Je la menai en arrivant chez M. de Torcé, dont elle reçut beaucoup de caresses et de Mademoiselle sa belle-fille. Ils me la demandèrent obligeamment pour en avoir soin et pour me décharger de cette peine; mais ne voulant pas abuser de leurs honnêtetés, je leur en fis mes très humbles remercîments, et Mademoiselle de Grosménil et moi nous résolûmes de la mettre en pension, ce que je fis. Cependant elle n'y resta pas, M. de Torcé et Mademoiselle de Vandrave voulurent absolument s'en rendre les maîtres, de manière qu'il fut résolu qu'elle passeroit le jour dans leur maison et la nuit chez moi. Ce traité étoit trop avantageux pour elle et pour moi pour ne le pas prendre, et il a été exécuté fort exactement jusques à l'arrivée de mon épouse, et cette généreuse demoiselle en a pris tous les soins d'une vraie mère.

Cette petite fille me donna de la consolation et remit quelque joie dans mon cœur, mais il n'étoit pas possible que cette année, si fertile en événements fâcheux pour moi, s'achevât sans quelque coup sensible ; et cela arriva en effet par la mort du sieur de La Motte L'Alie. Il étoit en garnison à Bréda, il m'avoit écrit fort obligeamment lors de mon arrivée et marqué beaucoup d'empressement de venir me voir. Cependant il n'avoit pu exécuter son dessein, s'étant trouvé mal ; mais lorsqu'il eut recouvert sa santé et que Son Altesse fût de retour de Loo, il se rendit à La Haye J'eus beaucoup de joie de le voir et nous renouvelâmes notre ancienne amitié par une étroite liaison que nous eûmes ensemble : il se logea avec moi et nous mangions en même auberge, *au Réfugié*. Comme nous étions de même pays et qu'il y avoit eu de l'alliance entre nous, une fille de ma maison étant entrée dans la sienne il y avoit longtemps, et sa mère étant parente de la mienne quoique éloignée, cela avoit entretenu beaucoup d'amitié dans nos familles. Les pays étrangers sont des engagements très forts à se tenir étroitement liés les uns aux autres lorsque l'on s'y rencontre de connaissance et que d'ailleurs on est ami et parent. Ainsi nous vivions M. de La Motte et moi fort agréablement : il avoit de l'esprit, de l'honneur et beaucoup de piété, il m'étoit très fort en consolation, nous faisions nos visites ensemble et nous étions presque inséparables, lorsque la mort vint rompre cette belle union. Quoique mon ami La Motte eût du mérite, il avoit le malheur d'être prévenu par trop en sa faveur, et ne se croyant pas assez récompensé de la fortune, il en prenoit souvent un air chagrin qui le faisoit paraître méprisant, de manière qu'il ne plaisoit pas à tout le monde ; que s'il avoit ce malheur, lui de son côté ne goûtoit pas tous les esprits et se prenoit aisément d'aversion pour les gens qui ne lui plaisoient pas. Cependant, malgré tout cela, il se faisoit des amis de tous ceux à qui il vouloit plaire et surtout du beau sexe dont il avoit le don de se faire aimer. Comme notre amitié étoit sincère et qu'il avoit beaucoup d'égards pour moi, je lui faisois la guerre fort librement des choses qu'il faisoit et que je n'approuvois pas, sans que jamais il s'en soit fâché : surtout je ne pouvois souffrir une antipathie que je lui voyois avoir pour plusieurs gens et entre autres pour des messieurs de Paris qui mangeoient dans notre même auberge : leurs airs ne lui pouvoient plaire, et souvent je lui en avois fait reproche et conseillé de changer plutôt de compagnie que de s'exposer à quelque rupture scandaleuse avec celle avec qui nous mangions. Mais comme on ne peut fuir sa destinée, il arriva que le 15 de décembre de cette année si malheureuse pour moi, en dinant *au Réfugié*, un capitaine de Picardie qui étoit de notre auberge dit du bien d'un capitaine du régiment Boulonnois, lequel étoit resté en France et qui se nommoit Casaubon. Le sieur de La Godinière, qui s'étoit mis sur les louanges de cet officier, avoit adressé la parole au sieur de Dampierre-Monginot, capitaine du régiment du Maine, sur ce que ledit Casaubon s'étoit trouvé lorsque le marquis de Varennes voulant sortir du royaume avoit été chargé par des troupes malgré lesquelles il avoit passé, mais où ledit Dampierre qui étoit de sa troupe avoit été pris et conduit à la Bastille où il avoit été contraint de signer son abjuration pour obtenir sa liberté. Quoique Casaubon pût avoir du mérite, Dampierre ne put souffrir que La Godinière en dît du bien sans le contrarier. Il aimoit naturellement beaucoup à parler, et il dit maintes choses dures contre la bravoure de Casaubon. La Godinière, sage, ne voulut pas le brusquer, mais se contenta de lui dire doucement que sans doute il ne connaissoit pas cet officier dont les longs services et les blessures le rendoient digne d'une grande distinction. Cela n'arrêta point ce jeune homme, il poussa sans discontinuer sa pointe. Lors La Motte, qui n'avoit pas ouvert la bouche dans tout le repas pour parler, ne pouvant souffrir plus longtemps les invectives de Dampierre, lui dit d'un air aigre que Casaubon étoit un brave et honnête homme et que tel le méprisoit qui ne le valoit pas. Ce discours dur lui imposa silence : alors il dit assez bas que sans doute il ne savoit pas bien l'histoire qu'il en avoit voulu faire. La conversation finit là-dessus et le repas, après quoi chacun se sépara, La Motte de son côté et moi du mien. Je voyois assez de quelle conséquence étoit ce discours, mais comme j'étois absolument à La Motte je crus n'en devoir pas faire de bruit de peur que si le sieur de Dampierre s'en sentoit offensé, cela ne fit tort à mon ami, ou que le voulant bien passer sous silence, cela ne lui donnât envie de faire du bruit. Ainsi ce jour s'écoula sans qu'il parût que cela eût chagriné Dampierre : ils dinèrent le lendemain ensemble à l'ordinaire, je n'y fus point ce jour-là. Le soir La Motte me le reprocha et en badinant me dit que Dampierre avoit été fort sage en dinant et qu'il avoit fait peu de contes. Je lui dis que je l'admirois de vouloir empêcher les gens de parler, que pour moi cela m'étoit indifférent, que je ne me voulois point ériger en censeur, que je lui conseillois d'en faire de même, et que, moyennant que l'on ne nous dît personnellement rien d'offensant, nous ne devions point nous faire d'affaires dans l'Etat ou nous étions, où la qualité de réfugié nous engageoit à une conduite sage et pleine de complaisance les uns pour les autres. Là-dessus il me dit que cet homme lui déplaisoit et que pour un rien il le brutaliseroit. Lors je ne pus lui laisser passer cela sans lui représenter que ce seroit vouloir faire le brutal que de quereller un homme de gaieté de cœur. Cela finit, et nous nous en allâmes au cercle de Madame la princesse. Le soir, au retour, nous fîmes nos prières ensemble comme à l'ordinaire : je lui demandai, premier que de nous séparer, s'il ne vouloit pas le lendemain venir au lever de M. le prince. Il me dit que non et qu'il prétendoit dormir la grasse matinée : là-dessus il s'alla coucher. Ce jour-là Dampierre, à qui le discours de La Motte avoit blessé le cœur, étant dans la chambre du sieur de La Croix, capitaine du régiment d'Enghien (1), avec les sieurs de Masclary, gendre, et

---

(1) Dans un registre des prisonniers de la Bastille, conservé à la Bibliothèque de la ville de Paris (Ms. 141, gr. in-fol.), nous trouvons cette mention : « Le sieur

de L'Hermitage, il leur marqua son chagrin et dit qu'il vouloit savoir par quelle raison La Motte lui avoit parlé si durement. Ces messieurs lui conseillèrent de n'y pas penser et que sans doute cela s'étoit dit sans dessein de l'offenser, et tous s'offrirent d'en parler à La Motte. Pour cet effet ils se demandèrent où nous logions, mais ne l'ayant point trouvé, la chose en demeura là pour lors : cependant cela eut une suite très fâcheuse, car soit que ledit La Croix eût commission de faire une demande de satisfaction à La Motte ou qu'il voulût faire le conciliateur, comme il l'a protesté depuis, il le vint trouver au lit dans le temps que j'étois à la Cour. De vous dire leurs discours, n'y ayant pas eu de témoins, cela ne se peut ; mais La Croix a dit que comme il lui parla en ami du discours offensant qu'il avoit tenu à Dampierre, et cela en des termes d'un ami commun et qui ne cherchoit qu'à les concilier, La Motte prenant son discours pour un éclaircissement lui auroit dit tant de choses outrageantes qu'elles l'auroient obligé à tirer l'épée avec lui.

Après le lever de Son Altesse je revins à ma chambre ; et comme j'y eus été quelque temps, j'eus quelque affaire qui m'obligea à descendre en bas : la chambre de La Motte étoit à mon passage, et croyant qu'il avoit assez dormi j'en ouvris la porte. La Croix se présenta à moi comme pour sortir ; je m'arrêtai dans l'escalier et le laissai descendre, il étoit de nos amis et nous faisoit assez souvent visite : je n'en pris aucun soupçon, nous nous donnâmes la main au bas de l'escalier, et croyant que puisqu'il me voyoit il monteroit à ma chambre, je lui demandai s'il sortoit ou non. Il me dit : Je monte. Je le quittai là-dessus pour quelque besoin pressant, et le croyant dans ma chambre j'y montai droit sans m'arrêter ; mais ne le voyant pas, je crus qu'il attendoit La Motte pour me venir joindre, lequel ne manquoit point tous les matins à s'y trouver.

De la Croix, capitaine dans le régiment d'infanterie d'Enghien ; entré le 13 mars 1686 ; sorti le 3 juin 1686. »

En rentrant je trouvai ma fille qui écrivoit à sa mère, je m'amusai à la regarder faire ; mais à son tour ayant descendu et en remontant l'escalier j'entendis La Croix qui lui disoit bonjour et qui lui demandoit en la caressant comme elle se portoit. Elle entra ensuite et me dit que son cousin La Motte étoit dans sa chambre : je lui demandai s'il étoit levé, elle me dit qu'il s'habilloit. Cependant qu'elle étoit descendue, j'avois continué à écrire une lettre à mon épouse, qui étoit commencée il y avoit plusieurs jours. Mais ma surprise fut extrème : lorsque j'étois dans l'attente de voir mon ami venir dans ma chambre, un capitaine de cavalerie nommé Saint-Cyr y entra tout effrayé et me dit avec des exclamations fort tristes que La Motte étoit mort. Cette nouvelle surprenante me pensa faire tomber à la renverse : je ne pouvois le croire et ne pouvois savoir de lui qui l'avoit tué. Il me dit qu'il nous falloit enlever le corps et qu'il étoit dans le bois. Je m'habillai en toute diligence et je courus faire part à M. de Torcé de ce malheur. Il me conseilla de prendre un carrosse promptement et d'emporter le corps. Lors Saint-Cyr et moi nous en cherchâmes en plusieurs endroits, et comme nous en faisions atteler un, je vis MM. du Petit-Bosc et Sailly, et voulant demander l'avis du premier sur cet accident il me dit de laisser le carrosse de peur que le cocher ne nous décelât. Nous le crûmes et nous allâmes au lieu où étoit le corps ; je ne pus voir sans une douleur extrême mon ami mort lorsque je m'y attendois le moins. Nous l'enlevâmes de la place et tâchâmes à le cacher fort avant dans le bois : entre temps, on avoit couru avertir le fiscal ; La Croix, après l'avoir blessé d'un seul coup, dont il le tua, avoit repassé à La Haye et prié Saint-Cyr qui avoit couché avec lui d'y envoyer Rongeat, chirurgien-major des gardes, lequel l'avoit trouvé mort et tombé sur le visage. Il avoit visité sa plaie, tourné sur le dos ; il avoit mis son chapeau sur ses genoux et son épée dans le fourreau : nous le trouvâmes en cette posture. Lorsque nous le transportâmes, notre intention étoit de l'enterrer nous-mêmes; mais nous n'en eûmes pas le temps, le greffier du conseil de guerre arriva avec un carrosse; on trouva le corps et on l'emporta, on le mit chez un huissier. Lorsque je vis la chose découverte je ne revins pas avec les autres, mais je courus chez Madame de Sommerdick pour laquelle le pauvre La Motte avoit une vénération extrême et pour toute sa famille. J'y entrai avec M. de La Melonnière que je rencontrai; il fut très surpris de cette nouvelle, et Madame de Sommerdick en parut touchée. Comme cette mort pouvoit être censée un duel, j'en craignois les suites et je venois réclamer sa faveur pour éviter l'infamie au corps de mon ami : elle promit de s'y employer avec chaleur, et ayant pris congé d'elle je fus chercher avec le baron de Neufville MM. d'Auverquerques et de Montpouillan. Je les trouvai; mais ne sachant pas ni qui avoit tué La Motte, ni de quelle manière la chose s'étoit passée, je ne pouvois en parler pertinemment : son épée trouvée dans le fourreau faisoit croire qu'on l'avoit assassiné. Je n'avois pas pris garde à cela, mais M. du Petit-Bosc l'avoit vu et me l'avoit dit. Cependant comme je ne savois que Dampierre avec qui il eût eu affaire, je croyois que La Croix lui auroit porté parole et qu'ils auroient tiré l'épée deux contre deux, et je croyois Dampierre auteur de sa mort. Je ne pouvois toutefois comprendre qui l'auroit servi, ne croyant pas qu'il en eût pris d'autre que moi qui étois son ami et logé avec lui; mais ces messieurs plus savants que moi et instruits du sieur Morin, beau-père du dit La Croix, m'assurèrent qu'il n'y avoit point eu de supercherie dans cette affaire, laquelle s'étoit passée entre La Croix et lui; que Son Altesse en étoit informée et fort en colère, et qu'on craignoit bien qu'il en fît exemple. Je leur demandai leur faveur pour mon ami mort, à quoi ils consentirent. Morin de son côté avoit intérêt que la chose ne passât pas pour un duel pour pouvoir obtenir la grâce de La Croix. Ainsi les uns et les autres nous travaillâmes de notre mieux pour amoindrir l'affaire : toute la famille dudit La Croix me rechercha et me vint complimenter sur cette mort. MM. Morin, Misson, conseiller au parlement de Paris, Saint-Léger et Jonquières me virent souvent, et nous concertâmes des moyens pour pouvoir faire passer la chose pour rencontre; et pour cet effet, je fis courir le bruit que La Motte, ayant reçu quelques jours auparavant sa mort une lettre de Mademoiselle de Brossard, ma belle-sœur, comme elle étoit fort enjouée, il étoit allé à la Société trouver Mademoiselle de Grosménil, sa sœur, pour s'en divertir ensemble. En effet on l'avoit trouvé saisi de cette lettre qui étoit fort joliment tournée; il l'avoit fait voir au marquis de Maduraut en ma présence, qui l'avoit trouvée spirituellement écrite. Le sieur Morin énonçoit que La Croix lui ayant parlé de le remettre bien avec Dampierre dans le temps qu'il se préparoit pour aller à la Société, il l'y auroit suivi et que La Motte lui auroit dit tant de choses fâcheuses, jusques à le menacer de lui donner de l'épée dans le ventre, qu'enfin ils en seroient venus aux mains. Les informations se poussèrent diligemment, on examina tous ceux qui étoient de notre auberge, je le fus aussi. Après toutes les diligences achevées, l'affaire fut mise au conseil de guerre qui, nous voulant favoriser, ordonna que le corps seroit donné aux parents. J'en eus bien de la consolation, et sans perdre de temps je fis enterrer le corps sans pompe la nuit; et ayant pris deux carrosses et cinq à six capitaines de mes amis, je le fis porter dans l'Eglise-Neuve où il repose en attendant la résurrection. J'en donnai avis à M. d'Imbleville, son parent, et à ses sœurs. M. de Torcé eut la bonté d'avancer l'argent qu'il falloit pour les frais funéraux, dont je le remboursai des deniers de deux mois de ses gages que je touchai du trésorier.

Cette mort, à laquelle on me crut très sensible, m'attira les compliments de tous mes amis. Comme je n'avois d'intérêt qu'à garantir le corps du mort de la rigueur du placard, je ne prétendis pas me rendre partie. La Croix avoit toujours vécu d'une manière fort honnête et fort obligeante avec moi depuis mon arrivée à La Haye; et tout le temps que nous avons mangé ensemble, je ne lui ai jamais rien ouï dire d'offensant ou de désobligeant à personne. Ainsi, persuadé que La Motte s'étoit attiré cette affaire, je ne me suis point opposé à sa grâce, seulement ai-je fait réponse à la requête qu'il a présentée à Son Altesse, où taxant La Motte de mutin et de difficile à vivre, j'ai tâché à justifier sa mémoire de ce reproche en termes les plus forts dont j'aie pu me servir. Cette requête m'avoit été communiquée pour y répondre comme parent, si j'avisois que bien fût; ce que je fis. Après quoi l'affaire ayant passé au conseil de guerre et trouvé rencontre, Son Altesse accorda grâce audit La Croix; après quoi ses parents susdits me demandèrent de leur signer un acte de réconciliation que je leur accordai, et le sieur Morin me pria de trouver bon que La Croix lui-même me vînt demander mon amitié, ce que je n'ai point cru lui devoir refuser. Il me vint donc voir et faire son compliment; il m'en avoit écrit d'avance; nous nous sommes revus sans parler de l'action : je crois avoir fait ce que j'ai dû dans cette affaire pour le mort et pour le vivant. Les meubles du défunt furent saisis par le fiscal et y sont demeurés à la prière du sieur de Vaudemont : je lui ai envoyé une attestation en forme de la mort dudit sieur de La Motte, son beau-frère.

Peu devant la mort du sieur de La Motte j'avois reçu les nouvelles de mon épouse de son voyage de Picardie; elle y fit un assez long séjour, et cherchoit chez ses proches la consolation qu'elle ne pouvoit trouver dans ma famille dont elle avoit été traitée fort durement : elle avoit goûté beaucoup de douceurs chez MM. de Monthuc et de Grosménil, mais cependant elle ne pensoit qu'à me venir joindre. Pour cet effet, elle les quitta dans les jours gras de cette année présente, après avoir pris les précautions qu'elle a pu avec son frère pour mettre à couvert le bien qu'elle a à reprendre tant sur lui que sur la terre de Béquigny : elle lui a signé des quittances, et lui de sa part lui a donné des contre-promesses pour pouvoir rentrer dans ses droits, si jamais la Providence la rappelle, ou ses enfants, en France. Elle revint au Bostaquet en dessein de n'y pas faire de séjour : cette demeure sans moi lui étoit insupportable, tout la faisoit souvenir de ses maux dont les derniers avoient pensé la faire mourir. Une de ses petites filles, nommée Esther, âgée de vingt mois, par la négligence d'une servante qui nous avoit servi longtemps, avoit tombé dans le feu, et après deux mois de souffrances des plus cruelles étoit morte. Les maux de cette pauvre petite m'avoient été mandés et m'avoient donné une douleur sensible : ses longues souffrances avoient retardé son envie de me venir trouver ; mais lorsque Dieu eut retiré à soi cette petite créature, ne voulant plus regarder derrière elle, sans s'arrêter au Bostaquet où elle ne passa que pour dire adieu à ma mère, elle prit congé d'elle, et après bien des regrets de part et d'autre, ayant vu mes enfants, elle se rendit à Royville et le lendemain à Dieppe où Madame de Neufville l'attendoit pour venir de compagnie. Toutes deux y avoient envoyé leurs enfants pour les prendre en passant; elles ne furent que peu de jours sans trouver occasion : le capitaine Laveine, de notre religion, traita avec elles et se chargea de leur embarquement avec promesses de les prendre sur le port; mais ayant été averti que l'on devoit faire une visite exacte de son vaisseau, elles furent conduites la nuit par lui au Pollet (1) où la peur d'être découvertes leur causa de cruelles alarmes. Le sieur de Chaumont, sorti d'une fille de la maison de Vandouville, et par conséquent mon parent fort proche, se trouva caché avec elles sans que dans l'obscurité de la nuit ils se connussent. Enfin, après avoir souffert beaucoup d'incommodités dans le lieu où elles étoient, Laveine les embarqua dans

---

(1) Faubourg de Dieppe.

une grande chaloupe en attendant qu'il pût les venir prendre dans son vaisseau. Lorsqu'ils furent en mer, les matelots jetèrent l'ancre, impatients de la venue du capitaine : la mer étoit très fort agitée, et les dames malades de la maladie ordinaire souhaitoient ardemment que la visite fût achevée ; et ce n'étoit pas sans raison, car plus le jour s'avançoit, plus la tempête augmentoit, de manière que se croyant perdus sans ressource et matelots et passagers adressoient leurs vœux au ciel pour en obtenir leur délivrance. Madame de Neufville offroit ce qu'elle pouvoit pour obliger les matelots à leur mettre pied à terre et conjuroit mon épouse accablée du mal de mer de joindre ses sollicitations ; mais la vie lui étant indifférente, elle ne croyoit pas qu'elle le dût faire, et s'abandonnant absolument à ce que Dieu avoit résolu d'elles, attendoit patiemment ce qui en arriveroit. Le capitaine, de son côté, n'étoit pas sans inquiétude de leur destinée ; et résolu de les sauver ou de périr, aussitôt que son vaisseau eût été visité, il mit à la voile malgré les cris d'un nombre presque infini de monde qui le blâmoient et l'accusoient de témérité : mais lui, sans écouter leurs reproches ni celles des intéressés à son vaisseau, ayant pris des hommes et des chaloupes qui le tirèrent dehors après avoir été rechassé deux fois par la tempête qui de plus en plus devenoit cruelle, nos dames voyoient les efforts de leur libérateur et l'attendoient avec une extrême impatience. Enfin, après avoir bien combattu il les tira de la crainte où elles étoient et les prit dans son vaisseau, où, remises de leurs alarmes, elles sacrifièrent actions de grâces à l'Eternel. Après cela la tempête se calma et le ciel devenu serein leur donna une navigation très heureuse.

Comme j'avois été averti de leur embarquement j'avois eu part de l'inquiétude, et lorsque les beaux jours nous avoient permis d'espérer, M. de Neufville et moi avions été à Rotterdam pour les recevoir ; mais la Cour étant sur son départ nous avoit obligés à revenir. Mais à peine fûmes-nous de retour que l'on nous manda leur arrivée : alors nous courûmes à Rotterdam où je trouvai mon épouse et son fils avec Madame de Neufville et deux de ses enfants. La joie de se revoir après une si longue absence et tant de maux soufferts ne se peut exprimer que par ceux qui ont éprouvé l'un et l'autre. Nous nous y abandonnâmes entièrement, et bénissant Dieu de nous avoir rejoints nous épandîmes nos cœurs en sa présence et lui en fîmes nos très humbles remercîments. Après cela on ne songea plus aux périls de la mer que pour en rire. Après donc que nos dames et leurs enfants se furent reposés et qu'elles eurent reçu les visites de nos amis et amies, et que nous eûmes bien caressé le capitaine Laveine qui nous faisoit un si agréable présent, nous nous rendîmes à La Haye, le 22 de mars 1688.

Il ne fallut plus différer à faire rendre ce que mon épouse devoit à M. de Torcé et à sa famille. Les obligations que nous leur avons sont d'une nature à exiger de nous ce que l'on doit à de véritables et généreux parents et amis avec toute l'exactitude possible. Aussi nous en acquittâmes-nous du moment que mon épouse se fut mise en état de sortir. Elle fut reçue de ce digne parent et de Mademoiselle de Vendrave avec toutes les marques de joie qu'ils lui purent témoigner. Son arrivée ne fut pas plutôt sue à La Haye que tous nos amis et amies ne vinssent en foule la féliciter. Ainsi, contents de nous trouver réunis après tant de traverses, nous ne pensâmes qu'à couler le temps de notre exil avec le moins de chagrin qu'il se pourroit. Il fallut changer de logement, ce que nous fîmes. Nous prîmes un petit corps de logis sur le Niewe-Haven, où six mois qui se sont écoulés depuis le temps de son arrivée jusques à ce jour ont passé comme une ombre; et Dieu, répandant sur nous ses grâces et ses faveurs, nous a fait trouver des secours dans la générosité de M. de Torcé, qui nous ont mis à l'abri de toute incommodité. Ainsi, l'âme remplie des bontés du Tout-Puissant, nous employons notre temps à lui en mar-

quer notre reconnaissance, attendant ce que les   uits de
guerre à laquelle tant de puissances semblent se préparer
produira, étant prêt de sacrifier avec joie ce qu'il me reste de
jours au service d'un Etat et d'un prince à qui je dois le repos
de ma vie et la liberté de ma conscience (1).

(1) On voit par ces dernières lignes que l'auteur écrivait ses Mémoires au fur et à mesure que les événements se déroulaient, ce qu'indiquent d'ailleurs les intitulés des différentes divisions de son manuscrit.

CONTINUATION

DE L'ABRÉGÉ DE MA VIE

DEPUIS MON DÉPART DE LA HAYE
POUR L'ANGLETERRE AVEC S. A. MONSEIGNEUR LE PRINCE D'ORANGE
QUI FUT LE 12 D'OCTOBRE 1688.

III

Je jouissois d'une tranquillité profonde dans ce charmant séjour de La Haye, et j'y goûtois dans ma famille toutes les douceurs qu'un réfugié qui est sans nécessité peut prendre; et content de retenir une femme et des enfants tendrement aimés, je ne pensois qu'à rendre grâces à Dieu de tant de bienfaits. Nos jours y couloient doucement dans une oisiveté assez grande dont même mon humeur active souvent s'ennuyoit. Cet état si tranquille que je traitois d'ordinaire de celui des âmes dans les limbes, si l'on en croit Rome, fut tout d'un coup interrompu, lorsque S. A. R. fit paraître au jour ce grand dessein qui a surpris toute l'Europe, qui réjouit les protestants et accable de chagrin le papisme.

Ce grand prince qui joint à toutes les qualités d'un héros le zèle d'une véritable piété et l'amour pour sa religion, pressé par les plaintes des Anglais qui gémissoient sous la tyrannie de Jacques second, leur roi, qui vouloit établir dans ses trois royaumes la religion romaine dont il faisoit profession, poussé par les sollicitations de la reine son épouse, fille du duc de Modène, et par le jésuite Péters, son confesseur, tâchoit par l'abolition du Test et des lois pénales d'y faire triompher le papisme, et d'y réduire en peu de temps la religion protestante au point que Louis XIV l'a mise dans toute l'étendue de ses Etats (1).

S. A. R. n'eut pas fait plutôt connaître que son dessein étoit de passer en Angleterre, que tout le monde s'empressa à lui donner des marques de son zèle et de son attachement à son service. Les réfugiés en général portant l'épée, officiers et autres, se rendirent à La Haye et donnèrent leurs noms pour être enrôlés dans cette guerre sainte. Ceux qui étoient pour la cavalerie les donnèrent à M. de l'Estang (2), et de l'infanterie à M. de la Melonnière. Ces deux colonels remplis de grand mérite avoient été nommés par le prince pour recevoir les noms de ceux qui voudroient faire le voyage avec lui : le

(1) En même temps que confesseur du roi, le père Péters était conseiller d'Etat; les colléges et toute l'administration passaient entre ses mains. On trouvait même à Rome que Jacques allait trop vite en besogne (il était monté sur le trône le 16 février 1685), et qu'il trahissait par cette précipitation, aussi bien que par sa cruauté, les intérêts de l'Eglise. C'était aussi l'avis de Ronquillo, ambassadeur d'Espagne, qui crut devoir en parler au roi. Cette observation, venant d'un Espagnol, surprit le monarque : « Quoi donc, dit-il, mon frère le roi d'Espagne ne consulte-t-il pas son confesseur? — Que trop, répliqua Ronquillo, et c'est ce qui fait que nos affaires vont si mal. » Selon le mot de l'archevêque de Reims Letellier (frère de Louvois), Jacques II, de plus en plus aveuglé, *sacrifiait trois royaumes pour une messe.*

(2) C'est cet aide de camp français du roi Guillaume qui, après l'invasion, fut justement chargé d'aller signifier à l'ambassadeur du roi de France l'ordre de quitter Londres dans les vingt-quatre heures. Un autre officier réfugié, Saint-Léger, reçut la mission de l'accompagner à Douvres, pour le protéger au besoin contre l'animosité des Anglais. (*Dépêches* de l'ambassadeur Barillon, des 2 et 8 janvier 1688, citées par Ch. Weiss, I, 301.)

« On remarqua que M. de Barillon, ambassadeur de la cour de France, s'intriguoit beaucoup parmi les seigneurs après le départ du roi Jacques. C'est pour cela qu'il lui fut ordonné de se retirer du royaume dans l'espace de vingt-quatre heures. M. de l'Estang le conduisit à Calais. C'est ce même de l'Estang qui, dans la nuit, arrêta M. de Boufflers à la tête de la garnison de Namur, lorsque cette ville fut prise par le roi Guillaume. » (G. Lockard, *Histoire secrète des intrigues de la France*, etc., 1713, in-8°, t. II, p. 149.)

nombre en fut fort grand, et les vieillards comme les plus jeunes se disposèrent à suivre ce libérateur.

Le temps prescrit pour l'embarquement notifié à tout le monde, et quelques mois de gage payés aux officiers pensionnaires et une gratification aux autres qui ne l'étoient point, laquelle se montoit à 100 livres pour les capitaines, et les subalternes à proportion, chacun se rendit aux lieux destinés pour l'embarquement; l'infanterie à Amersfort et Harderwyk où M. de La Melonnière les incorpora dans les régiments de l'Etat que S. A. menoit avec elle. La cavalerie se devoit embarquer à Rotterdam, et les officiers de cet ordre s'y rendirent dans les corps où ils devoient entrer. Le prince avoit choisi cinquante-quatre officiers (1) pour être incorporés, les uns dans son régiment de dragons et les autres dans celui de Brante, l'un commandé par le sieur d'Epinguen, et l'autre par le sieur de Marovites. Ces deux régiments, le bleu et le rouge, furent les corps où ils devoient entrer. Je fus de ce nombre, et le sieur Des Moulins, mon parent et ami de vieux temps, eut pareille destinée. Aussi priâmes-nous M. de l'Estang de ne nous pas séparer, ce qu'il fit obligeamment et dont nous lui sûmes gré. Je fus acheter des chevaux à Bodegraven pour lui et pour moi; et après nous être mis en équipage proportionné à la force de notre bourse et pour une prompte expédition, nous partimes à notre tour ayant à notre tête le sieur Petit, depuis peu honoré du brevet de colonel, pour nous rendre à Muyden et y joindre les dragons susdits.

Mon épouse s'arma de constance et de fermeté dans cette séparation, et donnant ordre à tout ce qui me pouvoit être utile dans ce voyage, n'eut point d'égard à l'état où la grosse dépense que j'étois obligé de faire la pouvoit réduire, et, se reposant sur la Providence, elle me laissa emporter ce que j'avois réservé d'argent pour quelque besoin pressant. Cette

---

(1) Voir à la suite des Mémoires les noms de ces officiers.

manière généreuse et ferme me fut d'un grand secours dans un départ où les pleurs d'une femme m'auroient fait beaucoup de peine. Après donc avoir donné à notre amitié toutes les marques de tendresse possible et pris congé de toutes les dames dont j'avois l'honneur d'être connu, je dis adieu à mon généreux parent, M. de Torcé, et lui recommandai cette chère épouse et mes enfants. Je reçus des assurances de lui et de Mademoiselle de Vandrehaven sa belle-fille qu'ils ne les abandonneroient point. Je pris congé de tous et partis de La Haye sur les trois heures d'après midi. Toute notre troupe s'embarqua pour Amsterdam dans la même barque : les femmes y conduisirent leurs maris, et la mienne et sa sœur avec mes enfants y reçurent mes adieux et ma bénédiction. Cela ne se passa pas sans quelques larmes répandues ; enfin on s'arracha à tous ces objets de tendresse, et on ne pensa plus dans la barque qu'à se reconnaître et à se complimenter les uns les autres.

 Ainsi, partis le 12 d'octobre 1688 et ayant marché toute la nuit, nous arrivâmes le 13 à Amsterdam à onze heures. Nous mîmes pied à terre et chacun prit son parti pour chercher à dîner et des provisions pour le passage. MM. Des Moulins, de Passy, Montcornet le fils et moi, fîmes les nôtres ensemble. Lors après que chacun eut fait ses emplettes nous nous rembarquâmes sur les trois heures pour Muyden, où nous arrivâmes à cinq. Nous y trouvâmes les dragons rouges qui s'embarquoient ; nous eûmes peine à trouver à loger, mais à force d'argent nous eûmes une chambre où nous entrâmes, les sieurs Des Moulins, Montcornet et moi : nous y reçûmes beaucoup d'incommodités, et M. Des Moulins plus que les autres. Le même jour ayant appris que M. le comte de Solms étoit en ce lieu, le baron de Neufville et moi le fûmes voir dans son vaisseau. Nous le croyions venu pour donner ordre à notre embarquement ; mais il nous dit qu'il ne se mêloit point de la cavalerie. Sur quoi nous prîmes congé de lui que nous laissâmes avec le sieur de Wilde, commissaire de la marine. Surpris cependant qu'un lieutenant général comme lui n'eût inspection que sur l'infanterie, ce qui ne se pratique pas en France où tout roule sur les soins des généraux, cavalerie et infanterie sans distinction, nous rendîmes compte au sieur Petit de notre visite, laquelle il fit inutilement à son tour.

Le lendemain le sieur d'Espinguen à la tête des dragons bleus arriva. Ledit sieur Petit étoit porteur d'un ordre de S. A. pour ce colonel avec lequel nous croyions être incorporés : nous laissâmes agir ledit sieur Petit comme il jugeroit à propos sur cette matière; et le sieur Des Moulins et moi, porteurs d'une lettre du sieur de Bergerie, capitaine dans Torcé, le fûmes trouver et faire nos compliments. Il nous reçut civilement, lut la lettre et nous promit de nous rendre service en Angleterre : cependant il n'en fit rien, il refusa le passage de notre brigade avec lui, pour avoir trop de monde dans ses vaisseaux, mais promit l'incorporation quand on seroit à terre. Le sieur Petit nous rapporta ces choses et la promesse que le sieur de Wilde lui avoit faite de nous donner un vaisseau pour notre troupe seule. Cela nous réjouit et nous consola du refus de ce colonel. Nous vîmes donc sans grand chagrin l'embarquement de ces troupes et nous disposâmes à attendre le vaisseau promis dans ce lieu de Muyden, quoique fort désagréable de toutes manières, tant par ses logements que par la barbarie des habitants qui nous rançonnoient. Nous passions les jours dans ce triste séjour à voir la mer cruellement agitée, et plaignions nos amis embarqués dont nous voyions les vaisseaux. Le jardin d'un vieux château nous servoit de promenade qui nous faisoit couler les jours avec moins de chagrin.

Enfin le vaisseau attendu arriva, et chacun se disposa à partir : cependant il ne put y entrer qu'une partie de notre troupe, puisque l'on y embarqua les chevaux et les valets des officiers français qui étoient incorporés dans le régiment des gardes. Ce vaisseau se nommait *la Jeune Espérance*, où dix de nos officiers entrèrent et nos chevaux. Je ne pus en être du nombre par un accident qui m'arriva : je fis une chute cruelle en marchant dans la rue avec le vicomte de Passy, pour m'être détourné à voir venir le sieur Des Moulins; mon bras droit en pâtit en soutenant la pesanteur de mon corps. Je le crus cassé, j'y souffris des douleurs : cependant Dieu me garantit, j'en fus quitte pour une contusion fort grande avec beaucoup d'enflure. Je me consolai de ce malheur qui se trouva bien moins grand que mes amis ne croyoient : tous me firent visite, et la plupart me conseillèrent de n'entreprendre pas le voyage en cet état. Leurs conseils charitables n'étoient pas de mon goût : je voulois avoir part à la gloire de ce grand dessein et suivre ce troisième Guillaume en Angleterre, comme mes pères y avoient suivi le premier qui étoit notre duc de Normandie.

Ainsi résolu de me faire guinder comme je pourrois dans les vaisseaux, j'attendis patiemment l'arrivée du vaisseau, nommé *le Berg-op-Zoom*, où nous entrâmes quelques jours après ma chute : son retardement avoit mis mon bras en meilleur état et me permit de suivre les autres. Nous abandonnâmes donc Muyden avec plaisir et par le plus beau jour que nous eussions eu depuis longtemps : nous montâmes une barque qui nous y porta. Ainsi je sortis de Hollande le bras en écharpe comme j'y étois entré, avec la différence que mon désordre attaquoit le droit alors que j'en suis sorti; chacun comme moi admira cette fatalité; en cette posture nous gagnâmes le *Berg-op-Zoom*. Le lieutenant du sieur Goulon, colonel des canonniers (1), qui y avoit fait embarquer les chevaux d'artillerie, ne nous reçut pas avec plaisir, et sa manière brusque et brutale nous fit connaître que nous l'incommodions. Cependant nous montâmes dans ce vaisseau et nous couchâmes sur le foin entre les deux ponts : l'incommodité du logement et de

---

(1) Goulon, ou Le Goulon, très habile ingénieur, l'un de ces dignes élèves de Vauban, dont l'illustre maréchal déplorait la perte. Habilement secondé par un autre réfugié, Cambon, qui figure ci-après, il rendit dans cette campagne et dans celle d'Irlande les plus grands services.

l'effort qu'il avoit fallu faire pour entrer me causa de grandes douleurs. Cependant il fallut prendre patience : nous passâmes la nuit à l'ancre, et le lendemain à la pointe du jour on mit à la voile, et avec un vent en poupe nous arrivâmes au Texel sur les cinq heures du soir; la plupart de notre troupe paya le tribut à la mer, et moi presque seul en fus exempt, m'étant tenu sur le tillac.

Nous mouillâmes donc avec la flotte, et à peine l'ancre fut-elle jetée que ce lieutenant de Goulon fut à terre chercher le prince de Biscal, qui commandoit cette escadre : le sieur Quiraut, lieutenant du sieur Petit, l'accompagna, et tous deux peu de temps après rapportèrent à notre bord les ordres de ce prince pour nous répartir dans divers vaisseaux; ce que ce brutal fit exécuter dans le même moment, quelque tard qu'il fût. Il partit donc une partie de notre troupe dans la chaloupe qui l'avoit portée; et à la pointe du jour le lendemain, les autres allèrent chercher leurs vaisseaux avec leurs ordres : notre chambre seule restoit dans le vaisseau avec le sieur Petit, notre colonel, et le sieur d'Escury (1), manchot. L'incommodité de mon bras me faisoit souhaiter de n'en pas sortir : j'y aurois même réussi si j'avois voulu abandonner MM. Desmoulins, Passy et Montcornet, mais comme nos provisions étoient en commun, je me disposai à suivre leur sort. Nous abandonnâmes donc ce vaisseau après avoir dit adieu à MM. Petit et d'Escury, qui ne me voyoient partir qu'à regret en l'état où j'étois. J'avois offert inutilement de l'argent à ce lieutenant pour consentir que nous y restassions. Nous entrâmes dans une grande barque qui avoit apporté du foin pour ses chevaux : elle étoit pesante et vieille, et le pilote qui la conduisoit ressembloit à un vieux triton; elle faisoit eau de tous côtés, nous y entrâmes facilement. Ainsi tous dispersés, nous vo-

---

(1) Daniel Collot d'Escury, gentilhomme de la Touraine, dont la famille existe encore en Hollande. (Voir à ce nom la *France protestante* et le *Bulletin de la Soc. de l'Hist. du Protest. français*, t. X, p. 307.)

gnâmes pour aller chercher le vaisseau que montoit le major de Nassau qui nous étoit échu par billet. Le nom n'y étoit point porté, cela nous embarrassoit, et d'autant que toute la flotte mettoit à la voile et que notre barque pesante manquoit de vent. Nous passâmes au bord du sieur d'Espinguen que je reconnus sur son pont : nous lui demandâmes le nom du vaisseau que nous cherchions ; il nous le dit et nous continuâmes notre route, mais si pesamment que nous ne pouvions avancer. Tous les vaisseaux s'éloignoient de nous, et notre vieil pilote, ne pouvant ou ne voulant pas faire mieux, nous désespéroit ; nous le querellions inutilement : le vent en effet lui manquoit, la marée même lui étoit contraire. Tous ces obstacles nous obligèrent à réclamer encore une fois le dit sieur d'Espinguen ; nous retournâmes à son vaisseau et le priâmes instamment de nous recevoir. Il fut inexorable : nous lui représentâmes inutilement notre impossibilité de joindre notre vaisseau, le péril même où nous étions par son peu de valeur, et que devant être incorporés avec lui il ne devoit pas avec justice refuser notre petit nombre qui ne lui pouvoit être en charge, ayant des provisions suffisamment. Il s'excusa sur l'impossibilité de nous loger et sacramenta après notre pilote, et le menaça de lui faire suivre la flotte. Après donc bien des prières en vain, nous laissâmes ce dur colonel et nous abandonnâmes à la conduite du patron. Le vent s'éleva et nous avançâmes assez près du vaisseau que nous cherchions ; mais le vent nous devenant contraire, nous ne le pûmes joindre. Lors dans une douleur sans pareille de nous voir dans cette impossibilité, nous menaçâmes de tuer nos matelots : ce vieillard se jeta à genoux, il me faisoit pitié, mais cependant nous lui attribuions notre infortune ; notre colère n'avançoit point l'ouvrage, au contraire, nous les mimes dans un si grand désespoir que, quoi que nous pussions faire, ils nous échouèrent à l'embouchure du Texel.

Ce fut pour lors que ma patience se trouva à bout et que je

souffris une peine cruelle de perdre la flotte de vue, qui avec un vent admirable s'éloignoit de nous sans remède. Comme nous avions une chaloupe et que nous voyions près de nous un iac (1) fort propre, MM. de Passy et Montcornet le furent joindre, dans la créance qu'il pourroit être à quelqu'un de nos généraux, ce que même notre vieil pilote nous vouloit persuader. Ils l'abordèrent donc et trouvèrent que ce n'étoit point cela, mais un vaisseau de quelque bourguemestre d'Amsterdam. Il s'y rencontra par bonheur un cuisinier qui parloit français; ils lui contèrent notre disgrâce et le prièrent de m'envoyer la chaloupe de son bord, nos matelots s'étant sauvés, ce qu'il exécuta obligeamment; et leur ayant dit qu'un officier des gardes qui avoit pareille aventure que nous étoit allé au village prochain pour acheter un vaisseau, il les y mena; et le sieur Desmoulins et moi, avec nos valets et notre bagage, entrâmes dans la chaloupe en deux fois et prîmes terre. Lors ne trouvant plus nos camarades, nous crûmes aisément qu'ils y étoient allés et nous prîmes la même route. Nous rencontrâmes cet officieux cuisinier en chemin, qui, se doutant que nous cherchions ces messieurs, nous en dit des nouvelles et comme quoi ils avoient arrêté une barque qui, moyennant cent ducatons, nous devoit mener à la flotte. Cette grosse somme ne nous donna point d'alarmes et nous résolûmes de tout sacrifier pour joindre. Nous marchâmes donc au village où nous étant retrouvés, nous connûmes que cet officier des gardes étoit un lieutenant nommé Brisset qui, faisant la fonction d'aide-major, avoit eu ordre d'aller querir des provisions pour le régiment à Amsterdam. Et en effet, il avoit chargé deux mille rations de pain et huit cents fromages; mais comme en arrivant au Texel il avoit trouvé la flotte à la voile, et son pilote ne pouvant attraper les vaisseaux l'avoit échoué comme nous. Ainsi se trouvant en pareil embarras il fut fort aise de nous trouver pour lui aider à fournir aux frais

---

(1) *Sic* pour *yacht*.

de cette barque. Nous convînmes d'en payer la moitié et lui l'autre. Il avoit avec lui douze soldats de diverses compagnies de son régiment dont il craignoit fort la désertion. Etant donc assurés de cette barque, nous nous consolâmes et retournâmes donner ordre de faire apporter nos bagages au lieu où elle devoit se rendre, ce qui fut exécuté : tout se déchargea sur le sable, et nous y reposâmes sur nos paillasses. Cependant la faim nous pressoit, et se trouvant un cabaret au bord du rivage nous y mangeâmes ce qu'il s'y trouva et y prîmes même quelques bouteilles de vin de provision.

La nuit cependant s'avançoit et nous n'avions point de nouvelles de cette barque; l'impatience nous prenoit, et quoique la nuit fût belle et fort claire, ce retardement sur le sable nous chagrinoit très fort. Enfin la barque arriva, et lors, nous croyant prêts d'embarquer, nous nous consolions de cette fatigue; mais notre joie fut bientôt finie. Le maître ne voulut point venir, et nous fit dire qu'un câpre (1) de Dunkerque ayant pris ce jour-là un vaisseau pêcheur dans cette côte, il ne vouloit pas s'exposer à pareille aventure et que nous ne nous devions pas attendre à lui. Lors tous désespérés nous retournâmes, Brisset, Montcornet et moi, au village, pour tâcher à obliger le juge d'y contraindre ce pilote. Nous fûmes donc à sa maison; il étoit couché et fort endormi : Brisset seul y entra, et comme il avoit lui-même fait faire ce marché, il lui en demanda justice et le pria de le faire exécuter mais en vain. On lui offrit de l'argent comptant, le juge dit qu'il n'en feroit rien que l'on ne l'assurât de sa barque et que pour cet effet nous lui donnassions caution de deux mille écus. Cette proposition ridicule nous fit prendre la résolution de nous servir de chariots de poste qui étoient en ce lieu, et sans perdre de temps nous envoyâmes Montcornet avec un chariot avertir les sieurs Desmoulins et Passy restés sur le

---

(1) On appelait *câpres* les vaisseaux armés en guerre pour faire la course.

rivage de venir promptement avec nos hardes, ce qui fut exécuté. J'avois resté avec Brisset et donné ordre à tenir les chariots prêts. Le dit sieur Brisset partit le premier dans deux avec ses soldats, et notre troupe étant arrivée, nous le suivîmes de près avec deux autres. Ainsi partis à deux heures après midi, nous traversâmes toute la Nord-Hollande : nous rejoignîmes Brisset à la dînée, et nous continuâmes notre route de compagnie jusques à Harlem. Nous admirâmes les beautés de tout ce pays que nous trouvions grandes; mais comme nous ne pensions fortement qu'à notre infortune, rien ne nous pouvoit plaire qu'une prompte diligence. Elle fut grande assurément, et nous avions peine à comprendre comme quoi les chevaux pouvoient résister à tant de fatigue : la nôtre n'étoit pas petite, nous n'avions point dormi toute la nuit; difficilement le pouvoit-on faire dans le chariot, de manière que M. Desmoulins pesant et âgé en fut fort incommodé, mais il n'y avoit pas de remède.

Nous arrivâmes donc à Harlem, et nos chariots nous portèrent jusqu'à la barque de Leiden. Je trouvai cette ville fort agréable, mais je n'eus pas le temps de la visiter : nous louâmes une barque pour Leiden que nous traversâmes la nuit, et en primes une pour Delft. La commodité de voyager est charmante dans ces provinces, et l'on est sûr de son fait en voyageant; et en effet de barque en barque nous arrivâmes à Delft. Ce ne fut pas sans chagrin que je passai si près de La Haye et n'y pouvoir aller encore dire adieu à mon épouse, mais il n'y avoit pas moyen : nous louâmes une barque pour Mase (?) en Pluys (?), où à force d'argent nous et nos hardes entrèrent. Nous y arrivâmes à la pointe du jour sans avoir encore fermé l'œil cette nuit-là. Le sieur Brisset, qui savoit parfaitement la langue et qui avoit un pareil intérêt que nous, se fit donner une barque et du biscuit par Perera le juif, munitionnaire de l'armée. Il nous en donna aussi deux barils, et avec cette provision nous allâmes chercher la flotte ou plutôt le régiment des gardes.

Comme il avoit l'avant-garde, nous le trouvâmes à l'embouchure de Gorée; Brisset pour distribuer ses munitions ne voulut point que nous cherchassions notre vaisseau du major de Nassau qu'il ne les eût rendues. La flotte étoit sous la voile, avoit le vent favorable et étoit prête d'entrer en mer. Si notre joie avoit été grande de la pouvoir rejoindre après l'avoir manquée au Texel, notre douleur fut dans l'excès de nous voir si près d'elle sans en pouvoir profiter. En vain nous envoyâmes Montcornet prier M. de La Melonnière que je reconnus sur son bord de nous y faire recevoir : il nous le renvoya n'ayant pas de place pour nous mettre. Nous abordâmes celui que montoit le baron d'Heyde, capitaine de ce régiment : j'y reconnus le sieur de La Faucille, capitaine de mes amis, incorporé avec ledit baron. Je lui dis notre désordre, et s'intéressant à notre disgrâce il pria ce commandant de nous recueillir; mais tous ses efforts ne produisirent qu'un refus, tous s'excusant sur l'impossibité de nous placer. Enfin nous trouvâmes le vaisseau de M. de Boham, lieutenant-colonel des gardes. Je me flattai qu'il auroit pitié de nous, et qu'en ayant reçu toujours beaucoup d'honnêtetés à La Haye, il voudroit bien nous prendre avec lui. Je lui dis notre peine et le suppliai de nous accorder cette grâce. Il me marqua son déplaisir de ne le pouvoir faire et qu'ils étoient les uns sur les autres : nous ne lui demandions que son tillac, ayant des provisions de bouche suffisamment; le sieur de Travesy, son lieutenant, y joignit ses prières, mais tout cela ne faisant que le chagriner, et voyant que Brisset essuyoit sa mauvaise humeur, je le priai de ne le pas quereller pour nous avoir amenés et que je ne lui demandois plus rien.

Lors tous désespérés nous fimes venir à nous une barque pour aller chercher le major de Nassau suivant notre ordre où tous nous renvoyoient; nous y entrâmes donc avec nos hardes et résolus de voguer jusques à ce que nous l'eussions joint ou quelque autre où nous puissions entrer. Mais à peine étions-nous à la voile que ledit sieur de Boham, mû de compassion de notre sort, me fit rappeler : chacun de nos amis qui étoient dans son bord l'en avoient sollicité et firent leurs efforts pour nous faire entendre cette bonne nouvelle. Nous revirâmes donc à lui et nous montâmes dans son vaisseau avec une diligence et une joie extrêmes. Je lui en marquai ma reconnaissance le plus fortement qu'il me fut possible, et toute notre troupe pénétrée de même obligation se fit un devoir de le remercier pareillement. Je peux dire en vérité que mon cœur n'a jamais été plus sensiblement touché de joie que de celle que je goûtai dans ce moment; et bien que ledit sieur de Boham avouât à sa honte qu'il m'avoit obligé de mauvaise grâce et que le désespoir dont il me voyoit saisi l'avoit obligé à ce retour d'honnêteté, je ne laissai pas de compter pour le dernier service ce qu'il avoit fait pour moi. Il me fit ensuite et à nous tous beaucoup d'honnêtetés, et comme je lui dis que je lui avois obligation de l'honneur et de la vie, puisque sans lui je n'aurois jamais pu joindre la flotte, dont je serois mort de chagrin, il m'avoua que j'avois eu raison d'être touché de ce malheur, car quelque peine et quelque dépense que nous eussions faite pour joindre, cela n'ayant pas réussi, on eût mal interprété nos bonnes intentions.

Enfin, revenus de nos inquiétudes, nous admirâmes la beauté de la flotte qui, voguant à pleines voiles dans un très beau jour, sembloit devoir aborder le lendemain les côtes d'Angleterre. La mer étoit couverte de vaisseaux et l'air retentissoit des fanfares de la cavalerie. Ce spectacle nous charmoit, et croyant avoir toutes choses à souhait, nous attendions avec impatience que la nuit qui approchoit fût passée, pour voir les côtes de ce royaume où les gens de bien nous attendoient depuis si longtemps. Enfin la nuit venue nous obligea à entrer dans la chambre dudit sieur de Boham, qui nous y reçut fort honnêtement : nous soupâmes avec lui fort gaiement, et peu de temps après chacun chercha à se poster pour dormir. Le sieur Dudan prit un soin particulier de moi, si bien que nous couchant sur les coffres dudit sieur de Boham, je dormis aussi profondément que si j'avois été dans le meilleur lit du monde, et ne me réveillai qu'au jour; mais du moment qu'il parut je montai sur le tillac pour voir si nos espérances auroient réussi et si nous étions à vue des côtes d'Angleterre. Mais bien loin, le vent devenu contraire nous avoit repoussés du côté de la Hollande, si bien que nous voyions ce pays à regret. Cependant on tint la mer tout le jour, le vent toujours se renforçoit et séparoit la flotte, les vaisseaux s'éloignoient les uns des autres de peur de se choquer. La journée se passa de cette manière qui étoit le samedi dernier d'octobre. On espéra en vain quelque vent favorable, il s'éleva furieux et il se fit une tempête effroyable : l'horreur de la nuit augmentoit nos alarmes ; la manœuvre violente des matelots qui se faisoit sur notre tête et à laquelle je n'étois pas accoutumé, avec le branle du vaisseau, me faisoit croire à chaque secousse que nous allions périr. C'étoit une horreur d'entendre les vagues se briser contre notre vaisseau et passer par-dessus : l'eau entroit par les écoutilles, tout rouloit en bas, et les cordes ne pouvant retenir les barils de sel qui étoient près de nous les laissèrent couler sur nous dont nous fûmes tout couverts. Il ne faut pas douter que nos vœux au ciel fussent ardents pour notre délivrance. Nous avions quitté le matin M. de Boham, les capitaines du régiment étant venus à l'ordre à son bord. M. Morh (?) s'y rencontrant comme les autres fut surpris de me voir là : il étoit de mes amis en considération de Mademoiselle de Vandraven dont il est adorateur depuis longtemps, si bien qu'il avoit reçu avec plaisir la proposition que lui fit M. de Boham de nous prendre dans son bord, M. Desmoulins et moi.

Ce fut donc avec lui que nous essuyâmes cette horrible tempête qui dissipa toute cette flotte si belle et si nombreuse, et qui en sortant de Gorée et de La Brille sembloit braver les éléments. On la comptoit de plus de cinq cents voiles, et chose surprenante et que l'on aura peine à croire, le dimanche au matin, jour de la Toussaint, à peine voyoit-on deux vaisseaux ensemble. Le jour ne diminua point la tempête, au contraire elle continua toujours de même force, de sorte que comme nous étions de l'avant-garde nous nous trouvâmes le lundi éloignés absolument de la flotte. Le dimanche, personne de nous ne se leva, et quoique nous ne fussions pas malades à vomir, il nous étoit impossible de nous soutenir. M. Morh et MM. d'Arsiliers, Saint-Auban, Martel et Hardy de Vassenats et autres, qui étoient dans la chambre où ils étoient plus ébranlés que nous qui étions sous le grand mât, pensèrent crever. Le lundi nous nous rassemblâmes plus morts que vifs, et quoi que M. Morh pût faire par sa bonne chère pour nous redonner de la vigueur, le mauvais temps continuant, il étoit impossible d'en profiter et d'en reprendre. Le lundi donc et le mardi jusques après midi furent cruels, et sans la bonté de cette flûte nous eussions péri sans doute : notre pilote ne savoit point où nous étions, et nous ne voyions que très peu de vaisseaux. Enfin, sur le soir, jour des morts, le vent se calma un peu et nous donna quelque espérance de changement.

En effet, le mercredi, jour de Saint-Hubert, le soleil parut et le vent se trouva bon pour retourner à Gorée, tous les capitaines avoient des ordres du prince de s'y rendre en cas de tempête. Lui-même avec bien des vaisseaux y étoit rentré dès le dimanche, et M. le maréchal de Schomberg et M. le comte Charles son fils pareillement. Ils avoient évité par là bien de la tourmente que nous essuyâmes ; mais M. Morh ne vouloit ouvrir ses ordres que dans l'extrémité, ce que l'on blâma, chacun le croyant perdu. Enfin ce jour si célèbre parmi les chasseurs nous fut favorable ; et le saint eût bien mérité une grosse chandelle si nous avions cru qu'il eût fait le miracle : mais nous laissons à Rome ses erreurs, et nous tenant uniquement attachés à l'auteur unique de nos biens et de nos maux, chacun de nous rendit grâces à Dieu de sa délivrance, lorsque nous trouvant à Gorée nous eûmes rejoint la flotte. Le jour qui nous avoit été si propre pour entrer dans cette baie fut suivi d'une nuit très rude, la tempête fut violente ; mais comme nous étions à l'ancre et à l'abri nous en fûmes peu incommodés. Le jour venu, M. Morh, impatient de se faire voir au prince qui étoit à Helvoetsluis, vouloit prendre la chaloupe pour aller à terre ; mais la tempête continuant, les matelots n'osèrent descendre que le lendemain. Ainsi nous passâmes tout un jour sans pouvoir sortir du vaisseau ; on se divertit à compter ses maux et ses alarmes, qui furent encore moindres qu'elles n'eussent été si nous eussions su que nous avions été portés à la hauteur de Dunkerque. Enfin le vent étant un peu diminué, M. Morh voulut absolument aller rendre compte de ses aventures. Je ne le vis entrer dans la chaloupe qu'avec regret, craignant pour sa vie : il ne voulut point que je m'exposasse au même péril que lui à cause de l'incommodité de mon bras. Nous restâmes donc encore, M. Desmoulins et moi, dans ce vaisseau jusques au samedi que M. Morh nous fit dire de l'aller joindre pour solliciter un autre embarquement, si bien que quoique la mer fût encore fort agitée nous prîmes la chaloupe, et après avoir dit adieu à nos amis, nous y entrâmes : les matelots se voulant épargner la peine de ramer se servirent de la voile, le vent étoit très fort et nous poussoit avec violence, les vagues nous faisoient danser de bonne manière, et nos amis ne voyoient pas sans inquiétude le péril où nous étions ; mais eux et nous nous crûmes perdus lorsqu'un coup de vent rompit notre petit mât et jeta notre voile à l'eau, la chaloupe pensa renverser et je crus fortement que nous péririons. Cependant Dieu nous garantit et nous en fûmes quittes pour la peur et pour être mouillés : nos matelots pour lors furent contraints de prendre les rames avec lesquelles et bien de la peine nous abordâmes à Helvoetsluis, où le prince et tous les généraux avoient relâché.

SUITE

DE CE QUI S'EST PASSÉ

DEPUIS MA TEMPÊTE ET MA DESCENTE A HELVOETSLUIS.

IV

A peine eûmes-nous mis pied à terre que notre premier soin fut de chercher M. Morh : nous le trouvâmes en peu de temps et nous le priâmes de travailler avec nous à le décharger de nos personnes. Il s'offrit obligeamment à nous servir, mais nous marqua qu'il nous recevroit toujours avec plaisir dans son vaisseau si nous ne nous y trouvions pas incommodés. Cependant nous ne voulions point abuser de son honnêteté, si bien que l'en ayant fort remercié nous allâmes ensemble joindre M. d'Auverquerques, lequel nous mit entre les mains de M. le comte de Nassau, général de cavalerie. Ledit comte pria M. de Ginckel, lieutenant général, de s'employer pour nous, à quoi il s'offrit le plus obligeamment du monde. Nous lui contâmes nos aventures et le priâmes de demander au prince un vaisseau pour nous embarquer : il le fit dès le même jour et nous rapporta que S. A. R. auroit soin de nous et nous remit au lendemain. Nous songeâmes après cela à nous loger : ce lieu est petit. Le prince, la cour et une grande quantité d'officiers débarqués rendoient les logements rares, de manière que nous fûmes contraints de nous mettre avec Montcornet, qui, ayant débarqué devant nous, avoit trouvé un méchant lieu où, moyennant huit sols par tête, on pouvoit être couché sur la paille. Il fallut se poster dans cette cabane peu propre à remettre des gens fatigués de la mer : nous y séjournâmes même cinq ou six jours, pendant lequel temps nous sollicitions pressément pour être embarqués. On travailloit en diligence à réparer le désordre des vaisseaux : on avoit été contraint de débarquer la cavalerie qui avoit le plus pâti, on avoit perdu beaucoup de chevaux, et ce qui en restoit la plupart étoient fort fatigués ; on avoit mal pris ses mesures pour leur commodité, ils étoient des deux côtés du vaisseau, les têtes contre les planches, la tempête leur faisoit donner de la tête contre le vaisseau, dont plusieurs furent tués ou du moins fort blessés. La violence des vagues, qui passoient par-dessus les ponts, obligeoit les matelots de fermer les écoutilles. Les palfreniers ou cavaliers malades ne se pouvoient remuer pour y remédier, de manière que faute d'air et par la fatigue on perdit plus de sept à huit cents chevaux. Nous avions vû en mer ce triste spectacle ; mais il nous parut tout autre à Gorée, lorsque nous aperçûmes tout le rivage bordé de ces pauvres animaux. Ce fut lors que chacun pensant à son intérêt s'informa si le sien étoit vivant : nous apprîmes avec plaisir que les nôtres vivoient et, contents de cette bonne nouvelle, nous ne pensâmes qu'à presser S. A. de nous placer bien pour le passage. On nous remettoit chaque jour à l'arrivée du sieur de Wilde ; nous faisions notre cour avec beaucoup d'assiduité, je ne pouvois assez admirer la constance et la tranquillité de notre héros dans une circonstance si fâcheuse. Il paraissoit sans inquiétude et aussi gai qu'à son ordinaire. Cependant ce retardement étoit de la dernière conséquence, cela mettoit notre armée en mauvais état et donnoit temps au roi Jacques de se précautionner : sa joie avoit été extrême quand il avoit su cette tempête et la nécessité où nous avions été de relâcher; et se croyant hors de péril d'être attaqué, lui, les moines et tous les papistes étoient ravis. Et en effet, selon les apparences, l'affaire devoit être manquée; la saison fâcheuse et le péril extrême où toute la flotte avoit été réduite avec le prince pouvoient faire croire que l'on ne voudroit pas une seconde fois exposer et sa personne et l'armée aux caprices des vents.

Cependant ce prince intrépide et infatigable, ne se rebutant pas de ce contre-temps, fit réparer toutes choses avec telle diligence qu'en peu de jours la flotte fut prête de se remettre en mer. Cette diligence qui nous donnoit de la joie d'un côté nous faisoit craindre notre premier embarras. Le sieur de Wilde ne revenoit point, et le prince nous remettoit toujours à son arrivée. M. le comte de Solms m'avoit fait offrir de nous mettre dans un vaisseau dont plusieurs officiers d'infanterie étoient sortis pour entrer dans les vaisseaux de guerre; mais comme M. de Ginckel s'étoit employé pour cela, je n'avois pas voulu accepter cette proposition : mais enfin nous y fûmes obligés. La flotte étoit rassemblée, les deux compagnies de gentilshommes, commandées par MM. de Chavernay et Rapin (1), après avoir été portées devers la Norvége et que l'on croyoit perdues, étoient arrivées. Il ne manquoit qu'un ou deux vaisseaux dans l'un desquels étoient quatre compagnies du régiment d'Holstein et plus de soixante officiers français ou volontaires : cela n'étoit pas capable de retarder ce grand dessein, le vent se faisoit bon ; ainsi tout se préparoit pour l'embarquement, nous ne perdions pas un moment pour faire ressouvenir S. A. de nous dont nous voyions porter les bagages. Enfin M. de Wilde, n'ayant point de vaisseau particulier à nous donner et n'étant arrivé que le soir dont on devoit s'embarquer le lendemain, il fallut suivre l'ordre qui nous fut donné

---

(1) Paul de Rapin-Thoyras, le célèbre historien.

d'entrer dans le vaisseau susdit dans lequel étoient deux compagnies du régiment du prince de Bilcalfeld. Le matin donc arrivant à la cour, un des capitaines de ce corps me dit qu'il avoit ordre de nous mener dans son bord, mais qu'il ne nous donnoit que deux heures à nous préparer. Cette précipitation nous embarrassa, nous n'avions plus de provisions et il en falloit prendre ; toutes choses étoient chères dans l'excès et nous en attendions de Rotterdam.

Cependant le temps nous manquant, le sieur Desmoulins ut de son côté et moi du mien ; ainsi en peu de temps nous eûmes à peu près ce dont nous avions besoin. J'avois le soin de ne point perdre notre conducteur, de peur qu'il ne s'en allât sans nous. Le prince m'avoit fait dire par M. de Ginckel qu'il me feroit rendre l'argent qu'il m'avoit coûté pour venir joindre la flotte du Texel. Je vouloïs l'en faire souvenir, mais cela ne se put, de sorte qu'il me fallut contenter d'un mois de gages que le sieur d'Elmède, notre trésorier, nous paya. Mon épouse m'envoya cinq louis d'or par M. d'Icfeld qui étoit venu voir S. A.; ma bourse ainsi se trouva garnie et nous ne pensâmes plus qu'à partir et nous rendre au lieu que nous avoit donné cet officier pour nous trouver. Nous entrâmes dans une barque pour aller à Brauhaven où étoit notre vaisseau. Le vent nous étoit contraire, et après avoir vogué quelque temps nous fûmes contraints de rentrer au port où nous restâmes longtemps. Enfin à la marée haute on remit à la voile et nous abordâmes notre navire. Je fus surpris d'y voir M. de Montcornet le père, que le fils croyoit resté en Hollande à cause de son grand âge : je le trouvai fort sain et bien intentionné de faire le voyage. Dans ce même vaisseau étoient MM. de Louvigny, Varengues, capitaines de notre brigade, et plusieurs de nos subalternes : le sieur de Boismolet et Vasselot, qui étoient les miens, s'y rencontrèrent; notre cousin du Busc du Boisle pareillement, et M. de Villé, son capitaine, beau-frère du marquis d'Heucourt. Il y avoit outre ceux-là quantité d'autres officiers; nous entrâmes avec eux et nous couchâmes sur la paille entre les deux ponts. Le grand nombre rendit le lieu fort incommode : cependant il n'y avoit pas à choisir, de sorte que nous prîmes place auprès du sieur de Montcornet, qui fut bien aise et tous ces messieurs de nous revoir. Ils nous contèrent leurs aventures et comme quoi ils avoient pensé périr en entrant dans cette baie : ils n'avoient pu gagner Gorée comme nous, et leur vaisseau ayant touché avoit été ensablé dans ce lieu quelque temps; chacun avoit songé à sa conscience et tous s'étoient dit adieu. Cependant le plus heureusement du monde ils avoient été tirés de ce péril et avoient été portés au lieu où nous les trouvâmes. Nous leur fîmes part de nos peines, et la nuit étant venue chacun songea à souper et à dormir : mais je fus surpris de voir que chaque chambrée allumoit sa chandelle et que quantité fumoient comme si on n'avoit pas été sur la paille. J'avoue que cela me donna de l'inquiétude, car quoique la plupart de notre troupe fussent des officiers, je n'en craignis pas moins le feu, mais il fallut avoir patience. Le jour venu nous fit voir la flotte qui se préparoit à mettre à la voile, nous espérions en faire de même; mais le vent nous étant contraire pour sortir de ce lieu, et la marée nous manquant dans le temps que la flotte appareilla, nous eûmes le chagrin de la voir partir et de rester à l'ancre tout le jour et la nuit.

Ce fut pour lors que je crus fortement que je ne ferois point le voyage; il me sembloit que tout s'y opposoit. Cependant, à la pointe du jour, il nous vint un pilote de Brauhaven qui nous servit à nous tirer de ces bancs où nous étions engagés; nous levâmes donc l'ancre et à petites voiles nous cinglâmes vers la mer; le vent nous poussoit à terre et nous faisoit craindre d'y échouer. Mais enfin nous nous trouvâmes en pleine mer, mais sans voir aucun vaisseau de la flotte. Il étoit périlleux de voguer seul, les câpres d'ordinaire cherchant les moins avancés; nous avions le vent en poupe et notre vaisseau étoit bon voilier; ainsi à pleines voiles nous fîmes route devers la flotte dont tout le jour nous n'eûmes aucune connaissance. Nous eûmes une petite alarme; nous crûmes être attaqués d'un câpre, et nous nous préparâmes à le recevoir. Les capitaines firent prendre les armes à leurs soldats, et nous, le pistolet à la main, nous tînmes sur le tillac, pour en cas d'attaque aller à l'abordage et sauter dans le vaisseau; mais soit que le vaisseau que nous voyions ne fût pas si bon voilier que le nôtre ou qu'il n'osât nous attaquer, il ne nous joignit point, et en peu de temps nous le perdîmes de vue.

Sur le soir nous découvrîmes la flotte, et avant que le jour finît nous la joignîmes; notre joie pour lors fut grande. Quoique le vent continuât bon, toute la nuit on ne fit pas grand chemin, et nous n'aperçûmes le lendemain les côtes de France et d'Angleterre que sur les neuf heures. Il est vrai qu'il s'étoit élevé un brouillard, mais ayant tombé à cette heure nous découvrîmes Douvres et les côtes de Boulogne. J'avoue que je ne pus voir sans émotion notre ingrate patrie et sans réfléchir sur les attachements que j'y avois dans ma nombreuse famille qui y étoit restée; mais comme notre flotte n'étoit pas pour travailler à leur délivrance et que nous voyions l'Angleterre de plus près, il fallut porter toutes ses pensées de ce côté-là, en attendant que Dieu mette au cœur de notre héros de secourir notre patrie qui gémit sous l'oppression. La flotte se fit voir de ces deux royaumes avec des sentiments bien différents : la France trembla à sa vue, et l'Angleterre, voyant son libérateur venir à pleines voiles à son aide, tressaillit de joie. Il sembloit que le prince prenoit plaisir à donner de l'inquiétude à la France dont on fut longtemps en vue; mais enfin on s'en éloigna et on côtoya tout le jour l'Angleterre, tirant toujours vers l'ouest. La nuit la déroba à notre vue, et le lendemain nous n'aperçûmes plus la terre; comme le vent nous continuoit bon, nous croyions avoir passé la Manche et ne savions plus quelle route nous tenions. Plusieurs de notre troupe de Poitou vouloient que nous allassions faire descente dans leurs côtes; mais sur les trois heures après midi nous revîmes es côtes et connûmes que l'on faisoit toujours la même route. Le sieur de Béthencour de Bures, qui connaissoit ces côtes, nous assuroit que nous allions devers Plymouth, et je crois que c'étoit le dessein; mais le vent ayant changé, nous fûmes tout étonnés que notre avant-garde revirât sur nous. Rien pour lors ne parut plus beau que ce mouvement qui, ramassant toute cette nombreuse flotte, la faisoit voir dans un jour admirable. Le corps de bataille et l'arrière-garde mirent en panne pour laisser reprendre les devants au prince et firent à leur tour la même manœuvre. Alors on ne douta plus du lieu où nous allions prendre terre. Nous voyions distinctement les peuples s'avancer sur les pointes des montagnes pour nous regarder de plus près et venir en troupe jouir de ce charmant spectacle; et ils ne paraissoient aucunement alarmés de voir tous les vaisseaux entrer dans une grande baie proche d'eux. Ce lieu donc nommé Torbay fut l'endroit où nous abordâmes. Il sembloit que la nature l'eût fait exprès pour nous recevoir : cette baie, en forme de croissant, s'avance dans la terre assez avant; elle a au lieu où nous mouillâmes de hautes montagnes garnies de rochers fort escarpés; elle est fort spacieuse et peut contenir un très grand nombre de vaisseaux; notre flotte, quoique très nombreuse, n'en occupoit qu'une petite partie; le fond y est admirable pour ancrer, et les côtes qui l'environnent de trois côtés font que les vaisseaux y sont fort en sûreté. Ce fut, dis-je, dans ce lieu que notre grand prince et toute l'armée abordèrent. Le ciel, qui l'avoit heureusement conduit, continuant ses faveurs, rendoit la mer si tranquille que cette baie paraissoit un grand étang; le soleil, qui étoit sur son couchant, brilloit avec tant d'éclat que l'on eût dit qu'il avoit peine à perdre de vue notre héros; cependant, voulant aller promptement rendre compte dans l'autre hémisphère de cette grande entreprise, il laissa le soin à la lune d'éclairer notre descente.

Le prince le premier mit pied à terre, et son régiment des gardes grimpa les rochers avec une diligence extrême et se campa sur le haut, dans une petite plaine qui y étoit. Comme nous n'avions pas vu le débarquement de ces troupes, pour n'être pas de l'avant-garde, nous ne savions si c'étoient amis ou ennemis; mais nous reconnûmes bientôt que c'étoient de nos troupes; toutes les autres, à mesure que les vaisseaux avoient jeté l'ancre, étoient portées à terre dans les chaloupes et prenoient leurs postes. On n'entendoit que tambours et trompettes; la nuit, calme au possible, obligeoit les échos à y répondre, ce qui, augmentant ce bruit de guerre, faisoit un effet merveilleux. Toutes les troupes se débarquoient sans retardement, et notre tour venu, les deux compagnies de Bilcalfeld entrèrent les premières dans les chaloupes que quelqu'un de leurs officiers emmena à notre bord, lesquelles ils nous renvoyèrent aussitôt qu'elles furent à terre. Nous abordâmes à soleil levant le rivage; notre vaisseau en étant assez éloigné, nous déchargeâmes partie de nos bagages avec nous que nous montâmes avec grand'peine au haut des rochers. Mon bras blessé pâtit extrêmement, étant obligé de me servir de mes mains pour monter. Enfin avec bien de la peine nous gagnâmes le haut; nous y trouvâmes les gardes en bataille et qui se préparoient à marcher. Ce fut une grande joie pour nous de se voir à terre sans avoir été inquiétés à la descente, où deux mille hommes nous auroient donné beaucoup de peine.

Le prince, qui avoit reposé quelques heures dans le village de Torbay, n'y fit qu'un très petit séjour, et laissant le soin à MM. le comte de Nassau, d'Auverquerques et de Ginckel du débarquement de la cavalerie, s'avança avec l'infanterie à quelques milles de là. Après avoir tenté inutilement de faire porter nos bagages dans ce village, nous fûmes obligés de les redescendre et mettre dans une barque qui nous les y porta, et nous nous y rendîmes à pied. Nous embrassâmes avec plaisir nos amis incorporés dans les gardes, et les ayant laissés, nous allâmes voir si nos chevaux étoient arrivés. La cavalerie étoit dans ce lieu et débarquoit à mesure que les vaisseaux approchoient; les rochers le rendoient fort difficile; il falloit guinder les chevaux en haut, les jeter à la mer et les faire aborder à la nage; ils couroient risque de se noyer, et je ne voyois pas sans inquiétude pour le mien cette manière de débarquer qui m'étoit nouvelle. Je restai au port jusques à ce que j'eusse reçu celui de M. Desmoulins et le mien, qui étoient sains et gaillards, comme s'ils avoient été toujours dans une bonne écurie.

Je vis avec étonnement la promptitude avec laquelle tout fut débarqué et le peu de chevaux qui périrent : il n'y en eut que deux ou trois de noyés, et un capitaine de notre brigade nommé Maricourt, qui l'avoit été de dragons en France, eut le malheur de perdre ses deux chevaux en débarquant; l'un mourut de mal dans le vaisseau, et l'autre se tua en retombant dedans, la corde ayant rompu comme il étoit en l'air. Du moment que nos chevaux furent débarqués, j'allai retrouver le sieur Desmoulins, qui avoit eu le soin de nous chercher du couvert. Il avoit trouvé place dans un cabaret et un lieu à mettre nos chevaux. Il s'étoit joint à plusieurs officiers de notre brigade qui avoient fait accommoder une oie grasse dont nous soupâmes de très bon appétit; nous ne trouvâmes que du cidre à boire dans ce lieu, qui ne nous sembla pas mauvais à nous autres Normands. Le sieur de Nivelle, fils du grand bailli de Rotterdam, qui, étant venu volontaire avec le prince, se trouvoit là, et étant assez de mes amis, je le priai d'être des nôtres; il eut part à notre repas, dont il me fut obligé, n'ayant rien d'ailleurs.

Nous remarquâmes avec plaisir la manière de vivre de ces insulaires, et comme ils sont adonnés au tabac, hommes et femmes, jusques aux enfants, nous ne pûmes voir sans rire que l'hôtesse de la maison, qui étoit jeune et assez jolie, donnant à teter à son enfant et fumant en même temps, donnoit sa pipe à tirer à ce petit quand il quittoit son sein. Il la prenoit et la portoit à sa bouche et faisoit ses efforts pour fumer. Nous avons vu à peu près que tous ces peuples de l'Ouest en usent de même. Notre repas fini, chacun songea à dormir; on nous mit de la fougère et des voiles dessus dans un grenier, où nous reposâmes quelques heures assez bien.

Comme M. d'Auverquerques avoit donné ordre de décamper de bon matin, nous nous levâmes devant le jour; la nuit fut fort fâcheuse : il y eut tempête, et les chevaux campés pâtirent beaucoup. Plusieurs officiers couchèrent sous leurs tentes, et nous trouvèrent fort heureux d'avoir pu être logés. Quelque matin que nous fussions levés, on ne commença à marcher que sur les huit heures : nous montâmes à cheval, et au haut de la montagne nous trouvâmes que la cavalerie et les dragons y avoient leur rendez-vous. Nous joignîmes les rouges où je devois être incorporé. Le sieur Petit avoit distribué des billets à tous les officiers de notre brigade, pour être incorporés dans les deux régiments de dragons, suivant l'intention du prince et la promesse du sieur d'Espinguen, colonel des bleus. Comme je n'entrois point dans ce régiment, mais dans les rouges, avec le sieur de Louvigny qui étoit sur le pied de colonel, je ne cherchai point le sieur d'Espinguen. Je trouvai à la tête de nos dragons le sieur Boucole, qui, ayant servi en France, parloit bon français. Je l'avois vu à Muyden, et comme nous avions fait connaissance dans un voyage que nous fîmes de ce lieu à Amsterdam, il me reçut avec plaisir, et à son exemple les autres capitaines de ce régiment. Quelque temps après, les sieurs de Louvigny arrivèrent et voulurent que je les présentasse à ces officiers, ce que je fis; ils en reçurent aussi bien des civilités.

Enfin, après avoir été longtemps en ce lieu pour attendre

que toutes les troupes fussent rassemblées, on commença à marcher. Les escadrons de cavalerie suivirent les dragons bleus, et le sieur Duchesne, major de notre régiment, étant arrivé, nous le saluâmes de l'épée comme tout le régiment; croyant que ce fût le colonel, nous lui fîmes compliment; puis nous défilâmes à notre tour; nous eûmes de cette manière l'arrière-garde de toute l'armée. Les sieurs Petit et Desmoulins furent joindre le sieur d'Espinguen; et comme il les remit à les incorporer que la revue générale eût été faite, le sieur Desmoulins nous rejoignit et marcha tout ce jour avec nous. Nous trouvâmes le pays très difficile; l'armée marchoit sur deux lignes et dans des défilés perpétuels entre deux fossés garnis de bonnes haies d'épines ou des enclos de pierres sèches. Je ne pouvois assez admirer l'imagination de ces peuples d'avoir partagé avec tant de soin et de dépense les terres du monde les plus ingrates. Ce sont toutes collines remplies de joncs marins dans les meilleures, et les autres de bruyères sur des rochers. Cela n'empêche pas que tout ce pays ne soit entrecoupé de haies et de murailles comme j'ai dit. Les villages y sont fort rares, et par conséquent cette contrée fort peu peuplée. On n'a pas laissé de me dire que ces habitants sont riches. Nous marchâmes donc tout le jour avec beaucoup de fatigue pour la difficulté des chemins et la pluie : nous marchâmes jusques à la nuit, et étant tombés dans le quartier des gardes du corps, on y attendit longtemps les maréchaux des logis de notre régiment; mais comme quelqu'un de retour rapporta que nous étions encore fort éloignés de notre quartier, le sieur de Mavouits ne voulut point exposer le régiment dans un pays inconnu, dont personne n'entendoit la langue, durant une nuit très obscure. Il le fit camper dans un enclos; les dragons se postèrent le long des fossés, y dressèrent leurs tentes et allumèrent des feux. Les capitaines avec le colonel entrèrent dans une mauvaise maison près de ce lieu. Les sieurs de Louvigny, Desmoulins et moi restâmes à cheval longtemps dans l'espérance de trouver quelque couvert; mais ayant attendu en vain, et les valets du sieur de Louvigny et le mien nous ayant joints, nous tendîmes la petite tente dudit sieur de Louvigny au milieu du clos, nous y passâmes la nuit sur la terre mouillée; n'ayant pu trouver de fourrage dans ce lieu, nos chevaux en pâtirent.

Toutes les troupes décampèrent de bon matin, et nous marchâmes dans un pays pareil que celui du jour précédent avec bien de la difficulté. L'infanterie faisoit pitié par la pluie continuelle qu'il faisoit; sur le soir elle cessa et le temps se fit beau; nous logeâmes, l'enseigne et moi; nous fûmes assez bien. Ces habitants étoient si peu alarmés de notre marche, que notre hôtesse, qui étoit une veuve avec une fort jolie fille qu'elle avoit, ne fit point de scrupule de coucher dans notre chambre; nous les laissâmes dormir tranquillement et nous décampâmes de bon matin ; nous donnâmes trente sols à l'hôtesse, qui nous parut contente; toutes les troupes avoient ordre de payer partout. Nous continuâmes à trouver jusques à Exeter les mêmes chemins que les jours passés, et dans le voisinage de cette ville nous eûmes des boues horribles. Les habitants nous reçurent avec de grandes acclamations; nous y entrâmes l'épée nue, sans que cela leur fît peur. Notre régiment croyoit loger dans la ville; il y resta longtemps en bataille sur la place proche la maison de l'évêque. Comme nous avions marché longtemps la pluie sur le corps et par des chemins très fâcheux, nos chevaux se trouvant fort fatigués souffrirent très fort de cette longue halte, et d'autant plus qu'il nous fallut marcher fort avant dans la nuit pour loger. Enfin, ayant trouvé le quartier dont le guide nous avoit fort éloignés, le lieutenant-colonel avec qui j'étois incorporé me reçut fort civilement. Je trouvai grand feu dont j'avois bien besoin ; il me régala de volailles et gibier froid que quelques dragons avoient pris à un homme qui les portoit au prince. L'hôte, qui étoit un médecin, avoit fait embrocher quantité de viandes que nous lui fîmes réserver. Nous étions logés magnifiquement et bien couchés; mais comme j'avois perdu l'usage de l'être, je n'en dormis pas mieux. Je séjournai le lendemain dans ce lieu; mais comme l'hôte se trouvoit trop foulé, ce lieutenant-colonel, Slabanbak (*sic*), me fit prier par son enseigne de loger ailleurs, ce que je fis; cela cependant me déplut, car quoique je le fusse fort bien, et chez un médecin encore, qui même parloit un peu français, comme ayant demeuré à Saint-Malo en Bretagne, je prévoyois que je dépendrois toujours du caprice de cet officier. Je recevois bien des honnêtetés de tous, et les dragons avoient tout le respect pour moi, comme si j'avois été leur officier. Le sieur de Mavouits nous avoit voulu faire reconnaître à la tête du régiment; cependant il n'en fit rien; nous crûmes qu'il prévoyoit que nous ne serions pas longtemps avec lui; et en effet, le prince séjournant à Exeter pour y recevoir les seigneurs qui le venoient joindre et prendre des mesures, premier que d'entrer plus avant dans le pays, nous allâmes à la ville où je trouvai le sieur Desmoulins bien logé qui me reçut avec plaisir.

Je fus à la cour, où M. de l'Estang nous dit que l'intention du prince étoit que nous fussions incorporés dans la cavalerie et non dans les dragons. Ainsi personne de notre brigade ne retourna à notre quartier, dont je fus fâché, aimant ce régiment et croyant bien que s'il se passoit quelque action de vigueur, ce régiment en auroit la meilleure part. Le sieur Petit travailla et sollicita notre incorporation le plus fortement qu'il put; mais par malheur le comte de Nassau, général de la cavalerie, et M. d'Auverquerques se trouvant incommodés, ne purent y donner ordre. Le prince étoit accablé d'affaires plus importantes : peu de seigneurs étoient arrivés, et quelques jours se passèrent sans que les choses parussent aller bien. Les plus considérables habitants, à l'exemple de l'évêque, avoient abandonné la ville. Cependant peu à peu les choses changèrent de face, nombre de seigneurs nous joignit, quelques troupes même de cavalerie et de dragons abandonnèrent le parti du roi Jacques pour venir offrir leurs services à notre prince. Ce roi malheureux, ayant su notre descente, s'étoit avancé avec son armée que l'on disoit de plus de trente mille hommes des plus belles troupes de l'Europe. Il étoit venu jusques entre Salsbury et Exeter. Le bruit couroit qu'il marchoit à nous : cependant ne se fiant pas à son armée qu'il voyoit dans les sentiments de l'abandonner, il n'osa venir nous attaquer. Cependant le désordre où étoient nos troupes, la cavalerie surtout étant la plupart à pied, et le petit nombre dont notre armée étoit composée qui ne se montoit pas à treize mille hommes, lui donnoient moyen d'empêcher notre marche, s'il avoit eu quelques gens de vigueur et zélés. Nous avions à marcher par des défilés presque pareils à ceux que nous avions passés depuis notre débarquement. Cependant, Dieu frappant ce roi d'un esprit d'étourdissement et son armée d'infidélité ou de terreur, l'obligea à se retirer à Salsbury où il sembla vouloir faire ferme et nous attendre. Cela donna lieu à quantité de seigneurs de se venir ranger de notre parti, et donna vigueur à ce peuple de l'Ouest qui ayant été fort sévèrement puni pour avoir pris le parti du duc de Montmouth, craignoit le même traitement si notre prince ne réussissoit pas dans son entreprise.

Pendant notre séjour dans cette ville, chacun acheta des chevaux et les choses les plus nécessaires. Le sieur Desmoulins et moi en eûmes trois pour nos valets et bagage, et pour ne rien laisser de nos hardes dans ce lieu. Enfin lorsque l'armée fut en état de se remettre en marche, la cavalerie ayant été remontée, chacun se prépara à partir. Ainsi après six ou sept jours de séjour dans cette ville, le prince marcha; et n'ayant pu être incorporés, toute notre brigade s'étant rejointe au sieur Petit auquel le sieur de Scravemore, maréchal des logis de l'armée, avoit promis par ordre du prince de nous donner des quartiers, nous abandonnâmes Exeter.

Toute l'armée laissa beaucoup d'argent dans cette ville, chacun ayant eu besoin de quelque chose et ayant tout payé chèrement. Elle est la capitale de la province de Devon, fort marchande et abondante en manufactures de serges et draps qui est son plus grand commerce : les vaisseaux marchands viennent dans la rivière qui passe au-dessous de cette ville ; nos bagages y furent apportés par là ; elle n'est point fortifiée et est assez mal bâtie. Le prince logea dans la maison du doyen des chanoines, n'ayant pas voulu prendre celle de l'évêque qui, comme j'ai dit, s'étoit retiré, étant dans les intérêts du roi Jacques, lequel en reconnaissance lui donna l'archevêché d'York. Je vis là pour la première fois le service de l'Eglise anglicane. Comme tout l'extérieur du papisme y étoit resté, cela me surprit : les églises ont des autels, deux grands flambeaux aux côtés et un bassin de vermeil ou d'argent dessus, les chanoines avec le surplis et l'étole sont dans leurs bancs des deux côtés de la nef. Ils ont un chœur de petits garçons en surplis qui chantent avec eux ; leur musique me sembla belle, il y avoit des voix charmantes. Cependant comme cela est très opposé à la simplicité de notre Réformation, je n'en fus point édifié. Il y a dans cette ville une petite église française (1) et un assez petit nombre d'auditeurs de notre nation : ce qui me surprit, vu que cette ville et toute la contrée abonde en toutes choses et à bon marché. J'ai trouvé un tailleur de la paroisse de Lintot, nommé ....., assez bien établi. Il nous rendit tous les services qu'il put, et un bourgeois de Dieppe aussi. Nous partimes donc fort contents de ce lieu où nous avions été fort bien couchés : le maître de la maison étoit des plus riches, cependant il prit l'argent que nous lui offrîmes qui ne fut pas en fort grand nombre ; il parut fort content de nous et nous souhaita bien du bonheur.

---

(1) Fondée peu de temps après la révocation de l'Edit de Nantes. (J.-S. Burn, *History of the french, etc., refugies*, 1846 ; p. 129.)

Notre brigade se joignit hors la ville, et nous suivimes la route du prince. Le sieur Petit n'avoit pu obtenir de quartier en partant pour notre troupe par le départ précipité du sieur Scravemore : ainsi pour ne tomber pas dans les quartiers de l'armée, nous nous logeâmes le plus promptement que nous pûmes. Le lieu étoit bon, et nous y fûmes assez bien : nous résolûmes d'envoyer un officier au quartier général pour nous apporter les ordres nécessaires, ce qui fut exécuté. Ainsi, comme les troupes réglées, nous avons toujours été logés, et plus commodément que les officiers incorporés qui, dépendant des corps où ils étoient, avoient le chagrin de l'être toujours les derniers et presque toujours très mal. Nous, au contraire, n'étant jamais mêlés avec les autres troupes que par accident ou par la méprise dudit sieur de Scravemore, avons été toujours fort commodément.

Comme je ne prétends point faire l'histoire de cette grande entreprise que de ce qui me concerne, je laisse ce soin aux plumes mieux taillées que la mienne à instruire la postérité de cet événement si surprenant. Seulement je dirai que l'on n'a jamais vu marcher une si petite armée si gaiement et avec tant de confiance dans une saison aussi fâcheuse et dans un pays si sujet au changement. Les peuples, ravis de voir leur libérateur, se trouvoient à notre passage, et nous offroient des fruits et de la bière. Cela consoloit le soldat qui la plupart du temps étoit dans l'eau ou dans la boue : les officiers donnoient exemples, n'y ayant pas presque de subalternes soit parmi les Flamands ou les réfugiés qui eussent de chevaux. Cependant chacun courant comme à une victoire assurée, personne ne se plaignoit de la fatigue. Le roi Jacques abandonna Salsbury et son armée qui à son exemple nous laissa le pays libre. Il vint dans ce lieu quantité de seigneurs et de troupes nous joindre. Le prince de Danemark avoit quitté le roi et étoit venu trouver notre prince : à son exemple la princesse que l'on avoit observée après la fuite de son mari s'étoit sauvée de Londres. On détacha quelques officiers français pour aller au nord d'Angleterre se joindre à des milices que M. l'évêque de Londres et quelques seigneurs avoient levées pour la mener joindre son mari. Les sieurs de Louvigny, d'Escury et Bernatte, s'étant trouvés à Salsbury, eurent cette fatigue.

Nous ne nous arrêtâmes point dans cette ville qui est belle et des plus considérables du pays : nous trouvâmes pour lors des plaines, car depuis Exeter jusque-là, comme le prince, tant pour la commodité que pour la sûreté des troupes, n'avoit pas voulu faire prendre le droit chemin, nous avions côtoyé la mer et passé par des pays couverts ; toute notre artillerie avoit été traînée par des bœufs. Là, on prit des chevaux et nous entrâmes dans un beau pays, nous passâmes dans de grandes plaines où le roi Charles Ier avoit donné bataille contre les troupes du parlement. Son fils Jacques nous y devoit bien attendre, mais nous les passâmes sans voir d'ennemis, si bien que hors de ce qui s'est passé à Reading où cinq cents chevaux du roi furent défaits par cent cinquante tant cavaliers que dragons de nos troupes, il ne s'est pas tiré un coup de pistolet pour la conquête de ce royaume. Un seul cornette du régiment d'Harde, lequel étoit papiste, fut tué dans cette occasion. Notre colonel Marouïts commandoit ce détachement : je regrettai doublement pour lors de l'avoir quitté, mais je n'en avois pas été le maître, notre brigade ayant par un malentendu logé dans un quartier pour un autre par la conformité du nom près de Salsbury : nous nous trouvâmes ensuite dans un autre où le régiment des gardes à cheval arriva avec ordre comme nous. De peur d'être aussi incommodés que nous l'avions été à l'autre où le régiment du général Mac-Kay s'étoit rencontré, et qui par le peu de logement nous avoit obligés de coucher dans une grange sur un tas d'orge avec nos chevaux, nous allâmes, le sieur Desmoulins et moi, au quartier général nommé Anisbury, où nous vîmes les prisonniers que l'on avoit faits à Reading : on les amena au prince, et comme cette petite victoire donna de la joie au peuple, toute la contrée étoit accourue pour voir le prince et les prisonniers. Nous fûmes logés commodément, quoique il y eût toute la cour et les gardes, et nous en partîmes fort contents : nous rejoignîmes notre troupe dans un bon quartier. Là, nous apprîmes la dispersion du roi Jacques, et comme lui-même avoit voulu se sauver. Nous logeâmes ensuite près de Windsor, et comme nous étions parfaitement bien chez un hôte nommé Simon Perimen, sa bonne chère nous obligeant à en garder le souvenir, nous souhaitions fort y séjourner; le bonheur voulut que cela arrivât. Le roi Jacques, qui avoit envoyé faire des propositions d'accommodement au prince par le milord Halifax et deux autres seigneurs, n'ayant pas eu l'effet de sa députation, avoit pris le parti de la fuite; mais ayant été reconnu à Feversham, il avoit été arrêté. Cette nouvelle fut apportée à Windsor au prince, qui l'embarrassa et le fit séjourner dans cette maison royale : nous y fûmes faire notre cour et voir ce lieu dont la situation est fort belle; et comme nous y retournâmes pour y être au prêche, nous eûmes ordre de marcher. Le milord Duras, général de l'armée du roi (1), y vint trouver le prince; il y fut arrêté prisonnier. Le prince envoya assurer le roi qu'il n'avoit rien à craindre de sa part et qu'il pouvoit suivre la reine, qui quelques jours auparavant avoit passé en France avec le petit prétendu prince de Galles, ou revenir à Londres. Il prit ce parti-là et y fut ramené par milord Feversham ou de Duras qui, comme j'ai dit, fut ensuite arrêté.

Le retour du roi à Londres ranimoit son parti et pouvoit avoir des suites fâcheuses pour le prince : cela ne l'empêcha pas de marcher droit à Londres où il étoit attendu des gens de bien. Le régiment des gardes à pied y entra le premier, sous

---

(1) Lord Feversham, frère du maréchal de Duras et du maréchal de Lorges, tous deux neveux du vicomte de Turenne. (Voir la *France protestante*, art. *Duras.*)

la conduite du comte de Solms, son colonel et lieutenant-général d'infanterie, Il marcha droit à Whitehall et se mit en devoir de relever les gardes du roi qui s'y opposèrent : leur contestation lui fit prendre le parti de les débusquer de leurs postes, s'ils n'y vouloient pas consentir. Il fallut un consentement du roi pour les obliger à se retirer ; et ce roi malheureux, abandonné de tous, s'embarqua et s'en alla à Rochester. Un détachement des gardes eut ordre de le suivre et de le garder ; ce qu'il fit, jusqu'à ce que ce prince, voulant passer en France, se retira sans rien dire et s'en alla s'embarquer à Douvres (1).

(1) C'était le 23 décembre 1688, vieux style (2 janvier 1689). Il avait quitté Londres dans la nuit du 12 décembre. Dès l'avant-veille, le père L. avait écrit au provincial des jésuites à Rome, cette lettre caractéristique, naïve et cynique tout à la fois, qu'on trouve dans la *Collection des Mémoires relatifs à la Révolution d'Angleterre*, publiée par M. Guizot (Appendice au Journal de lord Clarendon, p. 416) :

« Londra, dec. 10 1688.

« Signor Guilielmo, mio padrone,

« Ecco finite tutte le belle speranze del progresso della santa religione in questo
« paëse ; il Rè e la Regina fugittivi, tutti li loro adherenti abandonati, un nuovo
« principe entrato, con una armata straniera senza una minima oppositione. Una
« cosa non più vista, ni udita, ni mentionata nell' historia : un Rè pacifico
« possessore del suo regno con una armata di trenta mila combattenti huomini,
« e quaranta vascelli di guerra, uscir del suo regno senza tirar un colpo di pis-
« tola... *Il gran male viene da noi medesimi* : la nostra imprudenza, avarizia,
« ambitione, hanno attirato addosso tutto questo ; il buon Rè s'è servito d'huo-
« mini deboli, furbi e sciocchi, e il vostro gran ministro che avete mandato
« qui n'a contribuito anche la parte sua... Basta, caro amico mio, qui è finito...
« La confusione qui è grande, non si sa quel ch'ha da essere, ne quel che sarà,
« ma per noi non v'è più ne fede ne speranza ; *siamo futti per questa volta* ; li
« padri della santa compania hanno contribuito la parte loro a questa ruina ; gl
« altri, vescovi, confessori, fratri, monachi, hanno caminato con poca pru-
« denza (1). »

Voir aussi, sur toutes ces affaires, l'*Histoire secrète des intrigues de la France*, de G. Lockhard.

(1) En voici la traduction :

« Londres, 10 décembre 1688.

« Seigneur Guillaume, mon révérend père,

« C'en est fait de toutes les belles espérances de voir notre sainte religion faire des progrès en ce pays. Le roi et la reine sont en fuite, tous leurs adhérents sont abandonnés, un prince nouveau est entré avec une armée étrangère, sans la moindre opposition. Chose qu'on n'a jamais vue ni ouïe, et sans exemple dans l'histoire : un roi, paisible possesseur de son trône, et

Notre-prince entra à Londres aux acclamations du peuple : toutes les troupes entrèrent en quartier d'hiver, et nous eûmes le nôtre à Sidguewort (1), à dix milles de la ville, sur le chemin de Watfort. On logea d'abord indifféremment partout, chez les gentilshommes comme chez les autres, comme on avoit fait pendant la marche ; mais au commencement de l'année il fut fait défense de loger que dans les cabarets selon l'usage et les lois de l'Etat, ce que l'on exécuta. Cela ne nous fit pas de peine au sieur Desmoulins et à moi, qui étions logés *à l'Ange*, et qui dans toute la route avons fui le logement de la noblesse que beaucoup ne faisoient pas de scrupule de choisir, ce que je ne pouvois voir sans quelque répugnance, jugeant d'autrui par moi-même qui n'aurois pas souffert en France cela volontiers. Nous entrâmes dans ce quartier le 15 de décembre 1688, de manière qu'en moins de trois mois cette expédition a été achevée. Le prince se logea à Saint-James : la cour y étoit fort grosse, les seigneurs du royaume s'assemblèrent en convention et prièrent le prince d'accepter la régence du royaume, ce qu'il fit. Il fut donc déclaré régent jusques à ce que tous les députés du royaume fussent assemblés pour composer un parlement, qui cependant ne prit que le nom de Convention, jusques à ce qu'ils eussent proclamé le prince et la princesse roi et reine. Il y eut de grandes contestations sur cette importante matière, surtout de la part des évêques. Enfin la chambre des communes, tout d'une voix, l'emporta, et Leurs Altesses furent proclamées le 14 de janvier 1689, dans la salle des banquets, avec les cérémonies accoutumées. Cette grande princesse étoit

ayant une armée de trente mille combattants et quarante vaisseaux de guerre, s'enfuyant de son royaume sans tirer un coup de pistolet... Le plus grand mal vient de nous-mêmes; notre imprudence, notre avarice et notre ambition nous ont attiré tout cela. Le roi s'est servi d'hommes faibles, fourbes et sots, et le grand ministre que vous avez envoyé ici y a contribué pour sa part... En voilà assez, mon cher ami, tout est fini... La confusion est grande ; il n'y a plus ni foi ni espérance; *nous sommes f..... pour cette fois*, et les pères de notre sainte compagnie ont contribué pour leur part à ce désastre ; tous les autres, évêques, confesseurs, rères et moines se sont conduits avec peu de prudence. »

1) Sans doute Sidgeworth

restée à La Haye, où, pendant que son époux s'exposoit aux périls, elle poussoit des vœux continuels au ciel pour sa conservation, elle passoit ses jours en jeûnes et oraisons, et à son exemple, toutes les dames de La Haye assistoient aux dévotions de cette illustre princesse; sa charité se répandoit sur celles qui en avoient besoin, et toutes en général ne pouvoient assez admirer sa piété et se louer de ses bontés.

On prenoit dans La Haye un intérêt sincère aux progrès de notre héros, mais on voyoit avec douleur approcher le temps où cette bienfaitrice de tous seroit obligée de les abandonner. Les peuples de Londres souhaitoient avec passion de voir cette princesse à qui appartenoit la couronne avec tant de justice et qui lui étoit offerte avec tant d'ardeur : aussi ne put-elle leur refuser cette joie lorsque les choses furent disposées pour cela; elle partit de La Haye après avoir reçu l'adieu avec larmes de tous les habitants qui en répandirent en sa présence en abondance. Lors du dernier sermon auquel elle assista, elle donna des marques publiques de sa reconnaissance, et on lui entendit dire qu'elle souhaitoit avec passion que les peuples d'Angleterre, et surtout ceux de Londres, la pussent aimer autant que ceux de La Haye. Elle partit pour La Brille, où elle n'attendit le vent que peu de jours : le ciel, qui prenoit soin de la conservation de cette illustre princesse, calma les vents qui depuis longtemps étoient terribles et contraires, et les rendit favorables autant qu'il lui en fallut pour passer ce trajet; et comme si Dieu eût voulu fermer le passage après elle, à peine fut-elle dans la Tamise qu'il s'éleva une tempête effroyable et qui mit plusieurs vaisseaux qui avoient pris son escorte en très grand péril.

Elle fut reçue à Greenwich dans les berges et conduite à Whitehall où le prince la reçut; la joie publique fut extrême, tout l'air retentissoit du bruit du canon de la Tour, des vaisseaux et du Parc : le carillon des cloches et les acclamations des peuples témoignèrent que tout s'intéressoit à son heureuse arrivée. Le lendemain on crut que se feroit la proclamation ; mais comme le roi Jacques avoit emporté avec lui les habits royaux, il fallut différer cette grande cérémonie jusques au. . . . . (1). La proclamation fut faite dans la salle des banquets, où les cris de joie ne furent pas épargnés. Je ne parle point du détail des cérémonies qui furent observées, puisqu'elles sont décrites par tant de plumes. Le sieur Desmoulins et moi nous rendîmes à Whitehall pour être participants de cette joie générale à laquelle nous étions si sensibles ; mais la sienne fut traversée par la prise de sa bourse dans la foule ; mais comme on lui laissa celle où étoit son or, il s'en consola très aisément, la perte n'étant pas considérable.

Le prince et la princesse donc proclamés roi et reine de ce royaume, nous fûmes quelque temps incertains de ce que nous deviendrions, si le roi nous retiendroit à son service ou s'il nous renverroit en Hollande avec les troupes de MM. les Etats. Nous leur avions prêté serment de fidélité ; la France leur ayant déclaré la guerre, ils levoient des troupes et nous pouvions espérer que nous ayant si bien reçus dans notre exil et payés pendant la paix, ils voudroient se servir de nous dans leur besoin : mais cela tourna d'une autre manière, le roi se déclara sur notre chapitre et témoigna nous vouloir garder. Chacun en eut beaucoup de joie, j'y fus sensible comme les autres ; mais je ne laissai pas d'être combattu de divers sentiments. J'aimois la Hollande de tout temps, j'y avois des engagements très forts, mon épouse y étoit établie ; j'y avois l'appui de mon généreux parent M. de Torcé, et quoique je crusse avoir quelque sujet de me plaindre de son oubli dans la levée des troupes qui se faisoit en Hollande, dont M. le prince de Valdec disposoit des charges, comme il étoit très bien avec ce général, j'avois cru qu'il me pouvoit aussi aisément faire donner une commission de cavalerie comme il

---

(1) En blanc dans le manuscrit. Elle eut lieu le 13 février 1688.

en avoit fait donner une d'infanterie au sieur Dumesnil-Vicmare (1), gendre de Madame de Beinviller, notre parente. Il s'étoit si bien justifié sur son peu de pouvoir dans la cavalerie et que m'ayant toujours vu vouloir y rentrer, il n'avoit osé me proposer une compagnie d'infanterie dans son régiment des deux que l'on y augmentoit, mais qu'il n'avoit pu refuser aux instantes prières de ladite de Beinviller d'en demander une pour son dit gendre, quoiqu'il n'eût jamais servi, afin de pouvoir faire subsister plus aisément cette famille dont il étoit chargé. Je m'étois payé de ses raisons, et comme je lui ai des obligations extrêmes, je n'avois pas moins d'amitié et de considération pour lui. D'ailleurs je regardois l'établissement en Hollande comme une chose plus stable, le royaume d'Angleterre n'entretenant point de troupes étrangères qu'avec une grande répugnance. Cependant puisque j'y avois suivi le prince, il étoit juste de lui obéir, étant mon roi et mon bienfaiteur. La chose donc arrêtée, chacun pensa à faire venir sa famille : lorsque M. de Ginckel, que j'avois prié d'en parler au roi, nous eut dit de sa part que non-seulement il le trouvoit bon, mais même que ceux qui voudroient les aller querir pouvoient passer avec les troupes qui retournoient en Hollande, je fis savoir cette réponse à mes amis et je me résolus à faire le voyage. M. Desmoulins voulut être de la partie. Lorsque cette permission fut divulguée, plusieurs me prièrent de les avertir de mon départ. Je le dis aux sieurs d'Escury et Petit, capitaines de notre brigade, de nos amis. M. de Ginckel m'avoit dit de donner un mémoire de nos noms au sieur de l'Estang, afin que l'on pût savoir ceux qui partoient, ce que j'avois fait. Le sieur de l'Estang ne l'avoit pas voulu prendre, me disant que ce n'étoit pas à des gens comme moi avec qui

---

(1) C'est probablement le même Du Mesnil Vicquemare, gentilhomme au Mesnil-Limbray, élection de Lions, qui sortit de France en mars 1686, abandonnant les biens considérables qu'il possédoit dans la Haute-Normandie. (*Archives de l'Empire*, TT, 261.)

on prenoit ces précautions, que l'on étoit sûr de mon retour et du lieu où l'on me prendroit en cas de besoin.

On parloit du voyage d'Irlande. Le comte de Tyrconnel, vice-roi de ce royaume, tenoit le parti du roi Jacques ; et l'on débitoit que lui-même en personne y étoit entré. La crainte que ce voyage ne se fît sans que j'en fusse, me tenoit en suspens : le bruit couroit que l'on devoit faire des régiments françois, et je ne voulois pas que mon absence me fît tort. J'avois objecté ces scrupules à M. de l'Estang, qui m'avoit assuré que je pouvois faire ce voyage puisque le roi le trouvoit bon : mais les sieurs Desmoulins, Tugny et moi voulûmes voir l'embarquement de la cavalerie qui se faisoit à Greenwich, nous y allâmes, et ayant parlé de mon départ audit sieur de Ginckel qui, avec M. le comte de Nassau, donnoit ordre à l'embarquement, il me dit qu'il auroit été fort aise que je ne fusse point parti que je n'eusse touché mon argent; il nous étoit dû trois mois à peu près de nos gages; mais nous fîmes réflexion sur ce discours que nous crûmes être un ordre tacite de ne point partir. Je voulus m'en éclaircir et voir ledit sieur de Ginckel, premier que de prendre ma résolution ; et comme à mon retour de Greenwich je trouvai les sieurs d'Escury et Petit dans la résolution de faire le voyage et d'aller prendre un congé de lui, je les priai de me dire la réponse qu'il leur auroit faite. Le lendemain, le sieur Desmoulins et moi nous les vîmes : ils nous dirent qu'ils avoient été refusés, que d'abord il leur avoit promis congé et avoit pris leurs noms, mais qu'ensuite, étant sorti de son cabinet où il étoit entré pour leur écrire, il leur avoit dit qu'il ne le pouvoit et qu'il leur en falloit un du secrétaire du roi; ainsi que ce refus-là les faisoit changer de dessein. Cependant cela ne me rebuta point, et résolu de n'y penser plus si j'avois la même réponse, nous fûmes, mon parent et moi, à son lever avec le sieur Petit, chef de notre brigade. M. le comte de Solms y arriva et nous entrâmes dans sa chambre. Du moment qu'il me vit, il demanda à ce général ce qu'il faisoit pour donner congé aux officiers d'infanterie qui vouloient aller en Hollande. Il lui répondit qu'il leur donnoit permission de la part du roi. Le tout fut dit en flamand, dont je savois assez pour entendre leur conversation. Alors ledit sieur de Ginckel s'adressant à moi me dit que de nos officiers lui avoient demandé congé pour le même sujet que moi, mais, que ne croyant pas le pouvoir faire, il leur avoit refusé : à présent qu'il vouloit en user comme M. le comte de Solms ; et le jeune Saumaise s'étant trouvé là, il le pria de m'écrire un congé et d'y employer les noms de ceux qui lui avoient demandé, ce qui fut exécuté. Je lui en marquai ma reconnaissance et il m'assura que mon voyage ne me feroit point de tort, et qu'il ne m'avoit rien voulu dire de mystérieux en me parlant de mon argent, et que je pouvois lui dire en quelles mains il vouloit qu'il le mît lorsqu'il l'auroit reçu, à quoi i travailloit avec application. Et en effet on ne peut assez se louer de ses bontés pour tous les officiers de cavalerie réfugiés. Ainsi donc, avec cette permission, nous allâmes au prêche de l'église des Grès (1) où je trouvai les sieurs d'Escury et Maricourt auxquels je montrai notre congé, dont ils furent fort aises. Nous nous donnâmes rendez-vous, et nous étant joints à l'heure dite, après avoir renvoyé nos chevaux au quartier d'Edgeware, nous prîmes la barque de Gravesend où nous arrivâmes à neuf heures du soir. Notre matelot nous mena loger *à la Corne*, où l'amiral de Zélande Heureson étoit : il retournoit dans sa province et ramenoit les vaisseaux de guerre qu'il avoit commandés. Il avoit été en mer tout l'hiver, et ils avoient besoin d'être radoubés. Nous le fûmes saluer dans sa chambre et lui demander un vaisseau pour passer avec lui, mais il nous remit à M. le comte de Nassau.

Le lendemain, à la pointe du jour, nous nous levâmes pour

---

(1) L'église des Grecs, dans le quartier de Soho, à Londres, désignée ainsi parce qu'elle avait été construite originairement pour les Grecs, avant que le culte s'y célébrât en français.

donner ordre à nos provisions ; nous les achetâmes en commun, et le batelier qui nous avoit amenés de Londres nous ayant avertis que la flotte étoit prête de mettre à la voile, nous montâmes dans sa barque pour l'aller joindre et chercher le vaisseau que montoit M. le comte de Nassau. Le jour étoit charmant et le vent très favorable. Après avoir vogué quelque temps sur cette belle rivière, nous abordâmes ce général. Maricourt et moi le fûmes trouver ; et en lui montrant la permission du roi nous le priâmes de nous donner un vaisseau ; ce qu'il fit obligeamment. Il nous envoya dans une frégate qui l'avoit apporté à la flotte, et dans laquelle il nous dit que nous trouverions le sieur de Montargis, écuyer de M. le maréchal de Schomberg, seul. Après l'en avoir remercié, nous le laissâmes dans son bord qui étoit le *Vice-Amiral de Zélande*. Cette frégate étoit assez près de ce vaisseau, nous la joignîmes promptement. Le sieur de Montargis nous reçut avec plaisir et nous dit qu'il s'estimoit heureux de n'avoir que quatre hommes au lieu de douze femmes dont M. le comte de Nassau l'avoit menacé. Comme il est d'une humeur fort enjouée, nous nous préparâmes à ne pas engendrer de chagrin dans notre voyage. Nous retournâmes lui et moi avec Maricourt à Gravesend, avec le maître du vaisseau aussi qui voulut que nous retournassions au bord du général pour lui faire voir qu'il nous avoit reçus, et être sûr que nous venions par son ordre dans son vaisseau. Nous ne tardâmes pas : le comte ne vouloit pas permettre d'aller à terre. Cependant le maître manquant de bière et nous pareillement, nous allâmes en diligence faire nos provisions, et du moment que la marée fut propre, les vaisseaux ayant appareillé, nous regagnâmes notre frégate et nous fîmes voiles.

J'admirai tout le jour la beauté du paysage qui règne le long de la Tamise ; et cette grande rivière qui serpente comme la Seine, nous donna le loisir d'en remarquer ce qu'il y a de plus agréable. Quoique le vent nous fût très propre, nous n'entrâmes en mer que le lendemain, même assez tard, par un accident qui nous donna beaucoup d'alarmes. La flotte avoit mis à la voile à soleil levant et voguant à plaisir faisoit beaucoup de chemin : l'amiral et le vice-amiral marchoient à la tête de tout, et notre frégate les suivoit de près : mais comme ces deux vaisseaux se fussent séparés de la flotte, et ayant pris sur la gauche environ à la hauteur de Harwitheed, nous fûmes tous surpris lorsque notre pilote vint arracher de furie le gouvernail des mains de celui qui le tenoit et nous dit que les deux amiraux alloient périr. Nous courûmes sur le tillac et nous vîmes ces deux vaisseaux ensablés. Ils tirèrent force coups de canon pour avoir du secours; mais pas un grand vaisseau n'en osa approcher, on leur envoya des chaloupes et toute la flotte mit en panne. M. le comte de Nassau envoya à notre bord pour faire aller notre frégate à lui; mais notre capitaine ne le voulut pas, et se sut fort bon gré d'avoir évité ce péril. Enfin, après bien du temps perdu, ledit comte monta un autre vaisseau et nous continuâmes notre route heureusement; et le mercredi à dix heures nous nous trouvâmes aux côtes de Hollande, et en peu de temps devant La Brille.

La flotte pour lors se sépara; tous les vaisseaux chargés de cavalerie entrèrent à Gorée pour aller mettre pied à terre à Willemstadt, pour de là gagner leurs garnisons; et nous, nous fîmes route pour Rotterdam. Mais comme il nous fallut mettre à la cape pour avec la marée entrer dans la Meuse, nous fûmes tous malades, la mer étant fort agitée et notre vaisseau peu chargé roulant extrêmement. Je n'avois reçu jusque-là nulle incommodité. Le sieur de Montargis et moi étions seuls qui n'avions rien donné à la mer; mais il fallut que je payasse tribut. Enfin la marée nous tira de cette peine et nous porta à Rotterdam où nous arrivâmes à quatre heures. Ainsi nous ne fûmes que trois jours à faire ce trajet, malgré le retardement que nous causa le péril où nous avions laissé ces deux vaisseaux, lesquels cependant ne périrent point. J'appris à La

Haye, au bout de quelques jours, qu'après avoir jeté en mer leurs boulets de canon, leur bière et ce qu'ils avoient d'inutile, la mer haute les avoit enlevés de dessus ces bancs, qui fut un grand bonheur, ces vaisseaux étant très considérables. Nous prîmes la chaloupe du moment que l'ancre fut jetée, et nous abordâmes à la Vieille-Tête, d'où nous fûmes loger *au Prince d'Orange*, dont le maître, nommé Cavelier, étoit de Dieppe.

Je fus au temple à la fin du sermon de M. de la Juganière; je rendis grâces à Dieu de mon heureuse navigation, et saluai tous mes amis et amies au sortir. Tous eurent bien de la joie de me voir. Le lendemain je rendis visite à MM. Jurieu et Basnage, à Mesdames de Boishubert de Lyon et Saint-Mars; et comme le sieur d'Escury étoit parti de bon matin pour La Haye, je le priai de voir mon épouse pour la préparer à ma vue, à laquelle elle ne s'attendoit point. Après avoir donc fait mes visites, je pris la barque pour Delft, d'où j'arrivai à La Haye chez mon épouse, dont la joie fut grande de me revoir après plus de cinq mois de séparation. Je la trouvai fort grosse, mais se portant assez bien et ses deux enfants. Je fus aussitôt rendre compte de mon voyage à mon bon parent, dont à l'ordinaire je reçus beaucoup de civilités, comme de Mademoiselle de Vanderhaven. Le lendemain je fus vu et visitai mes amis. Je trouvai La Haye presque désert, et ce lieu, dont j'étois enchanté devant mon départ, me devint insupportable en peu de jours. L'absence de la cour, la retraite des officiers français l'avoient si fort diminué de monde qu'il me paraissoit sans habitants. Le prince de Waldec cependant y étoit, et la levée des nouvelles troupes y devoit attirer du monde; mais cela étoit si peu considérable au prix de ce que j'y avois vu, que je ne savois plus où j'étois, et sans les dames que j'y retrouvai, j'aurois cru être ailleurs.

Je ne fus pas plutôt arrivé que je préparai mon épouse au départ. Je ne doutois pas que la séparation de Mademoiselle de Grosménil, sa sœur, ne lui causât de la peine; mais il n'y avoit pas à balancer. Il falloit qu'elle suivît ma destinée et qu'elle vînt partager la pension avec moi ; elle s'y résolut promptement, et je ne songeai qu'à une prompte retraite. Les vaisseaux qui portoient les équipages du roi étoient encore à La Brille ; le vent étoit toujours contraire pour aller en Angleterrre, et comme il étoit avantageux de se servir de leur escorte, je fis toute la diligence possible pour en profiter. Cependant la saison étoit périlleuse, et la lune de mars, dans laquelle nous allions entrer, obligeoit tous mes amis à me conseiller de n'exposer pas mon épouse aux périls de la mer dans une saison si sujette aux bourrasques, surtout en l'état où elle étoit. Je me sentois combattu de ces raisons ; mais d'un autre côté l'occasion étoit belle, et la certitude que le roi Jacques étoit en Irlande faisoit croire que le nouveau roi y enverroit des troupes ; et déjà tout Rotterdam débitoit que M. le maréchal de Schomberg, avec tous les officiers français, étoit prêt de se mettre en marche. Il m'étoit avis que tout le monde se fût moqué de ma tendresse si j'avois perdu l'occasion de ce voyage pour être venu querir mon épouse. Ainsi donc, après avoir fait deux voyages de Rotterdam pour prendre mes mesures, je me disposai à partir. Déjà Mesdames Petit et Goulon avoient pris les devants, et les autres se disposoient à les suivre. Madame d'Epe, femme de qualité et de mérite, bonne amie de mon épouse, vouloit être de notre troupe, comme Mesdames de Béthencourt et de Petitbosc, et chacune faisoit diligence pour cela. En peu de temps tout notre ménage fut rompu, et la flotte qui avoit mis en mer ayant été obligée de relâcher, me fit résoudre d'aller à Rotterdam attendre l'occasion. Je fis donc mes adieux comme un homme qui ne devoit peut-être jamais revoir la Hollande ; je vis Mesdames de Sommerdick, de Pardaillan, de Tors et autres qui restoient à La Haye, et ayant pris congé de M. de Torcé, lequel s'étoit justifié de bouche de son prétendu oubli et lequel m'avoit offert de demander pour moi la première compagnie de son régiment qui pourroit vaquer, dont je l'avois remercié ; ne pouvant faire cela sans préjudicier mon neveu d'Hérondeville (1) qui y servoit depuis longtemps. Après, dis-je, en avoir reçu bien des amitiés et même des présents et des assurances de la continuation de ses bonnes volontés, je lui dis adieu et à ma chère cousine de Vanderhaven. Ma petite Judith-Julie, dont elle avoit pris tant de soin, eut peine à la quitter et auroit fort souhaité rester avec ma belle-sœur à la société de La Haye pour être plus près d'elle ; mon épouse vouloit laisser ce gage de son amitié à sa sœur, et j'y aurois consenti ; mais voyant que M. de Torcé ne l'approuvoit pas, je crus ne devoir pas laisser cet objet de jalousie à Madame de Beinviller. Ainsi nous nous séparâmes de cette famille dont je ne peux assez me louer. Mon épouse fit ses adieux à Mademoiselle d'Opdam et à Madame de Vandermil, qui s'opposa fortement à son départ par la raison de l'inconstance de la lune de mars qui avoit commencé un lundi : mais moi, n'ajoutant pas foi à ces prophéties, la résolus à surmonter tous scrupules ; et ayant fait marché pour porter nos meubles à Rotterdam, nous les chargeâmes dans la barque où nous fûmes accompagnés par M. le marquis de Tors, de la maison de Ponts, et par Mademoiselle de Dangeau et Du Moulin (2), dont mon épouse avoit reçu bien de la consolation pendant mon absence ; et ayant pris congé de tous, nous partîmes de ce lieu avec quelque regret, et nous arrivâmes le soir de bonne heure à Rotterdam, chez Cavelier. Mademoiselle de Grosménil accompagna sa sœur, ne la voulant pas laisser qu'elle ne l'eût vue

---

(1) Une note de l'auteur, sur la généalogie de sa famille, nous apprend que son neveu d'Hérondeville fut tué en 1692, en Flandre.

(2) Suzanne Du Moulin, fille de Cyrus Du Moulin, ministre de Châteaudun, et petite-fille du célèbre Pierre Du Moulin. Elle épousa en 1684 Jacques Basnage. Voir, au 12 décembre 1682, une lettre d'elle à Bayle, qu'elle vouloit marier à sa sœur, Mademoiselle Jurieu. Marie de Marbais, sa mère, devint veuve le 20 octobre 1684. Elle est aussi appelée Mademoiselle Du Moulin dans les *Mémoires de Jean Rou* (I, 157 ssq.)

embarquée. Nous ne fûmes pas longtemps sans trouver occasion, car le lendemain de notre arrivée les vaisseaux dans lesquels les chevaux du roi avoient été embarqués il y avoit déjà plusieurs jours, furent contraints de revenir de La Brille pour prendre du foin et de l'avoine et descendre ceux qui se trouvoient fatigués. Ainsi cela me donna moyen de traiter avec un maître de flûte de Delphaven, nommé Jacob Wourdon, pour me passer avec ma famille et mon meuble. Le sieur Le Balleur, marchand de Rotterdam, originaire de Dieppe, mais établi richement en ce lieu depuis longtemps et fort connu de tous ces maîtres de vaisseau, me fit conclure marché par quatre guinées pour tout, et recommanda fortement de nous bien traiter, mon épouse étant son alliée. Ainsi contents d'être assurés d'un bon vaisseau, nous ne pensâmes plus qu'à faire nos adieux à nos amis et nos provisions pour être prêts au premier bon vent. Nous n'attendîmes que très peu : il se fit bon, et étant impatients de partir, nous dîmes adieu à nos amis et amies et montâmes dans notre flûte que nous fûmes joindre au milieu de la Meuse. La séparation des deux sœurs ne se fit pas sans larmes, mais comme elle fut précipitée cela ne dura pas : à peine eûmes-nous le loisir d'embrasser Mademoiselle de Grosménil, qui nous accompagna de vue tant qu'elle put. Nous avions pris avec nous Madame de Romaignac, femme du colonel des troupes boulonnaises : je m'étois fait un plaisir d'obliger cette dame qui, outre son mérite personnel, étoit épouse d'un homme de considération et que j'honorois extrêmement; elle avoit souhaité passer avec nous, et je crus lui faire plaisir de ne la laisser pas exposée à être pressée dans les autres vaisseaux. Toutes les femmes des officiers des garnisons d'Arnhem, de Nimègue et d'Utrecht étoient arrivées : la foule étoit grande. Ainsi, bien que nous-mêmes nous en pussions être incommodés, nous la reçûmes avec joie.

Nous mîmes donc à la voile, d'un très beau jour et d'un vent très favorable, pour aller à La Brille prendre les convois et le reste des vaisseaux : nous y arrivâmes au soleil couchant et on mouilla l'ancre. Nous étions commodément dans la chambre, mon épouse étoit assurée de la cabane du maître; elle l'offrit à Madame de Romaignac, qui se contenta de coucher sur son matelas dans la chambre où je fis aussi étendre le mien. Après avoir soupé, nous y reposâmes tranquillement dans l'espérance de mettre à la voile le lendemain; mais le vent se changea la nuit et nous obligea de rester à l'ancre tout le jour. On souffrit cela patiemment; car quoique le vent fût violent, on n'en étoit pas incommodé : notre vaisseau étoit chargé de quarante-cinq chevaux du roi, la plupart de carrosse. Il y avoit quantité de palefreniers avec leurs familles; et dans notre chambre étoit la femme du cocher, et celui qui étoit le contrôleur de l'écurie, nommé Bours.

Nous espérions que le vent se changeroit, et qu'après avoir soufflé si violemment il deviendroit favorable; mais en vain, les jours s'écouloient sans apparence de calme, le vaisseau nous devenoit ennuyeux, et les dames, mal couchées, eussent fort souhaité mettre pied à terre; cependant point de moyen. Ainsi nous passions les jours en vue de La Brille, et nous consolions de voir que nous étions une grosse flotte. Enfin du mardi jusques au dimanche personne ne sortit des vaisseaux : mais ce jour Dieu nous voulut donner moyen de l'aller invoquer dans son temple, le vent se calma, le matin le soleil nous apparut et nous fit prendre le dessein d'aller au prêche à La Brille. Je n'osai exposer ma femme fort grosse à la peine de monter et de descendre du vaisseau; et quelque envie que Madame de Romaignac et elle eussent d'y venir, il fallut qu'elles se contentassent de leur bonne volonté. Je pris donc place dans la chaloupe avec notre maître, et nous allâmes à terre dont nous n'étions pas éloignés, et en peu de temps nous fûmes à La Brille. Je fus chercher le ministre, jadis de Lintot, nommé M. Felle. Il eut grande joie de me voir, et moi de lui. Je fus au temple que je trouvai assez joli, mais peu d'auditeurs, et sans le débarquement de plusieurs passagers qui attendoient le vent dans ce lieu, il eût été mal garni. Au sortir, je saluai les dames de Boncour, de Petit, de Goulon et plusieurs de mes amis que j'y trouvai. J'entendis après dîner encore le sermon, après quoi nous reprîmes la chaloupe : le vent avoit augmenté et rendoit la rivière fort agitée. Cependant nous abordâmes notre vaisseau assez aisément. Je rendis compte à nos dames de mon voyage et leur fis les compliments de leurs amies. Le lundi il se fit tempête qui, continuant le mardi, nous empêcha de retourner à La Brille pour être au jeûne que Messieurs les Etats avoient ordonné de célébrer ce jour-là par toutes les provinces, à l'occasion de la guerre contre la France, et pour obtenir la faveur du ciel pour les grands desseins de notre nouveau roi; nous fîmes nos dévotions dans le vaisseau. Le mercredi, nos provisions se trouvant fort diminuées, et incertains ce que nous resterions en mer, je retournai à La Brille, quelque forte que fût la tempête. Ce n'étoit pas sans péril que j'entreprenois ce voyage; et en effet, au retour, le vent sur le soir s'étant renforcé, nous ne pensâmes jamais regagner notre vaisseau, quelque effort que fissent nos matelots. Enfin on nous jeta une corde qu'heureusement on attrapa de notre chaloupe : ainsi nous nous tirâmes d'affaire, tout le monde dans le vaisseau eut bien de la joie de nous retenir. J'avois fait de nouvelles provisions de pain, de vin et de viande, résolu d'attendre patiemment jusques au bout.

Mais le jeudi le vent continuant contraire, les vaisseaux où étoient les chevaux du roi eurent ordre de retourner à Rotterdam, ce qui fut exécuté. Ainsi après neuf jours d'embarquement nous nous retrouvâmes d'où nous étions partis. Nous logeâmes à *la Ville de Rouen*, chez Acar, bourgeois de Rouen : nos dames et nos enfants bien fatigués furent bien aises de ce retour. Je souffris ce retardement avec chagrin, et craignant d'attendre longtemps le vent, je me repentois d'être venu.

Mais enfin il changea tout d'un coup, et au bout de deux jours que nous eûmes été dans la ville, nous nous rembarquâmes et retournâmes à La Brille. Le lendemain il continua bon et nous mîmes à la voile dans l'espérance d'être promptement en Angleterre où nous croyions bien célébrer la Pâque. Nous entrâmes en mer sur les quatre heures du soir, et le vent, toujours bon jusques à minuit, nous poussa loin; mais en ce temps il se changea et nous devint contraire. Le jour venu il s'augmenta et nous n'avançâmes que peu; cependant on tint toujours la mer : battus de la tempête et la veille de Pâques nous mouillâmes l'ancre à l'embouchure presque de la Tamise; nous voyions les côtes et nous pouvions espérer de voir bientôt finir cette ennuyeuse navigation, mais en vain. Le jour de Pâques la tempête fut épouvantable; le lundi elle continua de la même force jusques au soir que le vent se calma un peu; mais avec le jour il se renforça d'une manière si terrible que nos matelots, croyant avoir perdu une de leurs ancres, commencèrent à désespérer de nous pouvoir tirer de là. Les passagers s'alarmèrent lors que tout l'équipage se mit à chanter le psaume de pitié qui est le XXIX^e(1). Mon épouse, qui étoit couchée dans sa cabane, se vint jeter auprès de moi, s'écriant que nous étions perdus. Ce fut lors que les cris de la mère et des enfants donnèrent à mon âme des peines cruelles, je me reprochois de les avoir fait périr et j'en étois inconsolable, je leur en demandois pardon de tout mon cœur. Cependant je ne perdis pas espérance, nos ancres tenoient encore et notre maître reprenoit courage : toute la journée se passa dans de cruelles alarmes; nous craignions un banc de sable auprès duquel nous étions, car sans cela, quand les ancres eussent manqué nous nous serions abandonnés à la mer; notre maître

---

(1) Ce doit être plutôt le psaume XXVIII:

O Dieu, qui es ma forteresse,
C'est à toy que mon cri s'adresse...

avoit des provisions suffisamment et nous assuroit que nous n'en manquerions point. Enfin le soir la tempête diminua un peu, et nos matelots, assurés d'avoir leurs deux ancres, nous en témoignèrent leur joie : nous eûmes pour lors quelque repos, nous reposâmes la nuit assez tranquillement, quoique la mer fût toujours cruellement agitée.

Le lendemain, le vent diminuant au matin, on se prépara à lever l'ancre : tous les vaisseaux arborèrent le pavillon de secours et n'appareillèrent que tard. Cependant le vent s'étoit augmenté d'une horrible manière; cela n'empêcha pas que nous ne missions à la voile pour gagner Harwich. Ce fut pour lors que nous eûmes besoin de toute l'expérience et de la vigueur de nos matelots, ou pour mieux dire du secours du ciel, car on ne peut courir plus de risque; notre vaisseau pensa renverser et donner contre terre, nous ne pouvions tenir assis, ni moins debout; nous étions couchés dans la chambre où c'étoit pitié de voir comme nous roulions; nos dames, plus mortes que vives, attendoient leur délivrance avec impatience; je tâchois à diminuer leurs alarmes de tout mon pouvoir, et quelque péril que j'aperçusse, je leur diminuois autant que je pouvois et j'y réussis si bien qu'elles n'eurent pas les mêmes alarmes que le jour précédent, quoique le péril eût été réel et bien plus apparent. Enfin après bien des efforts on doubla un cap qui, nous mettant à l'abri du vent, nous donna lieu d'entrer dans le port de Harwich. Jamais vous n'avez vu plus de joie ni plus sensible que celle que nous goûtâmes tous : chacun la témoigna et en rendit grâces à Dieu, et résolus de nous tirer de ce péril, je promis aux dames de les mener à terre le lendemain pour prendre les carrosses de Londres, et dans cette espérance chacun songea à se reposer. Le maître de notre vaisseau et tout son équipage étoient à bout : un jeune marchand d'Amsterdam nous fut d'un grand secours dans tout ce voyage; il entendoit parfaitement bien la manœuvre et travailla toujours vigoureusement.

La nuit ne diminua point la tempête ; elle fut cruelle, et le vent, mêlé avec la pluie, eût bien fait de la peine si nous eussions été en mer ; mais comme nous étions au port, nous dormîmes tous tranquillement. Il étoit déjà grand jour quand je sortis de la chambre pour aller sur le tillac, et lorsque j'y fus je vis avec joie le vent changé et très bon pour entrer dans la Tamise, et grand nombre de vaisseaux mettre à la voile. Je fis éveiller notre maître qui dormoit tranquillement, il se leva en diligence et fit appareiller : alors nos dames ne se soucièrent plus de descendre, et ayant égard à la grosse dépense que nous aurions faite par terre, résolurent de retenter la mer et virent lever l'ancre avec plaisir. Ainsi nous n'eûmes que la vue de ce petit lieu célèbre pour l'embarquement et pour la cherté de toutes choses : nos bourses se trouvèrent bien de n'y avoir pas logé. Nous rentrâmes donc en mer, et Dieu, pour mettre fin à notre peine, nous donnant un temps et un vent à souhait, nous fit voir de bonne heure l'embouchure de la Tamise où nous entrâmes avec bien de la joie. Le débris de quantité de vaisseaux dont les corps tout entiers apparaissoient, et les mâts avec des cordages des autres nous fut matière de bénir Dieu de nous avoir épargnés où tant d'autres peut-être moins criminels que nous avoient péri. Le beau temps nous permit de revoir à notre aise tout ce beau paysage qui borde cette grande rivière. Jamais la terre ne nous parut si belle ni ne fut plus souhaitée de nous : le vent continuant bon nous donna lieu de monter avec la marée par delà Gravesend où le soir on jeta l'ancre, et à la pointe du jour on la leva, et comme le vent étoit faible nous n'avancions qu'à peine. Cependant, sur les sept heures j'aperçus Greenwich, et étant arrivés devant Woolwich, je pris une petite barque pour aller chercher logis à mon épouse audit lieu de Greenwich. J'y arrivai à huit heures du matin, où je trouvai le frère du sieur Severin, ministre de ce lieu et ami de mon épouse, comme ayant été douze ans dans sa famille, tant à Grosménil qu'à

Prouville (1). Son dit frère étoit accompagné d'une demoiselle française nommée Catelet, auxquels ayant dit et mon nom et mon dessein, ils m'accompagnèrent pour trouver maison et me menèrent chez des femmes de Dieppe où j'arrêtai une chambre.

Cependant notre vaisseau avoit toujours avancé et vint mouiller l'ancre dans ce lieu : ainsi je n'eus pas de peine à faire descendre mon épouse. Madame de Romaignac voulant aller à Londres resta dans le vaisseau, et après les adieux faits nous rentrâmes dans notre barque et abordâmes Greenwich *au Bon Pasteur*, chez la bonne femme Turpin. L'arrivée de mon épouse ne fut pas plutôt sue de M. le marquis de Ruvigny que lui et Madame son épouse envoyèrent nous offrir ce dont nous aurions besoin. Je fus les saluer et leur en marquer ma reconnaissance. J'en reçus beaucoup d'honnêtetés, et non contents de cela ils me régalèrent de deux bouteilles de vin de Champagne et de sec. Cela ne servit pas peu à nous remettre des fatigues de la mer.

M. Severin qui, pour lors de notre arrivée, étoit absent de ce lieu, ne fut pas plutôt de retour qu'il vint marquer sa joie de notre heureuse arrivée à mon épouse et à moi : il s'offrit de nous rendre tous les services dont il étoit capable, et lui et plusieurs dames françaises s'employèrent à nous trouver logement. Nous ne fûmes que peu de jours sans y réussir : le hasard voulut qu'un vieux gentilhomme anglais en passant s'arrêtât à nos hôtesses et leur dit qu'il seroit bien aise de louer une partie de sa maison ; ce qu'ayant su, je le fus voir : il parloit bon français ; il me reçut fort civilement. Je trouvai l'appartement qu'il vouloit louer assez bon pour l'état présent de ma fortune : j'en traitai donc avec lui par sept pièces par an ;

---

(1) Il était auparavant ministre à Thorpe. L'Eglise française de Greenwich avait été fondée en 1686 par Ruvigny, qui s'y était retiré, venant de France avec ses deux fils.

nous y entrâmes aussitôt, et les trois mois qui se sont écoulés depuis mon retour de Hollande jusques à ce jour second de juillet, vieux style, ont passé comme une ombre, tant par la joie de se voir réuni avec son épouse que par les beautés de Greenwich, que par la bonne compagnie qui s'y rencontre, mais surtout la famille de M. le marquis de Ruvigny, dont la générosité et la charité pour les malheureux refugiés est un asile contre la nécessité et qui leur attire les respects et la vénération de tous ceux qui ont l'honneur de les connaître (1). M. et Madame Chardin y passent l'été, et mon épouse et moi en avons ressenti une joie extrême ; elle est parente et amie de longtemps de la dame, comme fille de feu M. de Lardinière Peigné, conseiller au parlement de Rouen.

Il ne faut pas oublier les honnêtetés de nos hôtes pour nous ; nous avons vécu jusques à présent comme si nous n'étions qu'une même famille et avec beaucoup d'agrément, et mon épouse en a reçu les assistances nécessaires dans son accouchement : elle a mis au monde un fils qui est né le 2º de juillet 1689, style nouveau, à quatre heures et demie, la lune entrant dans son plein, et cela un samedi ; et le jeudi 7 dudit mois, M. le marquis de Ruvigny et Madame Chardin me firent l'honneur de le présenter au baptême, et il fut nommé *Henri* par M. le marquis, qui est le nom de M. son père et le sien, et baptisé dans la maison de la Reine par M. de Rocheblaye, un des ministres de ce lieu. Le parrain et la marraine et la famille de mon hôte dînèrent avec moi. J'ai cru ne pouvoir mieux faire que de choisir ce couple illustre pour servir de protecteurs à cet enfant fait en Hollande et né en Angleterre. Leur générosité et leur charité feront sans doute qu'ils auront soin de son éducation, en cas que nous venions à manquer ; ainsi persuadé que Dieu qui l'a fait naître dans ces pays étrangers lui sera père, comme je l'en supplie de toutes mes affections,

---

(1) Voir à ce sujet le *Bulletin de la Société de l'Histoire du Protestantisme français*, t. X, p. 67.

je me prépare à suivre M. le maréchal de Schomberg avec le régiment de cavalerie que, par ses soins et sollicitations, le roi a fait lever, et dans lequel on a incorporé tous les officiers de cavalerie. Je suis dans la compagnie du sieur de Moliens l'aîné, et ai pour camarades d'incorporation le baron d'Antragues, Montargis et Lagrangerie. Le régiment est de huit compagnies; les capitaines qui les commandent sont les sieurs d'Avesnes, Casaubon, La Bastide, major sans compagnie, Belcastel, La Fontan, Moliens, Cussy, Tugny et Varenques : tous ces officiers sortant actuellement du service de France ont été préférés aux autres qui l'avoient quitté de plus longtemps. Cela cause des jalousies et des murmures; et je tâche de me mettre au-dessus de ces chagrins, n'étant pas sorti de ma patrie pour chercher ma fortune, mais la liberté de ma conscience.

Premier que de partir, j'ai eu le chagrin de la mort de M. le marquis de Ruvigny le père qui, dans le temps que nous comptions sur quelques beaux jours dont il pourroit encore jouir malgré quatre-vingt-cinq ans qu'il avoit, nous a été ravi d'une manière fort imprévue, puisque ayant assisté le jeudi 4 d'août de cette année 1689 aux prières et passé toute la journée sans sentir de mal, après avoir dormi tranquillement jusques à minuit, une colique violente l'emporta en quatre heures. On vint à cinq du matin m'annoncer cette triste nouvelle et me prier de prêter un de mes chevaux pour aller en donner avis à M. son fils aîné qui, quelques jours auparavant, étoit allé à Tunbridge voir la veuve du milord Russell, sa cousine (1). Je courus prendre part à cette perte, et ayant donné un de mes chevaux, le soir M. le marquis de Ruvigny arriva outré de douleur. M. Chardin et M. Le Coq, conseiller

---

(1) Fille de Rachel de Massue de Ruvigny et de Thomas Wriothesley, comte de Southampton. Elle avait été mariée en 1670 à William Russell, qui eut la tête tranchée en 1683. Voir à son sujet un article de M. Guizot, dans la *Revue des Deux-Mondes* du 1er mars 1855.

au parlement de Paris, furent quelques milles à sa rencontre et lui annoncèrent ce malheur dont il a été touché infiniment. Le dimanche en suivant, à cinq heures du matin, le corps fut porté sans pompe, par la rivière, en l'église de la Savoie (1), à Londres où, après les prières usitées dans l'Eglise anglicane, il fut inhumé. MM. Chardin, Le Coq, de Romaignac et moi accompagnâmes le corps et rendîmes ce devoir à cet illustre défunt, qui laisse après lui une mémoire digne de sa vie toute remplie des soins de l'Eglise en France, malgré la contrariété du siècle, et de celui de faire du bien aux réfugiés en ce royaume, dont il a été l'appui et le protecteur en toutes rencontres, et leur ayant fait des charités très grandes, de manière que cette mort a touché sensiblement ceux qui avoient l'honneur de le connaître. Madame son épouse et M. son fils, digne successeur de ce digne père, servent à consoler de ce malheur.

(1) Eglise française établie dans le Strand en 1661.

SUITE

DE CE QUI S'EST PASSÉ

DEPUIS MON DÉPART DE LONDRES POUR L'IRLANDE
LE 22 JUILLET 1689.

V

L'Angleterre s'étoit soumise avec une facilité extraordinaire à S. A. R. Monseigneur le prince d'Orange, et la conquête de ce puissant royaume ne nous avoit coûté que la fatigue d'un assez long voyage dans la plus fâcheuse saison de l'année. Les peuples de Londres avoient vu le couronnement de ce grand prince et de l'illustre princesse son épouse avec une joie parfaite; mais si l'Angleterre étoit tranquille, l'Ecosse ni l'Irlande ne l'étoient pas. Le comte de Dundee avoit armé en Ecosse quantité de mutins, et le duc de Gordon tenoit le château d'Edimbourg, capitale de ce royaume, pour le roi Jacques; mais le général Mackay, commandant les troupes du roi Guillaume, ayant tué dans un combat Dundee, dissipa ce parti et obligea le gouverneur d'Edimbourg à se rendre. Ainsi l'Ecosse, rangée sous l'obéissance de notre nouveau roi, l'obligea à penser sérieusement à l'Irlande qu'il sembloit négliger, et les seigneurs de ce pays, dont les biens étoient saisis parce qu'ils suivoient son parti, et protestants, se plaignoient très fort. Le retour du roi Jacques dans ce royaume, que le comte de Tyrconnel avoit maintenu dans son obéissance, fortifié de quelques troupes de France et de munitions de guerre, résolut de se défendre (1). Pour cet effet, ayant pillé et désarmé les protestants de cette île, il forma une armée considérable des papistes, tant de cavalerie que d'infanterie. Le roi Guillaume, ne trouvant pas à propos d'abandonner cette île jointe depuis si longtemps avec les deux autres royaumes, fit passer, le mois de juillet 1689, un corps d'infanterie de neuf à dix mille hommes, tant anglais et français que flamands, sous la conduite de M. le duc de Schomberg. Il ne falloit pas moins qu'un général de cette réputation, pour entreprendre d'entrer dans une puissante île ennemie avec si peu de troupes et sans cavalerie; mais sa longue expérience et sa fermeté lui firent surmonter toutes ces difficultés, et soutenant la justice de la cause du nouveau roi, il s'embarqua à Highlake, seize milles de Chester, avec toutes ses troupes et aborda cette île heureusement. Peu de jours après, il mit le siége devant Carrick-Fergus, qui tenoit pour le roi Jacques. Cette place fut attaquée avec tant de vigueur qu'en peu de jours elle fut contrainte de se rendre. Cela ne se put faire sans perte : le marquis de Venours y fut tué ; il fut fort regretté, aussi étoit-il fort honnête homme. Le sieur Briset, lieutenant au régiment des gardes flamandes, fut tué du premier coup de canon tiré de la place. Comme je l'avois connu en Hollande et que nous avions eu pareille aventure au Texel, je le regrettai quand j'appris sa mort. Il étoit papiste, et ce coup fatal fut de mauvais augure pour le parti. Cependant il ne fut pas seul; plusieurs officiers des régiments français, flamands et autres, y demeurèrent. Les Français commencèrent à ce siége à se faire connaître. Le général, pour ne pas pa-

---

(1) Jacques II avait débarqué à Kingsale, en Irlande, le 12 mars 1689, et avait fait à Dublin, le 24 mars, une entrée triomphante. Puis il y avait convoqué le parlement et sommé les rebelles anglais de rentrer dans le devoir.

raître manquer de cavalerie, fit monter à cheval quantité d'officiers des trois régiments de la Melonnière, de Cambon et de Caillemotte, lesquels entrèrent dans le pays jusqu'à Lorgain (1) et Portedone (2), d'où ils chassèrent les ennemis et portèrent la terreur partout.

Cependant que ces choses se passoient en Irlande, notre régiment marchoit toujours pour se rendre à Chester, et moi je faisois toute la diligence possible pour partir avec M. de Romaignac, porteur de brevet du roi pour commander ledit régiment. MM. Desmoulins et de Questebrune se disposoient pareillement au voyage, et ainsi nous partîmes tous quatre de Greenwich le dimanche 22 après-midi du mois d'août 1689. Mon épouse voulut m'accompagner à Londres, et ayant pris congé de MM. et dames de Ruvigny et de Chardin, et reçu les assurances de ces illustres personnes qu'ils prendroient soin de ma famille, et refusé les offres obligeantes de 50 pièces que m'offrit le généreux marquis de Ruvigny, nous nous embarquâmes et fûmes loger chez Madame de Lanie, jadis Mademoiselle des Auteux. Cette dame, des parentes et ancienne amie de mon épouse, nous reçut fort obligeamment; elle est de qualité et fort généreuse; elle conserve beaucoup de bonne mine après bien de la beauté. M. son époux, Anglais de naissance, l'épousa à Abbeville, où elle demeuroit. Il n'étoit que cornette pour lors, et se trouva fort heureux de posséder une fille de son bien et de sa naissance et d'une beauté à se contenter. Il fut peu de temps après capitaine de cavalerie. Le roi de France leva des troupes anglaises, et M. de Monthuc, ami dudit sieur Lanie, lui procura une compagnie. Il servit avec bien de l'honneur; le roi d'Angleterre ayant besoin de ses troupes, il les redemanda à celui de France, lequel fit des offres avantageuses audit sieur Lanie

---

(1) Sans doute Lurgan.
(2) Sans doute Portadown.

pour rester à son service, ce qu'il ne voulut point accepter. Ainsi il retourna dans son pays, où il fut très bien reçu de son roi Charles second et honoré d'emplois considérables comme de régiment, et par le roi Jacques de major général de la cavalerie, laquelle charge il a exercée dans l'armée du roi Guillaume, lequel il vint joindre avec son régiment après notre départ d'Exeter. Il étoit fort bien fait, et ce couple si bien assorti a vécu plusieurs années de bonne intelligence ; mais il s'y est mis de l'indifférence entre eux, de manière que la dame passe ses jours assez tristement à Londres. Cela n'empêcha pas qu'elle ne fît son possible pour nous réjouir ; et comme mon départ chagrinoit mon épouse, elle ne la voulut point laisser partir devant moi. Même Mesdames Ricaut, fille et nièce de notre hôte, qui nous étoient venues conduire, furent toujours régalées chez elle. Enfin le roi nous ayant fait donner de l'argent, je conduisis mon épouse au bateau et ces dames de Greenwich. Il y eut des larmes répandues sur notre séparation, mais enfin il falloit que cela arrivât. Je les laissai donc partir et vins dire adieu à Madame Lanie, pour être prêt le lendemain à suivre M. de Romaignac qui, à la tête de plusieurs officiers de notre régiment, partit de Londres le samedi 28 d'août 1689. Il avoit une route comme le régiment, et nous logions par billets. La saison belle rendoit les chemins secs et nous fit faire cette route commodément : nos journées n'étoient pas longues et nous avions du séjour. Mais M. le comte de Schomberg ayant passé en poste par un de nos quartiers, et marqué que le roi vouloit que le régiment et les officiers fissent toute diligence pour se rendre à Chester, nous obligea à faire de grandes journées, de manière que, quoique partis bien après le régiment, nous y arrivâmes aussitôt que lui, le samedi ensuite de notre départ de Londres.

Je trouvai de beaux pays dans cette longue route qui est de cent quarante milles. Comme il étoit tard quand nous arrivâmes et que le régiment étoit logé, je couchai chez Samson, notre maréchal des logis, avec les sieurs de Lagrangerie et Vervillon, mes camarades de chambre. Le lendemain, nous partimes pour Highlake, lieu de l'embarquement. On embarqua le soir les chevaux à sec à la marée basse ; la nuit nous fit de l'embarras, quelques chevaux s'égarèrent; mais le sieur de Vervillon ayant été après nous les ramena le lendemain au matin. Le mardi en suivant, on leva l'ancre d'un vent favorable. Nous étions vingt-quatre vaisseaux de compagnie, et notre chambrée, cinq valets et neuf chevaux étoient en même vaisseau, et le sieur de Boncour, second fils du colonel, Féron, Samson et Guerache et vingt-quatre cavaliers de Moliens. Le jour fut très beau et nous fimes une grande route; la nuit du mardi au mercredi le vent fut très violent et la mer fort agitée. Le matin nous côtoyàmes l'Ecosse, et le jeudi au matin nous découvrimes les côtes de l'Irlande ; mais le vent changea et nous fit de la peine pour entrer dans la Manche de Carrick-Fergus ; nous passàmes devant cette place qui étoit nouvellement réduite; elle paraît assez forte, et le pays d'alentour étoit bien cultivé. On jeta l'ancre à Whitehouse, entre Belfast et Carrick-Fergus, et il s'éleva une tempête terrible qui dura toute la nuit. Le lendemain du matin, on fit débarquer les chevaux; on les guindait en l'air et on les jetoit en mer. Comme elle étoit fort agitée et fort haute, ils nageoient presque et cela nous donna de l'inquiétude dans la crainte de les perdre. Cependant tout se débarqua fort heureusement : nous campàmes le long du rivage, et nos valets ayant trouvé un petit verger bien clos y dressèrent nos tentes; nous y fûmes fort commodément. Le vent continuant violent culbuta force tentes. Le lendemain nous marchâmes à Belfast où M. le duc et tous les généraux étoient; nous traversâmes la ville l'épée à la main et nous allàmes camper de l'autre côté. Nous fimes dresser nos tentes dans le bois pour nous parer du vent; nous joignîmes l'infanterie et plusieurs de nos amis nous firent visite. Je fus faire ma cour et voir la ville ; j'y vis

M. Dumont, blessé à la tête ; son frère Desmoulins le fut voir. Le lendemain toute l'armée se mit en marche et campa près de Lisburn, et le jour suivant à Dremore, de là à Brikelay. Nous trouvâmes partout des traces du roi Jacques qui en se retirant faisoit brûler les villages. Là nous eûmes nouvelles que le duc de Berwick, fils naturel du roi Jacques, étoit à Newry avec un gros corps de cavalerie : nous marchâmes pour le joindre dès la pointe du jour avec toute notre cavalerie, mais en vain : la terreur avoit pris ce jeune guerrier et le fit retirer avec tant de précipitation qu'il abandonna ses bagages et fit jeter son canon dans la rivière ; mais ayant su que nous étions encore éloignés de lui, il reprit ses bagages et fit mettre le feu à la ville. Nous trouvâmes tout embrasé ; nous visitâmes leur camp où nous trouvâmes bien des grains et des fourrages. Notre armée campa près de Newry, et nous y séjournâmes le lendemain jusques après midi. Il se fit un détachement de cavalerie où tous les officiers incorporés de notre régiment suivirent M. le comte Mesnart qui le commandoit. On s'assembla par-delà Newry, au pied de la montagne, et, sur le soir, on marcha vers Dundalk. Toute la nuit on traversa les montagnes par des chemins très difficiles ; on croyoit surprendre le duc de Berwick dans la place ; mais il ne nous attendit pas : il décampa en diligence. On fit halte devant le jour et nous souffrîmes beaucoup : la pluie et le vent furent terribles, la plupart des tentes furent renversées dans le camp ; j'étois sans manteau et eus lieu de me repentir de n'avoir pas pratiqué le proverbe ; il fallut avoir patience : le jour venu me sécha ; nous arrivâmes à soleil levant à Dundalk ; l'on fit halte et l'on débrida pour repaître. J'entrai dans la ville pour chercher à manger ; j'y trouvai peu de chose, tout ayant été pillé par les ennemis. L'armée ensuite arriva, et, les camps marqués, chacun prit son poste ; la situation de notre camp parut fort incommode, mais l'espérance de n'y pas tarder fit que même nous ne fîmes pas dresser notre terrain dans la tente que nous occupions; mais notre espérance fut vaine, l'armée manquoit de vivres, il falloit attendre les vaisseaux chargés de provisions qui étoient à Belfast et qui devoient se rendre à Dundalk. M. le duc résolut d'y séjourner; le vent contraire retarda leur arrivée, et chacun se trouva embarrassé quand les provisions furent consommées; les paysans ne nous apportoient rien, de manière que l'armée manqua de pain. Nous eûmes pareil sort, mais cela ne dura pas: le sieur de Vervillon, ayant trouvé des paysans qui apportoient des vivres au camp, nous amena trois charges de pain. Cela nous en donna suffisamment; nous en fîmes part à la compagnie dont les cavaliers pâtissoient. Le sieur de Lagrangerie et moi étions allés à Carlingford, croyant y trouver de quoi vivre, mais inutilement. Cette ville, qui autrefois a été grande, est située au bord de la mer, et doit avoir été marchande, mais n'est présentement qu'un désert. Les troupes du roi Jacques y avoient mis le feu, de manière que nous n'y trouvâmes que peu des habitants sans pain, que quelques galettes de fleur d'avoine, dont nous mangeâmes et nous en apportâmes au camp.

Enfin peu à peu les vivres abondèrent au camp et nous tirèrent de la nécessité; mais le roi Jacques entre temps s'approcha de nous; il se campa à deux ou trois milles de notre camp et posta ses vedettes à notre vue. Cette grande proximité faisoit croire que l'on ne seroit pas longtemps sans en venir aux mains; mais notre général ne vouloit rien hasarder, ni le roi Jacques rien entreprendre, bien que supérieur de beaucoup en troupes et particulièrement en cavalerie. Ainsi notre duc, se tenant sur la défensive, se contenta de faire retrancher la ville du côté des ennemis et y porter les gardes flamandes et le régiment de Carleson. On porta notre grand'garde fort avant de leur côté, et le petit corps de garde n'étoit pas à cinq cents pas de leurs vedettes. Nos généraux montoient tous les jours à cheval pour visiter les postes, et nous étions presque de toutes leurs courses. Tant que les fourrages durèrent de notre côté, on s'éloigna peu du camp.

Les marais nous séparoient des ennemis, et, n'étant point praticables, faisoient qu'on ne pouvoit s'approcher d'eux, et que même on n'avoit que très peu de connaissance de la situation de leur camp. Mais un après-midi dont nous avions été tout le matin avec M. le comte Mesnart de Schomberg, déclaré général de la cavalerie (qui avoit visité à l'ordinaire les postes et qui, ne voulant rien engager, m'avoit fait une légère censure sur ce qu'il trouvoit que je m'étois trop avancé pour découvrir le camp des ennemis), M. le duc nous joignit et témoigna qu'il seroit bien aise qu'on lui rapportât fidèlement leur situation et leur étendue, et pour cet effet ordonna à M. de Casaubon de prendre douze officiers incorporés de notre régiment et douze cavaliers, pour aller pousser leurs vedettes, se saisir de leur poste et considérer exactement leur camp.

Les sieurs de Montault, La Roquière et moi, avec le nombre dit, marchâmes aux vedettes; mon dessein étoit de séparer la troupe en deux pour tâcher de les couper, mais ledit sieur de Casaubon ne me le voulut pas permettre. Ainsi nous marchâmes tous quelque temps par un même chemin et à couvert, mais à certaine distance nous poussâmes à eux à toute bride. Ils nous firent leur décharge d'assez loin pour ne blesser personne et se sauvèrent aussitôt; nous nous emparâmes de leur poste et considérâmes à notre aise leur camp que nous vîmes de grande étendue. Nous distinguions fort facilement les tentes d'avec les baraques. Enfin, après l'avoir suffisamment vu, M. de Casaubon nous ayant joints avec quelques dragons qu'il avoit fait venir pour nous soutenir en cas que nous fussions poussés, il nous fit former trois petits escadrons et nous restâmes un assez long temps à la vue des ennemis. Cependant leur garde ne se mit point en état de nous pousser; elle fit quelque petit mouvement, mais si lent que, nous étant ennuyés de les attendre, M. de Casaubon, qui avoit ordre de ne rien engager, nous ramena sans vouloir que l'on allât plus loin.

Nous fîmes notre rapport à M. le duc qui en fut content; il ordonna ensuite de fourrager quantité de blés coupés et à couper, ce que l'on fit en diligence. Les ennemis avoient entre temps fait monter à cheval leur cavalerie, et leurs vedettes avoient repris leurs postes : ils nous virent fourrager sans nous inquiéter, ce qui nous surprit, vu leur grand nombre et le peu que nous étions. Ils pouvoient nous mettre en désordre aisément, tous nos cavaliers et dragons étant occupés à fourrager : ils ne s'en mirent point en effet, et se vengèrent à mettre le feu à tous les fourrages que nous laissâmes, et cela après être rentrés dans notre camp.

Le lendemain, je fus commandé avec le sieur de Moliens pour la grand'garde qui étoit de cent maîtres. Sur les dix heures du matin, M. le duc passa à nous et prit partie de la garde et ledit sieur de Moliens. Il me dit, comme j'étois dans un poste un peu gaillard, de l'avertir de ce qui se passeroit, et que ledit Moliens reviendroit me joindre avec la troupe. Je restai donc avec trente maîtres et un lieutenant et un cornette anglais. Je fis mettre mes cavaliers pied à terre et restai à cheval pour visiter mes vedettes. Les ennemis parurent d'abord par petites troupes et faisoient mine de vouloir venir à moi : cela me tenoit alerte. Enfin une vedette, qui étoit sur une grande hauteur, cria en anglais qu'il paraissoit un gros corps de cavalerie. Je poussai à lui et vis qu'il disoit vrai.

J'envoie aussitôt en donner avis à M. le duc. Le sieur de Moliens ramena les cavaliers de la garde et me pria d'aller trouver à Dundalk M. le duc qui y étoit retourné. J'y fus au galop et lui fis mon rapport : il étoit à table; il me demanda ce que je croyois que c'étoit que ce corps de cavalerie. Je lui dis que je croyois que c'étoit le roi Jacques, cela paraissant un gros corps sans ordre. Lors il me dit : « Nous nous sommes promenés, le roi Jacques en veut faire de même, laissons-le faire. » Il voulut me faire dîner; je n'en avois pas le temps : il ordonna que l'on me donnât du vin; j'en bus deux coups et revins à mon poste. Je trouvai que tout avoit disparu de ce grand nombre de cavalerie, à la réserve de quelques-uns qui n'osèrent jamais venir pousser nos vedettes, quoique fort avancées. Le soir venu, nous nous retirâmes près de la place ; la nuit, deux cavaliers des ennemis, bien montés, désertèrent, et s'étant venus rendre à un de nos postes avancés, on nous les amena. Ils nous confirmèrent que c'étoit le roi et sa cour qui avoient paru : on les envoya au général, et nous eûmes ordre d'entrer dans les retranchements. A minuit, on mit pied à terre, et le jour venu, nous retournâmes à nos postes : nous crûmes en arrivant que les ennemis s'étoient emparés du petit corps de garde, nous y voyions dix ou douze cavaliers qui marchèrent à nous. Dès que nous fûmes postés, on se prépara à les recevoir, et Moliens fit mettre pied à terre à des cavaliers pour les tirer plus sûrement; mais nous reconnûmes que c'étoient des *inesquilliens* (ce sont habitants de cette province qui ont joint notre armée et de qui l'on a formé des corps de cavalerie, d'infanterie et de dragons qui servent fort bien, et s'ils n'étoient point si picoreurs, sur lesquels on pourroit faire fonds (1). On les laissa passer, et à dix heures nous fûmes relevés. Je fus près de trente-six heures à cheval, sans manger ni débrider, mais jouissant d'une santé parfaite : je ne cédois en rien aux plus jeunes et vigoureux, et me faisant un point d'honneur et même plaisir de faire mon devoir avec beaucoup d'exactitude. Je supportois la fatigue aisément, quoique je ne perdisse aucune occasion de monter à cheval.

(1) « Les troupes d'Iniskilling qui sont en partie arrivées, paraissent de bonne volonté, et je crois qu'il y aura plus de fonds à faire sur elles que sur les régiments des milords irlandais... Il vaudroit mieux casser quelques régiments de ces nouvelles levées d'Angleterre dont je viens de parler et conserver tous les inniskilling (*sic*). » (Lettre de Schomberg à Guillaume III, du 20 septembre 1689, dans l'Appendice des *Mémoires de Dalrymple*.)

Il ne se passoit rien de considérable entre les deux armées; le roi Jacques avoit paru avec toute son armée, et même avoit publié qu'il vouloit donner bataille; mais notre général, sans faire monter à cheval que peu de troupes, le regarda tranquillement, et le roi se retira sans coup férir. Oncques depuis ne parut : il se tint enfermé dans son camp, et nous laissa la liberté de fourrager partout où l'on put avoir connaissance qu'il y avoit des fourrages; mais ils devenoient rares, et M. le comte nous mena deux ou trois fois jusques à dix et douze milles en chercher. La dernière fois qu'il marcha, le sieur Stuart, brigadier, vint à la tête de notre détachement demander huit officiers pour aller avec lui. Je marchai avec lui; il nous mena du côté des ennemis pour chercher des fourrages; nous vîmes paraître sur une hauteur deux cavaliers dont l'un se détacha et s'avança devers nous. Je dis lors au sieur Stuart que je croyois que c'étoient des ennemis; il me dit que non, cependant nous dit d'arrêter et qu'il alloit parler à lui; nous le laissâmes faire. Le cavalier s'étoit couvert d'une haie et d'un ruisseau : Stuart lui demanda en anglais le chemin de l'armée du roi Jacques; l'autre lui dit d'aller à lui, et à son tour demanda si ce n'étoit pas les fourrageurs du roi Guillaume qu'il voyoit. Il nomma le régiment dont il étoit, et entroit en conversation ; mais la cavale que je montois, qui étoit de grande vigueur, mais un peu inquiète, ayant marché, il crut que j'allois à lui, il baissa la main et s'en alla à toutes jambes. Ledit sieur Stuart devoit croire que nous n'étions pas loin des ennemis et nous lui dîmes tous. Cependant il nous fit suivre la route de ce cavalier sans plus de précaution; ce qui fit que nous pensâmes tomber dans une troupe de soixante ou quatre-vingt maîtres des ennemis qui, selon les apparences, vouloient donner sur nos fourrageurs : nous les découvrîmes, cela nous fit tenir bride en main pour observer leur contenance. M. Stuart détacha le sieur de Brasselaye pour en donner avis à M. le comte et lui demander du renfort pour les charger. Il ne nous envoya personne et nous restâmes jusqu'à la nuit à les observer : ils n'osèrent venir à nous et se retirèrent par derrière les montagnes, et nous au camp.

Le sieur Stuart se sut bon gré d'avoir évité cette embuscade, et nous dit que le roi Jacques se seroit fait un plaisir de lui donner à souper. Voilà ce qui s'est passé d'événements plus considérables où j'aie eu part pendant cette courte et fâcheuse campagne, dans laquelle nous avons plus perdu de monde que dans une bataille; car du moment que nous fûmes entrés dans cette île, les vents et la pluie nous attaquèrent. Rarement souffre-t-elle de grands hivers, mais est presque toujours battue des vents et des pluies. Notre camp étoit au bord d'un marais, couvert d'un côté de montagnes horribles, dont il sort des fumées perpétuellement comme d'une fournaise. La disette des vivres jointe au mauvais temps causa des maladies furieuses : les Anglais mouroient à milliers (1). Les colonels, capitaines et soldats des régiments français n'en furent pas exempts : beaucoup d'officiers et de soldats moururent. Un de mes amis et allié, nommé Bonel, fils du Fresné-Cantbrun de Caen, dont la mère, fille du secrétaire Cognart, étoit parente de ma première femme, mourut, dont j'eus bien du regret. Notre régiment fut attaqué de maladies : le sieur

---

(1) Story, qui accompagna l'armée en qualité de chapelain d'un des régiments anglais, et qui a écrit un journal de la campagne, a fait un triste tableau des maladies et des privations de toutes espèces qui affligèrent l'armée de Schomberg, au camp de Dundalk. Nous lisons dans les *Mémoires de Dalrymple* que sur 15,000 hommes qui, à différentes reprises, joignirent le camp, il en périt 8,000.

« La mortalité se mit tellement dans l'armée du duc de Schomberg, que les plus grandes défaites n'auroient pas tué plus de monde. Elle fut réduite à la moitié et cette moitié étoit affligée d'une infinité de maladies. Il n'y en eut pas 2,000 qui évitèrent la mort ou la maladie; ajoutez à cela qu'il y avoit une grande disette de toutes choses, et que la faim, qui est plus cruelle que le glaive, régnoit partout; que les pluies continuelles et mortelles les avoient terriblement affaiblis; qu'au dedans, ils étoient attaqués par la misère et au dehors par une armée considérable, etc., etc. » (*Abrégé de la vie de Frédéric, duc de Schomberg*, par M. de Luzancy, ministre de Harwich et chapelain du feu duc de Schomberg. La Haye, 1690.)

de Brugière, capitaine incorporé, et Bancelin, cornette de Tugny, moururent : le dernier, amant d'une belle Normande, lui causa maintes larmes. Les sieurs de Sainte-Hermine et Brasselaye, bien qu'ils eussent été très peu au camp, partirent malades. Le premier mourut à Chester, et l'autre presque aussitôt qu'il fut arrivé à Windsor : enfin ce n'étoit que morts ou mourants. Notre chambre se maintenoit des mieux, et quoique exposés au vent de mer et battus de furieuses tompêtes, pas un de nous n'étoit malade, et nous attendions avec assez de tranquillité que les ordres pour les quartiers d'hiver arrivassent.

Si notre armée périssoit, celle du roi Jacques n'en faisoit pas moins. Enfin il décampa au commencement de novembre, et on le laissa aller sans tour ni atteinte : ce fut le dimanche, 9ᵉ du mois. M. le duc en fut aussitôt averti ; il monta à cheval et nous le suivimes : il fut voir leur camp où ils avoient mis le feu. Ils s'y étoient fortifiés et avoient mis devant eux une assez bonne rivière et un marais, de manière qu'ils n'étoient pas aisés à forcer, y ayant entre eux et nous des défilés et des marais en quantité. Quelques jours après, M. le duc nous ramena par un autre chemin, et nous marchâmes devers eux ; on s'avança assez près, cependant il ne parut rien. Oncques depuis ne monta-t-on à cheval que pour décamper, hors une fois que M. le comte Mésnart alla pour surprendre une de leurs gardes; Maillerays y fut tué : faute de chevaux je ne pus y aller. J'avois été chez M. le duc, et là appris que M. le comte de Solms partoit de l'armée; je ne doutai pas que M. More, qui l'avoit suivi volontaire, ne l'accompagnât, je courus lui dire adieu; il me dit que nous décamperions bientôt, que toute l'armée s'en alloit en quartier et lui en Hollande. Je pris congé de lui, lui souhaitai bon voyage et l'accomplissement de son mariage avec Mademoiselle de Vandrehaven et le régiment de mon parent. Il a le premier souhait, et l'autre viendra dans la suite, ayant la lieutenancecolonelle dudit régiment. Je rapportai cette bonne nouvelle au camp, dont on douta quelques jours; mais enfin cela arriva, et nous levâmes le piquet. Le 15 novembre nous campâmes et cantonnâmes près de Newry; le lendemain nous logeâmes à Tanadragee, et le jour ensuivant nous arrivâmes à Lurgan. Nous logeâmes d'abord notre chambrée ensemble; mais le régiment étant trop pressé, M. le duc donna des quartiers d'élargissement : les compagnies tirèrent au sort, la nôtre resta à Lurgan avec partie de la maistre de camp, La Fontan, Cussy et Varengues. Alors chacun fut logé au large; il m'échut la maison d'une veuve nommée Anne Bridge qui, n'ayant dans la ville ni chambre pour me loger, ni fourrage pour mes chevaux, m'indiqua sa maison de la campagne à un mille de Lurgan, où je fus m'établir. Elle y avoit un fils et quelques meubles, et ses filles y venoient tous les jours. Ainsi seul dans ce lieu sans l'être, je me trouvois assez commodément : je pouvois sans peine aller de mon pied à la ville, ce que je faisois souvent, voyant toujours mon parent Desmoulins qui, avec MM. de Romaignac et de Questebrune, méditoit sa retraite. Ledit sieur de Romaignac n'avoit point commandé le régiment, les capitaines en pied s'y étant opposés et ayant fait roidir M. le duc contre cela, bien que chacun rendît justice à son mérite et convînt de ses services. Ainsi peu content, il se disposoit à partir; et comme nous étions venus de compagnie, il vouloit que je fusse de la partie. L'envie de revoir ma famille m'y portoit, et M. le duc avoit fait dire que ceux qui voudroient retourner en Angleterre eussent à donner leurs noms à M. de Casaubon, et qu'il donneroit un congé pour tous. Je donnai mon nom comme les autres, et il s'en trouva un grand nombre; cela déplut au général et le fit résoudre à le refuser à la plupart, et de n'en donner qu'à ceux qui vouloient quitter absolument le service, ce que je ne prétendois point faire. Dans ce temps, M. Dumont, mon parent, capitaine incorporé dans le régiment de La Caillemotte, tomba malade à Mountjoy, son quartier; il se fit apporter à Lurgan par le lac, chez le sieur Desmoulins, son frère; le sieur Du Bourgay, qui l'accompagna, tomba malade aussitôt. Je les fus voir l'un et l'autre; le premier fut jugé d'abord en péril, et je fis apporter l'autre chez mon hôtesse. Enfin la fièvre ayant continué six ou sept jours avec un grand flux au sieur Dumont, il expira dans nos bras avec une très grande résignation. Le Bourgay, jeune et vigoureux, fut fort malade, mais se remit en peu de temps. Je donnai ordre pour l'inhumation du mort et priai beaucoup d'officiers de notre régiment d'assister à ses funérailles. Je priai le squire Bromelay, seigneur du lieu, de trouver bon qu'on l'inhumât dans l'église ; ce que l'on fit moyennant huit schellings pour le ministre et les pauvres. Ayant ainsi donné mes ordres et regretté ce parent que j'aimois tendrement, et envisagé par application notre fragilité et le triste état où sa famille alloit être réduite, je partis pour Lisburn, où M. de Casaubon m'avoit donné rendez-vous, pour demander mon congé.

Je trouvai M. le duc à la promenade, dans le jardin. Du moment que le marquis de Cugny m'aperçut, il me joignit, et se doutant de mon dessein s'y opposa. M. de La Melonnière me parla sur le même ton, et tous deux me conseillèrent de ne point partir; ils m'ébranlèrent. Cependant au lever de la table du duc où j'étois, M. de Casaubon m'ayant aperçu, me fit signe de m'avancer. Il dit en même temps audit seigneur que je venois le prier de me donner congé d'aller voir ma famille : il me demanda si j'en voulois un absolu. Je lui répondis que je prétendois revenir, que je laissois mon équipage; mais qu'ayant laissé une femme et trois enfants sans subsistance, je voulois voir ce que je pourrois faire pour elle auprès du roi. Il me dit qu'il venoit de refuser le congé à des colonels anglais qui avoient leur famille en Angleterre et même des procès. Je lui repartis d'un air apparemment impatient et trop brusque que si ma famille étoit en France, je ne serois pas en peine de quoi elle subsisteroit. Mon ton lui fit me dire : « Modérez cette humeur française trop bouillante, » et au même temps : « Vous aviez tant d'empressement d'être dans mon régiment, et à cette heure vous le voulez quitter, voulez-vous me laisser seul? Eh bien, si le roi Jacques nous donne congé, nous nous en irons de compagnie. » Plusieurs me dirent à l'oreille que je l'avois chagriné : je lui demandai pardon si j'avois rien dit qui pût lui déplaire et lui promis de ne le point abandonner. Ce retour fut approuvé et m'attira les compliments de mes amis : M. de La Caillemotte m'embrassa et me marqua sa joie que je restois, et de son air gai me dit que je m'épargnois un enfant. Je fus dire adieu à M. de Romaignac, qui partoit très chagrin de n'avoir pas eu l'effet de sa commission; comme je l'honorois parfaitement, j'entrois dans ses sentiments; je lui mis huit louis d'or en main pour mon épouse et me séparai de lui à regret. Je fus prendre du sieur Moreau un mois de mes appointements et m'en revins à mon quartier. Peu de jours après, M. Desmoulins partit, bien fâché que je n'en faisois pas de même.

M. le duc nous mena à Armach; de là nous fûmes reconnaître Charlemont, château très fort situé près du lac, qui tenoit pour le roi Jacques. On nous tira plusieurs coups de canon qui ne tuèrent ni ne blessèrent personne. Au retour j'eus quelques paroles rudes avec Moliens pour le logement; au bout de quelques jours, ayant assisté à la sépulture du sieur de Maisonrouge, capitaine dans Cambon, que La Grangerie, son parent, avoit fait apporter chez lui où il mourut, et fait même plusieurs visites dans Lurgan; à mon retour, je soupai très bien avec Le Bourgay que j'avois fait venir chez moi, et le lendemain, veille de Noël, je fus pris d'une fièvre continue qui me mit à l'extrémité; elle me dura vingt-huit jours avec des transports au cerveau terribles et un dévoiement. Cependant Dieu m'ayant comme fait descendre au tombeau, m'en tira; mais je restai avec tant d'incommodités et si ulcéré que je languis tout l'hiver. J'avois une passion extrême de revoir ma famille ; M. le marquis de Cagny avoit obtenu de M. le duc mon congé ; mon épouse, qui m'attendoit, avoit parole de M. le marquis de Ruvigny que ma pension me seroit continuée sans servir. Cependant du moment que je sus que le roi venoit en Irlande, je pris la résolution d'y rester pour voir comme se termineroit cette affaire, persuadé que je verrois des choses dignes de ce grand prince.

La mort, pendant ma maladie, a fait de terribles ravages ; plusieurs officiers de notre régiment y ont passé. Le sieur de Louvigny, colonel incorporé, et La Grangerie sont morts, et plusieurs autres, tant officiers que cavaliers. Dieu m'a sauvé comme par miracle, et les soins des sieurs de Moncornet, Bourgay et Chauvel m'ont été d'un grand secours, et j'en garderai toujours le souvenir rempli de reconnaissance. Comme je n'écris que les choses où j'ai eu part, je n'ai point parlé du combat de d'Avenes et de Maricourt, ni de ce que le sieur de Saint-Sauveur a fait : son action a fait trop de bruit pour n'être pas sue en tous lieux. Je n'ai rien dit non plus des actions d'éclat de M. de La Caillemotte qui, pendant tout l'hiver, a désolé Charlemont, brûlé la ville, le pont et les bateaux, et réduit la garnison en telle extrémité qu'elle s'est rendue sans coup férir à M. le duc au commencement du mois de mai. La gazette a publié ces exploits, et moi j'ai fini cette relation le 9 de mai 1690, à Lurgan, prétendant continuer au retour de la campagne prochaine ce qui se sera passé de plus considérable, si Dieu me conserve la vie.

SUITE

DE CE QUI S'EST PASSÉ EN IRLANDE

PENDANT LA CAMPAGNE DE 1690.

VI

Le roi, que l'on attendoit de jour en jour, enfin arriva à Belfast le 14 du mois de juin de la présente année. Le printemps et les beaux jours avoient rétabli mes forces, et ayant fait l'épreuve si je pourrois supporter la fatigue du cheval, par un voyage que j'avois fait pour la première fois depuis ma guérison chez M. le duc (lequel avoit eu la bonté de s'informer de mon état pendant ma maladie), je ne balançai point à aller à Belfast. Je fus coucher chez MM. de Bernate et Montaut, de mes très bons amis; et le lendemain nous fûmes faire notre cour. La santé du roi et la gaieté peinte sur son visage nous fit tout espérer pour les heureux succès de la campagne. La cour étoit grosse, et chacun s'empressoit de témoigner à notre héros combien on étoit sensible à son heureuse arrivée.

J'attendois avec impatience un cheval que M. le marquis de Ruvigny m'avoit acheté, M. de l'Estang m'ayant dit qu'il l'avoit fait passer avec la compagnie des gardes du corps flamandes qu'il commandoit. Je fus à Whitehouse, où elles étoient campées : j'y vis le cadet Saumaise, exempt, lequel ne m'en ayant pu dire de nouvelles, après avoir dîné avec lui, je m'en revins tout d'une traite à mon quartier. Je fis ce jour-là plus de vingt milles sans être fatigué : je trouvai que M. de Bruneval m'avoit amené mon cheval, dont j'eus bien de la joie. Le lendemain au matin, nous fûmes voir cette nouvelle monture tant souhaitée, si longtemps attendue. Je trouvai un beau cheval ; mais le même jour, la chaleur étant grande et les mouches fort incommodes, mon cheval, pour s'en débarrasser, sauta les haies et les fossés : mes autres chevaux le suivirent, et revenant tous au galop devers l'écurie, il s'emporta le fer et la corne, ce qui me mit dans un grand embarras, croyant bien que nous marcherions dans peu en campagne.

Et en effet, le roi étant parti de Belfast le 22 juin, nous sortimes de nos quartiers et vînmes camper près de Brikelay, où toute l'armée avoit rendez-vous. Le lendemain, nous campâmes près de Newry, dans les prés ; la même nuit, M. de La Melonnière passa les montagnes avec les régiments français, et la cavalerie marcha dès la pointe du jour, et marcha par le bord de la rivière, par le pied des montagnes ; et comme on marchoit lentement, à cause des défilés perpétuels, la chaleur nous incommoda très fort. Enfin nous arrivâmes à Carlingford, où l'on fit halte et repaître les chevaux. Nous trouvâmes cette ville absolument brûlée et déserte, n'y ayant pas une âme : nous vîmes cela avec douleur. Nos chevaux ayant repu, nous marchâmes devers Dundalk où nous campâmes. Les ennemis, qui tout l'hiver y avoient travaillé et tenu garnison, l'abandonnèrent et ne s'opposèrent ni ne parurent pendant notre marche jusques à la rivière de la Boyne. Nous ne séjournâmes point près de Dundalk, dont chacun se réjouit, se souvenant des maux que nous y avions soufferts l'année précédente. Nous décampâmes le lendemain, et nous passâmes au travers de la ville et fûmes camper à un mille dans un fort bel endroit ; on y séjourna ; ensuite de quoi l'on marcha sans aucun obstacle en sept journées jusques à la Boyne.

A peine l'avant-garde étoit-elle arrivée que le roi voulut s'approcher de la rivière pour considérer de plus près le camp des ennemis, qui n'étoient séparés de nous que par cette rivière qui, de mer haute, n'est pas guéable en cet endroit. Les ennemis, qui avoient quelques canons en batterie, tirèrent sur le roi, et un boulet l'approcha de si près qu'il lui emporta partie de la manche de son surtout, rompit même sa chemise et lui fit une légère contusion. Cette nouvelle alarma toute l'armée, mais fit admirer les effets de la Providence et de la bonté de Dieu, dans le soin qu'il a pris de conserver si miraculeusement le prince, lequel, le lendemain devant le jour, fit passer la rivière à M. le comte de Schomberg avec la meilleure partie de la cavalerie, à un gué à deux ou trois milles au-dessus de notre camp. Il avoit pour lieutenants généraux le milord Portland et M. d'Auverquerques, et M. d'Espinguen, colonel des dragons flamands du roi, pour brigadier.

Le roi Jacques, qui étoit en personne dans son armée, eut sans doute avis de la marche de M. le comte; et craignant d'être coupé, il fit marcher son infanterie. Cependant nous nous préparâmes à monter à cheval : je me trouvai dans un petit embarras qui me chagrina, la selle de mon cheval de monture lui ayant été prise, cependant que nos valets dressoient nos tentes. Le sieur de Colombiers, lieutenant de la compagnie de Montargis, me prêta la selle d'un de ses cavaliers; et à six heures du matin, nous marchâmes du côté de Drogheda, sous la conduite de M. d'Oye, colonel flamand et brigadier. Notre régiment étoit séparé ; j'étois de l'escadron de Belcastel et en formois la gauche, et Hubac la droite. Il s'éleva un brouillard qui nous déroba la vue du camp des ennemis; sur les huit heures il se dissipa, et nous reconnûmes que les ennemis décampoient. Comme il y avoit des défilés, nous marchions lentement, et M. d'Oye changea notre ordre de bataille plusieurs fois, je crois pour donner le temps à la marée de se retirer. Nous passâmes par le poste de M. de

Casaubon, qui avoit été de garde avec son escadron assez près de Drogheda. Nous arrivâmes au bord de la rivière par un défilé où l'on ne pouvoit y entrer qu'un à un. Comme la marée étoit fort haute, nous la passâmes à la nage : les ennemis avoient quelque cavalerie sur la côte qui ne put souffrir le feu d'un régiment danois qui, passant à notre droite l'eau jusques sous les aisselles, leur fit malgré cela une décharge terrible qui les obligea à fuir à toutes jambes. Ainsi sans obstacle que ce que la profondeur de la rivière et la hauteur de la montagne, assez escarpée en cet endroit, nous fit, nous passâmes du côté des ennemis, et cela le 1er de juillet 1690. Le beau temps et la chaleur nous consolèrent aisément d'avoir été si mouillés ; mais notre douleur fut extrême lorsque nous apprimes la mort de M. le duc de Schomberg, notre général et notre colonel. Il avoit passé la rivière plus haut que nous, à un gué où l'infanterie avoit passé. M. de La Caillemotte, cadet de M. le marquis de Ruvigny, commandoit le détachement des trois régiments français, que l'on avoit fait passer pour chasser les ennemis qui avoient des troupes dans un petit hameau. Il y eut combat opiniâtre où ledit sieur de La Caillemotte fut blessé à la cuisse, et quantité d'officiers y furent tués ou blessés (1). Un de mes parents, nommé Dubuc, fils de ma tante Du Boisle, reçut un coup de mousquet dans la jambe. On chassa les ennemis de ce poste, et les régiments français marchèrent. Les ennemis avoient de la cavalerie derrière un côteau pour soutenir leur infanterie. Comme M. de La Melonnière marchoit aux ennemis, trois escadrons débusquèrent sur les régiments français qui les culbutèrent. M. le duc, qui n'avoit point de cavalerie, fit charger un lieutenant des troupes danoises qui étoit de garde au bord de la rivière. Cet

---

(1) « La Caillemotte-Ruvigny reçut aussi une blessure mortelle ; comme on le rapportoit couvert de son sang, au travers des régiments français protestants, qui marchoient vers l'ennemi : « *A la gloire ! mes enfants, à la gloire !* » leur crioit-il. » (Rapin-Thoyras, *Histoire d'Angleterre*. T. XI, p. 223.)

officier, qui n'avoit que quarante maîtres, n'étoit pas *bastant* pour résister à cette cavalerie; il fit son devoir, se mêla deux fois avec eux, eut deux chevaux tués et agit en brave homme; mais la partie n'étant pas égale, et notre général s'avançant trop, Montargis voulut l'obliger à prendre ses armes ou se retirer, voyant les ennemis revenir à la charge comme des furieux; aussi étoient-ils presque soûls, leur ayant été donné un pot d'eau-de-vie à quatre à boire pour les encourager. M. le duc ne voulut ni prendre ses armes ni se retirer d'abord. Cependant comme il y fut contraint par le grand nombre qui lui venoit tomber sur les bras, son écuyer Montargis, qui marchoit devant lui, ayant crié de prendre à droite, il prit à gauche; et cinq ou six cavaliers des ennemis ayant passé au travers l'infanterie, ils poussèrent après lui, et l'ayant reconnu à son cordon bleu, ils le blessèrent de plusieurs coups de sabre, desquels il ne seroit pas mort à ce que l'on croit; mais comme on tira sur ces cavaliers en passant, une balle perça la gorge de ce grand homme, dont il tomba mort. Ainsi finit ce héros à quatre-vingts ans (1).

Cette mort, que l'on cacha autant que l'on put, nous donna une douleur extrême, mais ne nous empêcha pas de marcher aux ennemis, qui avoient de la cavalerie pour couvrir leur infanterie qui se retiroit. Le roi Jacques ne sut pas sitôt le passage de notre armée qu'il se retira en diligence : nous nous trouvâmes en présence de trois escadrons de ses gardes et de

---

(1) Voici comment Rapin-Thoyras raconte la mort de Schomberg : « Au passage de la Boyne, le maréchal Schomberg ayant remarqué que ceux qui avoient déjà passé la rivière avoient perdu leur commandant et étoient en désordre, il poussa son cheval dans l'eau sans se donner le soin de prendre son habillement de tête, et ayant gagné l'autre bord : « Allons, mes amis, dit-il aux Français réfu« giés, rappelez votre courage et vos ressentiments, voilà vos persécuteurs ! » Il leur montroit en même temps de la main leurs ennemis, dont la plupart étoient des Français. Il n'en fallut pas davantage pour les animer, et leur chef, se jetant le premier sur les ennemis, fut enveloppé de quatorze ou quinze gardes de Tyrconnel, qui lui portèrent deux coups de sabre et un coup de carabine, dont il tomba mort. » (*Histoire d'Angleterre*. T. XI, p. 223.)

celles de Tyrconel. Le roi, qui avoit passé la rivière, vint à la tête de notre escadron et dit à Belcastel de charger, et ordonna qu'un escadron d'inesquilliens donneroit le premier et que nous le soutiendrions. Le commandant de cet escadron ne s'empressa point de marcher, et ledit sieur de Belcastel nous fit avancer avec défense de tirer; si bien que l'épée à la main nous marchâmes aux ennemis, lesquels avoient fait filer trente ou quarante grenadiers le long d'un fossé, qui nous firent leur décharge; et comme le roi passoit entre eux et nous, il essuya leur feu sans hausser le pas, et nous admirâmes sa fermeté. Il y avoit un fossé qui nous empêchoit le passage, et il étoit impossible d'aller à eux sans se rompre. Cependant le sieur de Belcastel nous fit entrer par où chacun put. Il se trouva un passage à notre gauche par où le sieur de Moliens et moi entrâmes. Je fus salué de deux coups de pistolet qui ne me blessèrent point; et comme il avoit passé des inesquilliens après nous, j'en allois percer un qui étoit près de moi, sans qu'il me criât qu'il étoit *inesquillien*. Je le reconnus au vert qu'il portoit au chapeau, qui étoit notre marque pour le ralliement et se reconnaître. Les ennemis portoient du blanc à la française. Je fus heureusement tiré d'affaire par deux de ces inesquilliens, qui croisèrent entre les deux cavaliers qui m'avoient tiré et moi. Nous nous mêlâmes parmi les ennemis et les rompîmes; mais le sieur de Belcastel, commandant de notre escadron, ayant été fort blessé, Varenques culbuté, le vent et la poussière nous étant contraires, notre escadron se retira en désordre, et sans pouvoir retenir les cavaliers qui se renversèrent sur moi; je repassai le fossé, et vis que tout s'en alloit. Je me trouvai seul et fort avancé devers un clos où il y avoit encore un escadron des ennemis qui me tirèrent plusieurs coups. Une balle perça mon justaucorps au côté qui donnoit sur la croupe de mon cheval sans le blesser. Je fus rejoindre l'escadron qui s'étoit rallié derrière le régiment de Chac, flamand. Moliens avoit fait le ralliement, Belcastel n'y étant plus ni Varenques ; il ne jugea pas propos à de nous ramener aux ennemis, quoique le baron de Neufville et moi l'en pressassions. Le roi repassa à nous, et nous blâma d'avoir chargé mal à propos ; et M. de Gatigny, son grand veneur, quelque temps après, me dit que nous avions été en furieux aux ennemis, et quoiqu'il nous eût crié par ordre du roi de faire halte, nous avions poussé notre pointe. L'humeur violente et emportée dudit sieur de Belcastel fut cause de notre désordre ; mais il en pâtit, puisqu'il mourut de ses blessures. Vervillon, mon camarade, y fut tué ; Hubac et plusieurs autres, tués et blessés. Dieu m'en garantit et j'en fus quitte pour mon justaucorps percé à deux endroits, l'un où j'ai dit ci-dessus, et l'autre au portant du coude du bras droit au revers de la manche, d'une balle de mousquet de ces grenadiers qui nous firent leur décharge.

L'escadron de Casaubon chargea à un autre endroit, et eut du désordre ; M. de Casaubon fut blessé à la tête ; d'Avène, commandant la mestre du camp, tué ; Bernaste, des Loires, blessés ; et Montault, qui vouloit faire parler de lui, fut tué pareillement. L'escadron de La Bastide ne donna point et ne perdit personne ; mais des deux premiers escadrons, il y eut plus de vingt officiers, tant de tués que de blessés.

Le roi nous fit marcher du côté de Drogheda : nous trouvâmes grand nombre de morts, les ennemis s'étoient retirés dans une précipitation terrible et avoient abandonné tous leurs bagages qui furent pillés. Nous fûmes longtemps en halte ; et sur le soir, nous eûmes ordre d'aller avec le colonel d'Onep, Danois, reprendre le poste de nuit pour la garde du camp. On suivit les ennemis jusques à la nuit : M. le comte leur avoit tombé sur les bras, qui en tua nombre ; mais comme il attendoit les ordres pour charger, qui ne venoient point, il avoit passé la plupart de leurs troupes, premier qu'il s'en mit en effet : il ignoroit la mort de M. son père. Nous attribuâmes à cette perte le peu d'ardeur que le roi témoigna à faire suivre les ennemis, dont la retraite, quoique assez précipitée, fut assez belle. Cette journée a fait assez de bruit dans le monde, pour ne manquer pas d'écrivains qui en feront le détail (1). Nous repassâmes la rivière de la Boyne par où l'infanterie avoit passé : nous trouvâmes grand nombre de morts et force débris du camp des ennemis. Nous passâmes la nuit au poste dit; le matin nous revînmes au camp. Je fus pour voir le sieur de La Caillemotte à sa tente : il dormoit, et son chirurgien me dit bien espérer de sa blessure. Je fus voir le sieur de Belcastel et Bernaste, mon ami, blessé d'un coup d'épée au bras. Ensuite de quoi on eut ordre de décamper, ce que l'on fit : nous eûmes le même spectacle que le jour précédent en revenant, les morts n'ayant point encore été enterrés.

Nous joignîmes l'armée à trois milles de notre camp : je reconnus l'endroit où nous avions chargé, et on y fut chercher le corps de Vervillon que l'on eut peine à retrouver. M. de La Melonnière se saisit de Drogheda qui ne fit aucune résistance : on y trouva quantité de munitions, le roi Jacques ayant fait de cette place un magasin. L'armée prit la route de Dublin où nous arrivâmes; nous campâmes près de la ville dans un fort bel endroit. Le lendemain, qui étoit un dimanche, je fus au prêche : le roi y étoit, auquel on mit la couronne d'Irlande sur la tête avec les cérémonies accoutumées. Cette ville est grande et belle : le lundi j'y retournai; le mardi le roi fit la revue de toute l'armée qui, le mercredi,

---

(1) Il existe une grande et belle gravure hollandaise, représentant le passage de la Boyne ; elle porte la suscription suivante:

Victoire remportée par le roy Guillaume III sur les Irlandais, à la rivière de Boyne en Irlande, le 1ᵉʳ juillet 1690, désigné après la nature et peint pour le roy et gravé par Théodose Maas.

On y voit le roi Guillaume III à la tête de la cavalerie, suivi du prince George de Danemark, du duc d'Ormond et du général Ginckel. On distingue aussi la place, entourée de quelques mauvaises petites huttes, où Schomberg fut tué. Dans le lointain, et sur la rivière, apparaît la place forte de Drogheda.

Pour se faire une idée plus complète de la bataille, il faut lire le saisissant et pittoresque tableau qu'en a tracé l'éminent historien Macaulay.

marcha et fut camper à quatre milles de l'autre côté de la ville. Le baron de Neufville et moi fûmes au dîner du roi, et de là à Dublin. Deux jours après, le roi nous fit donner de l'argent, et nous touchâmes vingt-huit jours de nos appointements. Quand nous passâmes à Dublin, nous y apprîmes la mort de M. de La Caillemotte qui s'y étoit fait transporter. Tout le monde le regretta fort comme un très brave homme, et moi comme mon ami particulier. Le sieur de Belcastel ne le survécut de guère, et y mourut pareillement de ses blessures.

L'armée marcha du coté de Carrick : je fus détaché pour aller joindre M. d'Espinguen, colonel des dragons flamands et brigadier de cavalerie. Il étoit parti avec un gros détachement de toute l'armée pour se saisir de Wexford et Waterford, de Duncannon aussi qui tenoit pour le roi Jacques. Tout étoit sans tentes : on me donna quarante-cinq maîtres et trente-cinq dragons auxquels on ordonna de porter les choses nécessaires au détachement. J'avois avec moi un lieutenant du régiment de L'Anié et un cornette des dragons d'Espinguen. Je partis par ordre de M. le comte de Schomberg et fus camper au-dessus de Grès, petite ville où paraît y avoir eu une très belle abbaye, mais toute ruinée. A la pointe du jour, je marchai du côté de Duncannon par des chemins épouvantables, des montagnes et rochers affreux. Ensuite de quoi j'entrai dans un assez beau pays : je fis repaître et vins camper à deux milles de Duncannon où les ennemis avoient une bonne garnison. Quand j'eus fait débrider les chevaux dans un pré bien enclos, je visitai le terrain, et voyant que tous les chemins, en cas que la garnison de Duncannon eût nouvelle de ma marche, pourroient être occupés, ce que je pouvois craindre, plusieurs protestants m'étant venus trouver et m'ayant dit que la nuit précédente un détachement de la garnison avoit brûlé cinq villages, et qu'un de ceux qui me parloient avoit beaucoup perdu, et qu'ils me prioient d'envoyer un parti de ce côté-là pour empêcher leurs courses ; cette nuit je ne pus pas leur accorder leur demande, n'ayant pas ordre d'envoyer de partis et ma troupe étant fort fatiguée. Mais de peur d'insulte, je fis passer la rivière et me postai sur la montagne ; et ayant posté des vedettes sur toutes les avenues, je passai la nuit tous les chevaux bridés.

J'avois envoyé à M. d'Espinguen lui donner avis que je marchois pour le joindre et le prier de m'indiquer un rendez-vous. Mon homme me revint devant le jour avec une lettre dudit sieur d'Espinguen, par laquelle il me prioit de marcher à sa rencontre du côté de Wexford, ce que je fis. Je décampai à la pointe du jour et vins repaître chez un quacre (quaker) qui me reçut fort bien ; il me donna très bien à déjeuner et à tous mes officiers et du lait à tous les cavaliers et de la bière. Ensuite de quoi les chevaux ayant bien repu, je montai à cheval : le quacre se plaignit que l'on lui avoit volé quelque chose. Je fis fouiller tous les cavaliers et dragons, et châtier ceux qui se trouvèrent coupables. Ensuite je marchai : au bout de cinq à six milles, j'aperçus du côté de Wexford de la cavalerie qui venoit à moi et quantité de bestiaux. J'envoyai un cornette de notre régiment reconnaître ce que c'étoit. Il me rapporta que c'étoit M. d'Espinguen et son détachement : j'avois fait halte sur une hauteur à un carrefour où ledit sieur me vint joindre ; il me fit caresse, le connaissant de longue main : il me dit qu'il étoit fort aise de me voir, mais fâché de me donner l'embarras de faire conduire à l'infanterie du roi un très grand nombre de bestiaux que les papistes avoient pris sur les protestants et qu'il avoit repris des papistes ; que cela me feroit de l'embarras, mais qu'il avoit ordre de M. le comte de Schomberg de me les remettre entre les mains. Cette commission me déplut, et lui marquai que j'aurois été bien plus aise de rester auprès de lui qui alloit à Waterford et Duncannon, ayant réduit Wexford. Il me dit fort obligeamment qu'il en auroit été ravi, mais qu'il falloit que j'eusse cette corvée. Il fallut obéir, et après avoir fait décharger mes cavaliers de ce qu'ils avoient pour leurs camarades du détachement d'Espinguen, je marchai avec tous mes animaux qui consistoient à plus de quatre mille moutons et chèvres, trois ou quatre cents bœufs et vaches, et deux ou trois cents petits chevaux. Je marchai ce jour-là jusqu'à un lieu nommé Adamston ; je passai la nuit dans un vieux château, je fis faire garde exacte au bestial. Le lendemain de bon matin, je fis marcher cet attirail, ayant commandé des gens pour marcher à la tête, et dans les intervalles les partis étoient à craindre et difficiles à éviter, ayant à passer par des chemins horribles et des montagnes affreuses. Nous eûmes avis que quelques cinquante chevaux avoient paru, même je vis sur une montagne quelques cavaliers : je détachai quelques dragons après, et oncques depuis rien ne parut. J'arrivai le soir à Grès où je fis camper mes gens dans un pré au bord de la rivière : j'en partis de bon matin, ayant su par M. de La Melonnière, à qui j'avois envoyé, le lieu où je pourrois joindre le roi. Je fis une grande traite ce jour-là et fus fort incommodé de la chaleur. J'arrivai sur le soir à l'armée du roi, et ayant mis ordre à tous mes animaux et fait mettre pied à terre à ma troupe, je fus trouver le roi. Il étoit sous sa tente qui n'étoit pas encore achevée de dresser : je le saluai et lui dis le sujet de mon voyage et que je suppliois Sa Majesté de me décharger de cet embarras pour pouvoir rejoindre l'armée et ramener mon détachement qui étoit fort fatigué. Le roi sourit et marqua de la joie que j'eusse amené ce rafraichissement à son infanterie qui commençoit à avoir disette. Il me pressa de lui dire le nombre des espèces : je le suppliai de m'en dispenser, M. d'Espinguen ne m'en ayant point chargé par compte ; que j'avois apporté mes soins à ce que tout fût amené sûrement, que j'étois sûr que le nombre n'en avoit pas diminué ; au contraire, que les conducteurs amassoient tout ce qui se trouvoit sur la route.

Le roi me dit d'aller trouver milord Portland, jadis Bentinck, son favori, auquel il avoit donné des ordres pour moi ; et que pour ce qui étoit de mon retour, que je ne pouvois joindre l'armée ce jour-là, que je camperois à un mille ou deux de la sienne, et que si je m'en allois, la moitié de ce que j'avois amené seroit friponné, premier que je l'eusse livré. Je lui fis la révérence et me retirai. MM. les comte de Solms et marquis de Montpouillan me voulurent de même obliger de dire le nombre fixe de tous ces animaux, pour les pouvoir distribuer également à l'armée ; ce que je ne voulus point, et leur fis la même réponse qu'au roi. Je fus trouver le milord duquel j'avois l'honneur d'être connu dès La Haye : je le priai de me tirer de l'embarras où j'étois ; il me dit qu'il le feroit avec plaisir, et que pour cet effet il m'alloit envoyer l'adjudant général pour lui remettre entre mains tous les bœufs, vaches et moutons ; et au regard des chevaux, que je ne les livrasse point au même, et qu'il m'enverroit homme pour cela. Je pris congé de lui, et fus rejoindre ma troupe fort ennuyée de m'attendre. Le jour commençoit à finir ; je n'attendis pas longtemps l'adjudant qui, avec tous les sergents des corps, arriva : je lui fis remettre en diligence toutes les bêtes susdites. Et le lieutenant du sieur de Boncourt, colonel de cavalerie, étant venu avec ordre de prendre les chevaux, je les lui remis.

Ainsi tiré de cette importune commission, je montai à cheval et fus chercher lieu derrière l'armée du roi pour passer la nuit : nous étions sans tentes ni provisions ; je fis débrider dans un herbage le plus tôt que je pus, la nuit nous pressant de trop près. Je passai fort désagréablement cette nuit, sans tente et sans manger : la pluie nous fit monter à cheval de bon matin. Je repassai par la tente du roi, croyant que quelqu'un me pourroit dire la route que je devois tenir pour rejoindre notre cavalerie, que milord Portland m'avoit dit être devers Clonmell. Je parlai au marquis de Montpouillan qui ne m'en ayant pu instruire, je traversai les camps de l'armée et gagnai le pied des montagnes, marchant à peu près du côté que l'on m'avoit indiqué. Enfin ayant trouvé un guide, je traversai des montagnes fort difficiles; et descendant dans une fort belle plaine, je découvris notre camp où j'arrivai après six à sept jours de marche, ayant toujours campé à la belle étoile. Il ne m'arriva, grâce à Dieu, aucun désordre; et, hors un des conducteurs du bétail qui s'étant trop tardé derrière, fut tué près de Grès, je ne perdis rien. Aussi n'y gagnai-je rien, dont le sergent L'Anié me blâma; mais je n'ai jamais aimé à picorer; je laissai prendre quelques petits chevaux au cornette de dragons, et nous nous séparâmes à la tête du camp.

J'eus bien de la peine à tenir mon détachement dans le devoir, étant composé de toutes les nations presque de l'Europe: le lieutenant parloit françois, et le cornette flamand et allemand. Ils me furent d'un grand secours, étant bons officiers et exécutant mes ordres bien exactement. Cependant quelque soin que je pusse apporter, cette course ne se fit pas sans quelque désordre, et être obligé de maltraiter quelques cavaliers et dragons. Je fus rendre compte de mon voyage à M. de Schomberg, et vins me reposer, dont j'avois besoin. Notre armée séjourna quelques jours dans ce camp près de Clonmell. Cependant le roi arriva à Carrick, et nous sûmes qu'il quittoit l'armée pour retourner en Angleterre. Je fus dire adieu à mes amis, et vis le départ de ce monarque avec chagrin. Les gardes du corps flamandes s'en allèrent de notre armée.

Le régiment du comte de Schomberg, et les dragons du roi anglais et l'infanterie nous joignirent, et nous décampâmes de Clonmell, et marchâmes du côté de Limerick sous la conduite du comte de Solms; nous fîmes plusieurs camps, premier que le roi nous rejoignît. Mais ayant été jusques à Dublin, et ayant su que la flotte de France étoit rentrée dans ses ports après avoir battu celle d'Hollande par la trahison de l'amiral Herbert, commandant la flotte anglaise, laquelle il ne fit point combattre, et avoir mis la terreur dans l'Angleterre, ayant fait descente devers Torbay et brûlé quelques maisons. Quand donc le roi sut que tout étoit tranquille, il revint à l'armée à notre grande joie, quoique les délicats de la cour fussent chagrins de ce retour; ils n'avoient vu l'Irlande que par le bel endroit, toujours beau temps, bataille gagnée, tout leur avoit ri; mais ce retour les alloit exposer à de nouvelles fatigues. Nous étions campés près de la rivière de Goldenbridge; je fus au dîner du roi chez M. le comte de Solms; je priai M. de Gatigny, son grand veneur, de prier Sa Majesté de m'accorder la pension du sieur de Moncornet, oncle de ma femme, qui demeurant chez elle étoit mort depuis quelques jours, dont elle m'avoit donné avis; et comme de la pension qu'il lui donnoit, elle en avoit subsisté en partie, j'aurois fort souhaité que le roi eût la bonté de lui continuer. Il me le promit obligeamment quand il en trouveroit l'occasion, et m'obligea de lui en dresser un mémoire en forme de placet. Nous décampâmes de ce lieu, et après cinq jours de marche, nous campâmes à cinq milles de Limerick.

Le lendemain à minuit le roi envoya reconnaître la place par milord Portland avec un gros détachement de cavalerie. Je fus commandé; nous arrivâmes à la vue de Limerick à soleil levant : on reconnut la place; il y eut quelque légère escarmouche, les ennemis quoique en grand nombre ne firent aucun effort, ni ne nous inquiétèrent dans notre retraite. Ils firent paraître quelque cavalerie qui se tint sous le canon de la ville; et quand on eut assez contenté sa curiosité, on fit volte-face. Nous demandâmes à M. de Scravemoure ce qu'il en pensoit : il nous dit en jurant qu'il auroit voulu avoir plutôt dormi grasse matinée que d'être venu là, et qu'il falloit du canon pour chasser ces canailles. Nous rencontrâmes le roi et toute la cour qui venoient au-devant de nous; il avoit eu le soin d'envoyer de l'infanterie pour nous soutenir, mais nous n'en eûmes pas besoin. L'on persuada au roi qu'il n'avoit qu'à paraître devant la place, et qu'immanquablement elle se rendroit. On attribua ce conseil à milord Portland. Cependant on manquoit de gros canons; les ennemis nous avoient paru assez fiers pour n'être pas si traitables. Les plus clairvoyants étoient d'avis que l'on attendît dans le camp où nous étions, que le canon qu'on faisoit venir de Dublin fût arrivé : cependant le premier avis prévalut; la faible résistance des ennemis au passage de la Boyne, la retraite des Français commandée par le comte de Lauzun fit croire que la garnison, n'étant composée que d'Irlandais, bien qu'en grand nombre, ne souffriroit pas de siége, non plus que Wexford, Waterford et Duncannon qui tous s'étoient rendus à M. d'Espinguen sans coup férir. Ainsi sans plus de précaution on marcha à Limerick.

Les ennemis, du moment que nous étions arrivés au camp, avoient mis le feu à tous les châteaux, même jusques aux moindres maisons d'entre Limerick et nous. Ce spectacle nous fit horreur, ce pays étant très bon et rempli de quantité de noblesse. Nous arrivâmes devant la place de bonne heure : les ennemis avoient fait sortir de l'infanterie pour garder les dehors; mais ils ne firent que peu de résistance, notre infanterie et dragons les chassèrent jusques au pied de leurs murailles; les camps furent marqués et chacun se posta. Le roi envoya sommer le sieur Boisselot, gouverneur, de se rendre. Ce Français, qui vouloit acquérir de l'honneur aux dépens des Irlandais, fit réponse au roi « qu'il se tenoit trop honoré « d'être assiégé par un si grand prince, pour ne faire pas une « résistance qui pût mériter la gloire qu'il en espéroit; » et pour nous en convaincre, il nous fit tirer force coups de canon. Cela ne nous empêcha pas de travailler à nous camper : dès la nuit on travailla aux approches, on plaça quelques pièces de canon que nous avions pour leur répondre et faire croire que nous n'en manquions point. Au bout de deux jours on fit l'ouverture de la tranchée : les ennemis firent une sortie et y perdirent de leurs meilleurs officiers; on les repoussa sans perdre beaucoup de monde. Mais M. le marquis de Cagny reçut un coup de mousquet dans le corps, dont il mourut trois jours après. Il fut regretté de toute l'armée, et j'en ressentis une extrême douleur; je le fus voir deux fois, il étoit fort de mes amis. Depuis la mort de notre général auprès duquel il étoit parfaitement bien, il ne faisoit plus cas de la vie : il mourut avec toute la constance et la résignation d'un véritable chrétien; c'étoit un gentilhomme de grand mérite et d'une piété exemplaire; il avoit beaucoup souffert en France pour la religion (1).

On étoit toujours dans l'attente du canon, et nous étions assez inutiles devant cette place que l'on n'attaquoit que mollement : les ennemis nous laissoient dormir à la française, ils ne s'étoient pas bien trouvés de leur sortie. Ils avoient peu de canon; ainsi de part ni d'autre on ne faisoit pas grand bruit : le canon nous incommodoit cependant de temps en temps, et même le roi fut obligé de décamper; un boulet ayant percé la tente des sieurs de Louvigny et Gendro(?) assez près de celle du roi, on éloigna ses tentes. Les ennemis, qui avoient un corps considérable de l'autre côté du Shannon, ne s'endormoient pas; ils détachèrent Sarsfield qui, passant la rivière, marcha à la rencontre de notre canon : un protestant irlandais en vint donner avis au roi. M. le comte de Schomberg fut d'avis que l'on envoyât une brigade de notre cavalerie après. Portland traita cela de bagatelle, et fit voir l'impossibilité de croire que Sarsfield se fût engagé dans le comté de Tipperary qui est un pays difficile. Cependant l'Irlandais insistant que rien n'étoit plus vrai et que l'on en verroit les effets, le roi ordonna que l'on envoyât quelqu'un de notre

---

(1) Il s'appelait Gédéon Mesnage, sieur de Cagny, et était fils de Louis, sieur de Cagny, et de Marie de Barberie de Saint-Contest. Il avait été jeté à la Bastille le 4 janvier 1686, en même temps que son beau-père, François de Monginot, médecin très distingué, et l'un des notables de l'Eglise réformée de Paris. Transférés le 4 août 1687 au château d'Angers, leur persévérance inébranlable finit par lasser la cour. Mis en liberté et chassés de France, ils se retirèrent tous deux en Hollande.

régiment aux nouvelles, on y envoya un maréchal des logis qui confirma la chose, ayant vu les ennemis.

Le roi commanda lors que l'on fît un détachement et qu'il fût prêt à neuf heures du soir. C'étoit le tour de M. L'Anié, major général, à marcher. MM. de La Bastide et Moliens furent commandés de notre régiment et furent prêts à cette heure, mais le reste ne le fut que tard, de manière que le détachement ne partit qu'à deux heures après minuit. Cela donna le temps à Sarsfield de surprendre nos gens destinés pour la garde du canon, qui dormoient tranquillement dans leurs tentes : il les fit tous égorger, même les femmes, et eut le temps de faire brûler tous les affûts des canons, d'en faire crever deux pièces, de briser les pontons et tous les hoyaux et pelles destinés pour le siége, et toutes les poudres; il enleva l'argent et tous les chevaux d'artillerie et se retira du côté de Cork. M. L'Anié, qui n'avoit pu empêcher ce désordre, crut le pouvoir charger dans sa retraite; mais n'ayant pas repris sa même route, il fut trompé et revint au camp sans rien faire. Quelques cavaliers presque nus et charretiers arrivèrent qui nous annoncèrent cette triste nouvelle. C'étoit une partie du régiment de Vilers qui composoit cette mauvaise escorte.

Cela mit le roi et toute la cour dans une grande consternation; chacun attribua la cause de ce désordre à milord Portland, et comme ce favori n'est pas sans envieux, ce fut une occasion plausible de blâmer son peu de créance aux nouvelles qu'on avoit apportées au roi de la marche de Sarsfield. Ce contre-temps retarda le siége et fit reprendre courage aux Irlandais : Boisselot en fit des feux de joie et nous canonna d'importance. Cela causa de la disette dans l'armée, les vivandiers et les paysans n'osant venir au camp craignant la rencontre des ennemis, de manière que le pain y devenoit si rare et la bière, que le pain de six et huit sols en valoit vingt-huit et trente, et la bière huit et neuf sols la quarte. L'argent étoit rare, et cette cherté incommoda tout le monde. Le chagrin de ne pouvoir rien entreprendre rendoit ces incommodités plus sensibles : il falloit du temps pour faire venir le canon de Waterford que l'on avoit envoyé querir, on en attendoit même de Dublin. Enfin l'un et l'autre arrivèrent, et l'on fit deux batteries dont on battit la ville assez vigoureusement. Les ennemis avoient une redoute dans leurs dehors dont ils incommodoient très fort nos tranchées : le roi résolut de la faire emporter de jour ; le sieur de Boncour fut commandé avec un détachement de toute l'armée pour s'opposer à la cavalerie ennemie en cas qu'elle sortît pendant l'attaque. C'étoit à moi à marcher avec les gens détachés de notre régiment ; mais La Cailletière, lieutenant de D'Arènes, marchant sur le pied de capitaine par la faveur de Moliens auprès de M. le comte de Schomberg, eut ce commandement et marcha avec trente maîtres.

L'heure donnée, le roi et toute la cour se rendirent auprès des ruines de la chapelle Saint-Patrice, d'où l'on pouvoit voir sans péril toute l'action. M. le comte dit en passant à Moliens de commander vingt officiers de notre régiment pour joindre le sieur de Boncour. Moliens qui me voyoit là me pria de l'aller dire au sieur de La Bastide. La Roche, capitaine incorporé, plus avancé que moi, ayant ouï M. le comte, avoit pris les devants, et je trouvai en arrivant au camp qu'il le disoit à Cussy. La Bastide n'y étant point, Cussy ne voulut commander personne ; que La Bastide étant au camp, il ne pouvoit en commander. Enfin le sieur de La Bastide commanda trois capitaines et le reste de subalternes, et l'on me dit de rester pour commander la compagnie, tout le régiment ayant ordre de se tenir prêt à monter à cheval ; ainsi je restai. Le signal se donna lorsque le roi fut arrivé, et l'on attaqua ladite redoute avec beaucoup de vigueur : les ennemis firent sortir leur cavalerie que ledit sieur de Boncour repoussa jusques au pied des murailles ; mais se tenant trop longtemps exposé au feu du rempart, plusieurs officiers et cavaliers furent tués ou blessés ou leurs chevaux. Le sieur de Boncour le fut, mais légèrement. La Roche, Hautcharmois et La Roquière, capitaines incorporés de notre régiment, furent tués sur-le-champ, du moins les deux premiers; le dernier fut rapporté au camp où il mourut le lendemain. Couterne, cornette de Cussy, fut blessé et son cheval tué sous lui, duquel ne pouvant pas être débarrassé sans aide, et ayant été abandonné, il resta trois jours et trois nuits en ce triste état : mais s'étant fait une trève pour enterrer les morts, on le tira de dessous son cheval et on le rapporta au camp où il mourut la nuit même; c'étoit un joli cavalier et bien fait. De toute cette troupe il n'y eut qu'un nommé Bernard qui ne fut point blessé ni son cheval, les autres ayant été tués ou blessés ou leurs chevaux. Saint-Jehan, cadet de D'Aussy, qui campoit avec nous, reçut trois coups sur lui fort favorables, et eut son cheval blessé à la cuisse.

On se rendit maître de la redoute; et cette action de vigueur, où les Français eurent le plus de part, plut très fort au roi qui la vit tout entière. On fit monter tout notre régiment à cheval pour soutenir ce détachement fort affaibli. Le sieur de Boncour, en s'allant faire panser, un boulet de canon le couvrit de poussière, mais ne lui fit point de mal. Le sieur Ninus, colonel flamand, qui étoit venu prendre son poste, fut blessé aussitôt et obligé de retourner. Nous restâmes jusques au soir : les ennemis ne se mirent point en effet de vouloir reprendre la redoute, et nous revînmes au camp; le soir on jeta des bombes dans la ville qui firent du désordre. Le jour venu, on recommença de les canonner et de jeter des bombes. On discontinua les travaux deux ou trois jours de temps; il plut abondamment dans cet intervalle : il m'échut la garde ordinaire; et comme le jour elle se postoit de l'autre côté du Shannon et repassoit le soir cette rivière, je me trouvai dans l'embarras si je passerois ou non : du moment que j'avois été à cheval à la tête du camp des gardes du corps du roi où je devois prendre mon monde, la pluie avoit tombé en telle abondance que je ne doutai pas que j'aurois de la peine à la passer ou du moins au retour. Je marchai quand ma troupe fut complète, et comme je fus arrivé au bord de la rivière, je détachai des cavaliers pour sonder le gué et reconnaître le poste de jour. Dans ce temps, Maupas, capitaine incorporé dans notre régiment, revenoit de la guerre; mes cavaliers, qui virent sa troupe venir au grand trot, repassèrent la rivière, et lui et son détachement en firent de même : je lui demandai ce qui le pressoit si fort de revenir. Il me dit que son guide craignoit que la rivière ne grossit et qu'elle ne fût plus guéable, et qu'il ne me conseilloit point de la passer de peur du retour. Dans cet embarras, j'envoyai mon maréchal des logis à M. le comte de Schomberg pour lui demander ses ordres : là-dessus il me manda de ne point passer le Shannon, ce que je fis. La pluie continuant violemment nous fit une peine extrême, le terrain étoit gras, les chevaux ne pouvoient tenir pied, et les cavaliers aimoient mieux être à cheval que pied à terre : la pluie continua toute la journée, sur le soir je changeai de terrain et fis mettre à terre partie de mes cavaliers. La rivière cependant n'avoit que peu grossi, je la fis passer à quelques cavaliers pour voir s'il ne paraissoit rien, premier que de prendre le poste de nuit.

La pluie cessa et donna lieu au colonel Hamilton, qui campoit là avec son régiment, de me venir voir. Il me pria de faire faire patrouille dans un chemin qui alloit à un gué par où les ennemis pouvoient passer et venir nous insulter; qu'il n'avoit pu obliger les officiers qui y avoient été devant moi de le faire, et se plaignit de la mauvaise garde que l'on faisoit d'ordinaire là. Je lui dis d'aller dormir en repos, je tins toute la nuit les cavaliers alertes. Les bombes brûlèrent un magasin de foin et firent grand feu; je crus qu'il y auroit bien du désordre dans la ville; mais un grenadier sorti du matin, s'étant venu rendre à mon poste, me dit que ce n'étoit que ce magasin qui avoit brûlé ; je l'envoyai à M. le comte. Peu de temps après, un lieutenant avec son valet, tous deux à cheval, ayant quitté les ennemis il y avoit un jour ou deux, se vint rendre à moi : je l'envoyai pareillement à M. le comte. Ensuite de quoi on me releva et revins au camp me sécher et décrotter.

Deux jours après on tint conseil de guerre chez le roi, et l'on résolut de se loger en plein jour sur la contrescarpe ; l'heure fut donnée sur les trois heures. Plusieurs officiers n'approuvoient pas cette résolution : cependant on fit un détachement de tous les grenadiers de l'armée que l'on divisa en plusieurs pelotons, à la tête desquels on mit des officiers des trois régiments français, le tout commandé par le sieur de La Barbe, brave homme et bon officier. La cavalerie se tint prête à monter à cheval, et l'heure venue, le roi s'étant rendu à son poste ordinaire après avoir couru risque d'être coupé par les ennemis pour s'être avancé trop près de la ville, le signal donné, le détachement courut se saisir du fossé ; les ennemis l'abandonnèrent en jetant leurs armes. On monta sur le rempart par la brèche, et un détachement de grenadiers anglais entra dans la ville et chassa les ennemis de leur premier retranchement ; mais n'étant point suivis, le roi voulant seulement qu'on se logeât sur la contrescarpe, ils furent tous taillés en pièces. Le Bourgay, qui étoit à leur tête, suivit les ennemis qui retournèrent devers leur rempart, croyant se pouvoir retirer ; mais se trouvant questionné par des officiers de la garnison qui ne le connaissoient point pour être des leurs, quoiqu'il eût eu la présence d'esprit d'ôter le vert de son chapeau et de cacher son hausse-col, il remit son épée entre les mains du major de la place qui parloit français. Les ennemis chargèrent nos troupes dans leur retraite et nous tuèrent ou blessèrent plus de quinze cents hommes. Martel, petit-fils du baron de Saint-Just, fut tué sur la brèche en criant : *Ville gagnée !* Bruneval, blessé d'un coup de mousquet au bras, La Motte Fremontier à la jambe. Je nomme ces quatre pour être mes parents et amis. Cette entreprise ne servit qu'à nous faire perdre bien du monde ; le régiment des gardes flamandes perdit beaucoup d'officiers, mais, plus que tous, les régiments français de La Caillemotte, devenu Belcastel, et de Cambon : le premier fut blessé.

Cette mauvaise réussite releva le courage des ennemis et rebuta nos troupes. Je fus dès le petit matin voir mes amis de l'infanterie : je trouvai Bruneval et La Motte blessés, sus la mort de Martel et de plusieurs autres. Je fus chercher Le Bourgay à sa tente, mais je n'en pus avoir de nouvelles ; et comme son régiment étoit de garde à la tranchée, je crus qu'il y étoit resté ; mais quelque temps après être de retour à ma tente, Ferment me vint dire qu'il étoit prisonnier dans la ville. Comme je m'intéressois très fort à ce parent, qui, outre son mérite personnel, est fils d'une mère que j'ai toujours parfaitement aimée et honorée, je crus ne pouvoir rien faire de mieux pour lui que de tâcher à lui procurer sa liberté ; et pour cet effet, je fus chez le roi que je trouvai à table. Il étoit et toute la cour fort consterné du mauvais succès du jour précédent, et de mes jours je ne l'ai vu si triste. Au lever de table, je parlai à milord Portland et le priai de m'aider à tirer de prison un parent que j'avois, qui étoit prisonnier dans la ville. Il me demanda son nom, et lui ayant dit, il m'assura qu'il étoit en vie, et que le gouverneur avoit écrit sa détention et promettoit d'en avoir soin. Cela me réjouit : je le priai d'en parler au roi ou que je le ferois moi-même ; il m'assura qu'il le feroit quand il en trouveroit l'occasion. Sur cette promesse, je m'en revins à ma tente, en dessein de revenir le lendemain à la charge, les gens de cour oubliant volontiers leurs promesses. Mais ma surprise fut extrême quand, étant arrivé au quartier du roi, je sus qu'il étoit parti et le milord Portland pareillement. Lors, ayant su que le comte de Solms étoit resté pour commander l'armée, je fus à sa tente et lui fit la même prière. Il me parla fort honnêtement, mais vouloit que je lui fournisse d'expédient pour cela, que les prisonniers des ennemis étoient loin, et que la chose ne pouvoit se faire sitôt. Là-dessus, M. de Ginckel, général de la cavalerie, qui venoit d'arriver d'un détachement où il étoit allé se saisir d'un fort château sur le Shannon, et qui se trouva pour lors chez ledit comte de Solms, me dit fort obligeamment qu'il trouveroit moyen de faire sortir mon parent, et pour cet effet qu'il en écriroit au sieur Boisselot en termes si forts qu'il se persuadoit qu'il ne le refuseroit pas ; que, pour cet effet, je lui donnasse son nom par écrit, ce que je fis et lui marquai les obligations que je lui aurois. Il m'assura qu'il étoit ravi de trouver lieu de me faire plaisir. Lors, ayant pris congé de ces généraux, je m'en revins à ma tente.

Presque personne dans notre régiment ne savoit le départ du roi : cela surprit tout le monde, et j'avoue que je ne pouvois assez m'étonner de la précipitation avec laquelle toute la cour étoit partie. Nous ne doutâmes pas que nous ne décampassions dès le lendemain; et, en effet, dès le soir, on eut ordre de détendre les tentes et de faire marcher les bagages, et dès que la nuit fut venue, on retira les canons des batteries et toute l'artillerie et les blessés marchèrent, et à la pointe du jour on mit le feu aux fourrages et on leva le siége. Nous passâmes toute la nuit nos chevaux bridés et sellés; toute l'armée défila en bon ordre, et les ennemis, se trouvant assez heureux de se voir délivrés du siége, ne se mirent point en effet de nous troubler dans notre retraite. Ainsi, après vingt-deux jours de siége, on abandonna la ville, au grand chagrin de toute l'armée et à la joie de Boisselot qui, par une assez vigoureuse défense, y a acquis bien de l'honneur. Cela donna lieu à plusieurs raisonnements sur cette action qui ne paraissoit pas glorieuse au roi après avoir perdu tant de monde : peu de gens ont pénétré dans ce secret, et je me tais là-dessus.

Toute l'armée vint camper à notre dernier camp : nous n'y

trouvâmes point nos bagages; il s'étoit élevé un bruit dans les troupes que l'on alloit dans des quartiers de rafraîchissement et peut-être d'hiver, et sur cette pensée, quantité de valets et d'équipages avoient marché du côté de Clonmell : les nôtres furent du nombre. Je fus trouver M. de Casaubon, auquel ayant dit notre embarras, il trouva bon que nous allassions après. Ainsi nous marchâmes jusques à Coleins, lieu où notre canon avoit été brûlé : nous y trouvâmes plusieurs équipages de notre régiment, même des officiers avec lesquels nous passâmes la nuit. Le bruit couroit que Sarsfield étoit en campagne, cela nous fit tenir alertes toute la nuit. Le matin venu, le sieur de Moncornet alla après nos valets qu'il trouva près de Clonmell; nous les attendîmes au même lieu avec quelque inquiétude.

Cependant M. d'Espinguen, qui avoit été détaché pour aller recevoir l'argent qui venoit de Dublin pour payer l'armée, avoit campé cette nuit à un mille de nous; et le matin, passant par notre quartier, je lui dis le désordre où nous étions et lui demandai s'il y avoit sûreté de rester là sur le bruit qui s'étoit répandu que Sarsfield étoit en campagne. Il me dit que je serois plus sûrement à l'armée; mais comme elle devoit venir camper en ce lieu le lendemain, nous y attendîmes nos bagages qui, étant arrivés, nous nous campâmes dans le village où il y avoit garde. L'armée arriva et nous obligea à lever le piquet pour aller camper avec le régiment. Le Bourgay, qui avoit été mis en liberté, me vint voir et remercier; il se loua fort du bon traitement que Boisselot lui avoit fait et des honnêtetés qu'il reçut du comte de Lauzun et du duc de Berwick, fils naturel du roi Jacques, comme de plusieurs Français qui étoient dans ses troupes. Un lieutenant réformé de notre régiment étoit entré pêle-mêle avec les ennemis le jour de l'attaque de la redoute; il fut blessé et arrêté prisonnier. On logea Le Bourgay avec lui, mais il ne fut pas si heureux, car, quoique bien traité, il resta prisonnier jusques à la fin de la campagne; il se nommoit Boisribeau. Le Bourgay fut chez le comte de Solms, lequel, au lieu de lui donner des louanges et promettre de récompenser une aussi jolie action que celle qu'il avoit faite, ledit comte lui demanda ce qu'il alloit faire dans la ville. Le Bourgay, dont l'action fut sue de toute l'armée, fut loué, et chacun murmura de la censure du comte de Solms. Je fus remercier pour lui M. de Ginckel, qui me dit l'avoir vu et qu'il étoit fort aise d'avoir trouvé lieu de m'obliger. Ce fut au camp de Colinbridge; les Anglais se séparèrent de nous, et M. L'Anié, général major, les mena joindre M. Douglas, lieutenant général qui commandoit l'infanterie anglaise. Ainsi nous ne restâmes que les Français, Hollandais et Danois dans ce camp : j'y eus la grand'garde; il se fit un gros détachement de cavalerie pour aller joindre MM. de Scravemoure et d'Espinguen qui étoient devers Cork, où le milord Marlborough étoit nouvellement arrivé d'Angleterre avec des troupes. MM. de Casaubon et Moliens furent commandés, et Despe et Vesian, capitaines, incorporés : je le fus aussi, mais j'eus contre-ordre; ainsi je montai la garde avec cinquante-cinq maîtres; et comme nous étions près des ennemis et que j'avois quatre grands chemins à patrouiller, on me donna cent hommes d'infanterie que je postai le mieux que je pus. Je fus toute la nuit à cheval; et comme l'armée décampoit, l'aide de camp de M. de Ginckel me vint dire de laisser vingt-cinq maîtres à l'entrée du village et de marcher avec le reste à l'armée. C'étoit pour empêcher que les maraudeurs ne brûlassent ledit village. Peu de temps après, M. de Boncour vint me dire, de la part du comte de Solms, de rester avec toute ma troupe jusques à ce que tout fût marché. Ces deux commandements différents m'embarrassèrent : cependant je suivis le premier, et ayant joint l'armée après avoir laissé un lieutenant et vingt-cinq maîtres comme d'abord on m'avoit dit, je fus rendre compte de ce que j'avois fait à M. de Ginckel, ce qu'il approuva.

Nous campâmes près de Castel (1) où nous séjournâmes quelques jours : de là nous vînmes camper près de Phèdre (2) où nous séjournâmes quelques jours, après quoi on alla camper au bord d'un grand marais où pareillement on séjourna. Le mauvais temps fut cause que l'on n'y attendit pas le détachement qui revenoit de Cork, et de ce lieu l'armée se sépara. Les gardes flamandes décampèrent les premières, et ensuite les canons et les régiments français marchèrent; nous suivîmes aussitôt, et notre régiment vint loger à Lacenbridge qui étoit le quartier du régiment de La Melonnière, mais qui n'y étoit pas encore arrivé. Nous y séjournâmes pour y attendre le retour de nos maréchaux des logis qui étoient allés visiter les baronnies de For et Ravilay que l'on avoit données pour notre régiment. Les capitaines tirèrent au sort, et Hacketstown, dans la baronnie de Ravilay, échut à celle de d'Avènes, dans laquelle Louvigny et moi étions incorporés. Le régiment marcha ensemble jusques à Tullow où nous nous séparâmes ; nous arrivâmes de bonne heure au quartier dont la situation me parut affreuse, étant environné de montagnes sèches et nues qui, s'élevant par-dessus de la moyenne région, font voir au-dessous des brouillards et fumées perpétuelles. Ce village est assez assemblé et joliment logé ; je couchai chez le gentilhomme du lieu; mais comme ce logement étoit destiné pour d'Avènes qui étoit à Thurles où nous avions un détachement, je me logeai dans une hôtellerie où je fus fort bien. J'y restai quinze jours pendant lesquels je fus avec M. de La Bastide, lieutenant-colonel de notre régiment, à Kilkenny, quartier général, pour prier M. de Ginckel de me donner congé d'aller en Angleterre. Je trouvai que M. le marquis de La Forest, lieutenant général des troupes danoises qui sont en Irlande au service du roi, avoit, à la

---

(1) Sans doute Cashel.
(2) Sans doute Fethard.

prière de M. de Ruvigny, obtenu de M. de Ginckel ce que j'avois dessein de lui demander, de manière qu'en ayant été averti par MM. de Louvigny et de Colombière, je n'eus qu'à rendre grâces au général et faire expédier mon congé et passe-port, ce qui fut fait promptement.

Comme le détachement de Cork revenoit, il y avoit beaucoup de troupes dans Kilkenny : nous eussions eu peine à loger si Madronnet, aide de camp de M. de Scravemoure, ne nous eût fait donner une chambre dans une grosse tour qui est au coin de la cour du château. Ce château et la ville appartiennent au duc d'Ormond, le plus grand seigneur d'Irlande. Malgré la guerre, il étoit dans son entier et meublé magnifiquement. Le comte de Lauzun, commandant des troupes de France, y avoit eu son quartier et l'avoit fait conserver, de manière que M. de Ginckel y étoit fort agréablement. Nous fûmes donc logés dans cette tour que l'on nous dit avoir trente-cinq chambres toutes meublées : tous les appartements que je vis étoient très propres ; nous y séjournâmes un jour et fis expédier mon congé que le général m'accorda pour six mois. M. de La Bastide le demanda pour quelques autres officiers du régiment, mais il le refusa, disant qu'il étoit vrai qu'il me l'avoit accordé, mais que le roi lui avoit mandé de me le donner. Je pris congé de lui après avoir eu mon passe-port et nous regagnâmes nos quartiers. M. de La Bastide avoit sollicité et obtenu de l'élargissement pour le régiment : on retira les quartiers et sa compagnie eut le nôtre et la compagnie de d'Avènes eut Boldinglas dans la baronnie de Talboston ; nous eûmes, pour Louvigny et pour moi, la maison où logeoit le grand connétable. Je fus dire adieu à M. de La Bastide de qui je pris sept pièces pour m'aider à faire mon voyage, n'étant point payés de nos gages, et vins me loger à mon nouveau gîte. Si le premier m'avoit fait peur, celui-ci me pensa faire fuir, la situation étant horrible : cependant comme il n'y avoit pas à choisir et que la maison étoit fort jolie, je m'y serois accoutumé; mais mon dessein étoit de partir aussitôt que la revue seroit faite. J'y voulois être, car quoique mon congé portât que je devois être payé absent comme présent, j'étois fort aise d'être vu des commissaires et dire adieu à mes amis. Et en effet deux jours après, Louvigny, qui m'étoit venu joindre sans avoir pu obtenir congé, voulut m'accompagner à Dublin où nous arrivâmes en un jour de notre quartier : nous passâmes par des chemins très fâcheux, et comme nous arrivâmes tard, nous eûmes peine à loger. Enfin nous trouvâmes lieu assez commode *au Mouton*.

Le lendemain du matin, je fus chercher M. de Casaubon que je savois être dans la ville; je le rencontrai heureusement, et lui ayant fait mon compliment et dit que j'allois prendre congé de lui pour me disposer à partir pour l'Angleterre, il me remercia et m'assura que je serois toujours le bien reçu au régiment, mais cependant qu'il me conseilloit de rester dans ma famille si je pouvois obtenir pension. Je lui marquai que mon intention étoit de revenir, que pour cet effet je laissois mon équipage au quartier. Nous fûmes ensemble chez M. de Ginckel, notre général, où je trouvai M. de La Fontan à qui j'étois bien aise de dire adieu. J'appris d'eux que le sieur Des Loires, capitaine incorporé de notre régiment, étoit prêt à s'embarquer; je résolus de le chercher. Je pris congé du général, et ayant reconduit MM. de Casaubon et de La Fontan jusque chez un marchand de Rouen nommé Lefébure, je leur dis adieu, ayant pris au préalable un certificat dudit sieur de Casaubon. Comme il étoit content de mes services, il me le donna avec beaucoup d'honnêtetés et marques de son estime; puis, les ayant embrassés l'un et l'autre, je revins joindre le sieur de Louvigny et dîner.

Je voulois prendre un passe-port des seigneurs de Sidney et Coningsby, juges d'Irlande; et le sieur de Louvigny ayant voulu m'accompagner, nous y allâmes ensemble; je rencontrai en chemin Des Loires et Bouchetière, qui, ayant su que j'étois à Dublin pour m'embarquer, me cherchoient. Des Loires me dit être assuré d'un vaisseau pour partir dès le soir, que si je voulois partir, il ne tiendroit qu'à moi : cette précipitation m'embarrassa un peu ; mais ne voulant pas perdre l'occasion, je pris ma résolution sur-le-champ, et ayant donné rendez-vous à Des Loires au café français, je continuai ma route. J'avois quelque argent à recevoir du sous-secrétaire de milord Sidney pour des chevaux que j'avois vendus à son fermier où j'avois logé. Le sieur du Téron, cornette incorporé dans notre régiment, et qui d'ailleurs étoit audit lord, s'employa de son mieux pour me faire payer et expédier mon passe-port ; mais comme Coningsby étoit absent et que l'on vouloit me remettre au lendemain, je me résolus à me servir uniquement de celui que j'avois. Ainsi je vins au rendez-vous, et ayant envoyé mon valet querir mes hardes, j'attendis Des Loires. Je trouvai au café mon parent du Busc que je n'avois point vu depuis sa blessure, il n'étoit pas encore guéri ; je fus bien aise de l'embrasser et de lui dire adieu ; il me pria fort de ne point revenir en Irlande. Je ne fus pas longtemps dans ce lieu que Des Loires arriva : il avoit donné ordre de faire venir un carrosse, et ayant dit adieu à Louvigny et à nos amis, nous montâmes dedans et fûmes coucher hors la ville, au lieu de l'embarquement. Le maître du vaisseau avec qui Des Loires étoit convenu nous y vint trouver et nous dit de nous tenir prêts du matin.

Nous prîmes une barque sur les huit heures, et nous allâmes à bord du vaisseau sur lequel nous devions passer. Le vent étoit très bon, mais extrêmement violent. Nous nous flattions d'être seuls dans la chambre du maître, mais bien loin de cela nous la trouvâmes remplie. Le secrétaire du prince de Wirtemberg y étoit, que je trouvai fort civil. On mit à la voile sur le midi, et à pleines voiles nous voguâmes ; comme la mer étoit très agitée, on ne fut pas longtemps dans la chambre sans être malade ; cela me fit prendre le parti de me mettre sur le tillac pour me garantir du mal de cœur ; j'y restai jusques à minuit, le froid m'ayant contraint de rentrer dans la chambre où je trouvai tout le monde bien malade : je ne pus résister à ce spectacle, je le fus à mon tour. A la pointe du jour, quoique le vent soufflât toujours de même force, il s'éleva un brouillard qui nous fit perdre un peu de notre route et fut cause que nous n'abordâmes à Highlake qu'après midi. Du moment que la marée fut retirée, nous débarquâmes et chacun chercha à loger. Des Loires et moi fûmes à une maison de paysan où nous couchâmes assez bien. Nous louâmes des chevaux jusques à Nesse où nous en prîmes pour Chester. Un jeune Anglais qui avoit passé dans notre vaisseau s'étant joint à nous, fit marché de tout et nous servit fort pendant tout le voyage. Nous arrivâmes donc à Chester, et nous logeâmes près de la porte du pont où nous fûmes très bien. Mesdames de Boncour et de Chac, et femmes des colonels de ce nom, qui, avec Madame de Moliens, alloient trouver leurs époux, ayant su notre arrivée, nous envoyèrent prier de les aller voir, ce que nous fîmes : elles furent très aises de nous voir et d'apprendre des nouvelles de ces messieurs ; elles étoient fort ennuyées d'attendre le vent depuis longtemps pour passer ; elles nous dirent que Madame de La Fontan s'étant trop pressée de s'embarquer avec l'évêque de Dublin, avoit pensé périr et relâché plusieurs fois. Après avoir été avec elles autant de temps que le peu de loisir que nous avions nous le put permettre, nous prîmes congé d'elles, et je remerciai Madame de Boncour des offres obligeantes qu'elle avoit faites à mon épouse, si elle eût voulu me venir trouver en Irlande comme je l'en avois sollicitée ; mais tous les amis l'en détournèrent.

Nous trouvâmes à notre retour que notre Anglais nous avoit arrêté des chevaux ; nous partîmes le lendemain, et en cinq jours de marche nous arrivâmes à Londres, ayant essuyé des boues épouvantables toute la route. Je fus dès le même jour de notre arrivée voir Mesdames Chardin et L'Anié, qui me marquèrent beaucoup de joie de mon retour ; la dernière m'annonça la mort de ma mère dont j'eus une douleur extrême. Le lendemain, je fus au lever de M. le marquis de Ruvigny qui me fit force caresses. Je fus ensuite chez M. le duc de Schomberg, où le milord Portland étant arrivé, je le saluai ; et l'un et l'autre me firent maintes questions sur l'état des affaires d'Irlande lors de mon départ, et en particulier sur celles de notre régiment. Après avoir pris congé d'eux, je rejoignis M. de Ruvigny qui allait à Kensington chez le roi avec M. le duc de Schomberg. Ils me firent l'honneur de me donner place dans leur carrosse, et les y accompagnai. Je fis ma cour avec plaisir, et vis bien de mes amis : je revins à Londres seul, et après dîner, je pris un carrosse qui me porta à la Tour, où je pris un bateau pour me rendre à Greenwich, où j'arrivai le 28 novembre 1690. Après quinze ou seize mois d'absence, je revis cette chère épouse et ses enfants que je trouvai tous en bonne santé. Notre joie fut grande, mais la perte de cette chère mère, pour laquelle je trouvai toute ma petite famille en deuil, tempéra le plaisir de nous revoir. Mon épouse en reçut les nouvelles le 27 d'octobre par Mademoiselle Preston, une de nos parentes demeurant à Dieppe, et au commencement de l'année, je reçus des lettres de mon beau-frère de Lamberville, de condoléance sur cette perte, de Madame du Bourgay et de mes enfants de France, comme de Madame de Monval. Tous rendoient à la mémoire de cette illustre mère leurs justes regrets. Elle languissoit dans le chagrin de ne point recevoir de mes nouvelles, quelque soin que mon épouse eût pris de lui en faire savoir ; et étant tombée malade dans ce temps-là, mon beau-frère Béquigny qui en avoit appris, la fut voir, et l'ayant trouvée dans un grand assoupissement et sans connaissance, il lui fit entendre que je me portois bien et que Dieu m'avoit garanti à la bataille de la Boyne. Cela la toucha et ne marqua pendant sa maladie que ce moment de connaissance. Ainsi, à quatre-vingt-quatre ans mourut, au mois d'octobre 1690, dame Anne de La Haye, ma mère, dont la mémoire me sera toujours très chère et en grande vénération, pour l'amitié tendre qu'elle m'a portée et pour sa grande vertu et piété qui lui ont attiré l'estime et la considération de tous ceux qui l'ont connue. Elle atteignit sa quatre-vingtième année dans la prison de Caudebec, où ma sœur ayant été transférée, elle lui voulut suivre. Elle m'écrivit de ce triste lieu avec une joie extrême d'être rendue digne de souffrir opprobre pour Christ. La fin de sa course a été remplie de chagrins d'avoir vu la désolation de l'Eglise et le bouleversement de ma famille ; elle est morte dans l'envie de me venir joindre. Dieu ne nous a point accordé cette grâce, mais j'espère qu'il nous réunira dans le ciel ; c'est dont je le prie de tout mon cœur.

J'appris aussi à mon retour la mort de ma fille Suson, aînée pour lors de mon second mariage. Cette fille avoit été élevée chez Madame de Tibermont, et ma belle-sœur qui étoit sa marraine en avoit pris un soin très grand : après son mariage elle resta avec elle jusques à ce que sa sœur aînée étant morte, je la retirai pour avoir soin des petites. Lors de mon départ je la laissai en fort bonne santé ; mais en Angleterre je reçus une de ses lettres où elle me mandoit être attaquée du même mal que ses sœurs, et croyant mourir, me disoit adieu sensiblement touchée de ne me point voir. Cependant comme on se flatte ordinairement dans les choses que l'on souhaite, j'espérois que Dieu me la conserveroit ; mais il en disposa autrement, la retirant à lui. Elle mourut à Breauté, chez sa tante du Roncheraye, dont le mari avoit été nommé leur tuteur après mon départ. Mon épouse qui avoit appris sa mort me l'avoit cachée, de manière que la croyant encore en vie, cette double perte me toucha au dernier point, et ne pus réfléchir sans douleur très sensible sur la perte de ces chers enfants sortis d'une mère si tendrement aimée. Ce sont fleurs qui n'ont fait qu'éclore, de manière que de sept que j'ai eus d'elle, il ne m'en reste que deux, Samuel-Gabriel et sa sœur Elisabeth, que je prie Dieu de vouloir bénir et me les conserver.

Après avoir été quelques jours dans ma famille, je revins à Londres avec M. de Romaignac, et nous accompagnâmes M. de Ruvigny à Kingston. Dans le carrosse il me dit qu'il avoit pris des mesures avec mon épouse pour me retenir auprès d'elle, et qu'au lieu de la pension de M. de Moncornet que j'avois sollicitée pour elle, il prétendoit demander au roi de m'accorder ma paye entière sans servir; que je n'étois ni d'âge ni de qualité à rester dans le poste de capitaine réformé plus longtemps, et enfin qu'il me conseilloit en ami de prendre ce parti et de le laisser faire. Je lui rendis grâces de ses bontés pour moi et le fis maître de ma destinée.

Ce même jour le roi, qui étoit sur son départ pour la Hollande, pour avec tous les princes confédérés prendre des mesures pour la campagne, donna notre régiment audit sieur de Ruvigny, avec la charge de général major de ses armées. Cela se fit publiquement, et le roi lui donna des marques de son estime en termes très forts. M. de Romaignac et moi étions descendus pour voir monter le roi en carrosse et lui faire la révérence en passant. Lorsqu'il fut parti nous revînmes chercher M. de Ruvigny; nous le trouvâmes environné de plusieurs personnes tant de notre régiment que d'autres qui le complimentoient, et ignorant le sujet de cette joie, je m'avançai pour lui demander la cause pour y prendre la part que je devois. Il m'embrassa et me dit le présent que le roi lui venoit de faire. Je lui fis connaître que, pour être des derniers à le féliciter, je n'étois pas le moins sensible : lors nous remontâmes en carrosse et le ramenâmes à son appartement à Saint-James. La Coudrière, capitaine dans notre régiment, revint avec nous; il arrivoit ce jour-là d'Irlande, d'où il étoit venu en poste, pour demander la compagnie de M. de La

Fontan qu'un cornette nommé La Coste avoit tué à Dublin dans l'allée du café français, pour avoir maltraité ledit La Coste au commencement de la campagne. Il n'avoit pu trouver lieu de s'en venger, et l'ayant trouvé, il lui fit tirer l'épée et le blessa, dont il mourut quelques jours après. Il fut fort regretté, et moi en mon particulier j'en eus bien de la douleur étant fort de mes amis. La Coudrière perdit sa peine, et le roi donna la compagnie à M. de Ruvigny. Toutes ces faveurs attirèrent les compliments d'une infinité de monde à notre nouveau colonel, mais donna lieu de beaucoup de surprise de le voir s'engager dans le service, lui qui menoit une vie retirée et dont l'occupation n'étoit qu'à faire du bien aux réfugiés, et en général à obliger tout le monde (1). Quoiqu'il fût fort bien à la cour, n'ayant point pris parti d'abord pour le prince et jouissant de ses biens de France qui sont fort grands, chacun croyoit qu'il ne voudroit pas changer son genre de vie. Je revins le même jour à Greenwich faire part de cette nouvelle à Madame sa mère : elle fut peu sensible à ces honneurs, puisqu'ils alloient exposer ce cher fils aux périls de la guerre, qui, l'année précédente, lui avoient fait perdre M. de La Caillemotte, son second fils. Je ressentois une joie extrême de voir à la tête de notre régiment, ou plutôt notre régiment entre les mains de M. de Ruvigny pour qui j'avois une extrême vénération et dont j'avois reçu beaucoup de marques d'amitié, et j'avois résolu de m'attacher fortement à lui. Je lui en fis mon compliment, lequel il reçut avec des paroles de reconnaissance fort tendres et fort obligeantes. Mon épouse n'avoit qu'une médiocre joie de la mienne, s'étant flattée que je resterois avec elle.

Quelques semaines s'écoulèrent pendant lesquelles le roi étoit à La Haye où tous les princes alliés étoient en personne,

---

(1) Il n'en continua pas moins à mériter ce bel éloge. Voir à cet égard le *Bulletin de la Soc. d'Hist. du protest. franç.*, t. X, p. 67.

ou leurs envoyés pour prendre des mesures contre la France, qui de son côté ne s'endormoit pas : car, cependant que les princes confédérés consultoient, elle agit. Le roi Louis XIV fit assiéger Mons par le duc de Luxembourg, et lui-même en personne vint voir le siége et séjourner à Valenciennes. Ce coup imprévu donna de l'occupation à Sa Majesté Britannique : ce prince fit toute la diligence possible pour ramasser des troupes suffisamment pour secourir cette place, mais ses peines furent inutiles, car les moines et le clergé firent révolter les bourgeois contre la garnison : ce qui fit que le comte de Bergues, qui en étoit gouverneur, fut contraint de se rendre. Cela donna bien lieu à plusieurs jacobites de se réjouir en ce pays et chagrina les bien intentionnés. Il y eut quantité de gageures sur la bourse de Londres pour le siége de Mons, comme cela se pratique d'ordinaire dans ce pays sur des cas douteux ou extraordinaires.

Enfin le roi ayant mis ordre aux affaires de Flandres, revint en Angleterre où il fut reçu avec grandes acclamations : les peuples en témoignèrent une joie extrême. Ce prince infatigable avoit passé la mer dans l'hiver, et trouvant encore les glaces aux côtes d'Hollande si fortes qu'elles empêchoient les grands vaisseaux d'aborder, le roi fut contraint de se faire porter à terre dans des chaloupes ; et en étant fort éloigné, il fut embarrassé dans les glaces et fut une nuit entière exposé aux rigueurs du froid et au péril des glaces ; mais Dieu qui prend soin de lui le délivra de tous ces périls. Quelques seigneurs anglais moins robustes eurent les mains gelées cette nuit-là pour l'avoir suivi. Enfin ce prince de retour, chacun se prépara pour retourner en Irlande, et moi pareillement, mais en vain, car M. de Ruvigny me fit parler par M. de Romaignac à qui j'avois beaucoup de croyance, pour me persuader d'accepter la proposition qu'il m'avoit faite de demander ma pension entière au roi sans servir. M. de Romaignac me conseilla très fort de prendre ce parti comme plus avantageux à ma famille, qui demandoit tous mes soins et mes appointements pour sa subsistance. Je me rendis à ses conseils et à ceux de M. Desmoulins mon parent, mais plus que tout aux prières de mon épouse qui m'en conjuroit avec larmes. Ainsi M. de Romaignac ayant reporté mon consentement à M. de Ruvigny, il me témoigna lui-même sa joie que je me fusse rendu à ses conseils. Il me dit obligeamment qu'il se faisoit violence de ne me pas mener ; mais qu'il considéroit que ne pouvant pas faire pour moi ce qu'il auroit souhaité, il me faisoit voir qu'il étoit mieux que j'acceptasse ce qu'il prétendoit que j'obtiendrois du roi. Je lui marquai mon extrême répugnance à ne le pas suivre, mais cependant je le fis maître de mon sort. Il m'assura que si le repos ne me plaisoit pas ou que la pension fût mal payée, que je trouverois toujours ma place dans son régiment où je serois toujours reçu avec plaisir.

Ainsi j'ai resté cette campagne de 1691 dans ma famille, pendant laquelle, notre armée s'étant mise en campagne au commencement de juin sous le commandement de M. de Ginckel, déclaré général en Irlande, le duc de Wirtemberg avec les marquis de La Forest et de Ruvigny marchèrent avec la cavalerie par une autre route que l'infanterie qui alla droit s'emparer de Ballymore qui ne fit point de résistance. Le général y séjourna jusques à ce que la cavalerie l'eût joint: après quoi toute l'armée marcha à Athlone, place assise sur le Shannon qui la sépare en deux. Les ennemis avoient fait avancer toutes leurs troupes jusque-là, en intention de disputer le passage de la rivière : le côté de la ville qui faisoit tête à notre armée ne fit qu'une faible résistance, les ennemis l'abandonnèrent et rompirent le pont de communication ; notre général le fit réparer en diligence, les ennemis s'y opposèrent et il y eut du monde tué de chaque côté. Des Loges Bostfisel, mon ami, capitaine dans un régiment d'infanterie danoise, y fut blessé et mourut peu de temps après : ce fut perte, étant un fort honnête homme. Le sieur de Blachon, capitaine dans La Melonnière, y fut tué, qui étoit un officier de mérite. Les ennemis brûlèrent le travail que l'on y avoit fait ; et se croyant être en sûreté, Saint-Ruth, général de leur armée, et les autres généraux furent se divertir, ne croyant pas que nos troupes pussent rien entreprendre de plusieurs jours; mais le général ayant reconnu un gué fit passer la rivière à un grand détachement d'infanterie, qui soutenu de cavalerie attaqua si brusquement les ennemis, qu'ils furent contraints d'abandonner le côté de la ville qu'ils occupoient, et les troupes qui venoient à leur secours se retirèrent à leur camp en désordre.

Après cette expédition si heureuse et si glorieuse, toute notre armée passa le Shannon et marcha quelques jours après aux ennemis, qui s'étant postés avantageusement près d'un château nommé Aghrim, l'attendirent là. Il y eut un combat opiniâtre, et la victoire fut quelque temps en balance; mais M. de Ruvigny et son régiment firent si bien leur devoir que la victoire se déclara pour nous. La cavalerie ennemie prit la fuite et abandonna l'infanterie dont on fit un grand carnage. Après la mort de Saint-Ruth, général, tué d'un coup de canon, la nuit empêcha que l'on ne taillât tout en pièces. Après l'action, M. de Ginckel embrassa M. de Ruvigny auquel il marqua combien il étoit satisfait de sa bravoure et de sa conduite : puis étant venu à la tête de notre régiment, il donna beaucoup de louanges aux officiers et aux cavaliers. M. de Casaubon qui le commandoit, y avoit acquis bien de l'honneur (1). Cette bataille a fait assez de bruit pour être particularisée.

(1) Les historiens anglais et Burnet lui-même, qui est peu favorable aux Français, reconnaissent qu'une bonne partie des succès de la campagne d'Irlande, en 1691, doit être attribuée aux régiments de réfugiés français et à leur général Ruvigny, qui, en considération de ses services, reçut le titre de comte de Galloway. Ce qui atteste encore la valeur des régiments français, c'est le chiffre élevé de leurs pertes à la bataille d'Aghrim. Le narrateur anglais de la guerre d'Irlande, Story, nous apprend que dans ce seul engagement, le régiment de cavalerie com-

Ainsi je m'en tais avec le chagrin de n'avoir pas eu de part à cette belle journée, n'y ayant eu que cela de considérable, car Galway se rendit sans coup férir peu de temps après; et les ennemis qui tous s'étoient retirés à Limerick, après s'être laissé bombarder longtemps et abîmer leur ville, enfin ont capitulé et rendu la place et tous les châteaux. Le chevalier de Château-Renault, qui avec une escadre de vaisseaux français, avec quantité de vaisseaux chargés de provisions, étoit venu pour secourir la place, n'a servi qu'à emporter les troupes qui ont voulu passer en France, et quantité de familles papistes, le tout se montant à plus de dix mille hommes. D'Usson et le chevalier de Tessé, qui commandoient dans la place depuis la mort de Tyrconel, pourront être regardés de mauvais œil de Louis XIV, pour s'être trop pressés de capituler.

Ainsi après trois campagnes et la perte de bien du monde, l'Irlande a été réduite à l'obéissance du roi Guillaume. Les troupes ayant été mises dans les quartiers, M. de Ruvigny est revenu en Angleterre et à Greenwich le 18 novembre de la présente année, dont tout le monde en général a une joie extrême, et moi en particulier.

mandé directement par Ruvigny perdit cent quarante-quatre hommes, tant tués que blessés; celui de Cambon, cent six hommes; le régiment de Belcastel, quatre-vingt-cinq hommes. Quant à Burnet, voici ce qu'il dit : « Sans diminuer en rien l'honneur qui revient à Ginckel de cette heureuse campagne, il faut avouer qu'une partie de ce qui a été fait était due à quelques-uns des généraux, et en particulier à Ruvigny, revêtu depuis du titre de comte de Galloway. » (*Mém. histor. de la Grande-Bretagne.* T. IV, p. 164.)

SUITE DE MES VOYAGES

ET DE CE QUE 1692 M'A PRODUIT.

VII

Le roi, peu de jours avant son départ pour la Hollande, déclara M. le marquis de Ruvigny commandant en chef les troupes restées en Irlande, qui consistoient en plusieurs régiments anglais, irlandais, et les trois régiments français d'infanterie ; les Flamands ayant repassé en Hollande et les Danois, comme MM. de Ginckel, fait comte d'Athlone et baron d'Aghrim, en considération de sa victoire, et le marquis de La Forest, qui avoit suivi le duc de Wittemberg, général des troupes danoises. Cette nouvelle me donna de la joie, et me fit prendre le dessein de suivre ledit seigneur de Ruvigny en Irlande, le bruit étant que l'on devoit s'y embarquer pour quelque expédition de conséquence : ce que lui ayant témoigné, il me marqua recevoir avec plaisir mon offre. Mon épouse avoit peine à me voir reprendre le parti de la quitter, après m'avoir possédé un an en repos. Cependant, lui ayant fait connaître qu'il lui étoit plus avantageux que j'allasse voir le moyen de nous établir en ce pays-là, le roi ayant assigné le payement des officiers pensionnaires sur le fonds de l'armée d'Irlande, elle y consentit; et le jour pris pour partir au 1er de mars, nous nous embarquâmes ce jour-là, elle et moi, pour Londres après que nous eûmes fait nos adieux.

Nous apprîmes que le roi avoit honoré M. de Ruvigny de

la qualité de milord et du titre de vicomte de Galway. Ces nouvelles dignités, pour un sujet si digne, donnèrent de la joie à tous ses amis, et j'y pris toute la part que je devois. Je fus lui marquer combien j'y étois sensible et recevoir ses ordres pour notre départ, lequel fut arrêté pour le 3ᵉ du mois de mars. Ainsi ledit jour, après avoir dit adieu à mon épouse, le jeune Caderoy et moi montâmes en carrosse, pour nous rendre au lieu où l'on prenoit les carrosses pour Chester. Le milord Galway en avoit loué deux et plusieurs chevaux pour transporter ceux qui avoient l'honneur de l'accompagner; MM. de Passy, La Faucille, La Ramière, d'Eppe, La Clode, Chanlaurier, La Largerec, Ramé, Maille, Dupuy, Laspois, Daunix, Bruneval et plusieurs jeunes gens furent du nombre de ceux destinés à faire le voyage. Ainsi chacun étant au rendez-vous, nous montâmes en carrosse pour Chester sans milord Galway, qui ne voulut pas partir que le roi ne le fût pour la Hollande. A Coventry, milord Galway ayant pris la poste à Londres, nous joignit, dont toute la troupe fut fort réjouie. Il nous fit mille caresses, et nous dit qu'il avoit obtenu quatre mille pièces pour le payement de nos arrérages que l'on devoit payer au mois d'avril. Cette bonne nouvelle augmenta notre joie et me mit l'esprit en repos; car ayant laissé mon épouse sans argent, je ne pensois qu'aux moyens de lui en faire toucher. Ainsi ne pensant qu'à nous divertir et faire bonne chère, nous arrivâmes à Chester. Milord Galway, à quinze milles de la ville, nous quitta pour aller voir quelques compagnies de son régiment qui avoient passé à Dublin, le reste étant encore en Irlande où il devoit s'embarquer à Belfast. Le lendemain il arriva à Chester, accompagné de la plupart des officiers qui étoient passés. Il fut reçu au bruit du canon, l'étendard de la ville étant sur la tour, la garnison sous les armes; il se logea *au Mouton*, où nous avions mis pied à terre. J'eus bien de la joie de revoir mes amis de notre régiment dont je reçus force caresses. Le vaisseau qui le devoit porter à Dublin ne se trouva pas à notre arrivée. Ainsi il fallut l'attendre et nos bagages qui venoient par des charrettes.

Nous séjournâmes à Chester dont je visitai les choses les plus curieuses. Après que tout fut prêt, le milord Galway, pour profiter du vent dès qu'il seroit bon, voulut aller à Nessen, village entre Highlake et Chester, où le vaisseau qu'il attendoit étoit arrivé. Nous y séjournâmes un jour, et le vent ayant tourné au sud-est, nous allâmes coucher à bord. C'étoit un jac fort propre où nous eussions passé commodément sans le grand nombre que nous étions. La chambre de milord Galway étoit remplie, et n'y voulant pas augmenter le nombre, je me saisis d'une cabane; mais comme M. d'Eppe me faisoit peine à le voir sans coucher, je lui en fis part, ce qui nous incommoda très fort l'un et l'autre, le lieu étant trop petit. Le vent devint contraire et nous obligea à côtoyer le pays de Galles que nous ne perdîmes point de vue, non plus qu'Anglesey, qui est une île dans son voisinage : le vent se grossit beaucoup, et comme il étoit contraire, on résolut de relâcher à Lihec, ou Olihec (1), qui est le lieu où le paquebot prend les lettres pour Dublin ; mais sur le soir, le vent changeant et devenu parfaitement bon, nous vîmes les terres d'Irlande. Le matin en nous levant nous entrâmes dans la rivière de Dublin ; et notre jac ayant tiré son canon, on envoya des chaloupes. Notre milord Galway partit le premier, et nous le suivîmes peu de temps après. Ainsi arrivés heureusement, chacun prit son parti pour loger. Bruneval et moi fûmes chez un nommé Gendron *in Copraly* (*sic*), où nous restâmes un mois dans son auberge, où plusieurs officiers d'infanterie français nous ont tenu compagnie. Le milord Galway se logea d'abord sur le quai, près le pont d'Essex. Là il reçut les visites des lords de justice, du chancelier, du maire et des aldermans. Son arrivée ne fut pas plus tôt sue que très grand nombre

---

(1) Holyhead?

d'officiers ne vinssent en foule faire leur cour et le réclamer pour être payés; de manière qu'en peu de temps il se trouva aussi plein d'affaires qu'à Londres. Notre troupe se rendoit fort assidue chez lui; il avoit gardé dans sa maison plusieurs jeunes gens qui n'avoient point de subsistance et qu'il vouloit placer. Milord Galway avoit à peine été arrivé qu'il pensa à nous placer aussi.

Le sieur de La Saigne, gouverneur de Drogheda, l'étant venu voir, lui vanta les bontés et beautés de sa ville, et lui fit naître l'envie de nous y envoyer. Il nous le proposa, et nous résolûmes d'aller sur les lieux pour être instruits de tout; mais comme bien des officiers de La Melonnière qui y étoient en garnison furent à Dublin, ils nous en dégoûtèrent. Cependant un capitaine qui étoit de notre troupe, nommé La Ramière, ami de La Saigne, ne s'en tint pas là; mais après y avoir fait quelque séjour, il en fit un si méchant portrait que lord Galway n'eut plus cette pensée, non plus que pour MM. Séverin qu'il destinoit à y être ministres. Je lui avois proposé de mettre l'aîné à Dublin, à la place du sieur Roussel, mort le jour de notre débarquement, à l'inhumation duquel nous assistâmes comme à celle de son épouse, qui ne le survécut que trois jours; mais ne l'ayant pas jugé à propos, je ne lui en parlai plus.

A peine quinze jours s'étoient écoulés depuis notre arrivée, que lord Galway ayant ordre de visiter les places tant de la campagne que du bord de la mer, se prépara à partir : ce qu'ayant su, je lui fis offre de le suivre. Il m'en remercia, me disant qu'il ne me vouloit pas donner cette fatigue inutilement; mais que s'il alloit plus loin, il ne me laisseroit point. Je ne m'y opiniâtrai point, étant sans valets, chevaux, et que peu d'argent, et ne voulant pas lui être en charge sans lui être utile. Mais quelques jours après, la famille me dit que l'on comptoit sur moi pour le voyage, et pour voir le pays où l'on pourroit s'établir; et comme MM. de Passy et d'Eppe se trouvoient présents, je leur demandai s'ils vouloient des terres : ils me dirent que non, n'ayant point de familles à les occuper après eux et n'en voulant pas non plus pour lors. Je ne laissai pas de m'offrir de nouveau à milord Galway : il me dit qu'il eût été bon que j'eusse vu les lieux où nous voudrions nous établir; et lui ayant marqué que MM. de Passy et d'Eppe ne vouloient point de terres, ni moi que dans les siennes, il me dit qu'il ne vouloit pas de meilleur voisin que moi, mais qu'il falloit encore attendre quelque temps, qu'il en avoit écrit à milord Sidney pour cela. Ainsi je m'exemptai de cette course inutile et pénible, ayant à traverser tout le pays le plus ruiné de l'Irlande. Enfin milord Galway partit avec peu de suite, et ayant passé par Athlone, y fut régalé par M. de Montault, commandant le régiment de Cambon, qui y avoit passé l'hiver fort mal. Il y donna des marques de sa charité, comme partout où il passa, trouvant une infinité de pauvres qui mouroient de faim. De là il se rendit à Galway, où on lui fit de grands honneurs et régals : après quoi ayant passé par Limerick, il se rendit à Cork. Nous aspirions à son retour avec impatience, et la vie inutile que nous menions à Dublin ne m'accommodoit point; mon peu d'argent s'écouloit, et mon épouse, qui n'en recevoit point à Londres, me donnoit beaucoup de chagrin. Cependant nous prenions de temps en temps de petits plaisirs innocents qui nous faisoient couler les jours le plus doucement que nous pouvions ; il étoit venu plusieurs officiers de notre régiment qui partageoient notre oisiveté en attendant le retour de milord Galway.

Cependant tous les régiments s'avançoient et étoient en marche pour se rendre du côté de la mer. Lorsque nous espérions de voir milord Galway à Dublin, un brigadier de d'Avènes, nommé Guérache, me vint dire que j'avois ordre de l'aller joindre à Cork avec Saint-Cyr, d'Ornan, Duval, Fontanié, Fontgrave et Brassat, tous officiers du régiment. Cette nouvelle me réjouit, mais m'embarrassa en l'état où j'étois, sans équipage ni argent ; ce que j'écrivis aussitôt audit milord, l'assurant d'ailleurs de ma disposition à le suivre. Je ne fus pas longtemps dans cet embarras ; il ordonna à son écuyer de me fournir un cheval, et envoya ordre au sieur Hays, riche marchand français et alderman de Dublin, de donner vingt pièces à La Clide et moi, ce que nous reçûmes ; mais comme La Clide étoit sans argent, il me pria de lui en laisser toucher quinze, ce que je voulus bien pour lui faire plaisir. Cette petite faveur et préférence à MM. de Passy, d'Eppe et autres qui l'avoient accompagné et qu'il laissoit sans appui et sans argent, leur fit bien de la peine à digérer. Je compatissois à leurs maux, mais n'y pouvois donner remède ; j'avois aidé M. d'Eppe, qui avoit été malade, de ce que j'avois pu. Le jour venu pour notre départ, leur ayant dit adieu à tous et pris neuf pièces du sieur Mariel chez qui je mangeois et chez qui je laissois une partie de mes hardes, milord Galway m'ayant mandé de me charger de peu d'équipage, je me rendis à son logis, près le marché aux chevaux, où je montai à cheval sur son cornette. M. Barbier, son chapelain, nous y vint dire adieu, très chagrin de ne pouvoir encore le venir joindre.

Nous quittâmes donc Dublin, et vînmes coucher à Naas, le lendemain dîner à Cas-Dermor et coucher à Carlow, le jour d'après à Kilkenny, le lendemain à Clonmèll. Je laissai l'équipage du lord à Kilkenny, et comme j'avois trouvé le pays désert et très difficile pour qu'il pût gagner Clonmell en un jour, je priai le sieur de Vimare Petit-Bosc, qui commandoit le régiment de La Melonnière qui y étoit en garnison, de leur faire trouver des chevaux ; ce qu'il fit, ayant envoyé deux détachements pour cela. Je déjeunai avec Bruneval, La Motte et Brunville, mes amis ; après quoi nous continuâmes notre route, d'Ornan, Duval, Fontanié et moi. Nous marchions du côté de Cork, et nous trouvâmes des pays affreux et déserts jusqu'à Cappoquin où nous nous arrêtâmes pour repaître. Ce lieu est situé au bord d'une belle rivière où le flux de la mer monte de quinze ou seize pieds; la rivière abonde en saumons. Comme nous y trouvions du foin et de l'avoine, nous fûmes bien aises d'y passer la journée; nous mangeâmes du saumon à toutes sauces. Saint-Cyr et Fontgrave nous y joignirent, ayant parti de Dublin un jour après nous, et La Clide pareillement. Ainsi rejoints nous partîmes à soleil levant, d'un temps charmant, pour nous rendre à Cork.

Mais comme nous fûmes à cinq ou six milles de notre gîte, le garçon major de La Melonnière qui en revenoit nous ayant assuré que milord Galway étoit à Kinsale, et qu'il devoit partir de Cork dès le lendemain qu'il y seroit de retour, pour se rendre à Waterford, où il avoit ordonné à toutes les troupes de se rendre pour passer en Angleterre, même au régiment de Belcastel qui étoit en garnison à Kinsale; comme je montois un de ses meilleurs chevaux, je me fis scrupule de le fatiguer inutilement; et quoique j'eusse à faire à Cork, je suivis d'Ornan qui revenoit joindre à Cappoquin Duval dont le cheval étoit blessé. Saint-Cyr, Fontgrave et Fontanié continuèrent leur chemin et furent à Cork. Nous attendîmes en ce charmant lieu, qui est des plus beaux de l'Irlande, le retour de milord Galway, qui le lendemain matin arriva s'en allant à Clonmell voir le régiment. Nous le voulûmes suivre; mais comme les logements y étoient rares, et plus que tout les fourrages, il nous conseilla d'aller droit à Waterford, ce que nous acceptâmes après avoir pris congé de lui. Nous le laissâmes aller et nous disposâmes à partir; ce que nous fîmes, fort contents de notre petit séjour qui avoit remis nos chevaux. Nous vîmes avec regret la désolation que les *raperies* (1) avoient faite dans Cappoquin et aux environs, ayant brûlé la maison du gentleman qui étoit très jolie et un très beau château à milord Cork. Il y a beaucoup de bois taillis et haute futaie en ce quartier, ce qui est très rare en Irlande : nous trouvâmes aussi sur la route de Waterford un coteau planté

---

(1) *Raperies, irish robbers*, maraudeurs irlandais.

de chênes assez beaux pour le pays. Nous pensâmes venir coucher à une petite ville nommée Dongarvan, située au bord de la mer; mais comme elle étoit trop loin de l'autre, nous passâmes et couchâmes à un méchant lieu où il nous fallut envoyer au fourrage pour nos chevaux. Ce méchant gîte nous fit arriver de bonne heure à Waterford, où nous fûmes logés par le maire chez le bourgeois. Il m'échut un riche marchand qui parloit bon français, qui, ayant des officiers anglais logés, ne put me donner que son parloir, où il me fit dresser un *table-bed* dont d'abord j'eus peine à me contenter; mais y ayant couché, je le trouvai si bien que je ne voulus pas le changer.

Milord Galway arriva le soir et fut reçu au bruit du canon et toutes les troupes sous les armes; la ville le vint complimenter; il fut fort bien logé. Dès le lendemain, il fut visiter les vaisseaux au passage qui est le lieu où l'on s'embarque, et étant pressé de repasser en Angleterre avec les troupes; une grosse conspiration dont on n'avoit qu'une imparfaite connaissance, la flotte de France en mer, tout cela inquiétoit la reine et tous les bien intentionnés pour le gouvernement. Ainsi milord Galway, pour ne point perdre de temps, fit partir le régiment de Foulques qui étoit des premiers et les fit avancer devers le passage. Pendant leur marche, un capre françois poursuivant un pêcheur qui s'étoit échoué devers Dongarvan, le capre avoit envoyé des mousquetaires dans sa chaloupe pour s'en saisir; mais un capitaine, avec sa compagnie détachée du régiment pour aller loger là auprès, l'ayant aperçu, marcha à eux et leur fit faire une décharge si vigoureuse qu'il les chassa et garantit le pêcheur. Le bruit que la flotte de France, commandée par M. de Tourville, étoit en mer, nous donna de l'inquiétude, ne doutant pas qu'elle n'en vînt aux mains avec les flottes d'Angleterre et de Hollande qui ne demandoient pas mieux que de combattre.

Cependant milord Galway ne perdoit point de temps à faire

embarquer les troupes à mesure qu'elles arrivoient. Cambon partit après Foulques, auquel succéda La Melonnière et Mède. Ces deux à leur tour partis, Belcastel arriva qui ne fit que coucher à Waterford et alla comme les autres au passage où milord se rendoit tous les jours. Toute cette infanterie embarquée, on fit partir tous les chevaux de l'artillerie; et tous les officiers de cavalerie et l'équipage du lord suivirent. La Clide et moi prîmes la commodité d'une barque, n'ayant point de chevaux, après avoir dit adieu à mon hôte et hôtesse nommés Mestre Wait, fort bonnes et honnêtes gens, dont j'eus lieu de me louer, et eux de moi. Nous quittâmes ainsi Waterford après quelques jours de séjour; nous y touchâmes, La Clide, Fontanié, Laspois et moi, les trois parts du mois de janvier passé, qui est le premier mois courant de l'établissement de nos pensions en Irlande, et nous prêtâmes serment devant le maire de la ville que nous ne touchions point d'autre argent du roi. Nous descendîmes le long de la rivière avec la marée; mais nous ayant manqué, nous mîmes pied à terre : la pluie même nous pressant, nous nous servîmes d'une cabane pour nous mettre à couvert, après quoi nous fûmes à pied au passage où nous trouvâmes tous nos amis.

Milord Galway étoit à Dunkanon, qui ne revint que tard; ce qui fit que les chevaux furent plus longtemps à s'embarquer. Milord Galway pressa les choses d'autant plus que l'on apprit les flottes aux mains : il fut jusques à la nuit au bord du rivage; ensuite de quoi, après y avoir laissé Cramé, son aide de camp, il monta dans la chaloupe où je le suivis, et nous fûmes coucher au jac (yacht) qui étoit le même qui nous avoit passés en Irlande. Le lendemain de bon matin il retourna à terre pour faire achever l'embarquement des chevaux. Ce jour il vint nouvelle de la conspiration découverte et de l'avantage de nos flottes sur les Français; mais comme on exagéroit selon nous les choses, nous balancions entre l'espérance et la crainte. Toutes choses embarquées à peu près, milord Galway fut dîner à bord d'un vaisseau de guerre dont le capitaine l'avoit prié. J'eus le plaisir de l'accompagner; le vent et la marée nous étoient contraires, le vaisseau fort éloigné, nous eûmes peine à le joindre ; mais enfin, à force de rames, nous l'abordâmes. Milord Galway y fut reçu au bruit du canon, le capitaine le régala de son mieux, nous y bûmes de bien des sortes de liqueurs, et tout le temps que nous y fûmes, nous y eûmes les violons et musettes. Sur le soir, nous remontâmes en chaloupe et regagnâmes le jac.

Le lendemain toute notre petite flotte descendit près de Duncanon, qui est un fort sur le bord de la rivière fort bien muni d'artillerie et où il y a garnison. On y passa la nuit, et le lendemain le vent étant contraire, nous crûmes ne pouvoir pas partir. Le lieutenant-colonel du régiment de Mède, nommé Hamilton, se trouvant mal ou prétextant cela, voulut aller à terre et dans le dessein de chasser. Je le voulus suivre, mais ayant entré dans la chaloupe pour cet effet, je fis réflexion que le vent pourroit changer; ainsi ayant remis mon fusil à Caderoy, je remontai au vaisseau, et eux furent à terre. Sur les deux heures après-midi le vent se fit bon, et les vaisseaux de guerre qui nous devoient escorter ayant tiré le canon pour appareiller, tous les vaisseaux mirent à la voile. Cependant Hamilton et sa troupe ne revenoient point, cela nous inquiétoit et chagrinoit; notre maître du jac, qui voyoit la flotte prête d'entrer en mer et la nuit s'approcher, on leur avoit envoyé la chaloupe qui revint avec Caderoy et un autre, Hamilton étant allé souper chez un de ses parents qui même avoit espéré que milord Galway seroit de la partie. Enfin, après avoir bien attendu, tout se rendit à bord et nous fîmes route. Comme notre vaisseau étoit fort léger, nous rejoignîmes la flotte promptement.

Le lendemain nous découvrîmes l'embouchure de Bristol, bornée d'un côté par le pays de Galles, et de l'autre le comté de Devonshire, dont le paysage est aussi beau que l'autre est désert. Nous mouillâmes l'ancre par delà de petits rochers à quelque milles de Pille, qui est comme le port de Bristol; et comme notre pilote côtoyer étoit ignorant, il eut peine à trouver le canal et nous donna de l'inquiétude, qui se termina l'ayant retrouvé. On passa la nuit tranquillement; mais comme premier de jeter l'ancre on avoit soupé sur le tillac gaiement, et bu à la santé de Leurs Majestés et de la prospérité de leurs armes au bruit du canon, cela donna l'alarme à toute la contrée qui ne savoit point quel succès auroit eu le combat des flottes; et comme il leur paraissoit sur le soir cinquante-deux ou trois voiles, le bruit courut que c'étoit de France, de manière que toute la nuit les milices furent en armes, et Bristol même en fut fort alarmé, du moins les bien intentionnés. A la pointe du jour, il nous vint une chaloupe pour nous reconnaître, qui nous dit l'émotion de la contrée; après que la marée nous eut portés près de Pille, milord Galway descendit et moi avec lui en ce lieu, bien contents de revoir l'Angleterre qui me paraissoit d'une beauté enchantée au prix des déserts de l'Irlande. La verdure charmante des prés et des bois, le chant du rossignol, inconnu en Irlande, étoient des plaisirs pour moi très sensibles, et plus que tout l'espérance de revoir bientôt ma famille à qui ma présence étoit très nécessaire.

Toutes les troupes débarquèrent en ce lieu où les plus grands vaisseaux peuvent venir, la mer y enflant la rivière et la faisant monter d'une hauteur extraordinaire; nous dînâmes en ce lieu fort bien. Le ministre français de Bristol et quelques bourgeois y vinrent saluer milord Galway, et nous confirmèrent l'alarme que notre petite flotte avoit donnée et les avantages que nos grandes avoient remportés sur celle des ennemis. Sur le soir, comme les troupes à peu près furent débarquées, nous montâmes avec milord Galway dans une chaloupe et nous rendîmes à Bristol, ayant coulé le long de la rivière entre deux très hautes montagnes, les unes couvertes de bois fort agréables, et l'autre de rochers affreux;

cependant il y a des mines de plomb d'un côté et une fontaine chaude de l'autre que la rivière couvre en haute marée ; on la prend pour la santé, et ces rochers produisent des espèces de diamants à facettes assez jolis.

Nous trouvâmes les abords de Bristol fort agréables, y ayant quantité de maisons fort charmantes qui ont derrière elles des bois. Milord Galway fut très bien logé chez le major et nous au *Cerf blanc*. Nous avons séjourné deux jours en cette ville dont nous avons vu avec plaisir et la grandeur et la richesse ; aussi l'est-elle en second après Londres. Nous fûmes revoir cette fameuse fontaine, et au retour milord Galway et nous avec lui, fûmes régalés dans une jolie maison dont on découvre toutes les beautés de la ville. Le lendemain toutes les troupes marchèrent à leurs quartiers ; cela fait, milord prit le carrosse pour Londres où j'étois avec lui. A moitié chemin, après être couché, il reçut un courrier qui lui apportoit l'ordre pour se rendre à Portsmouth où les ducs de L'Instre (Leicester), de Portland, Sidney et d'autres seigneurs s'étoient rendus pour voir la flotte victorieuse. Il prit la poste et nous continuâmes notre route ; nous avions passé le matin par les bains de Bath qui sont chauds et de grande estime en Angleterre. J'arrivai à Londres à trois heures, et, sans m'y arrêter, je m'embarquai à la Tour d'où je me rendis à Greenwich chez mon épouse, qui, après trois mois de séparation, fut fort aise de me retrouver ; et j'attends tranquillement ce que tous les préparatifs de l'embarquement produiront, bien intentionné de suivre milord Galway s'il m'en donne les moyens, l'argent m'étant absolument nécessaire pour cela. J'ai trouvé ma femme à bout du sien, mais en bonne santé et mes petits, dont je loue et bénis Dieu. Ce voyage, quoique défrayé en allant et revenant par milord Galway, m'a coûté de l'argent considérablement, et sans fruit que l'honneur de l'avoir suivi ; cela n'a pas laissé de me faire des envieux dont je me ris.

SUITE DE MES VOYAGES

ET DE 1692.

VIII

Les préparatifs pour l'embarquement se faisoient avec assez de chaleur apparemment, et chacun croyoit qu'une descente en France étoit immanquable. L'on avoit bâti à Deptford quantité de barques d'une fort jolie invention qui pouvoient porter quatre-vingts et cent hommes, et avoient deux petites pièces de canon sur l'avant et une planche à l'épreuve du mousquet pour couvrir des mousquetaires. On se proposoit merveille de cette petite flotte qui pouvoit porter à terre plus de quatre mille hommes à la fois. Le duc de L'Inster (Leicester), qui commandoit les troupes, se rendit à Portsmouth, et milord Galway l'y accompagna. Quelques jours auparavant, il étoit venu à Greenwich dire adieu à Madame sa mère; et comme je continuois dans le dessein de le suivre, il me dit tout ce qu'il put pour m'en détourner et pour me persuader d'aller en Irlande avec ma famille où ma pension se devoit payer à l'avenir. Je m'en défendis autant que je pus, persuadé que je verrois quelque action considérable. Milord, qui en savoit le fin, m'assura que cela n'aboutiroit à rien; et comme je fus à

Londres pour être à son départ, il me dit tant de raisons pour ne me point opiniâtrer à le suivre, sur l'inutilité pour moi de faire ce voyage et la nécessité qu'il y avoit de me rendre en Irlande avec ma famille devant que la saison fût plus avancée, qu'enfin, avec beaucoup de répugnance, je me résolus à suivre ce conseil, ne voulant pas cependant lui être en charge sans lui pouvoir rendre service. Je pris congé de lui, et en m'embrassant, il m'assura de la continuation de son amitié et me fit espérer d'être dans peu de temps en Irlande.

Je revins donc à Greenwich l'esprit combattu de chagrin de n'avoir pas suivi mon premier dessein ; mais mon épouse, qui vouloit absolument venir en Irlande, m'obligea à ne plus penser qu'à ce voyage. MM. Desmoulins et de Questebrune, qui se trouvoient dans la même obligation que moi d'y aller recueillir leurs pensions, se disposoient aussi à partir ; et tous ensemble, ayant pris notre résolution, et sachant que quantité de nos amis, entre autres M. et Madame du Petit-Bosc et de Bethencour devoient partir, nous fûmes à Londres et arrêtâmes des voitures pour aller de compagnie avec eux. Dans ce temps, Mademoiselle de Grosménil, ma belle-sœur, arriva de Hollande à Greenwich : son voyage imprévu nous surprit et nous donna bien de la joie. Mon épouse, qui ne l'avoit point vue depuis longtemps, eût fort souhaité jouir de ce plaisir tranquillement et à longs traits ; mais nos mesures étoient prises ; ce que nous pûmes faire fut de retarder de huit jours notre départ et profiter, autant que nous pourrions, de sa présence. Tous nos amis lui firent caresse, et comme elle a beaucoup de mérite, elle s'attira l'estime des personnes qui ne la connoissoient point. Madame la marquise de Ruvigny et ses nièces lui marquèrent leur considération. Nous voyions le temps de notre départ approcher avec chagrin, mais on ne le pouvoit plus différer ; MM. Desmoulins et Questebrune, qui avoient retardé leur départ à cause de moi, me pressoient. Ainsi, ayant les uns et les autres vendu ce que nous ne voulions point porter, nous commençâmes nos adieux à tous nos amis de Greenwich. Ayant pris congé de Madame de Ruvigny, de qui, pendant notre séjour dans ce lieu, mon épouse et moi avions reçu bien des marques de ses bontés, nous dîmes adieu à MM. Séverin, ministres du lieu, et à nos parents, de Moncornet et de Bruneval, à M. de Laval et aux demoiselles d'Offranville, ensuite à la famille de M. Ricaut, dont l'amitié nous est très chère. La séparation ne se fit point sans bien des regrets de part et d'autre; nous quittions des amis et des parents que nous chérissions très fort, et nous quittions un lieu enchanté dans lequel nous étions commodément établis, nous nous éloignions du commerce de nos familles de France et nous allions nous exposer à bien des fatigues et des frais. Cependant, comme c'étoit une nécessité, il fallut sans balancer partir pour Londres; toutes nos hardes furent portées par terre, et nous prîmes des barques pour nous rendre à la Tour. Tous nos amis et amies nous souhaitèrent bon voyage, et nous nous en allâmes avec les regrets et la bénédiction de tous ceux qui avoient eu connaissance ou affaire avec nous.

Comme le trajet est court de Greenwich à Londres, nous y fûmes de bonne heure; nous logeâmes à la rue du Blaecmore (Blackmoore?), au quartier des Grecs; nous y séjournâmes depuis le jeudi jusques au lundi ensuivant, dans lequel temps mon épouse fit ses emplettes et sa sœur pareillement. Nous y embrassâmes nos amis et amies, et, bien chagrins de n'y point trouver la famille de M. Chardin, nous chargeâmes Madame des Pilleres et sa fille de nos compliments. Le lundi, douzième jour d'août 1692, nous nous rendîmes aux wagins (wagons) qui sont chariots couverts qui nous devoient porter à Chester. Mademoiselle Henriette de la Cervanière, mariée au sieur de La Chilardière, nous accompagna et nous rendit bien des services; nous dînâmes premier que de partir, et sur les deux heures nous montâmes dans la voiture, M. Desmoulins, Questebrune, sa famille et la mienne. Ainsi, le 12 d'août 1692, nous quittâmes Londres. Comme nous étions fort pressés et nullement accoutumés à voyager en pareil équipage, cela nous fit de la peine; mais peu à peu nous nous y accoutumâmes. La saison étoit belle et rendoit les chemins fort aisés à marcher à pied, ce qui nous fut d'un grand secours et nous fit voyager avec plaisir; nous remarquions plus à notre aise les beautés du pays. Je ne m'arrêterai point à en faire la description, ce pays étant connu généralement pour un des plus riches de l'Europe; ainsi l'on trouve tout ce qui est nécessaire pour la vie en abondance; le jour votre vue est très contente de la diversité des paysages, et le soir la commodité des hôtelleries et la bonté des lits vous remettent de la fatigue du jour. Nous fûmes voir à Coventry une croix qui est un bel ouvrage d'architecture. On voit dans cette ville une figure d'homme à demi passé par une fenêtre, qui semble regarder dans la rue, et on dit que c'est celle d'un maître de cette maison qui eut trop de curiosité de voir passer la reine nue contre les défenses du roi de le faire, ayant obligé cette princesse de faire cette cavalcade nue à cheval pour obtenir la vie d'un seigneur que le roi vouloit faire mourir. Le curieux fut pendu, et les propriétaires sont obligés d'entretenir cette figure à la fenêtre pour un monument de la sévérité de ce roi, et, si l'on ose dire, de sa folie d'avoir exposé son épouse en cet état pour faire un acte de clémence. Je donne cette histoire ou fable pour le prix que je l'ai reçue; ce qui est de très assuré, c'est que cette figure, à une fenêtre qui est vis-à-vis de la rue qui mène à cette croix, est digne de la curiosité des passants.

Après être passé à Coventry, à quelques milles on entre dans de grandes garennes où les wagins s'arrêtèrent pour boire à un cabaret qui y est. Mon épouse voulut descendre avec moi, et nos deux garçons, Daniel et Henry, voulurent nous suivre, et Mademoiselle de Questebrune aussi, de manière que, pour profiter du beau temps, nous marchâmes à pied jusques au village. Après avoir traversé ces garennes, nous attendîmes les chariots qui, en suivant la route ordinaire, y devoient passer. Cependant que mon épouse se reposoit, je fus voir un fort bel étang dans ce village; je ne m'y arrêtai point, et à mon retour, voyant que notre chariot ne venoit point, la peur qu'il n'eût pris une autre route me fit retourner sur mes pas, et n'en ayant point de connaissance, je montai à cheval et courus dans le chemin que je croyois qu'il pourroit avoir pris, mais en vain; je reviens à toute jambe retrouver ma troupe désolée que je croyois au lieu où je l'avois laissée; mais je la vis qui retournoit dans la garenne et devers Coventry. Je les fis revenir au village et poussai jusques au cabaret pour savoir le gîte des chariots et pour louer des chevaux pour voiturer ma petite troupe. Je ne pus rien obtenir de la maîtresse de la maison qui étoit seule, et elle me fit entendre qu'il falloit aller jusques où l'on prenoit la poste pour avoir des chevaux. Je revins donc en diligence, et ayant fait monter mon épouse à cheval, qui n'en pouvoit plus, je mis son petit Henry devant elle et nous gagnâmes Cossen. J'y louai trois chevaux, et ayant pris un guide, nous nous mîmes en marche; je portois devant moi mon Henry; j'avois un des chevaux que j'avois loués qui, étant plus fort que celui du wagin, me faisoit croire que je porterois plus sûrement mon enfant, mais bien loin de là. Comme il y a une descente dans ce lieu, comme je fus presque au bas, les jambes manquèrent à mon cheval; il tomba sur les genoux, et mon étrivière ayant rompu, je tombai sur le côté; et comme je soutins Henry avec mon bras, il ne fut point blessé quoique le lieu fût rempli de pierres. Le peuple accourut à mon secours, et ayant fait prendre quelque liqueur forte à cet enfant que l'on m'apporta, je remontai sur le petit cheval du wagin, et nous continuâmes notre route en bénissant Dieu de nous avoir garantis de ce péril, où sans son secours nous devions être fort blessés; cependant je n'en fus point incommodé ni mon fils.

Nous arrivâmes fort tard au gîte, où, croyant trouver notre chariot, nous fûmes surpris d'y en voir deux autres. Cependant, la fatigue du jour ne permettant pas de transporter plus loin ma troupe, nous prîmes le parti de coucher au lieu où nous étions; et comme il se trouva un de ces chariots vides, je fis marché pour la porter jusques à Stafford où l'autre se rendit le soir. Ainsi rejoints avec nos amis, nous leur fîmes reproches de ne nous avoir pas attendus; et après leur justification, nous ne pensâmes plus qu'à nous consoler de notre disgrâce et continuer notre voyage gaiement. Nous eûmes toujours beau temps et arrivâmes à Chester la veille de la Saint-Barthélemy. Milord Sidney, qui alloit être vice-roi d'Irlande, y étoit encore; mais tous les officiers pensionnés qui étoient partis de Londres devant nous, et qui l'avoient attendu pour se servir de son escorte, étoient allés à Nessen. Nous eussions fort souhaité être du nombre; mais comme il étoit fête, nous ne pûmes avoir de waran (1) de la douane, pour passer nos hardes, bien que nous fussions recommandés à l'alderman Allen. Ainsi, par ses avis, nous fîmes marché avec un maître de vaisseau, et ayant été saluer milord Sidney qui nous reçut fort honnêtement, nous nous préparâmes à partir le lendemain, ce que nous exécutâmes et arrivâmes à Nessen le lendemain de la Saint-Barthélemy; nous fîmes embarquer nos hardes le même jour, nous eûmes peine à trouver à loger. Enfin M. Desmoulins, qui avoit pris le soin du logement pendant que je faisois embarquer les hardes, trouva une maison au bord du rivage, où, quelque incommode qu'elle fût, nous nous arrêtâmes dans l'espérance de n'y pas séjourner; mais, contre notre attente, les vents étant devenus contraires, nous y séjournâmes un mois deux jours moins, pendant lequel temps nous embarquâmes et débarquâmes deux fois. A la seconde, comme je voulus aller au village après avoir

---

(1) *Warrant,* permis.

diné, M. Desmoulins voulut pareillement y venir; et comme l'un et l'autre nous avions dessein d'entrer dans un clos, il tomba et se blessa la jambe dont cependant il ne se plaignit point. Le soir il nous fit voir une petite écorchure sur l'os de la jambe, et comme il négligea ce petit mal, il devint grand, de manière que quand le vent fut bon, nous fûmes contraints de le laisser en ce lieu, après cependant avoir obligé le chirurgien qui le pansoit à rester avec lui, quoiqu'il amenât une jeune épouse de Londres. Ainsi, sur les assurances qu'il me donna, je lui marquai mon chagrin de ne pouvoir rester, étant chargé de ma famille et n'ayant point nos hardes.

Nous partimes donc de ce lieu où nous avions souffert assez d'incommodités pour n'avoir pas de regret de le quitter; le vent nous fut très favorable; nous ne fûmes qu'un jour et une nuit à faire ce trajet. Malgré le beau temps et bon vent tout fut malade dans le vaisseau; j'y gagnai une fluxion sur les yeux; mais lorsque nous eûmes débarqué à Rezain (1) et que j'eus dormi, cela se passa. Nous eûmes besoin de repos, car, outre la fatigue de la mer, nous eûmes celle d'aller fort loin à pied et dans l'eau en plusieurs endroits, depuis où la barque nous avoit déchargés jusques audit lieu de Rainzin (Ring's End?). M. de La Gasaserie, ministre, ayant descendu avec nous, eut sa part de la fatigue et nous fut en aide et consolation. Après avoir dormi suffisamment, je fus à Dublin chez le sieur Mariel qui m'avoit retenu deux chambres près de lui. Il eut bien de la joie de me voir, et mes amis me firent bien des caresses. Je pris un carrosse et vint querir ma famille que j'ai eue huit jours dans lesdites chambres; nous mangeâmes pendant ce temps chez ledit sieur Mariel, au bout duquel je pris un appartement dans Patrice-Clos, chez la dame Bainkle, et au bout de huit jours que j'y fus, ma fille fut prise de la petite vérole, ensuite son frère Daniel et enfin Henry, qui,

---

(1) Sans doute *Rings' End*, tout près de Dublin.

après avoir été fort mal, grâces à Dieu en ont été parfaitement guéris. Leur maladie et le rachat des meubles, joints aux grands frais du voyage, m'ont beaucoup coûté ; mais, comme on m'a payé régulièrement la subsistance tous les mois, j'y ai subvenu, de manière que je n'ai qu'à rendre grâces à Dieu, qui, m'ayant amené dans ce pays avec ma famille, m'a donné moyen de lui fournir les choses nécessaires tant pour son entretien que son éducation.

Six mois et plus se sont écoulés depuis mon arrivée ; nous y goûtons la joie de se trouver avec ses amis, et plus encore d'y avoir MM. Séverin et Barbier, nos pasteurs de Greenwich, qui, par leurs excellents sermons, nous enseignent la voie de salut, et nous font aspirer au ciel qui est notre véritable patrie. Ainsi, après six années de pèlerinage, je suis à Dublin où l'arrivée de milord Galway nous donne une joie sensible et nous flatte de quelques douceurs en ce pays étrange, d'où cependant je pense incessamment à ma famille de France, laquelle je prie Dieu de bénir comme celle-ci, qui, plus heureuse en ce qu'elle sert Dieu en pleine liberté, joint ses vœux aux miens pour la délivrance et notre réunion. Dieu m'accorde des jours pour cela, et pour voir la paix en l'Eglise et sur la terre! Amen!

Fini, in Bray-Street, le 3 avril 1693.

APPENDICES

I

PIÈCES ANNEXES

INSÉRÉES PAR L'AUTEUR

DANS LE MANUSCRIT

DE SES MÉMOIRES

GÉNÉALOGIE

DE LA MAISON DES DUMONT, ESCUYERS, SEIGNEURS ET PATRONS DES FIEFS DE LA FONTELAYE, DE VIBŒUF EN PARTIE, ET DU BOSTAQUET (1).

De Guillaume Dumont, escuyer, seigneur de Bonnemare, de Poissy et du fief métayer, lesdits fiefs sis ès paroisses de Gamaches, Guèvres et d'Auremenil, en Normandie, pays de Caux, près de Dieppe;

Et de damoiselle Cardine, sa femme, sont issus quatre fils et trois filles.

Le premier fut Pierre Dumont. Dudit Pierre est procédé Nicolas Dumont, seigneur de Longueil, et dudit Nicolas est venu Guillaume Dumont, seigneur dudit lieu.

Le second fut Perrenot Dumont, dont est procédé et de damoiselle Marguerite d'Abin, dame de Bostaquet, son épouse, Pierre Dumont, escuyer, seigneur de Bostaquet et de Vibœuf.

Le troisième fut Remy Dumont, escuyer, sieur de Bonnemare et du Mesnil, de qui et de damoiselle Catherine de Beauchamp, son épouse (de la famille dont est Jeanne Seymour, femme de Henri VIII) (2), sont procédés plusieurs enfants,

(1) Avec des notes et additions successives de l'auteur.
(2) Catherine de Beauchamp, sortie d'une maison qualifiée au pays de Caux en Normandie, dont un de cette maison, ayant passé avec Guillaume le Conquérant en Angleterre, après avoir acquis beaucoup d'honneur dans cette guerre, s'y

dont le premier fut Jehan Dumont, le deuxième Pierre, le troisième Robert Dumont, et quatre filles. La première fut Marie Dumont, mariée au sieur d'Aguemont, de la paroisse de Saint-Meullers, la deuxième Binette Dumont, qui fut religieuse à l'abbaye royale du Thrésor, la troisième Marie Dumont, mariée au sieur Langlois, de la paroisse de Lintot, et la quatrième Catherine Dumont. Dudit Jehan, fils de Remy susnommé et de damoiselle Catherine Eudes, son épouse, sont provenus plusieurs enfans. Le premier fut Robert Dumont, escuyer, seigneur du Mesnil, le deuxième Adrien Dumont, qui fut curé de Tonneville, pays de Caux.

Le quatrième fils dudit Guillaume Dumont, premier nommé, fut Guillaume Dumont, duquel est procédé deux fils, dont le premier fut Giffin Dumont, escuyer, seigneur de Saint-Aubin, près du pont Saint-Pierre, de qui est procédé Benoist Dumont, sieur dudit Saint-Aubin; et le deuxième fut Robert Dumont, escuyer, dont est issu Hubert Dumont, escuyer, seigneur de la Rozière, lequel sous Henri II a eu de beaux emplois dans la guerre, comme il parait par les commissions dont il étoit saisi.

La première fille dudit Guillaume Dumont, escuyer, premier nommé, fut Yolante Dumont et épouse de Guillaume Lemarinier, escuyer, seigneur d'Oppeguard, dont sont descendus tous les seigneurs d'Oppeguard jusques à ce jour, et se voient lesdits sieur et dame dans la chapelle de la maison d'Oppeguard en peinture, accompagnés, le mari de dix garçons, et la femme de dix filles. Le sieur marquis de Cany est de ladite maison.

La seconde fut Agnès Dumont, mariée au sieur Paon, escuyer, seigneur de Murseden et du Perray.

établit et laissa en mourant une fille héritière de ses biens qui étaient grands, laquelle le chevalier Seymour épousa. Dont sortit Jeanne qui fut femme de Henri VIII, en troisièmes noces. — Voyez *La Réformation d'Angleterre*, Burnet, évêque de Salisbury. (*Note du manuscrit.*)

La troisième fut Yolette Dumont, mariée à Lombard de Hevix, escuyer, seigneur de Douelles, Reuville et Calletot, et vécut cent ans.

Ladite filiation faite par Geoffroy Dumont, escuyer, seigneur de Bostaquet, et signée des tabellions ou notaires du bourg d'Auffay, le 23ᵉ août 1540, et le tout extrait d'une pareille.

Toutes les branches ci-dessus sont éteintes, à la réserve de celle de Perrenot Dumont, escuyer, second fils dudit Guillaume Dumont, escuyer, premier nommé, duquel Perrenot sont descendus tous les seigneurs de Bostaquet jusques à ce jour.

—

De Perrenot Dumont, escuyer, seigneur du fief Renart, et de damoiselle Marguerite Dabin, qui le 22 mars 1422 s'épousèrent en présence et du consentement de M. maître Robert Dabin, conseiller en l'échiquier de Normandie, son père, escuyer, seigneur de Bostaquet, de par dame Jehanne d'Yvetot, son épouse, mère de ladite Marguerite Dabin, laquelle Jehanne d'Yvetot fut fille de feu messire Jehan d'Yvetot, chevalier, seigneur de Taillauville, d'Escalle, et du Bostaquet, et de Vibœuf, et de damoiselle Jehanne de Saenne, laquelle Jehanne d'Yvetot devint héritière par le trépas de feu Collart d'Yvetot, son frère, de la terre de Bostaquet, suivant les partages faits par ledit maître Dabin de la succession dudit seigneur d'Yvetot avec messire Colibeaux Fresnel, chevalier, Robert de Bautot, escuyer, et Jacques d'Ausonvile. Lesdits partages faits entre lesdits seigneurs le 12 d'apvril 1370, et sont encore en essence et lisibles restés dans les écritures de Bostaquet. Ledit seigneur d'Yvetot descendu de Lantier d'Yvetot, si célèbre dans l'histoire de Clotaire, roi de France, qui l'ayant tué dans l'église le jour de Noël par un soupçon de jalousie, fut contraint par le pape (Agapet ou Eugène), pour l'expiation de ce crime d'ériger la terre d'Yvetot en royaume, laquelle de présent est possédée par les filles du feu marquis de Crenan, héritier de feu M. l'évêque du Bellay. Lesdits d'Yvetot, portent pour leurs armes d'azur à la bande d'or, à deux cotices de même, au lambel de gueules, et sont lesdites armes en plusieurs endroits de la maison du Bostaquet, dudit Perrenot, dont Dumont et ladite Marguerite d'Abin est venu et procédé.

—

Pierre Dumont, escuyer, seigneur de Bostaquet et de Vibœuf, en partie, qui de damoiselle Jehanne de la Volte, son épouse, eut deux garçons, Jehan et Thomas Dumont, escuyers.

De Jehan Dumont, escuyer, seigneur de Bostaquet et de Vibœuf, et de damoiselle Marie de Manneville, fille de messire François de Manneville, et de Julienne d'Ausonville, dame dudit lieu, son épouse, sont procédés trois fils et deux filles, Jehan, Guillaume et Nicolas Dumont, escuyers. Guillaume fut curé de la Croix Saint-Lieuffroy et de Gaillon, et Nicolas, vicomte de Tancarville. Le chef de ladite maison de Manneville, gouverneur de Dieppe, lequel a épousé la fille de M. le marquis de Montchevreuil (maison d'Aumont), et est fils du feu comte de Manneville et de la fille de feu M. le chancelier d'Aligre, et à présent duchesse de Luynes. Les armes de Manneville sont de sable, à l'aigle éployée d'argent.

De Jehan Dumont, second du nom, escuyer, seigneur de Bostaquet et de Vibœuf, et de damoiselle Marie de Frecquetes, dame de Beville, en partie près le Havre de Grâce, sont procédés trois fils et une fille : Geoffroy, François et Nicolas Dumont, escuyers, et Marie Dumont, laquelle fut mariée au seigneur de Harenviller, escuyer, seigneur de Lintot en partie, dont sont sortis MM. de la Mare, seigneur de Lintot, de Fauxbuisson et de La Houssaye, duquel sont aussi descendus les sieurs des Hamelets et de Marencour, de la maison d'Aubermesnil, près d'Arques, et demeurant en la paroisse de Sainte-Foy sur Longueville.

Nicolas fut viconte de Tancarville; François et lui morts sans enfants.

Geoffroy Dumont, chevalier, seigneur et patron de La Fontelaye, du Bostaquet, de Vibœuf en partie et de Bellemare, épousa en premières noces damoiselle Marguerite de Valord, de la maison des seigneurs d'Escouville, près de Caen, dont il eut trois fils et deux filles, dont l'un fut tué au siége de Calais, et l'autre à Rennes, en Bretagne. Les filles furent mariées, l'une au sieur de Lavé, escuyer, ministre de Lintot, et l'autre à Jehan Le Febvre, escuyer, seigneur d'Heuguille. Desdits fils n'est sorti aucun enfant. Des filles, la cadette seule a eu un fils qui fut Samuel Le Febvre, escuyer, ministre au Havre (mort en février 1702), et Isaac Le Febvre, enseigne de feu M. de Bostaquet, capitaine dans le régiment de Dourechamp (Douchamp). Samuel a eu une fille mariée au sieur de Nipiville (réfugiés à Amsterdam pour la religion).

Ledit Geoffroy, après le décès de ladite Le Vallois, épousa en secondes noces damoiselle Elisabeth Rémond, dame de Courcelles et de Jomdson (?), paroisse de Gil, près Cheuveuse, fille de M. maître François Rémond, escuyer, seigneur de Courcelles, conseiller au parlement de Paris, et de dame Jehanne Maynet. Ledit seigneur de Courcelles, fils aîné de messire Pierre Rémond, chevalier, premier président au parlement de Rouen, et de dame Marthe de Selve, fille ou sœur de messire Jehan de Selve, chevalier et premier président au parlement de Paris sous François Ier, roi de France. L'histoire de ce temps-là fait ample mention desdits sieurs de Selve et de Rémond dont le dernier fut envoyé donner un démenti en pleine diète à Charles-Quint, pour lors empereur, par ledit seigneur roi, qui, à son retour l'honora de la charge de premier président de Rouen. Il fut tiré du conseil privé, dit l'histoire de Rouen.

Dudit mariage sont sortis dix enfans, dont une partie mourut jeune. Les fils qui vécurent âge d'homme furent Samuel, Abraham, Isaac et Jacob. *Item* une fille nommée Elisabeth Dumont. Desdits fils, Samuel seul a marié. Les trois autres sont morts dans le service. Abraham Dumont, escuyer, seigneur de Bostaquet, est mort premier capitaine et major du régiment de Doursam (Douchamp), en 1653, au servive de messeigneurs les Etats d'Hollande, et est enterré dans l'église du Clostrequerque, à La Haye, comme il paraît par l'écusson des armes de sa maison. Isaac Dumont, escuyer, seigneur de Courcelles, mourut au voyage d'Italie que le roi Louis XIII fit. Jacob Dumont, escuyer, seigneur de Jomeron, fut tué commandant la compagnie d'ordonnance du duc de Saint-Simon. Elisabeth fut mariée à Jean Le Febvre, escuyer, fille dudit sieur Le Febvre, mariée au seigneur d'Hougerville, près Fécamp, dont sont sortis plusieurs enfants.

Samuel Dumont, chevalier, seigneur et patron de La Fontelaye, du Bostaquet et Vibœuf en partie, fils aîné dudit Geoffroy, épousa damoiselle Anne de La Haye, fille ainée de messire Isaac de La Haye, chevalier, seigneur et patron de Lintot, et de dame Françoise de Thiboutot, fille de messire François de Thiboutot, chevalier, seigneur d'Alvemont, et dame Anne de Pardieu, de la maison de Bouteville, duquel mariage est issu trois filles et un fils, dont deux sont mortes sans marier. François Dumont seule a marié à Gabriel Morel, escuyer, seigneur d'Hérondeville-en-Bessin, dont est sorti quatre fils et deux filles. Des fils, Gabriel (1) sert Messieurs les Etats en qualité de lieutenant dans le régiment de M. de Torcé, colonel et brigadier d'infanterie, son parent, à cause de la mère dudit Morel (2). Le fils est Isaac Dumont.

---

(1) Tué en Flandres en 1692, Albinkerke, le jour du combat. (*Addition de l'auteur.*)

(2) Et depuis général-major en 1690. Depuis, en 1704, il a été fait lieutenant général par MM. les Etats-Généraux. (*Addition de l'auteur.*)

Messire Isaac Dumont, chevalier, seigneur et patron de la Fontelaye et du Bostaquet, fils unique dudit Samuel Dumont et de ladite dame Anne de La Haye, épousa en premières noces demoiselle Marthe de La Rive, fille de noble homme Daniel de La Rive et de demoiselle Anna de Le Lieuë de Rouen, duquel mariage est procédé six filles et un fils. Deux sont mortes au berceau, et les quatre qui restent sont Anne, Catherine, Marthe et Magdeleine Dumont. Le fils Isaac Dumont, escuyer, seigneur de la Fontelaye. — Ledit seigneur de Bostaquet, après la mort de ladite dame de La Rive, épousa demoiselle Anne Le Cauchois, fille aînée de messire David Le Cauchois, chevalier, seigneur de Tibermont, de Ribœuf-Saint-Quentin et de Fonteines, et de dame Marie de La Haye, fille cadette dudit seigneur de Lintot, duquel mariage sont issus deux fils et cinq filles, dont trois sont mortes et un fils. Le cadet reste nommé Samuel-Gabriel Dumont, escuyer, seigneur de Ribœuf, et deux filles, Suzanne (morte en 1690), et Elisabeth Dumont. — Ladite dame Le Cauchois étant morte, ledit seigneur de Bostaquet a épousé demoiselle Marie de Brossard, fille aînée de messire David de Brossard, chevalier, seigneur de Grosménil et de dame Judith d'Ainval, dame de Béquigny et du Quesnel, duquel mariage sont nés jusques à ce jour quatre enfans, trois filles, dont une est morte, et un fils nommé Daniel-Auguste Dumont [né le 14 juin 1683, mort en Hollande le 3 d'avril 1706 (1)]. Les filles Judith-Julie, la dernière Marie-Magdeleine Dumont (2): (Et depuis est né à Greenwithe un fils [né le 2 juillet 1689], nommé Henry par M. de Ruvigny) (3).

Isaac Dumont [né le 20 juillet 1663], escuyer, seigneur de

(1) Mon fils Daniel-Auguste est mort le ... d'avril 1706, au service des Etats d'Hollande...... adjudant au régiment de Torsay, sur le point d'être capitaine. (*Addition de l'auteur devenue presque illisible.*)

(2) Née le 14 décembre 1680. (Cette addition marginale n'ayant pas de renvoi, on ne sait pas à laquelle des deux filles elle se rapporte.)

(3) Voir ci-dessus, pages xxi, xlvi et 246.

La Fontelaye, fils aîné dudit seigneur de Bostaquet et de ladite dame de la Rive, a épousé demoiselle Esther Chauvel, fille de maître David Chauvel, avocat au parlement de Rouen, et de dame Anne Baudry, duquel mariage est issu jusques à ce jour un fils et une fille; le fils nommé Isaac Dumont, et la fille, Anne. (Depuis, deux fils, l'un nommé Daniel et l'autre Jérémie. *Item* un autre fils et trois filles) (1).

La généalogie ci-dessus a été écrite par moi seigneur de Bostaquet, capitaine de cavalerie réformé au service de nosseigneurs les Etats, et réfugié en Hollande pour la religion, laquelle m'a été apportée par ladite dame de Brossard, mon épouse, et extraite d'un registre en parchemin resté en France dans ma maison : ce que j'atteste véritable pour servir de mémorial fidèle à ceux de mes enfants qui sont sortis de leur patrie sans connaissance, ou ceux qui pourroient naistre ci-après, en cas que la Providence les rappelle dans la maison paternelle et qu'ils puissent savoir quelle est leur origine et quels sont leurs frères, sœurs, parents et alliés. Ce que j'ai écrit et signé à La Haye, le 26ᵉ d'avril 1688.

I. DUMONT-BOSTAQUET.

Sæpe tibi pater est, sæpe legendus avus.

Damoiselle Judith-Julie Dumont épousa à Portarlingthon, comté de la Reyne, en Irlande, le 2ᵉ jour d'avril 1700, Guy Auguste de La Blachière, écuyer, seigneur de la Coutière (2), et est accouchée d'un fils le 19 de septembre 1701, sur les onze heures du matin, un samedi, la lune étant à son déclin, et a été présenté au baptême par moi, son grand-père, qui lui ai

(1) Ce quatrième fils se nommait *David*, et les trois autres filles : *Esther* Dumont de la Hardelamare, *Elisabeth-Marthe* Dumont de la Fontelaye, *Marie-Anne* Dumont de Lamberville. En 1705 naquit un cinquième fils, *Louis*, qui mourut en 1760, ayant épousé Elisabeth Laurent et laissant un fils âgé de treize ans.

(2) Sans doute Coutiers, que possédait en Saintonge la famille de La Blachière, qui était de cette province.

donné mon nom d'Isaac, et celui de Philippe pour M. de Torsay, nom de son père. M. Abadie, doyen de Kilalou (?), baptisa ledit Isaac-Philippe le 21 septembre 1701 : ce que j'atteste véritable et j'ai signé ledit jour et an (1).

I. DUMONT-BOSTAQUET.

—

Le 23 de juillet 1705, ladite Julie Dumont est accouchée d'une fille, un lundi, sur les deux heures après midi, deux jours devant la pleine lune, laquelle fille a été baptisée le 1er août par M. de Bonneval, ministre de l'Eglise françoise de Portarlinton, et présentée au baptême par ledit seigneur de Coutière, son père, et par dame Marie de Brossard, mère de ladite dame de Coutière, et fut nommée Marie-Anne. Le tout mis et enregistré au registre des baptêmes de ladite Eglise, que j'atteste véritable et l'ai signé le 6 d'août 1705.

BOSTAQUET.

—

Madite fille de Coutière est accouchée d'une fille le jeudi 14 de novembre 1706, sur les dix heures du matin, la lune étant en décours, et a été présentée au baptême par moi, pour Henry Dumont, mon fils, et par Madame de La Lande pour Mademoiselle de Coutière, la seconde des sœurs, et a été baptisée par M. de Bonneval, et nommée Jehanne-Suzanne-Henriette, le 18 de novembre 1706.

—

Le 22 d'octobre 1707, madite fille est accouchée d'une fille à deux heures après minuit, la lune étant à son premier quartier, et baptisée le 23........ M. de Bonneval, ministre dudit lieu........ (2)

(1) Une note manuscrite, dont le doyen d'Ossory nous a communiqué la teneur, montre qu'Isaac de Coutières était en 1735 capitaine dans le régiment d'infanterie du colonel Wentworth (24e régiment).
(2) Le reste est effacé ou indéchiffrable.

COPIE DE REQUÊTE

PRÉSENTÉE AU PRIVÉ CONSEIL PAR M. DE CIVILLE POUR ÉVOQUER DU PARLEMENT DE PARIS LES ENFANTS DE MESSIRE PIERRE RÉMOND, PREMIER PRÉSIDENT AU PARLEMENT DE ROUEN, AVEC ÉNONCIATION DE LEUR PARENTELLE.

Au Roy et à Messieurs de son Conseil.

Sire,

François de Civille, commissaire ordinaire des guerres en la généralité de Rouen, vous remontre très humblement que de deux sentences données à son profit à l'encontre de Georges Rémon et ses consorts, héritiers de feue dame Magdelaine Rémon, sa femme, par le bailly de Rouen ou son lieutenant, ledit Rouen et ses consorts se seroient portés pour appelants qui ressortent à votre cour de parlement de Rouen. Mais pour travailler ledit suppliant et empêcher le cours de la justice par des fuites ordinaires ont présenté requête en votre conseil pour laquelle ils ont exposé qu'ils ne pouvoient espérer justice audit parlement, à cause des parentelles et alliances qu'ils disent que ledit suppliant avoit, sur laquelle il avoit été ordonné qu'il feroit informer d'icelles parties présentes ou appelées et ayant ledit suppliant assigné par-devant le commissaire à ce député dit qu'il consentoit que pour éviter à procès, ledit procès fût renvoyé en telle cour souveraine de ce royaume qu'il plairoit à Votre Majesté ordonner, excepté le parlement de Paris, pour les grandes parentés et alliances que ledit Rémon et ses consorts y ont. Lequel commissaire, après la déclaration dudit suppliant, auroit renvoyé les parties à votre conseil pour les pourvoir ainsi que de raison. Et combien que ledit Rémon et ses consorts ne puissent dénier lesdites parentés, néanmoins où ils voudroient faire quelque dénégation, le suppliant met en fait et offre vérifier qu'ils ont nombre de parentés et plus que suffisant pour évoquer et renvoyer ledit procès ailleurs où il plaira à **Votre Majesté** ordonner : entre autres,

M. Sanguin, conseiller en la cour de parlement de Paris, seigneur de Livry, est cousin remué de germain dudit Rémon Geffroy Rémon, seigneur de Cussy, et des enfants de feu M. maître François Rémon, seigneur de Courcelles, conseiller audit parlement, tous héritiers de la femme dudit suppliant et qui tous ont intérêt au procès ;

M. maître Denis du Mesnil, aussi conseiller en ladite cour, est beau-frère dudit Sanguin et cousin en pareil degré à cause de sa femme ;

M. maître Anthoine Loisel, conseiller en ladite cour, est cousin en pareil degré à cause de sa mère ;

M. maître Possidore Bouin, conseiller en la grand'chambre, aussi cousin remué de germain ;

M. de Moussy, conseiller en ladite cour, est cousin en pareil degré ;

M. de Montigny, conseiller du roy et maître des requêtes en son hôtel, est aussi remué de germain desdites Rémon ;

Messire de Harlay, chevalier, premier président, cousin remué de germain dudit sieur Sanguin, à cause de sa mère ;

M. de Toul, président en la cour et en la chambre de l'Edit, cousin germain dudit sieur Sanguin ;

M. Mollay, conseiller en la cour, est oncle dudit sieur du Mesnil, à cause de sa femme ;

M. Le Camus, conseiller en la cour, est neveu dudit sieur Sanguin, à cause de sa mère ;

M. de La Roche-Chandieu, conseiller en ladite cour, est cousin dudit sieur Rémon, au degré de germain, à cause de sa mère ;

Et au regard du sieur de Bellasize,

Un desdits cohéritiers au droit de dame Nicole Rémon, fille aînée dudit seigneur de Courcelles, sa femme et nièce desdits sieurs de Cussy et Gauray, il auroit plusieurs parents audit parlement, savoir :

M. de Gayen, président aux requêtes ;

M. Jehan Boissard, conseiller ;

M. Bergère, conseiller;
M. Guillaume Lotin, conseiller;
M. François de Lauson, conseiller;
M. le président de Thoul, à cause d'Elisabeth Le Lien, sa mère;
M. Cyprien Perrot, conseiller;
M. le président Viole;

Pour lesquelles parentés et alliances, ledit suppliant ne pouvoit espérer justice en ladite cour de parlement de Paris, pourquoi requiert et supplie très humblement Votre Majesté de vouloir lesdits procès, iceux avec leurs circonstances et dépendances, renvoyer au plus proche parlement suivant l'ordonnance, et le suppliant continuera à prier pour votre prospérité et santé.

Signé : LALEMAN.

Ledit sieur de Bellasize et Geoffroy Dumont, seigneur de Bostaquet, intéressés audit procès, comme ayant épousé dames Nicole et Elisabeth Rémon, filles dudit seigneur de Courselles, conseiller en la cour, frère aîné desdits sieurs de Cussy et Gauray.

M. Sanguin, marquis de Livry, gendre de M. le duc de Saint-Aignan, estoit premier maître d'hôtel chez le roi Louis XIV, lors de mon départ de France, et ay copié ce que dessus d'une copie à moi envoyée et extraite sur l'original resté dans ma maison du Bostaquet avec nos autres écritures; le tout pour instruire mes enfants qui sont sortis sans connaissance de leur patrie, de leurs parens et alliés, ce que j'atteste véritable et ai signé le 24 d'avril 1691, à Greenwich, près Londres.

Nota que l'histoire fait mention dudit Pierre Raymond (*sic*) avec éloge, et Varillas, dans la vie de François Ier, dit qu'il fut choisi pour instruire le procès du chancelier Poyet, la France n'ayant point d'homme dont la probité et la capacité fussent plus universellement reconnues en 1541, que luy. (T. II, p. 628.)

NOTICE

SUR LES ARMES DE DIVERSES FAMILLES.

D'Yvetot porte d'azur, à la bande d'or, à deux cotices de même, au lambel de gueules.

Seigneur de Bostaquet et époux de Jehanne de Saene, porte l'écu gironné d'azur et d'argent de huit pièces.

Robert d'Abin porte d'azur, à trois caveaux d'or.

Dumont de Bostaquet porte de gueules, à trois têtes de lapin arrachées, deux en chef et une en pointe.

De la Vote porte de gueules, à trois besans d'or, au chevron brisé de même.

De Manneuville porte de sable, à l'aigle éployée d'argent.

De Frecqueles porte d'azur, à trois mains d'argent, deux en chef et une en pointe.

De Rémon porte de sable, au lion rampant, d'or, aux étoiles sans nombre, de même.

De La Haye porte de gueules, à trois coquilles d'argent, deux en chef et une en pointe.

De La Rive porte d'azur, au lion d'argent, sortant des ondes de même.

Le Caussois (*Le Cauchois*) porte de gueules, à trois houx de sinople, au chevron brisé d'argent.

De Brossart porte d'azur, à deux besans d'or, en chef, à la molette d'éperon de même, en pointe ; au chevron brisé d'or au milieu.

COPIE DU SERMENT

FAIT PAR TOUS LES OFFICIERS FRANÇAIS A NOSSEIGNEURS LES ÉTATS D'HOLLANDE (1).

Nous promettons et jurons d'être loyaux et fidèles à messeigneurs les Etats Généraux des Provinces-Unies, d'obéir aux ordres et commandements desdits Etats, de Son Altesse et du Conseil d'Etat, comme aussi de tous chefs et officiers, tant qui sont déjà établis en charge par lesdits Etats Généraux ou de leur part, que ceux qu'il leur plaira à l'avenir d'y établir, contre tous généralement sans en excepter qui que ce soit, selon l'exigence des affaires et que le besoin desdites provinces le requerra, tant dans le pays que hors desdites provinces, par mer et par terre, de respecter et d'exécuter leurs commandements, et généralement de nous régler selon les articles et ordonnances déjà faits et arrêtés sur nos charges, ou encore à faire et arrêter.

Ainsy nous aide Dieu !

(Ce que l'on signe après avoir fait ledit serment en levant le second doigt et celui du milieu en haut.

Je fis ledit serment à la fin du mois de juin 1687, ensuite de quoi le secrétaire d'Etat me délivra mon acte de capitaine de cavalerie réformé; et quelques jours ensuivant M. le président d'Auféques me délivra l'ordre signé de Son Altesse pour rester en garnison à La Haye, et ma pension étoit de cinq cent vingt livres, monnoie d'Hollande.)

---

(1) La formule de ce serment est donnée dans les mêmes termes par M. Ch. Weiss, dans son *Histoire des Réfugiés protestants de France* (t. II, p. 46), d'après le *Groot Plakaatboek,* t. IV, fol. 166.

NOMS

DES OFFICIERS QUI ONT PASSÉ EN ANGLETERRE ET DEVOIENT ÊTRE INCORPORÉS DANS LES DRAGONS, QUAND S. A. R. MONSEIGNEUR LE PRINCE D'ORANGE A PASSÉ EN ANGLETERRE (1).

Colonel :
M. Petit.

Capitaines :
MM. Desmoulins,
Petit,
Maricourt,
D'Escury,
Montroy,
Neufville (2),
Vesansay,
Montaut,
Bernaste.

Pour les bleus.

Colonel :
M. Louvigny.

Capitaines :
MM. Bostaquet,
La Grangerie,
Passy,
D'Olon,
Vivens,
Varenques,
La Guiminière,

Pour les rouges.

---

(1) Voir ci-dessus page 195. Cette liste se trouve à la page 1 du Ms.

(2) Dans un mémoire adressée en 1699 par Bossuet à Pontchartrain, il est parlé de « trois demoiselles de Neuville, dont le frère est en Angleterre au service du roi Guillaume. » Elles demeuraient à Caussy, paroisse d'Ussy, près La Ferté-sous-Jouarre, et Bossuet demandait qu'on les fît prendre et conduire aux Nouvelles-Catholiques. (Voir les *Œuvres complètes de Bossuet*, édit. 1846, t. XXXVI, p. 340, et le *Bulletin de la Société d'Histoire du Protestantisme français*, t. IV, p. 218, 220.

Lieutenants:

MM. Quiraut,
Louvigny,
Moncornet,
Tournier,
Le Blanc,
D'Ours,
Fontanes,
Bernard,
Senoche,
Serre,
Rumigny,

Pour les bleus.

Cornettes:

MM. Martel,
Dupuy,
Larouvière,
De Lamy,
Lassaut,
Salomon,
Larouvière,
La Bastide,
De Bojeu,
De Gaume,
Constantin,

Pour les bleus.

Lieutenants:

MM. Boismolet,
Mailleray,
Clairvaux,
Vilmisson,
La Caterie,
D'Ornan,
Rochebrune,

Pour les rouges.

Cornettes:

MM. Vasselot,
Maillé, l'aîné;
Maillé, le cadet;
D'Olon, fils;
Du Chesoy,
Montpinson,
Ricard,

Pour les rouges.

En tout 54 officiers choisis par le prince, comme il est dit feuille 163 (page 195 ci-dessus), pour être incorporés dans les deux régiments *bleus* et *rouges*.

LISTE ET NOMS

DES OFFICIERS TANT EN PIED QUE DES OFFICIERS INCORPORÉS DU RÉGIMENT DE SCHOMBERG, LORS DE SA CRÉATION EN JUILLET 1689 (1).

COMPAGNIE COLONELLE.

Colonel:

Mgr. le duc de Schomberg.

Colonels incorporés:

MM. de Romaignac,
Louvigny.

Major:

M. de La Bastide.

Major incorporé en second:

Le chevalier de Saint-Hermine.

Officiers en pied:

MM. d'Avène, capitaine ;
Dallons, lieutenant ;
Le comte de Paulin, cornette ;
Vilmisson, maréchal des logis ;

Officiers incorporés

Capitaines:

MM. Darènes,
Bernaste,
Montault,
La Roche,
La Millière.

Lieutenants:

MM. Maillerays,
Clervaux,
Rochemont,
Blanzac,
Boudinot,
Londigny.

Cornettes:

MM. Boisragon,
Rochemont, l'aîné ;
Père de Fontenelles,
Blanzac, le cadet ;
Lizardière,

(1) Voir ci-dessus page 195. Cette liste se trouve à la page 210 du Ms.

COMPAGNIE DE CASAUBON.

Officiers en pied :

MM. de Casaubon, lieutenant-colonel ;
Mazères, lieutenant ;
Maleragues, cornette ;
Thomas, maréchal des logis.

Officiers incorporés :

Capitaines :

MM. de Maricourt,
Brassclaye,
Des Loires,
La Coudrière,
Valsery.

Lieutenants :

MM. Des Ouches,
La Bouchetière,
De l'Isle,
Le Blanc,
Tessonnière,
Lentillac,
Duvivier,
Pinsun,
Dumarest.

Cornettes :

MM. Moncal,
D'Ericq,
Rivery,
Lacour,
Laserre.

COMPAGNIE DE BELCASTEL.

Officiers incorporés :

MM. de Belcastel, capitaine et lieutenant-colonel depuis ;
De Salles, lieutenant ;
D'Hours, cornette ;
Verny, maréchal des logis.

Capitaines :

MM. de Hubac,
La Fabreque,
Vesian,
Boncour, l'aîné ;
Vesancé.

Lieutenants :

MM. La Casterie,
Boisribeau,
Liverne,
Mercier,
Fontane,
Rumigny,
Pascal,
La Bessède.

Cornettes :

MM. Gaubert,
Duchesne,
La Bastide barbu,
La Rouvière,
La Coste.

COMPAGNIE DE LA FONTAN.

MM. de La Fontan, capitaine et depuis lieutenant-colonel;
Coulombières, lieutenant;
Le marquis de La Barre, cornette;
Pineau, maréchal des logis.

Officiers incorporés :

Capitaines :

MM. Petit,
Des Moulins,
Louvigny, le cadet;
Dolon,
Guestebrune.

Lieutenants :

MM. Chabrières,
Pineau,
Ferment,
La Cloche,
Moncornet,
La Boissonnade.

Cornettes :

MM. Dolon, fils;
Lubières,
Dupuy,
Loulin.

COMPAGNIE DE MOLIENS.

MM. de Moliens, capitaine;
La Cailletière, aîné, lieutenant;
Vervillon, cornette;
Samson, maréchal des logis.

Officiers incorporés :

Capitaines :

MM. d'Antragues,
Montargis,
Bostaquet,
La Grangerie,
Saint-Tenac.

Lieutenants :

MM. Du Buy,
Deserre,
Liscours,
Boncour, cadet;
Cailletière, cadet;
Dalby,
Gourdonnel,
Bernard.

Cornettes :

MM. Boncour, le jeune;
Lassau,
Constantin, aîné;
Féron,
Constantin, cadet;
La Basoche.

COMPAGNIE DE CUSSY.

Officiers en pied:

MM. de Cussy, capitaine;
Maisonneuve, lieutenant;
Couterne, cornette;
Ricard, maréchal des logis.

Officiers incorporés:

Capitaines:

MM. de Passy,
Hautcharmois,
La Roquière,
Bondou,
Champaigné.

Lieutenants:

MM. Sisolles,
La Batie,
Fontanie,
Boismolet,
Eschelberghe,
Augeard,
Rouse,
Béraud du Pont.

Cornettes:

MM. Soumain de Vallière,
La Loubière,
De Lamy,
Grenier,
Arabin de Barcelle,
Le Roux,

COMPAGNIE DE TUGNY.

MM. de Tugny, capitaine;
Braglet, lieutenant;
Bancelin, cornette;
La Roque, maréchal des logis.

Officiers incorporés:

Capitaines:

MM. de Saint-Cyr-Soumain,
De L'Isle,
Monpas,
Deppe,
Jonquière.

Lieutenants:

MM. La Boulaye,
Deschamps,
La Brosse-Fortin,
Cassel,
Dornan,
Tournier,
La Serre.

Cornettes:

MM. Duval,
Duchessoy,
Lameryes,
Théron.

COMPAGNIE DE VARENGUES.

Officiers en pied:

MM. de Varengues, capitaine;

La Lande, lieutenant ;
Dumay, cornette ;
Chapelle, maréchal des logis.

Officiers incorporés :

Capitaines :

MM. d'Escury,
Vivens,
Baron de Neufville,
Brugières.

Lieutenants :

MM. Châteauneuf,
La Malquière,
Guiraud,
Rouvière,
Lavit,
Rozet du Causse,
Solègre,
Tobie-Rossat.

Cornettes :

MM. La Roque,
Beaujeu,
Fongrave,
Laume,
Cambes,
Du Lac.

Nombre des officiers incorporés :

39 capitaines,
62 lieutenants,
41 cornettes.

Nombre total :

141 (1).

169 officiers (2).

(Depuis on a augmenté ledit régiment d'une compagnie que commande M. de La Bastide.)

Noms des officiers en pied :

MM. de La Bastide, capitaine,
Mazères, lieutenant,
La Balanderie, cornette.

Officiers incorporés ;

Capitaines :

MM. de Londigny,
La Coudrière.

(1) Il y a sans doute erreur d'un, car le total est 142.
(2) Le total est 176. C'est une erreur de 7.

LISTE GÉNÉRALE

DES OFFICIERS PENSIONNÉS QUI SONT EN IRLANDE, OU QUI Y DOIVENT VENIR SUIVANT LES ORDRES DU ROI POUR ÊTRE PAYÉS A COMMENCER DU 1er JANVIER 1692 (1).

CAVALERIE.

olonel :

M. de Romaignac.

Capitaines :

MM. de Bostaquet (2),
Desmoulins (mort en mars 1696),
Questebrune (mort),
D'Antragues,
Dolon,
De Passy,
D'Eppe,
De L'Isle (mort),
De Vivens (mort),
Fontanié,   10

Lieutenants :

MM. de La Boissonnade,
Du Vivier (parti),
Dupont-Bérault (mort),
Pascal,
Ferment (mort en juillet 1697),
Sève,
L'Escours,
La Boulaye, l'aîné ;
La Boulaye, cadet ;
La Brosse-Fortin,
Lantillac,
Vilmisson,
Mercier,
De Causse,
La Caterie.   15

---

(1) Voir ci-dessus page 305. Cette liste se trouve à la page 280 du Ms.

(2) *Note écrite au bas de la première colonne :* « Ma pension est de six schellings trois sols par jour, dont on n'a payé que les deux tiers des mois que j'ai touchés, qui sont quatre et demi ; ce 17 octobre 1692.

« Copié ledit jour cette liste. »

Cornettes :

MM. de Rivery,
La Bastide barbu,
Goulain,
L'Amy,
Lemery (a quitté),
La Serre. 6

En tout cavalerie, 32

INFANTERIE.

Lieutenants-colonels :

MM. Du Petitbosc,
Du Borda.

Capitaines :

MM. La Ramière (mort),
La Clide (1),
Béthencour de Bure (mort en 1697),
Saint-Garmain,
D'Ortoux,
Champfleury (mort),
Loteron,
Sainte-Maison,
La Sautier,
La Brousse,
Barbaut,
Serment,
Millery,
Du Parc,
MM. D'Anroche,
L'Estrille (2),
Courteil,
De L'Orthe,
D'Aulnix,
Charrier,
Tiberne,
Pressac,
Verdier (mort),
La Rochemonroy,
Champlaurier,
Harne,
Prou,
Liger,
Verdelle,
Dantilly,
Ponthieu,
Sally,
Vignoles,
Linoux,
La Rochegua (mort),
Vebron,
Bernardon,
Revole,
Chabrole,
La Guarde, 40

Lieutenants :

MM. Baise,
Sailly,

---

(1) Jean de l'Estrille, seigneur de la Clide, en Saintonge, capitaine des vaisseaux du roi, cassé en 1679 pour cause de religion, rétabli la même année. Il servit jusqu'au 13 février 1681. Passa ensuite à l'étranger.

(2) Frère du précédent.

MM. Boyer,
Pruer (mort),
De Mestre,
L'Ile-du-Gua,
Saint-Sauveur,
La Maupère,
Saint-Agnan,
Belorm,
Saint-Faste,
Lungay,
Mercier, l'aîné ;
Bignon,
Boisbeleau,
Petit,
Lainé,
Saure,
Pegat,
Bourdin,
Massac (mort),
Damboy,
Bellet,
De Loches,
La Motte,
Loux,
Bemecour,
Vialla,
Delon,
Lanteau (mort),
Londe,

MM. Aldebert,
Mercier, cadet ;
Fortanier,
Saint-Yorc (mort le 26 octobre 1697),
La Risole-Falantin,
Le Brun,
La Rousselière.   38

Enseignes :

MM. Lanfant,
La Hauteville,
Castelfranc,
Saint-Paul,
Laval,
Saint-Etienne,
Guillermin,
Quinson,
Champlaurier, cadet.   9

En tout infanterie,   89

En tout, tant cavalerie qu'infanterie, 121 (1).

117 officiers,

Un colonel,

Deux lieutenants-colonels,

130 en tout (2).

(1) *Nota.* Le manuscrit ne porte que 120 cavalerie et 78 infanterie, par erreur d'addition sans doute ; l'auteur a omis les 9 enseignes.
(2) Les deux noms que voici sont écrits à la suite comme note additionnelle :
    Bourdiguet du Rosel,
  Bernières.

APPENDICES

II

PIÈCES ANNEXES

AJOUTÉES

PAR LES ÉDITEURS

PIÈCES

RELATIVES AUX SUITES DE LA TENTATIVE D'EMBARQUEMENT A SAINT-AUBIN (1)

I

MÉMOIRE REÇU DE DIEPPE ET ENVOYÉ PAR L'INTENDANT DE LA GÉNÉRALITÉ DE ROUEN, FEYDEAU DE BROU, AU MARQUIS DE CHATEAUNEUF.

Plusieurs personnes s'étant présentées la nuit dernière au faux port de Saint-Aubin, pour s'embarquer dans des barques qui allaient terre à terre, M. de Vertot-Daubœuf, gentilhomme, serait allé avec plusieurs paysans sur le bord de la mer, pour empêcher cet embarquement. Il s'est trouvé environ cinq cents personnes, dont une vingtaine était à cheval du parti opposé, qui ont les uns et les autres fait décharge de leurs armes, et dont quelques-uns de part et d'autre ont été légèrement blessés. Pendant le combat, plusieurs femmes se cachèrent sous la falaise, durant lequel il passa un carrosse attelé de quatre chevaux, dans lequel il y avait des femmes.

Qu'après que ces cinq cents personnes se furent retirées, ledit sieur Vertot ayant fait faire recherche sous la falaise, il y prit six femmes et un gentilhomme, qui est le sieur de Reinfreville Hiberville de Luneray, qui conduisait la mère du sieur de Bostaquet, la dame d'Hérondeville de Basse-Normandie et sa fille, la fille du sieur de

---

(1) Voir ci-dessus pages 134 et 174.

Heusecourt, qui demeure près le Bolhart et deux femmes de Caen ; que ce gentilhomme et ces six femmes ont été conduits au château de Dieppe, où M. de Montmorin, intendant du Havre, qui était alors à Dieppe les a interrogés ; on prétend que ledit sieur de Bostaquet était à l'action et même qu'il a été blessé.

II

ABRÉGÉ DE CE QUI EST RAPPORTÉ AU PROCÈS EXTRAORDINAIREMENT INSTRUIT PAR M. FEYDEAU DE BROU, INTENDANT EN LA PROVINCE DE NORMANDIE, A L'ENCONTRE DES SIEURS DE BOSTAQUET, DE REINFREVILLE, DE BEQUIGNY ET AUTRES.

Les sieurs de Bostaquet, de Bequigny et Reinfreville ont été accusés d'avoir voulu faire embarquer plusieurs personnes nouvellement converties pour sortir du royaume, de les avoir conduites pour ce sujet à main armée au faux port de Saint-Aubin, où le sieur de Vertot-Daubeuf s'étant opposé à leur dessein avec deux gardes de sel et quelques paysans armés, ledit sieur de Bostaquet et ceux de sa compagnie, au nombre de 200 seraient venus deux et trois fois à la charge sur eux, mais enfin ayant été obligés d'abandonner le terrain, auraient laissé plusieurs femmes sur le bord de la mer qui furent arrêtées avec le sieur de Reinfreville, qui sont encore prisonniers.

1° Cette accusation ne se trouve pas entièrement prouvée par l'information qui en a été faite : il se trouve seulement rapporté, que le jour de la Pentecôte, le sieur de Bostaquet fut à cheval seul en la maison de la dame d'Hiberville, sa parente, et belle-mère du sieur de Reinfreville, gendre du sieur de Bostaquet, que peu de temps après ledit sieur de Reinfreville arriva en cette maison, dite la Maison blanche, sise à Luneray, et son carrosse conduit par son cocher avec deux chevaux bricollés et deux autres avec des colliers, dans lequel étaient la mère du sieur de Bostaquet, la dame de Boutteville (d'Hérondeville?) et sa fille, sa sœur et nièce et la dame de Reinfreville, fille du sieur de Bostaquet.

Qu'ils restèrent tous en cette maison jusqu'au lendemain, à la réserve du sieur de Bostaquet, qui fut chez le sieur de Bequigny et revint.

Que ledit jour de lundi, le sieur de Bostaquet partit à cheval de cette maison, le sieur de Reinfreville aussi à cheval avec son valet, n'ayant d'autres armes que leurs pistolets, et furent au lieu de Saint-Aubin, conduisant la dame de Bostaquet, montée sur un âne, l'autre dame et la demoiselle d'Hérondeville sur des mazettes.

Qu'ils se trouvèrent tous à un rendez-vous dans un vallon qui est à une demi-lieue de cette maison, et à une lieue du bord de la mer, où plusieurs autres personnes, tant hommes que femmes et enfants les joignirent et furent tous ensemble audit lieu de Saint-Aubin, où le sieur de Bequigny se trouva aussi avec un Flamand ou Allemand, qui conduisait la demoiselle de Heusecourt, sa cousine germaine, son jardinier étant arrivé un peu auparavant, portant une valise en croupe, dans laquelle étaient les hardes de la demoiselle de Heusecourt.

Qu'il s'y trouva aussi plusieurs hommes et femmes de Rouen, Caen et autres endroits, mais il ne paraît pas qu'il y eût d'autres gens armés, que les sieurs de Bostaquet, de Bequigny et son valet, le sieur de Reinfreville dont le valet s'enfuit au premier coup qui fut tiré et emmena le cheval de son maître, qu'il abandonna ainsi, et quelques paysans qui avaient quelques pistolets et mousquetons, le reste étant des misérables, qui avaient mené sur leurs mazettes des enfants, femmes et hardes, qui s'enfuirent au premier bruit.

Que le bruit commença par la visite que les gardes des gabelles voulurent faire des paquets qui avaient été déchargés sur le gallet, à laquelle un paysan ayant résisté, il tira un coup d'un mousqueton qu'il avait, qui fut suivi de deux coups de pistolet tirés par deux hommes à cheval, le garde ayant en même temps tiré sur un paysan, lequel se sentant blessé, se jeta en se traînant dans une chaloupe, qui était proche terre.

Qu'aussitôt les nouveaux convertis, au nombre de 20 à 25 à cheval, s'avancèrent et tirèrent leurs pistolets sur ce garde et sur le sieur de Vertot et les gens qui le soutenaient, lesquels firent leurs décharges sur eux.

Que ces personnes vinrent encore une fois sur le sieur de Vertot et ses gens, mais sans avoir tiré, et que davantage, ils se retirèrent, ayant abandonné la dame de Bostaquet mère, la dame de Boutteville et sa fille la demoiselle de Heusecourt, Marguerite Lamy de Bayeux, Judith Drouet et Elizabeth de la Rozière de Caen et le sieur de Reinfreville, qui furent tous pris par les paysans sous la falaise où ils s'étaient retirés, à la réserve du sieur de Reinfreville, qui fut pris s'en retournant à pied, le jardinier du sieur de Bequigny ayant été pris par le sieur de Vertot en arrivant, et furent tous enfermés dans la maison du sieur de Vertot et conduit le lendemain au château de Dieppe, puis envoyés dans les prisons dudit lieu, à la réserve du sieur de Reinfreville, resté au château.

Que le sieur de Vertot, un des gardes et deux paysans furent blessés en cette occasion, et un de ceux qui étaient avec le sieur de Vertot, est depuis mort de sa blessure.

Que les nommés Isaac Lardant, dit la Cordonnette, à présent fugitif, Jacques Poulard et son fils, Jean Lefebvre, dit le Gris, Daniel Lefebvre et Moïse Le Tellier accompagnèrent ledit sieur de Bostaquet et ceux de la troupe en cette occasion, ce Lardant ayant donné à conduire à un autre paysan un cheval, sur lequel étaient les hardes de ces dames de Bostaquet et d'Hérondeville, lesquelles il rapporta sur le même cheval au cabaret de Luneray, où elles ont été depuis saisies, en fuyant au premier bruit.

Que le même jour, lundi environ une demi-heure après le départ de cette troupe, il s'en trouva une autre dans le même vallon, dont il a été parlé ci-dessus, où il y avait quelques bourgeois, hommes, femmes et enfants conduits par Isaac Thomas et son fils, Jacques Boitout, à présent fugitif, et autres au nombre de près de 200, mais que cette troupe ne fut qu'une demi-heure près de la mer, sur l'avis qu'ils eurent en chemin par le sieur Poullard et Legris, de ce qui était arrivé audit lieu de Saint-Aubin, et s'en retournèrent chacun de son côté.

Que pendant le tumulte, il y eut 15 ou 20 personnes, lesquelles s'étant enfuies de la mer sous la falaise à Quiberville, faux port, qui n'est éloigné que d'une demi-lieue de celui de Saint-Aubin, s'y embarquèrent, conduits par Isaac Le Pelletier, dit Goffin, partie du reste n'ayant pu s'embarquer, l'autre partie s'étant sauvée par terre.

2° Ces femmes arrêtées conviennent, par leurs interrogatoires, d'avoir été audit lieu de Saint-Aubin, à dessein de s'embarquer pour sortir du royaume, que ce fut la dame d'Hérondeville, qui en donna le dessein à la dame de Bostaquet, sur la peur qu'on lui fit, qu'on l'obligerait d'aller à la messe, comme on les obligeait vers Caen, qui est le pays de la dame d'Hérondeville; les autres femmes du même pays avancent le même prétexte, mais toutes conviennent que les sieurs de Bostaquet et Reinfreville n'allaient à Saint-Aubin, que pour les accompagner, à la prière de la dame de Bostaquet, leur mère et aïeule.

Il est encore justifié que lesdits sieurs Thomas et La Cordonnette et plusieurs autres paysans dudit Luneray, dont la plupart sont à présent hors le royaume, faisaient négoce d'aller querir les nouveaux convertis en Basse-Normandie, Rouen et autres endroits, de les mener et retirer chez eux, et de les faire embarquer tantôt à Saint-Aubin, tantôt à Quiberville.

. . . .
. . . .

Toutes ces femmes conviennent, par leurs interrogatoires, que le sieur de Vertot ne s'est opposé à leur embarquement que pour avoir leur argent, leur en ayant demandé, lorsqu'elles étaient chez lui, et promit de les mettre en liberté, au moyen de 100 pistoles et se réduisit à 50.

III

RAPPORT DE L'INTENDANT DE NORMANDIE, FEYDEAU DE BROU, AU MARQUIS DE CHATEAUNEUF.

A Dieppe, le... août 1687.

Quelque diligence que j'aye apportée de ma part pour achever le procès des fugitifs arrêtés au port de Saint-Aubin, je n'ai pu toutefois en finir l'instruction qu'aujourd'hui, tant à cause des délais de l'ordonnance que parce que cette affaire étant arrivée la nuit, et la plupart des témoins se trouvant nouveaux convertis, qui ne se veulent point découvrir, il faut en entendre vingt avant d'avoir une déposition de laquelle on puisse tirer éclaircissement; cependant, comme vous m'avez, Monsieur, fait l'honneur de me marquer que Sa Majesté s'était proposé de faire un exemple de cette affaire, j'ai cru plus à propos d'apporter toute l'application et d'employer le temps nécessaire, afin d'avoir les preuves requises à cet égard pour prononcer un jugement de condamnation conforme aux ordonnances.

Je prends la liberté, Monsieur, de vous envoyer l'extrait que vous désirez de ce procès, en exécution de la lettre que vous m'avez fait l'honneur de m'écrire le 26 juillet, à la fin duquel j'ai fait joindre copie de l'audition des deux témoins, qui m'ont paru déposer le plus nettement, dont vous pourrez conclure que :

La dame de Bostaquet, grande-mère, âgée de 82 ans, qui passe avec raison pour une femme de mérite et de vertu, à sa religion près;

La dame d'Hérondeville, et la demoiselle sa fille, qu'on dit être accordée à un nouveau catholique de Basse-Normandie, des meilleurs nouveaux convertis;

La demoiselle de Rozière, de Caen, fille à marier; les nommées Lamy, femme de Pierre Bayeux, aussi de Caen, et Drouet, femme de Jean Flamard de Rouen, qui sont toutes dans les prisons de Dieppe;

Doivent être condamnées d'être rasées et cloîtrées (1).

La demoiselle de Heusecourt, âgée de 14 ans seulement, qui paraît vouloir embrasser de bonne foi la religion catholique, et laquelle passait sans savoir ce qu'elle faisait, sur le fondement de quelques lettres écrites par une de ses cousines, qui est auprès de Madame la princesse de Tarente, et qui lui faisait espérer une place semblable,

Peut être mise quelques années en religion (2).

Le sieur de Bostaquet, absent, fils de la dame âgée de 82 ans, pour avoir favorisé l'évasion de sa mère, de sa sœur et de sa nièce;

Le sieur de Bequigny et un Allemand, son valet, tous deux absents, pour avoir conduit cette jeune demoiselle de 14 ans, sa nièce,

---

(1) En marge, probablement de la main de M. de Chateauneuf : *Couvent et amendes.*

(2) En marge : *Deux ans dans un couvent.*

et favorisé son évasion, contre lesquels il est très difficile d'avoir des preuves, quoique les principaux auteurs de la batterie,

Doivent être condamnés par contumace aux galères, conformément à l'ordonnance (1).

—

Le sieur de Reinfreville, gendre du sieur de Bostaquet, qui est le seul gentilhomme de cette troupe, qui soit prisonnier et qui fut arrêté s'en retournant chez lui, à une lieue de la mer, qui n'a pas été jusqu'au lieu de Saint-Aubin, parce qu'il quitta au premier bruit qu'il entendit, a favorisé l'évasion comme les autres, et semble mériter la même peine; cependant, comme il est constant qu'il n'a point été dans la mêlée, la crainte ou le repentir l'ayant saisi au premier coup qu'il entendit tirer, la condamnation pourrait être moindre, et dépendra de la dernière visite qui sera faite lors du jugement du procès (2).

—

Il y aura plusieurs petites condamnations d'amendes contre des particuliers qui ont porté des hardes seulement, et d'autres plus fortes contre des absents.

C'est, Monsieur, l'état et le projet du jugement que j'estime devoir intervenir, et que je crois vous avoir ci-devant détaillé par ma lettre du 1er juin dernier, dans laquelle je proposais pour motifs de clémence, en cas que cela plût à Sa Majesté :

Une femme de qualité, âgée de 82 ans.

Le sieur de Bostaquet, son fils, chargé d'enfants de trois femmes et en grand nombre, dont la plupart se trouvent réduits à la mendicité, qui n'a fait qu'obéir à sa mère et sans aucun dessein pour alors de s'en aller;

Le sieur de Bequigny, qui passe pour un homme de mérite, qui sert très bien le roi, et n'a point de dessein de quitter son service;

---

(1) En marge : *Contumaces et autres, aux galères à perpétuité.*
(2) *Trois ans de galères.*

Le sieur de Reinfreville, chargé de femme et d'enfants, qui n'a pas même été jusqu'au lieu de l'embarquement, sans aucun dessein de sa part, ni de sa femme, ni de ses enfants de s'absenter, mais seulement de rendre ce dernier devoir à sa belle-mère;

Et toutes ces autres dames, qui prétendent ne s'être exposées à sortir du royaume que parce qu'elles croyaient que les défenses de passer au moyen de la levée de la garde-côte ne subsistaient plus, et même dans le dessein, à ce qu'elles assurent, de revenir en France, ce qui peut être véritable, du moins à l'égard d'une partie.

Il ne me reste plus qu'une ou deux confrontations, qui ne se peuvent faire que jeudi ou vendredi, après quoi je dispose le procès pour être jugé samedi ou le lundi suivant; je ne manquerai pas, Monsieur, de vous en envoyer le jugement, aussitôt qu'il sera rendu, avant qu'il s'en suive aucune exécution, si ce n'est que vous m'ordonniez d'en user autrement.

Je viens d'apprendre, en fermant ma lettre, qu'il était revenu hier soir neuf de ces fugitifs de Luneray, qui étaient passés lors de l'embarquement du faux port Saint-Aubin; j'ai envoyé querir le nommé Alix, capitaine du vaisseau *Saint-Pierre*, qui les a voiturés, lequel m'assure qu'ils étaient effectivement revenus d'Angleterre dans son vaisseau, au nombre de huit et une fille, dans le dessein de se rétablir dans leurs maisons à Luneray, où ils sont allés en débarquant, ce qui a fait quelque bruit dans la ville, et l'on espère que ce retour en produira beaucoup d'autres; cela semble pouvoir encore exciter Sa Majesté davantage à la douceur et d'exercer sa bonté ordinaire envers ces accusés. Ce même capitaine m'a ajouté que le secrétaire de M. l'ambassadeur d'Angleterre lui devait donner de l'argent pour ramener plusieurs autres de ces fugitifs, qu'il a remis à son premier voyage, parce qu'il fut pressé de partir.

Je suis avec respect,

Monsieur,

Votre très humble et très obéissant serviteur,

FEYDEAU DE BROU.

Au marquis de Châteauneuf.

IV

JUGEMENT DU PRÉSIDIAL DE CAUDEBEC (ET EN DERNIER RESSORT) DU 14 AOUT 1687 (1).

Denis Feydeau, chevalier, seigneur de Brou, etc.

Veu par nous et par les officiers du présidial de Caudebec le procès extraordinairement fait à la requête du procureur du roi à l'encontre des nouveaux convertis, qui se sont attroupés pour sortir du royaume par le port de Saint-Aubin, près Dieppe, etc., etc.;

Nous, par jugement présidial et en dernier ressort, avons déclaré et déclarons :

Anne de La Haye, veuve du sieur de Bostaquet, Françoise Dumont, femme du sieur Morel d'Hérondeville, Gabrielle Morel, leur fille, Elizabeth de Grou de la Rozière, Judith Drouet, veuve Flammare, Madeleine Lamy, femme de Pierre Bayeux et Françoise Brossart de Heusecourt, dûment atteintes et convaincues d'avoir voulu sortir du royaume, contre les défenses portées par la déclaration du roi du 7 mai 1686, par punition de quoi, nous avons condamné et condamnons lesdites de La Haye, Dumont, Morel, De la Rozière, Drouet et Lamy d'être rasées et enfermées pour le reste de leurs jours dans une maison religieuse qui leur sera marquée, leurs biens acquis et confisqués au roi, sur iceux préalablement pris la somme de 750 livres d'amende, en laquelle nous les avons condamnées, sçavoir : ladite de La Haye en 300 livres, ladite Dumont 200 livres, ladite Morel en 100 livres, lesdites de la Rozière, Drouet et Lamy, chacune en 50 livres, et ladite Brossard de Heusecourt d'être enfermée pendant deux ans seulement, à cause de son jeune âge, dans un monastère de filles et condamnée en 30 livres d'amende envers le roi.

Ledit Jacques Miffant de Reinfreville, d'avoir accompagné lesdites

---

(1) Voir ci-dessus page 177. Plus heureux que M. de Bostaquet, nous avons pu nous procurer ce jugement.

de La Haye, Dumont, Morel, jusques et près le bord de la mer, et Daniel de la Balle, jardinier du sieur de Bequigny, d'avoir porté les valises, hardes et argent de la dame Françoise Brossart, jusqu'au lieu d'embarquement : pour punition de quoi, ils sont et les avons condamnés de servir le roi comme forçats dans les galères pendant l'espace de trois années, ledit Miffant en 300 livres d'amende envers Sa Majesté et ledit de la Belle en 20 livres; lesdits Jean Lefebvre, dit Le Gris; Jacques Poullart, Pierre Pillon, François Boitoult, Jacques Alleaume, Pierre Honainville, Isaac Lardant, dit Rogusseux, Isaac Le Tillais, Isaac Larchevêque, dit Ledoux, Pierre Lesade, Desquaquelon, Gedéon Pigné, Isaac Ouvin et Suzanne Lesade, pour les cas résultant du procès, condamnés d'être blâmés en la chambre et chacun en 100 sols d'amende aussi envers le roi, défense à eux de récidiver sur les peines de la déclaration, et faisant droit sur la contumace obtenue par ledit procureur du roi, à l'encontre d'Isaac Dumont, sieur de Bostaquet, Daniel de Brossard, sieur de Bequigny, Isaac Lardant, dit La Cardonnette, Isaac Thomas père, Isaac Thomas fils, Jacques Boitoult, dit Varvot, François Senecal, Pierre Lesade du Ronchay et sa femme, La Fontaine, cocher dudit Miffant, le valet allemand dudit Brossard et un quidam vêtu de brun, cheveux châtains, inconnu, dit demeurant en la ville de Dieppe, rue du Hault-Pas, pour le profit d'icelle, nous les avons déclarés dûment atteints et convaincus, savoir lesdits Dumont, Brossard, Thomas père et fils, La Fontaine, Jacques Boitoult, le valet allemand et ledit quidam, d'avoir contribué à l'embarquement projeté desdites de La Haye, Dumont, Morel, de Brossard et autres nouvelles converties et lesdits Senecal, Pierre Lesade et sa femme d'être allés à dessein de s'embarquer et sortir du royaume, pour punition et réparation de quoi nous les avons condamnés à servir le roi à perpétuité comme forçats dans ses galères, et la femme dudit Lesade d'être rasée et enfermée pour le reste de ses jours en tel lieu qu'il lui sera désigné, leurs biens acquis et confisqués au roi, sur iceux préalablement pris 2,000 livres d'amende, en laquelle nous les avons condamnés, savoir, sur ceux desdits Dumont et Brossard chacun 500 livres, et sur ceux des autres chacun 100 livres, et d'autant que le présent jugement ne peut être exécuté contre eux, à cause de leur fuite, nous ordonnons qu'il sera écrit dans un tableau, qui sera pour ce dressé, en la place publique de cette ville, et en outre avons condamné tous les sus-nommés solidairement aux frais du procès : lesdits David Lepelletier, David Le Teurtre, Pierre Ouvrin, Jean Pillet, Michel Lappel, Marie Charles, dite Picarde, Jeanne Larchevêque, Jean Gavé, le fils de Jean Ruffy, Judith Simon, veuve de Pierre Boitoult, Daniel Lefebvre, Lucas Lardant, Jeanne Dubos, femme d'Isaac Lardant, Rogusseux, Isaac Honainville et Marie Le Tellier, renvoyés quant à présent.

Fait à Caudebec et arresté en la chambre du présidial, le 14e jour d'aoust 1687.

FEYDEAU DE BROU. BUSQUET. LEJEUNE. LEFÈVRE. QUESNEL. GALLIOT. DUBOSC. RADIOLLES.

V

DÉPÊCHE DE L'INTENDANT FEYDEAU DE BROU A M. DE CHATEAUNEUF, ACCOMPAGNANT L'ENVOI DU JUGEMENT DU PRÉSIDIAL DE CAUDEBEC.

A Caudebec, 14 août 1687.

Monsieur,

Je vous envoye copie du jugement qui vient d'être rendu en ce présidial contre les accusés et les complices de l'embarquement du faux port de Saint-Aubin, lequel vous trouverez, comme j'espère, conforme à la déclaration de Sa Majesté du 7 mai 1686 et à ma lettre du 2 ou 3 de ce mois, accompagnée de l'extrait du procès, que vous devez, Monsieur, avoir reçu. Je ne vous en répète point les raisons ni les motifs, parce qu'ils y sont suffisamment expliqués.

L'ordre que vous m'avez donné, Monsieur, de vous envoyer copie du jugement aussitôt qu'il serait rendu, avant de procéder à aucune exécution, même de le prononcer aux parties, me donne lieu d'espérer quelque adoucissement de la part de Sa Majesté, à une condamnation qui vous paraîtra sans doute bien rigoureuse, si vous avez la bonté de vous souvenir du détail que j'ai pris la liberté de vous faire d'une famille entière des sieurs et dame de Bostaquet, composée depuis la bisayeule, âgée de quatre-vingt-deux ans, jusques et y compris les gendres, enfants et petits enfants à la mamelle, de trente à quarante personnes réduites sans exagération à la mendicité.

L'état déplorable du sieur de Reinfreville, gentilhomme de bonne réputation, condamné aux galères, sans avoir commis autre crime que d'avoir accompagné une belle-grand'mère, une belle-sœur, une nièce, résolues de partir, et sans aucun dessein de la part dudit sieur de Reinfreville de les suivre, mais seulement de rendre à des dames, ses parentes, ce dernier devoir d'honneur.

Du nommé La Balle, valet, qui n'a fait qu'exécuter les ordres de son maître en portant les hardes de la demoiselle d'Heusecourt et des autres condamnés de l'un et de l'autre sexe, tant présents qu'absents, énoncés dans le jugement et mentionnés dans ma lettre précédente, contre tous lesquels, en exécution des ordres de Sa Majesté qu'il vous a plu ci-devant me marquer, j'ai cru devoir faire rendre ce jugement de rigueur, sur lequel vous aurez, s'il vous plaît, la bonté, Monsieur, de faire les réflexions que vous jugerez nécessaires. J'attendrai les ordres qu'il vous plaira de me faire savoir pour son exécution, et suis avec respect, Monsieur,

Votre très humble et très obéissant serviteur,

FEYDEAU DE BROU.

On lit au verso de la lettre :

« Répondu en septembre, qu'il avait appris de M. de Seignelay l'intention du roi sur ces condamnations comme une suite de l'arrêt, qu'il lui avait envoyé, pour faire le procès à ces particuliers. »

QUELQUES ACTES

CONCERNANT LES DESCENDANTS FRANÇAIS D'ISAAC DUMONT DE BOSTAQUET (1).

I.

Baptême d'un enfant de M. de La Fontelaye. 1694.

Ce 18 de mars 1694 a esté baptisé par moy, prestre curé de La Fontelaye, un enfant du mariage de Monsieur et de Madame de La Fontelaye, nommé *Samuel-Gabriel* par Jean Saunier, parrain, et par Magdeleine Juppin, marraine. Gaudebert, *prêtre curé.*

II.

Inhumation d'une fille. 1700.

Le 13 de juillet 1700 a esté inhumée dans l'église de ceste paroisse une fille de M. du Boistaquet, escuyer seigneur de La Fontelaye, qui avoit esté ondoïée à la maison par une sage-femme catholique nommée Delamare et en présence de Magdeleine Vauthier et de Marie Valniers, paroissiennes, qui m'ont témoigné l'avoir vue. Elle estoit morte du jour précédent et vue aussi du même jour.

---

(1) Voir ci-dessus l'*Introduction*, page xliii. Nous avons tiré ces actes des papiers trouvés par nous à la ferme de Bostaquet (voir page vii, note).

III.

Baptême. 1705.

Le 11 d'avril 1705 a esté baptisé un garçon de M. Izaac Dumont, sieur de La Fontelaye, patron de la paroisse, et d'E. Chauvel, et a esté nommé Louis par Nicolas Bouteiller et Marie Lefer soussignés.

IV.

Acte d'attestation de mort de messire Isaac Dumont. 15 *avril* 1727.

Par-devant Henri-Estienne Pavié, notaire royal, garde-notte au bailliage de Caux, au siége d'Arques, séant à Dieppe pour le notariat de Longueville, branche de Bacqueville, et les témoins cy-après nommez et soussignez.

Furent présents les sieurs Pierre-Adrian Lefrançois, de Bellefosse, procureur fiscal aux juridictions d'Auffay et Saint-Denis-sur-Scie et greffier en chef à la Cour des Monnoyes à Rouen, demeurant à Royville; Michel Mauconduit père, laboureur, demeurant à Lammerville; Guillaume Caudron père, marchand, demeurant à Bacqueville, et Nicolas Lainé, marchant, demeurant à Calleville-les-Deux-Eglises; tous âgez au moins de soixante ans, lesquels instance et requeste de messire *Isaac-Antoine Dumont,* chevalier seigneur de Bostaquet, La Rivière d'Estremont et autres lieux, ancien mousquetaire de la première compagnie de la garde du roy, demeurant à Lamberville, seul fils de messire *Samuel-Gabriel Dumont,* chevalier seigneur et patron de La Fontelaye et autres lieux, âgé maintenant d'environ soixante et onze ans, fils aîné de feu messire Isaac Dumont, en son vivant chevalier, seigneur et patron dudit lieu de La Fontelaye, ont, par ces présentes, lesdits comparants, unanimement et en leurs âmes et consciences, déclaré avoir parfaittement connu ledit sieur Dumont de La Fontelaye, lequel est décédé en la paroisse de Lamberville, le 15 avril 1727, âgé d'environ soixante et cinq ans, et qu'il a été enterré en celle de La Fontelaye, en vertu d'une ordonnance de M. le lieutenant général du bailliage de Longueville, comme il est d'usage de donner pour faire enterrer ceux qui font proffession de la R. P. R., ce que lesdits comparants attestent pour estre la vérité telle et en avoir pleine et entière connoissance. — Fait et passé à Bacqueville en l'étude le mercredi sixiesme jour de mars mil sept cent soixante et cinq, en la présence des sieurs Guillaume-François Le Gros, praticien, et Jean Philipeaux, sergeant royal, demeurant audit Bacqueville, témoins qui ont, avec lesdits sieurs comparants, ledit seigneur de Bostaquet, et nous dit notaire, signé après lecture. Signé : Lefrançois, M. Mauconduit l'aîné, Guillaume Caudron, Dumont de Bostaquet, Le Gros, Philipeaux, Pavié.

V.

Mariage réalisé de messire Antoine Dumont de Bostaquet et de noble demoiselle Anne de Canivet.

Le vendredi 14 novembre 1788, devant nous, prêtre curé de la paroisse de La Fontelaye, est comparu messire *Jean-Antoine Dumont de Bostaquet*, chevalier, seigneur de Bostaquet, seigneur et patron de La Fontelaye, de Saint-Crespin, du Verdun, de Varoanne, de Lamberville, de la Rivière, d'Estrimont, aussi seigneur patron et châtelain d'Hougerville et autres lieux, ancien mousquetaire de la 1re compagnie de la garde du roy, âgé de soixante-dix ans, demeurant en son château, paroisse de La Fontelaye, fils de feu messire *Samuel-Gabriel Dumont*, chevalier, seigneur et patron de La Fontelaye, du Bostaquet et autres lieux, et de noble dame *Suzanne Mel*, ses père et mère, lequel nous a déclaré s'être marié *en premières noces* avec feue demoiselle *Anne Massieu*, décédée le 1er may 1754, fille de feu Pierre Massieu, sieur de Clerval, officier garde-côtes de la capitainerie d'Oystrehan, et de feue dame Marie Signard, et *en secondes noces* avec demoiselle *Anne de Canivet de Colleville*, née le 16 mars 1730, fille de messire Philipp de Canivet, chevalier seigneur et patron d'Hougerville, Colleville, Ancretteville sur la mer et autres lieux, et de noble dame Marie-Magdelaine de Brossard, ses père et mère, duquel mariage il nous est apparu par son contrat de mariage en date du 26 octobre 1761, reçu devant le notaire d'Arque, le 26 octobre audit an 1761, et avoir dudit mariage deux garçons, l'aîné nommé *Isaac-Gabriel-Auguste*, né le 1er octobre 1764, et le second nommé *Isaac-Antoine-Auguste,* né le 24 septembre 1765, et a fait la présente déclaration en présence des sieurs Jacques Lamotte, valet de chambre, demeurant à La Fontelaye, et Guillaume-Dominique Boulen, laboureur, de la paroisse d'Avrémesnil, et de François-Jean Roussel, feudiste, et Jacques Dufour, domestique, demeurant l'un et l'autre en la paroisse de La Fontelaye, ce que ledit seigneur de Bostaquet et dame de Bostaquet, nous dit sieur curé et témoins ont signé au registre des baptêmes, mariages et sépultures de ladite paroisse de la Fontelaye.

> DUMONT DE BOSTAQUET. CANIVET DE BOSTAQUET. GUILLAUME BOULEN, LAMOTTE. ROUSSEL. H. LEFEBVRE, *curé de La Fontelaye.* DUFOUR.

VI.

Consultation pour les demoiselles de Bostaquet, pour les comptes de tutelle.

Un père a esté marié trois fois (1).

De son premier mariage il a esté payé de ses promesses de mariage, a constitué la dot de sa femme sur ses biens, et de ce mariage il est sorti un fils et quatre filles.

Du second mariage il est sorti un fils et une fille.

Du troisième mariage il est sorti plusieurs enfants fils et filles.

En 1687 il fut poursuivi criminellement, soubçonné d'avoir voulu favoriser la sortie du royaume de quelques particuliers et entre autres de ....., ce qui l'obligea de sortir effectivement du royaume, et en haine de cette sortie, le procez criminel fut continué, et luy condamné et ses biens déclarez confisquez. Les receveurs du domaine ayant voulu se prévaloir de cette confiscation, les créanciers y intervindrent pour réclamer leurs crédites.

Le fils aisné du premier mariage y intervint et réclama ses droits, tant pour le rapport de mariage de sa mère que pour son tiers légal, tant pour luy que pour ses frères et sœurs.

---

(1) On a vu que M. de Bostaquet avait épousé successivement 1° Marthe de la Rive, 2° Anne Le Cauchois, 3° Marie de Brossard.

Par l'événement il ne s'est trouvé de bien que le tiers des enfants et une grande partie du remploy de la première femme.

Peu après sa sortie du royaume, sa femme sortit aussy et enleva ses enfants, à la réserve d'une petite fille qui estoit au berceau.

Les quatre filles du premier mariage ont esté mariées, sçavoir, deux par le père ayant sa sortie et deux depuis, et pendant ce temps elles ont esté nourries et entretenues par leur ayeule et par leur frère aisné.

Les parents de la seconde firent eslire un tuteur aux enfants sortis du second mariage.

La fille qui estoit restée dans le royaume du troisième mariage a esté nourrie la plus part du temps chez les parens de sa mère, débiteurs des remplacemens de sa dot sauf environ..... ans qu'elle est chez le frère aisné.

A présent elle demande compte à son frère aisné de la part qui luy peut revenir au tiers légal provenant de son père, comme ayant esté son tuteur naturel et légitime de ses frères et sœurs suivant la coustume.

Le frère aisné prétend n'estre point obligé à rendre ce compte : 1° parce que l'usage de la province ne le demande point, ladite fille sortie du troisième mariage n'estant pas encore aagée de vingt-cinq ans, jusques auquel temps les filles ne peuvent demander à leurs frères que leur nourriture suivant leur qualité.

Le conseil soussigné qui a reçu ce mémoire est d'avis que la sœur n'aïant point atteint vingt-cinq ans, elle ne peut demander ny prétendre aucune jouissance, et par conséquent elle seroit mal fondée à demander à M. de La Fontelaye, son frère, aucun compte de jouissances.

Délibéré à Rouen, ce 13 mars 1711.   — Lemecteyer.

LE DOMAINE DE LA FONTELAYE[1]

Dans l'acte de vente du château de la Fontelaye et de ses dépendances à Messire Jérémie de la Rive, seigneur de Lamberville, en date du 15 juillet 1685, le domaine est ainsi désigné :

« Demi-fief de haubert nommé La Fontelaye, assis en ladite paroisse de La Fontelaye, consistant en domaine fieffé et non fieffé, rentes seigneuriales, grains, oiseaux, cornés, droits de colombier à pied, de présent non édifié, et généralement toutes les dignités et prérogatives à tel fief appartenant suivant la coutume de Normandie, et a aussi vendu la maison seigneuriale avec tous et chacun les bastiments et masures, jardins et étangs, bois de haute futaye et taillis, prairies, terres labourables et non labourables, avec encore deux autres maisons et masures, estant dans la rue de La Fontelaye ainsi bâties et plantés qu'elles sont. Item un moulin à eau, maisons, masures, viviers et prairies, terres labourables en deux clos, et tout autant qu'en jouit de présent le nommé Latour, fermier... »

On voit, par un acte du 10 août 1748, qu'Isaac Dumont, fils aîné de M. de Bostaquet, ayant été l'héritier de son oncle Jérémie de la Rive, seigneur de Lamberville, décédé le 7 mars 1721, le domaine de la Fontelaye, dont il portait d'ailleurs le nom, lui était ainsi revenu. Son fils Gabriel possédait à cette époque (1748) quatre fiefs, savoir : le fief de la Fontelaye, relevant de Vibœuf ; le fief de Saint-Aubin, relevant de Lindebœuf ; le fief de Bostaquet, relevant de celui de Saint-Crespin ; et celui de Verdun, relevant du duché de Longueville.

(1) Voir ci-dessus, *Introduction*, pages vi et vii, et page 91.

LE GÉNÉRAL DE LIGONIER[1].

UN ÉPISODE DE LA BATAILLE DE LAWFELD.

Jean-Louis de Ligonier, le célèbre général, arrière-grand-oncle du doyen d'Ossory, était né à Castres en 1680, et il était sorti de France en 1693. Son rare mérite lui avait valu un rapide avancement dans l'armée anglaise. Il devint feld-maréchal en 1757 et mourut à Londres en 1770, comblé d'honneurs, après avoir assisté à dix-neuf batailles rangées et à vingt-trois siéges, sans avoir reçu jamais une seule blessure. Mais à la bataille de Lawfeld (1747), où il commandait la cavalerie, il se signala par sa brillante valeur qui l'entraîna et le fit faire prisonnier. « Il fut, dit M. Haag, présenté à Louis XV qui accueillit avec distinction et admit à sa table celui que ses intendants auraient envoyé aux galères, comme huguenot rebelle, s'il était tombé entre leurs mains. »

A ce propos, on lira sans doute ici avec intérêt un épisode que rapporte le *Moniteur* du 9 janvier 1792 et auquel se trouve mêlé le souvenir lointain de la prise du général Ligonier.

Extrait du Bulletin de l'Assemblée nationale, séance du dimanche 8 janvier 1792.

Un vieux guerrier est admis à la barre. — M. Dorizy annonce que c'est le carabinier qui, à la bataille de Lawfelt, a fait prisonnier le général Ligonier et que son grand âge ne lui permet pas de lire lui-même sa pétition. — M. le président le fait introduire dans l'intérieur de la salle, où il prend place sur l'un des siéges des ministres. — M. Dorizy fait lecture de la pétition ; elle est ainsi conçue :

« Vous voyez devant vous, Messieurs, le vieux Guillaume Pierre, dit Saint-Martin ; il est courbé sous le poids des ans et de la misère... J'ai servi autrefois pendant quinze ans dans le régiment des carabiniers. J'ai fait toutes les guerres de 1740 ; je me suis trouvé, et je me suis battu vaillamment au siége de Tournay, à la bataille de Fontenoi, à celle de Rocoux, enfin à celle de Lawfelt et au siége de Maestricht. A la bataille de Lawfelt, notre régiment de carabiniers renversa un corps de cavalerie ennemie de 1,600 hommes, et se mit à la poursuite de ceux qui, n'ayant pas succombé

---

[1] Voir ci-dessus, *Introduction*, page XLVI.

dans le premier choc, fuyaient. Un de mes camarades, le sieur Hode et moi, nous fûmes détachés pour tailler en pièces quelques fuyards écartés. Nous nous enfonçâmes dans un vallon où nous aperçûmes deux ennemis. Nous les poursuivîmes : c'étaient le duc de Cumberland et le général Ligonier. Le duc de Cumberland dut son salut à la vitesse de son coursier. Le général Ligonier rendit les armes, il se nomma, il nous offrit son portefeuille, ses diamants et d'amples récompenses, si nous voulions ne pas le retenir prisonnier ; nous rejetâmes avec indignation une proposition que l'honneur réprouvait.

« Nous conduisions entre nous le général ; trois ennemis nous attaquèrent pour le tirer de nos mains. Pour ne pas perdre notre prise, Hode, mon camarade, saisit la bride du cheval du général, et pousse en avant, emporte le général. Moi je reste contre les trois ennemis, je les arrête, je les combats, deux tombent sous mes coups, et le troisième fuit. Je rejoins Hode et le général, et nous arrivons avec notre prisonnier au quartier général.

« Après cette action, je restai encore sept ans dans le régiment des carabiniers. A la paix de 1754, fatigué de me voir oublié, je demandai mon congé, je l'obtins ; on me fit pour le reste de mes jours, une pension de 150 livres. Ce n'était pas sans raison que le général Ligonier disait à cette époque : « Comment trouve-t-on en France de si braves soldats, et les récompense-t-on si mal ? » S'il vivait, il dirait : « Comment celui à qui j'offris une grande fortune, manque-t-il de pain ? » Mon compagnon de guerre, M. Hode, s'est présenté à l'Assemblée nationale, sa pension a été augmentée ; je vous demande la même justice. La prise de Ligonier m'appartient comme à lui. Les talents de Ligonier attestent l'importance du service que nous avons rendu à la patrie. Tant que le travail de mes bras a pu fournir, avec ma pension de 150 livres, à ma subsistance, j'ai gémi en silence de l'ingratitude et de la corruption de l'ancien gouvernement : mais, Messieurs, mes forces m'abandonnent ; j'ai 74 ans, rendez-moi justice. Le secours que l'on me donnera ne sera pas longtemps à charge ; je descends dans le tombeau et mon regret, en mourant, sera de ne pas verser tout mon sang en défendant la France ma patrie. »

L'Assemblée accueille avec honneur et respect ce vieux guerrier ; elle charge son Comité des pensions de s'assembler à l'instant pour examiner la pétition.

Un Membre. Je remarque avec surprise que M. Pierre n'est décoré que de son épée ; il lui est dû une marque extérieure de la reconnaissance nationale et du respect qui doit l'environner.

Cette motion est renvoyée au Comité militaire.

. . . .

M. Lacroix fait, au nom des Comités militaire et de la liquidation, le rapport de la pétition du soldat invalide admis à la barre. — Il propose de lui accorder une gratification de 7,000 livres avec la continuation de sa pension de 150 livres.

Cette proposition est décrétée.

L'ANCIENNE COLONIE DE RÉFUGIÉS

ET L'ÉGLISE FRANÇAISE DE PORTARLINGTON (1)

Portarlington était la plus imposante des colonies des réfugiés établis en Irlande, et l'ouvrage de J.-S. Burn (*The History of the french refugies*, etc., London, 1846, in-8), qui constate le fait, ne donnant aucuns détails, il n'est pas sans intérêt de consigner ici ceux qu'a bien voulu nous transmettre le doyen d'Ossory, sur cette Eglise dont l'auteur des Mémoires fit partie et où il finit ses jours.

Le premier des registres de l'Eglise française de Portarlington s'ouvre par un mariage célébré le dimanche 3 juin 1694, et ils continuent à être tenus en langue française jusqu'au 20 septembre 1816.

Voici la liste des pasteurs qui s'y succédèrent :

De 1694 à 1696.	J. Gillet.	
Du 5 oct. 1696 à	Bellaguier.	
Du 1er déc. 1696 à 1698. . . .	J. Gillet.	Calvinistes.
Du 5 mai 1698 à	Darassus.	
Du	Ducasse.	
Du 24 juin 1698 à 1702. . . .	Benj. Daillon.	
Du 3 oct. 1702 à 1729.	Ant. Ligonier de Bonneval (2).	
Du 14 août 1729 à 1739. . . .	Ant. Vinchon des Voeux.	
Du 16 févr. 1739 à 1767. . . .	Gaspard Caillard.	Anglicans.
Du 2 sept. 1767 à 1793.	Des Voeux.	
Du ... janv. 1793 à 1817. . . .	De Vignoles *père*.	
Du .... 1817 à 1841. . . .	Charles de Vignoles *fils*.	

Le nom de M. de Bostaquet figure parmi ceux des *anciens* de l'Eglise. Nous avons signalé d'autres noms dans notre *Introduction*, page XLI.

---

(1) Voir ci-dessus, *Introduction*, pages XLI, XLVI, et 334.
(2) Voici au sujet de ce pasteur une pièce intéressante, qu'a bien voulu copier pour nous M. le doyen d'Ossory. Elle nous apprend qu'il avait desservi les Eglises

Voici deux actes extraits des registres :

Baptême du jeudi 16ᵉ novembre 1704.

Le mercredi 8 du courant, vers les trois heures du matin, est né une fille à Daniel Esperiat et à Anne Marte, sa femme, laquelle a esté baptisée par M. de Bonneval, ministre de cette Eglise, parrain Abel de Ligonier de Vignoles, escuyer, marraine, demoiselle Anne Caillard, femme de Pierre Goulin, cornette de cavalerie à la pension, et nom lui a esté imposé *Suzanne*.

    D. ESPERIAT. A. LIGONIER. VIGNOLES. ANNE GOULIN. JEAN POISSON. LA BROUSSE, Ancien. PROSPER DEPPE, Ancien. BOSTAQUET, Ancien.

—

Baptême du mercredi 15ᵉ avril 1706.

Le samedi 13ᵉ du courant, vers les dix heures du soir, est né un garçon à Jean La Ferrière et à Eleine Jempleton, sa femme, habitants de ce lieu, lequel a été baptisé ce jourdhui par M. Anthoine Ligonier, escuyer, sieur de Bonneval, ministre de cette Eglise, lequel l'a présenté au baptême avec dame Françoise de Condé, femme à M. de Gaudry, officier à la pension, et nom lui a esté imposé *Abel*.

    A. LIGONIER BONNEVAL, Ministre. FRANÇOIS DE GAUDRY. J. POISSON. LA BROUSSE. GACOU. JEAN LAFORIE. BOSTAQUET, Ancien.

Le service a continué à être célébré en français jusque vers 1816 ; puis il l'a été en langue anglaise jusqu'à ce que, en 1841, M. Charles de Vignoles, son dernier pasteur, se démit de ses fonctions; depuis lors le culte anglican a pris place.

de Sablayrolles et de Pont de Camarès. Les signatures sont presque indéchiffrables et n'ont pu être reproduites que très approximativement.

« Nous, anciens du Consistoire et principaux habitans du Pont de Camarès,
« certifions que le sieur Antoine Ligonier de Bonneval, ministre, ayant esté tiré
« de l'Eglise de Sablayrolles, nous fut donné il y a desjà quatre ans par le synode
« de cette province tenu à Mauraisin, et qu'il a vescu parmi nous avec toute sorte
« de bénédiction, nous ayant esté en singulière édification par la pureté de ses
« mœurs, par la sagesse de sa conduite, et par tout l'exercice de sa charge, et
« parce qu'après l'interdiction de tous les exercices de cette province, nous nous
« croyons sur le point de perdre aussy le nostre, et qu'il est lui-même menacé
« d'un décret, il nous a demandé le présent certificat que nous lui accordons de
« bon cœur, conforme à la vérité, le priant de faire mention de nous en ses priè-
« res partout où la Providence l'appellera et le recommandant à la *grâce et à la*
« *protection du Seigneur*. Fait au Pont de Camarès, le 12ᵉ septembre 1685.

    POLIOPUNAIS. JEHOSEBLT. DIERNAES. J. RIAC. PAOLNAU. JOSSERET. FOUSSAT. AUZIER. RADOUL. J. SOLIER. NUSABREIT. BONETY. RIAMOUD. BUZIER. D. FOUSSAT. SOLIER. BONAFOUS. THIAU. MARIOLES. I. SOLIER.

TABLE DES MATIÈRES

	Pages.
INTRODUCTION	V–XL
MÉMOIRES D'ISAAC-ANTOINE DUMONT DE BOSTAQUET	XLVIII
I. Récit fidèle de ce qui s'est passé dans ma vie de plus essentiel, pour servir de mémoire à ma postérité, et cela, depuis ma naissance jusques à ce jour.	1
II. Mémoire de ma vie nouvelle, ou ce qui m'est arrivé de biens et de maux depuis le mois de juin 1687 que je me suis réfugié à La Haye.	163
III. Continuation de l'abrégé de ma vie, depuis mon départ de La Haye pour l'Angleterre avec S. A. Monseigneur le prince d'Orange, qui fut le 12 d'octobre 1688	193
IV. Suite de ce qui s'est passé depuis ma tempête et ma descente à Helvoëtsluis.	209
V. Suite de ce qui s'est passé depuis mon départ de Londres pour l'Irlande, le 22 juillet 1689	249
VI. Suite de ce qui s'est passé en Irlande pendant la campagne de 1690.	267
VII. Suite de mes voyages, et de ce que 1692 m'a produit.	305
APPENDICES.	326
I. PIÈCES ANNEXES INSÉRÉES PAR L'AUTEUR DANS LE MANUSCRIT DE SES MÉMOIRES	*ibid.*
Généalogie des Dumont, escuyers, seigneurs et patrons des fiefs de La Fontelaye, de Vibœuf en partie et du Bostaquet.	327

	Pages.
Copie de requête présentée au Privé Conseil par M. de Civille pour évoquer du parlement de Paris les enfants de messire Pierre Rémond, premier président au parlement de Rouen, avec énonciation de leur parentelle.	336
Notice sur les armes de diverses familles.	339
Copie du serment fait par tous les officiers français à nos seigneurs les Etats de Hollande	340
Noms des officiers qui ont passé en Angleterre et devoient être incorporés dans les dragons, quand S. A. R. Monseigneur le prince d'Orange a passé en Angleterre.	341
Liste et noms des officiers tant en pied que des officiers incorporés du régiment de Schomberg, lors de sa création en juillet 1689	343
Liste générale des officiers pensionnés qui sont en Irlande, ou qui y doivent venir suivant les ordres du roi pour être payés à commencer du 1er janvier 1692.	348

PIÈCES ANNEXES AJOUTÉES PAR LES ÉDITEURS. 351

Pièces relatives aux suites de la tentative d'embarquement à Saint-Aubin.	353
Quelques actes concernant les descendants français d'Isaac Dumont de Bostaquet.	367
Le domaine de La Fontelaye.	370
Le général de Ligonier. Un épisode de la bataille de Lawfeld	371
L'ancienne colonie de réfugiés et l'église française de Portarlington	373

Paris, — Typ. de Ch. Meyrueis, rue des Grès, 11.

12 Nos   *Cherchez et vous trouverez.*      *Il ne faut s'entr'aider.*   5 fr.

L'Intermédiaire

DES CHERCHEURS ET CURIEUX

(*NOTES and QUERIES* français)

QUESTIONS ET RÉPONSES, COMMUNICATIONS DIVERSES A L'USAGE DE TOUS

LITTÉRATEURS ET GENS DU MONDE, ARTISTES, BIBLIOPHILES, ARCHÉOLOGUES, GÉNÉALOGISTES, ETC.

S'ADRESSER (*franco*) :
Pour les abonnements : à MM. Benj. Duprat, libraire de l'Institut, etc., rue Fontaines, 7, à Paris; F. Fowler-Molini, à Londres; Brockhaus, à Leipsig; Deco, à Bruxelles; Muller, à Amsterdam; Bocca, a Turin; J. Molini, à Florence; B. Baillière, à Madrid; Brill, à Leyde; Cherbuliez, à Genève; Spithovin, à Rome, etc.
Pour la rédaction : à M. Carle de Rash, directeur de l'*Intermédiaire*, chez M. B. Duprat, rue Fontaines, 7, à Paris.

Pour 12 numéros, 5 fr. Étranger : 7 fr.
Annonces : 30 cent. la ligne

PROSPECTUS

Les divers journaux de Paris, de la province et de l'étranger ont salué l'apparition de ce nouvel organe de publicité, qui, dès le début de sa carrière, a été accueilli avec une faveur qu'il justifie chaque jour davantage, par les services qu'il rend déjà et par ceux qu'il est appelé à rendre. Nous citerons seulement ce qu'en a dit M. Ern. Bersot, dans le *Journal des Débats* du 30 mai 1864 :

Il vient de se fonder un recueil peu coûteux qui n'en est encore qu'à son 5ᵉ nº, mais qui a déjà donné de lui une très bonne idée : l'**Intermédiaire des Chercheurs et Curieux**. Il se compose de questions qui viennent de tous côtés, et de réponses qui viennent de tous côtés également, en sorte qu'il est fait par tout le monde, sous le contrôle d'une direction qui a le goût et l'habitude des recherches d'érudition..... La pensée du recueil a été empruntée à une publication anglaise, **Notes and Queries**, qui date de 1849 et a obtenu un grand succès, que nous souhaitons à son imitateur.

Qui donc n'a pas une petite chose qu'il désire savoir? On la lui dira, si c'est possible. Outre ce plaisir, il en aura un autre, celui de tourmenter les autres de ce qui le tourmente, et même un troisième, celui de se voir bien imprimé. Ceux qui préparent un travail sur un sujet difficile ont là un moyen de provoquer des recherches qui leur serviront et par suite au public. M. Champfleury demande si on sait à quel événement historique se rapporte la célèbre image : *Crédit est mort, les mauvais payeurs l'ont tué*. Ailleurs on fournit à M. North-Peat des renseignements sur la littérature des aliénés. Nous soupçonnons certaines questions d'être des malices, et nous leur pardonnons, parce que le tour est joli. Mais ce qui a excité la plus vive curiosité, c'est la question sur les tombes de Voltaire et de Rousseau au Panthéon. Ces tombes contenaient-elles réellement les restes de ces deux hommes, ou un fanatisme, pareil au fanatisme qui a violé autrefois les tombes de Saint-Denis, a-t-il passé par là? A en croire le 5ᵉ nº de l'**Intermédiaire**, un auguste personnage a voulu lui-même s'assurer de ce qui en est. L'**Intermédiaire** aura eu la fortune de rencontrer à ses débuts une question pareille et de la *résoudre*...

C'est, en effet, d'après l'**Intermédiaire**, que toute la grande presse s'est occupée de cette question et a reproduit le récit circonstancié du bibliophile Jacob sur la violation des tombes de Voltaire et de Rousseau en 1814, ainsi que les autres documents qui sont venus confirmer ce récit. (Voir pp. 7, 25, 42, 49, 57, 65, 71, 82 et 97.)

L'**Intermédiaire** est une conversation ouverte à tous sur les matières de **Belles-Lettres, Philologie, Beaux-Arts, Histoire, Archéologie, Numismatique, Epigraphie, Biographie, Bibliographie**, etc., etc. Rien de plus piquant que cette conversation.

Dans ses *sept* premiers numéros (janv. à juin) il a déjà inséré **276 Questions** et reçu **222 Réponses**. Il a aussi publié **22** communications accessoires, sous le titre attrayant de **Trouvailles et Curiosités**.

C'est vraiment là un *Journal pour tous*, et c'est aussi un *Journal par tous*, car c'est le public qui le rédige, ce sont les chercheurs et les curieux qui le remplissent de leurs demandes, de leurs solutions, de leurs trouvailles.

L'**Intermédiaire** atteindra rapidement son but, car il compte déjà parmi ses abonnés bon nombre de littérateurs et savants, membres de l'Institut, notabilités de France et de l'étranger, etc., etc., dont la correspondance active atteste la sympathie et l'intérêt.

5 fr. pour 12 numéros.

Il n'y a plus qu'un petit nombre de collections.

S'adresser au bureau du Journal ou à M. A. Ballot, agent de l'*Intermédiaire* et directeur du *Catalogue*, rue et passage Dauphine, 30.

Paris. — Typ. de Ch. Meyrueis, rue des Grès, 11. — 1864.

www.ingramcontent.com/pod-product-compliance
Lightning Source LLC
Chambersburg PA
CBHW070930230426
43666CB00011B/2383